弓走江河万古流

闵惠芬

费爱能 著

上海文化出版社

谨以此书纪念闵惠芬先生辞世三周年

序 / 我与闵惠芬生命中的四次相遇　　　孙　逊

　　伟大的弦乐演奏家闵惠芬离开我们已三年有余。作为一个和她交往了数十年的契友，每当想到此，眼前便会浮现出她不同时期的音容笑貌，一幕幕，是那样遥远，又是这样真切。

　　屈指数来，闵惠芬和我前后相交整整有一个甲子，这六十年间，我与闵惠芬生命中有四次相遇。这四次相遇或出于偶然，或纯属意外，或偶然之中有必然，或必然之中又生意外，正如苏轼诗所云："人生到处知何似？应是飞鸿踏雪泥。泥上偶然留指爪，鸿飞那复计东西！"（《和子由渑池怀旧》）人生的离合恰如雪泥鸿爪，你不知道在哪一天偶然邂逅，又突然一眨眼变得踪影全无……

一

　　我和闵惠芬的第一次相遇就纯属偶然。她是江苏宜兴人，我则从小生活在江苏丹阳，两县虽相隔不算太远，但毕竟距离百里之遥。大约是 1952 年左右，闵惠芬的父亲闵季骞先生应江苏省丹阳艺术师范（以下简称"丹师"）吕去疾校长之邀，来到丹师工作，教授民族乐器，因而她和母亲也一起随迁至丹阳生活。也是巧合，她家租的房子正好和我家在同一个院子里，门牌号至今记得非常清楚，是小牛场 17 号。就这样，我们前后做了四年邻居，直至 1956 年他们一家迁往南京。

　　闵季骞先生是著名的民乐演奏家，二胡、琵琶、古筝色色精通，因为家学渊源，闵惠芬从小就学会了二胡。每当夏晚，一个大院的人都会在院子里支起桌椅，一边吃饭，一边乘凉。这时，闵先生常会拿来各色乐器，在院子里尽兴演奏一番；而和二胡差不多高的闵惠芬，也会拿来二胡，跷起小腿，拉上一曲。

或是二人同拉二胡，或是闵先生弹琵琶、闵惠芬拉二胡，父拉女随，煞是热闹，引来周边众多邻居观赏。当时闵惠芬在丹师附小上学，我则在一所弄堂小学读书；说来不好意思，我比她痴长两岁，上学时还要我祖母拿个小凳子坐在旁边"陪读"，这事后来一直被闵惠芬所取笑。

她在读小学低年级时，就已经在丹师礼堂表演二胡独奏。当时是丹师的毕业生汇报演出，其中插了一档闵惠芬的二胡独奏。记得当时她人和二胡差不多高，竟然敢在强烈的灯光聚焦下登台表演，这可不是一般孩子能做的事，特别是相比我读小学还要祖母"陪读"的胆小，闵惠芬自小就表现出过人的胆量。虽然表演中一时忘了曲谱，回头向父亲求救，但这"洋相"更显得一个幼童的纯真可爱，让人忍俊不禁。这是闵惠芬生平第一次登台表演，显示了她作为一个潜在表演艺术家的勇气和天赋，为她日后走上艺术巅峰埋下了饱满而富含生命力的种子。

因为当时还是独女，闵惠芬在家也是被父母所溺爱。闵师母不工作，全身心照顾闵先生和女儿，经常会在院子里看到闵惠芬滚在父母怀里发嗲的样子，每当此时，一家融融乐乐的气氛尤让人羡慕。四年的时间不算太长，他们一家留给我们邻居的印象就两点：一是闵先生和闵师母的相敬如宾和待人和气，二是童年闵惠芬的表演才华和被父母的宠爱至极。

四年以后，闵先生应邀赴南京师范学院音乐系任教，他们举家迁往南京，从此便再没有往来过。只是大院内一位家在扬州和另一位在扬州工作的邻居曾去他家探望过，回来说起闵惠芬后来又添了一个弟弟和妹妹。因此，此事便被作为闵师母心好而有好报的一个例证，常被我们邻居不时地说起。

二

人生总是充满了许多的偶然。1965 年，我大学毕业分配到上海师范学院留学生办公室工作。当时正是抗美援越的政治形势，我国是越南坚强的后方，一大批越南留学生分配至各大学读书，上海师范学院为此专门建立了留学生办公室，并从邻近地区调来了一批大学毕业生，我有幸成为其中的一员。到上海工作的第二年春天，一天翻报纸，蓦然看到闵惠芬获当年"上海之春"音乐会二胡独奏第一名的新闻报道，当时心里一怔：这应该就是当年的邻居闵惠芬吧？随后自报家门写了一封信，试着投了出去。不久就收到了回信，证实了我的猜想。我当然欣喜至极，于是开始筹划和等待见面的机会。

机会往往在不经意间来到。为了丰富留学生的业余文化生活，我们基本每周都要组织一次参观活动，如参观中共一大会址、上海机床厂，或是观看文艺演出。一天下午，我带留学生赴上海音乐学院参观访问，事先并未联系，其间参加招待演出的正好有闵惠芬新创作的二胡独奏曲《老贫农话家史》。当时因在这特殊的场合巧遇童年的朋友而惊喜万分，但因为腼腆，踌躇了好久，终于在最后上车的前一刻，大着胆子上前和她相认。她看到我走近，也猜到了我是谁。就这样，断了十年的联系又接上了。

此后，我们开始了交往。有时我去上音看她，她和她的同学大都在琴房中练琴，我得以经常欣赏到她们高超的琴艺；有时她来我学校，和我以及我的两位同宿舍同事一起聊天，谈论一些社会和学校的琐事。不久，"文化大革命"如火如荼地展开，1966届以后的大学生都推迟毕业，在校参加"文化大革命"。闵惠芬以自己的擅长参加文艺小分队，进行革命宣传；我单位同事也组织了小分队，赴宁波四明山步行串联。于是大家忙着各自的"革命大串联"，走南闯北，上山下乡，很少再有音信往来。等到我们步行串联回来，形势已发生了天翻地覆的变化，我们又以更大的热情投身到了"文化大革命"的洪流中。这期间，她和上海舞蹈学校的刘振学结为伉俪，我也有了自己的家庭，于是两人之间的友谊变成了两家之间的友谊。

三

人世就是这样机缘凑巧。1975年，在我们已较少联系的情况下，我被借调到北京国务院文化组，参加新版《红楼梦》校勘注释工作。其时闵惠芬也正好在北京，听说是录制二胡演奏的京剧唱腔音乐，并经常参加中国艺术团的出国演出。她先是住市中心的和平宾馆，后住西苑饭店；我先住地安门附近的北京第二招待所，后住前海西街原恭王府前的中国音乐学院。当时也没有手机，事先也不知道对方的情况。但中国艺术团出国演出前，会在民族文化宫先内部演出一场，因为同是文化组的下属单位，一次我们小组正好拿到了一部分票子，于是我们几个从外地借来的同志便优先拿了票子去观看。

中国艺术团是当时组建的实力最强的表演团体，主要任务是出国演出，其中刘德海的琵琶、闵惠芬的二胡、俞逊发的笛子、王昌元的古筝、朱逢博的女高音独唱、吴雁泽的男高音独唱，都是当年最棒的节目。这次观看，不仅欣赏到了顶级的艺术表演，而且又接上了和闵惠芬的联系。此后每逢周日，我常会去看她。她和也是上海去的昆剧表演艺术家蔡瑶铣同住一屋，后者当时正在录制词曲音乐。因为都是从上海来的，因而一见如故，谈起来就特别投缘，加上周日休息，正好打发羁旅在外的寂寞。我们无所不谈，从各自从事的工作，到听说的街谈巷议，气氛轻松而愉快。我也因此欣赏到了传统的词曲音乐，领略了它的独特魅力，并通过闵惠芬索取了蔡瑶铣的录音带，还抄写了白居易《琵琶行》、陆游《咏梅》、辛弃疾《南乡子·登京口北固山有怀》和《游园》的简谱。后回到学校，在上到古代文学有关篇目时，还带到教室当场放录音给学生听，收到了极其良好的教学效果。

那时中国艺术团经常出国演出，每次演出前都要先在北京内部演一场，闵惠芬是团里的台柱，每次演出都会有两张票子，我因此有机会多次叨光，欣赏到当时国内的顶级演出。其中闵惠芬常演不衰的节目是《江河水》，虽然听了无数次，但每次都让人热泪盈眶，内心久久不能平静。朱逢博则每次都唱《白毛女》，形象既好，声情并茂，令人动容。当时上海和京华文化圈流传着两句顺口溜，叫"上海两个宝：闵惠芬、朱逢博"，可见她俩受欢迎的程度。其他再如刘德海的琵琶独奏曲《十面埋伏》，也是百听不厌的保留节目。这是我在北京所享受到的最好的文化生活，至今想起仍怀念不已。

一年多以后，我们又先后回到上海，各自在自己的工作岗位上忙碌着，情景又回到了原先的常态：不时的电话问候、偶尔的见面畅谈，和更长时间的互不往来。

四

人生在充满了很多偶然的同时，也充满了许多的突然。北京回来五年后的1981年，她突然被诊断患上了黑色素癌——这是所有癌症中最厉害的一种，这使她本人、家人和亲友都深感震惊和悲痛。其间她先后六次手术，数十次化疗，忍受了常人难以想象的折磨，好几次都是死亡线上被拉回，可谓是九死一生，对于生命的无奈和无望，对于未来的困惑和迷茫，困扰了她和她家人整整六年之久。特别是她丈夫刘振学，独自一人承受了巨大的精神压力。记得在走投无路的时候，他一天晚上摸到我家里，欲哭无泪，精神临近崩溃的边缘。我们无言相对，只能是无力的劝慰，和对闵惠芬战胜病魔的毅力的坚信。

果然应了"遇难成祥"一句老话，闵惠芬在经历了无数个日日夜夜的煎熬以后，竟然奇迹般地活了下来。虽然病魔的折磨已耗去了她的体力和精神，但她依然乐观和坚强，再大的事情，她能放得下。沉疴过后，她又像没事人一样，不仅吃东西不忌口——例如鸡腿鸡翅照吃，而且又开始天天练琴，使自己的臂膀和过去一样有力——因为她相信总有一天会重新登上舞台！

这一天终于来到：1987年9月，她应邀参加首届中国艺术节中央民族乐团音乐会。听到这一喜讯，我和我爱人孙菊园当即赋就一首长篇歌行《阳羡女儿行——写在闵惠芬重返舞台之时》，送至她家：

> 君本阳羡陌上枝，移入云阳板桥西。①
> 门前秀水绕绿堤，为邻四载长相忆。
> 虽有翠竹羞为马，琴声相闻不相见。
> 姣弱才及琴身长，一曲未终四座惊。
> 鸟语空山山更幽，人吟良宵宵愈静。②
> 病中吟罢歌光明，声声传尽曲中情。③
> 年刚总角露才华，曲阿谁人不识君！
> 阖家移居迁金陵，自此一去无音讯。
> 相逢已是十年后，乐坛名振天下知。
> 大比一举曾夺魁，琴艺日臻纯青时。
> 阳关三叠伤别离，江河一曲泪凝噎。④
> 月映二泉愁千古，魂系长城情万里。⑤
> 沉疴难消凌云志，绝症无改赤子心。
> 为返舞台历磨难，长使知音泪沾襟！
> 愿君此去载誉归，情韵风采动神京。
> 遥想曲终人不散，满座嘘唏泪花噙。

闵惠芬连夜写了一首七律，就是现在收在《闵惠芬二胡艺术研究文集》中的《答友人》诗：

> 沉疴六载如梦魇，朝吟悲歌夜叹月。
> 几度意冷愁千结，艺魂一缕难泯灭。
> 断翅重振入青云，长啸万里抒壮烈。
> 请君为我举大白，击节高歌壮远别。

此诗抒发了她被病魔长期折磨后所喷发出来的满腔豪情。以上两首诗都发表在当年的《解放日报》上。

重返舞台之后，她又度过了近二十年的忙碌生涯。在这期间，她先后获得了多项荣誉，其中含金量高的有：享受国务院特殊津贴、中共十五大代表、"德艺双馨艺术家"称号等。她依然非常忙碌，每年都有大量的演出，包括国外和我国港澳台地区演出，其中 1994 年全年演出达 176 场。其间她和我及菊园三人，一起结伴回了一次丹阳，我作学术讲座，她作讲座并演出。这是她离开第二故乡以后，第一次，也是唯一一次回家乡演出。当年她登台演出的丹师礼堂被挤得水泄不通，人满为患，都是崇拜和仰慕她的青年学子，包括我们共同的儿时朋友"狗狗"也来了。可以想象，一个数十年前从这儿走出去的艺术"神童"，今天真的成为一个艺术大师回来了，抚今追昔，真可谓思绪万千！我们还一起回到老宅，"小牛场 17 号"的门牌号和老屋依旧，只是在我们今天的眼中变得又矮又破了。我们还和看着我们小时模样的老邻居一起在大门口拍了照。最近听家乡亲戚来电话说，老宅现已拆掉，童年的记忆也就此了断，当年留下的照片更成为珍贵的回忆。

又是人生中的一次偶然：1993 年，我和菊园以及江南几位《红楼梦》研究者赴台湾访问，我们竟然又一次在台湾巧遇。我们是参加"从宝岛到江南"的《红楼梦》学术讨论会，她是赴台演出，应邀顺道访问了我们开会所在的大学。于是我们作为先到者，和大学生一起在学校大楼前迎接了她的到来。那天她为台湾年青学子即兴作了演讲和演奏，场面朴素无华，气氛亲切感人。晚上我们一起聚会，又一起度过了一个难忘的不眠之夜。

不久，菊园也患上了妇科肿瘤，因此两家同病相怜，经常相互交流鼓励。她因为坚强，病魔似乎远离了她，而菊园在首次手术度过了十七个快乐的年头之后，于 2011 年又发现患上了升结肠癌。先后两次手术，十余次化疗，也忍受了常人难以想象的痛苦，一年半后匆匆离开了我们。菊园患病期间，闵惠芬多次到医院看望，以身说法，鼓励她战胜病魔；菊园去世后，闵慧芬又和刘振学一起来告别现场为她送行，那场景至今历历在目。看闵惠芬当时健康的身影，我本以为她已完全逃过了生命的一劫，但想不到最后竟是脑溢血夺走了她那曾是无比坚强和乐观的生命。

唐代诗人李商隐《锦瑟》诗曰："锦瑟无端五十弦，一弦一柱思华年。庄生晓梦迷蝴蝶，望帝春心托杜鹃。沧海月明珠有泪，蓝田日暖玉生烟。此情可待成追忆，只是当时已惘然。"诗人责怪锦瑟为什么要有那么多琴弦，其实琴弦的多少无关重要，因为二胡虽只有两根弦，闵惠芬照样拉出了和锦瑟一样丰富的音节和旋律，一样承载了她生命中许多美好的记忆。往事并不迷惘，人世时有代谢，闵惠芬已经离开我们三年有余。锦瑟思华年，今天，我们只能透过锦瑟繁复的琴弦，追忆那已经逝去的如花美眷，似水流年⋯⋯

注释

① 闵君原系江苏宜兴弯斗村人，后移居江苏丹阳板桥头。宜兴古称阳羡，丹阳古称云阳和曲阿。

② 此指《空山鸟语》《良宵》二胡独奏曲。

③ 此指《病中吟》《光明行》二胡独奏曲。

④ 此指《阳关三叠》《江河水》二胡独奏曲，后者尤为闵君代表作。

⑤ 此指二胡独奏曲《二泉映月》和二胡协奏曲《长城随想》，后者为闵君重返舞台所演奏之曲。

孙逊夫妇与闵惠芬母女在丹阳小牛场 17 号旧居前

目 录

第一章　鹊

1945—1958（1—13 岁）

（1）弯斗里

1945 年，抗战胜利，二战结束，联合国成立。

12 月 27 日，闵惠芬降生。

农历生日，乙酉年鸡年十一月二十三。

闵惠芬出生地，有一泓河水环绕，叫弯斗里，也有写成"湾斗里"的，隶属江苏省宜兴县万石镇，过去叫万石乡。

此石不是那石。万石，"本无石可倚，无山可托，以其历古'万石粮仓'"而名之。后人"明知故犯"，倚一个"石"字，将它做成了华东最大的石材市场，"感受万石，天下无石"，"一石激起万层浪"，年成交额达到过二十亿元，那是生意人的本事。

乡村地名，意思大多明白直观，无需耗力气溯本求源。万石之"石"，乃量词，计量单位，盛粮的容器，弯斗的"斗"也一样，勺、合、斗、升、石、担，民以食为天，关系吃饭大事，与百姓生死相依，祖祖辈辈看重。

浜水连荆溪，直通太湖。弯斗里，六户人家小村坊，数抹翠竹，几枝河柳，三五黛顶，升斗细角，实在是小得不能再小的地方。祖上有话传下来：太平天国战乱，周铁镇章茂村闵门一支脉，顺着殷村港河，一路南行，抵达万石（时称万善），高祖一眼相中，携祖训"德行家风，孝友世泽"，闵门泊船起屋，落地生根，从此成了弯斗里六户原住民之一。

弯斗里，小归小，纳入闵家，斯文弥漫，五门种田，文曲星高照，一门书香，有了书礼传家的气象。闵惠芬的祖父闵南藩，晚清秀才，从事私塾教育，善书法，通音乐，闻名乡里一介书生。民国初办新学，老先生任当地小学校长，兼国文教员，弟子中出过吴冠中，国画、油画、散文，艺冠天下名。

闵南藩膝下三子一女，长子伯骞，20 世纪 30 年代毕业于无锡美专，曾在国立中山大学从事美术教育，善国画，通二胡；次子叔骞，40 年代毕业于国立艺专，在南京师范大学任教，长绘艺，会弹风琴；独养女儿梅英，有一副好嗓子，喜爱唱民歌。

　　1923 年 7 月生的闵季骞，塾师先生的第三个儿子，乃闵惠芬父亲。1946 年，凭演奏刘天华名曲《良宵》《病中吟》，考取南京国立音乐学院，曾任南京师范大学音乐系教授、南京乐社社长，从事音乐教育六十余年，2000 年完成《江南丝竹音乐大成》，2010 年出版《三弦基础教程》。闵季骞的三个孩子，除了闵惠芬，儿子乐康，是国家一级指挥、江苏交响乐团首席指挥；现定居美国的二女儿小芬，是蜚声国际爵士乐坛的琵琶演奏家，正所谓"一门三乐师"是也。

　　闵惠芬岁至暮年，背着胡琴，几乎走遍了天下好地方，看尽天下折回身，再说她的弯斗里，依然美不胜收，"萍遮叶盖红菱羞，顽童戏水盆舟游，曲项白鹅呷呷问，南塘何处多泥鳅"。在她的记忆里，村头一处寻常井台，也是"彩云映落晖，菊香金风吹。井台捣衣曲，吴歌田韵美。明眸频回首，小姑暗凝眉。杵停青鸟过，疑是报郎归"。

　　都说闵惠芬天性爽朗。无论男女老少，不要说熟友，哪怕刚认识不久的朋友，有了空，来劲了，她会跟你说老家，一般不说丹阳，也不说南京，只说生下她的弯斗里，那架势，非说到你跟她一样爱不可，若让她发现你有异议，哪怕是一丝丝犹疑让她抓住，她就会跟你急，不让你轻易走。她会涨红着脸，拉着你手，跟你说，人之初，天地人，挖过的野菜，采过的桑叶，摘过的红菱，放过的鸡鸭，捞过的虾子，踩过的河蚌，一切最初的记忆，断不是，说忘，就能忘掉的。

　　有一经典叙述，她在熟友群里，说了几十年：

　　"我的弯斗里，那是最典型的江南农村，小桥流水，绿竹围绕，小村小户，宁静平和。我们那里对长辈、晚辈的称呼十分特别，爸爸称爹爹，妈妈称嗯娘，爷爷称公公，奶奶称亲娘，外公称舅公，外婆称舅婆，男孩称伢佌，女孩称丫头。我从出生到十一岁，一直是独生女儿，十一岁以后才有弟弟妹妹，因此，我是所有长辈的掌上明珠，还比其他孩子多了一个称呼，叫'乖心肝'。"

　　说这一段，她用宜兴话，说"弯斗里"，名字有趣，发音滑稽；念"乖心肝"，语气很嗲，拖腔带调，让听的人，要忘记也难。

　　记忆深处，父母亲，亲戚邻居，凑一起，喜欢说乡里故事，还专拣大的说，似懂非懂，似听非听，润物细无声。

　　"屺亭桥，知道吧，离伲万石，很近很近，隔了没几块田畈呀，出过个大画家，叫徐悲鸿，全世界有名，解放后，他还是个管全国画家的官呢。"

"知道知道，闸口乡北渠，也不算远吧，1919 年出生的吴冠中，也是大画家呀，法国留学，中国画、外国画，都精通。"

长大，上大学，她去图书馆找书读，跟故乡先贤相关之书，先读。悲鸿先生说，小时候生活，从不敢忘怀，"我们的屋子虽然简陋，但有南山作屏风，塘河像根带子，太阳和月亮，霜和雪都点缀了这江南水乡的美丽。我们在这里和打鱼砍柴的人作伴，鸡鸣犬吠，互相唱答，大自然给了我们无尽的美妙。"

后来读到冠中先生散文《水乡青草育童年》，尽情描述童年心目中，曲折、深远和神秘的故乡，桑园采桑葚，竹园捉蟋蟀，"我到今天还喜欢桑园，喜欢春天那密密交错着的枝条的线结构画面，其间新芽点点，组成了丰富而含蓄的色调。"普通平凡的殷村港河道，在他眼里，"那是故乡的苏伊士运河"。

闵作古体诗，凡发表一十三首，五首写的弯斗里。

刘天华与徐悲鸿同庚，江阴人氏，家在小而又小的西横街，附近的涌塔庵孔庙，每有僧家佛事，春秋丁祭，那里回响的钟鼓管乐，他从来未敢淡忘。音乐家的孩童记忆，比较画家的缤纷五彩，更多了一份跳动的音符。

宜兴离无锡五十公里，离江阴一百公里。无锡为圆心，江阴、常州、苏州等地，拥有除了闵氏父女、刘天华、阿炳（华彦钧）、吴伯超、储师竹、蒋风之、陆修棠、王乙，20 世纪的二胡英才，占了中国半壁江山。

闵惠芬一生，江苏十三年，余皆在上海度过，"阿拉是乡下人"，这句话，从来都挂闵嘴边。幽默，自嘲，调侃，都不是，她实在是引以为傲。能孕育刘天华、阿炳的乡土，该是多了不起的神奇地方！闵惠芬说自己是乡下人，浑然是植根大地的感觉，乡土，大自然，实乃艺术家之灵魂所在也。

（2）"乖心肝"

弯斗里闵家，面河向南，有开间颇宽的、两个门面的扁担屋，过了头进，两大间敞屋；穿过三四步宽的天井，是二进，灶间连吃饭间，后面便是房间，相跟着是宽大的后院；殿后的，是敞屋同宽杂物房。

一到三岁时，嗯娘周凤珍的怀抱，是"乖心肝"闵惠芬最初、最贴心的暖房。一点点小东西时，包上丝棉小被头，嗯娘喜欢抱在手里，门前屋后走走，到隔壁邻居串串门，让他们看看孩子的小脸蛋，听他们几句甜糯的夸赞。路边草狗会追过来，舔嗯娘脚跟头，邻家老母鸡咯咯咯地，总是讨好地围着转，就是不肯跑远去。阳光照耀，河柳轻拂，油菜花香扑鼻来，嗯娘正开心着呢，云乌了，风起了，小雨飘飘追来了，"乖心肝"要躲到屋里头了。

更多的时候，嗯娘坐房里。

睡着"乖心肝"的木头摇篮，紧靠后窗，嗯娘自己坐旁边，纳鞋底，缝补衣服，一双手，一息不会停。1924年6月，周凤珍出生在曹桥，一个幽静干净的村庄，离弯斗里不过十华里，周家，家境宽裕，相邻而居的大舅周中悟，任过中学校长，有这些条件，使她能完整地读完小学，这在当地是十分稀罕的一件事。周中悟，二胡京胡都喜欢拉，嘴里常常会唱上一段，日后影响到她这个外甥女，爱音乐，爱听戏唱歌。

无风，晴朗，朝北的两扇窗户，布着好看的木格子，不高不矮，嗯娘坐条凳上，不用欠身，即可轻松拉起木插销，推开一小条缝，随即有细微的风，嗦嗦地溜进房间，轻拂"乖心肝"细嫩的脸庞，像是调皮的邻家孩子，围着木头摇篮，转呀转地转圈圈，逗甜睡的"乖心肝"开心。

不知不觉，自然天成，嗯娘口里幽幽的，有了唱词，微风一样，绵邈悠长。"天上旭日东升，湖上好风和顺，摇荡着渔船，摇荡着渔船，做我们的营生。手把网儿张，眼把鱼儿等，一家人谋生就靠这早晨。男的不洗脸，女的不擦粉，大家一齐朝前奔。"一支三十年代的歌，周凤珍唱起来特别有味道。

北窗外，好大一片园，各色花草，占地最多的是竹子，光景有实足三分地，是闵家的翠竹园、野猪林和百草园。春有百花秋有月，夏有凉风冬有雪，四季的景致一样不缺，多的是贴在树干上的蝉，躲在草丛里的叫蝈蝈、金铃子、纺织娘，路过的田鸡，竹梢头荡秋千的麻雀，它们都是歌唱的好手，独唱，二重唱，三部轮唱，四部轮唱，男女声二重唱，小组唱，大合唱，声部绝对齐全，伴奏绝对到位。

闵家后花园所有的歌唱家，自我感觉从来都好，就服帖喜鹊，一致公认，唱将是喜鹊，是大家。它有一条音调奇高的嗓门，上瓦，上树，哪儿都敢立足，闵家大院子，更让它放得开。

他们家先生不在家，唯一的"心肝头"，还在嗯娘怀里吸奶，喜鹊不客气，直接就飞地上了，它踱方步，四处转转，很绅士，很拉风，台步走够了，就站住吊嗓子，放开歌喉——喳，喳，喳喳喳。这个时段，土著音乐家们，全体闭嘴，纺织娘呀叫蝈蝈呀，都乐得休息，让喜鹊激情表演。

同时静止的，还有闵惠芬和她嗯娘。有这么丰富的声音陪伴，嗯娘的哼唱停了，"乖心肝"的哭闹嬉笑止了，娘儿俩一齐倾听。

"喳，喳，喳。"

夜深，睡觉沉，分明是喜鹊叫，周凤珍听到了，很近很近，就在耳朵旁边。

是梦，是小惠芬的梦，梦里发出的声音。

进窝的进窝，息翅的息翅，虫鸟都睡了，弯斗里一片寂静，轮到她小惠芬发威了，就是不得安生，不是哭，就是闹，为什么呢，周凤珍有记忆，"一到三岁时的小惠芬对音乐很敏感，每天入睡前，都必听妈妈唱的摇篮曲，否则不得安宁"。

上世纪80年代，闵惠芬重病期间，《文汇报》记者周玉明，跟闵惠芬接触最多的媒体人，两人亲如姐妹。闵在周面前，不止一次描绘过这个后院："还有不知名的昆虫的奇异叫声，汇合成美妙的竹林音乐会。欣赏这自然的竹林音乐会，是我最大的乐趣。"

过了三岁，能走路了，嗯娘放心出家门，走到哪，宝贝女儿都带到哪。大眼睛，不管看不看人，望天，看树，一条大水牛牵过身畔，会扭头朝它笑，眉眼里的笑形，天生的，讨人喜。好漂亮呀，嫩皮肤，浓头发，走累了，伏嗯娘背脊，继续走，邻家小姐姐，追在她们后面——快看快看！在说小惠芬呢，睡着了，嘴角挂涎沫，肉嘟嘟小手，在空里挥舞，舞呀舞不停。

跟着嗯娘在田间挖野菜，下河荡采红菱，钻桑林采桑葚摘桑叶，沿塘埂摸螺蛳，去麦地拾麦穗，嗯娘还养过一只小羊，放羊喂羊的事，就包给了小惠芬。竹林的春笋田畈的秧，"乖心肝"日长夜大。长大了的"乖心肝"，"还是嗯娘永远跟随的小影子，是听着嗯娘唱着歌，甜睡的乖孩子，每天嗯娘纺纱、织布、养蚕、下地，十分辛劳"。

童年声色，柳堤，桑园，稻田，缓流，江南水乡，寻常景致，不说也罢。闵惠芬另有句概括，"村前小河绿波荡漾，竹林深处鸟鸣虫跃鸡鸭喧哗；常闻丝竹细乐悠悠绕梁，更有佛曲民谣苏南吹打"，短短四句，句句写实。

最是夏夜，浮云当空，枝柳飘荡，门前稻场，小竹椅，长板凳，

幼时的闵慧芬和母亲

到处散放，乡邻们，坐得东倒西歪，自由得无边无际。阿哥吹笛，阿姐哼曲，东邻阿叔唱歌子，西家阿嫂扭腰肢，嘻嘻哈哈，热热闹闹，该是一番盛景。

往往是，别人家的孩子都已睡去，唯有"乖心肝"还醒灵灵的，睁着眼睛，偎在母亲怀里。离开一息，小小的女儿，便独自坐在小板凳上，身板笔挺，颈脖子梗起，依然是听，眼睛瞪圆，小脚尖踮在地，支楞了老半天，就不知道再放平它。这个时候的小惠芬，不会唱，不会舞，更不会拉琴。什么都不会的她，只会听。

夜深了，露水上来了，凉意聚集，吹拉弹唱的，都息了，提凳拎椅，大人们都要回家了，小惠芬，前后左右地，脑袋乱转，身子纹丝不动，一副意犹未尽的架势。看到她这种样子，邻里就觉得好玩，有趣，就逗她：小丫头，我们唱的啥，你可知道？能说得上来，我们就再唱，给你一个人唱。

她老实地摇头，眼睛继续圆着，嘴巴开不了口。这个时候，嗯娘随着众人，一齐笑出声来。她一边笑，一边就会跟靠在肩膀头的女儿说话，悄悄地，一遍又一遍，说这些乡亲们熟透了的乐曲，一支又一支，都叫的啥名字。狡猾的瞌睡虫，伏跟着嗯娘背后，无声无息地，把她带入梦乡。

《闵惠芬二胡研究文集》录有闵惠芬十三首诗，其中《乡忆五首》有云："牛饱清池寐，犊儿唤母归，巧妇织朗月，稚童数星辉。"应该就是这般，弯斗里夜晚露天音乐会的写照。编外有首长短句，若呢喃，似咏叹，有些句子，尤显质朴美：

> 村前小河绿波荡漾，
> 竹林深处鸟鸣虫跃鸡鸭喧哗。
> 踏着泥土的芳香，
> 走出来一个乡村的小丫。
> 她那幼小的心灵，
> 萦绕着丝竹乐的雅韵；
> 她那水乡人的双眼，
> 叠印着母亲大地的春华。

（3）嗯娘的脖子

庙会，俗称浴佛节，三月二十六日至二十八日，整整三天，是菩萨出来晒太阳的好日子。乡下农家，面朝田地背朝天，四季劳作，到了那几天，再怎么忙，无大事等着做，都舍得放下，一门心思，扑到菩萨身上去了。一年三百六十五天，田地的事，天天忙不完，庙会只有一次，只有这三天。

他们顾不上洗去裤腿上的泥巴，甚至耳背头颈都有星点泥粒，一个个，脸挂喜色，拢成一支浩荡队伍，热热闹闹，在田野村庄穿行。抬菩萨，举法器，很有看头；别在腰间，抓在手里，二胡笛子，各式丝竹响器，呜里哇啦，很杂，很闹猛。乱是真乱，听是真好听。烟雾缭绕，仙乐飘飘，睡了醒，醒了睡，常常是一夜听到大天亮。

赶庙会，村里人都喜欢，她娘俩更是起劲，那几天，嗯娘起早贪黑地，把该做的事都做了。照例是天不亮梳头，周身收拾得干干净净，不用说，"乖心肝"也穿得漂漂亮亮。起小那几年，先是抱嗯娘怀里，再是骑嗯娘颈脖，稍长，抱着、骑着，嗯娘都吃力了，娘俩就手牵手，追随出会的队伍，一步不落地跟着走。

"'乖心肝'看清了吗？"走不了几步，嗯娘就会发问。

"看得清清楚楚呀。"

"快告诉嗯娘，看到什么啦？"

"嗯娘你不是也在看吗，还用得着我说？"

"嗯娘我看不到呀。"嗯娘声气有点急。

"嗯娘你怎么就看不到了？"

将宝贝女儿顶脖子上时，往往是在紧要路段，道窄，人挤，不得已而为之。这种时候，嗯娘一边得留意脚下，一边又得时时照顾肩膀上的女儿，自己看庙会的视线，又被人挡住了，哪里还能看得清什么！女儿可不一样，这会儿坐嗯娘肩上，舒舒服服的，高高在上，一览众山小呢。

庙会，乡村最隆重热闹的盛会，是小惠芬最兴奋的嘉年华，小时看得清，长大记分明。闵诗中，有一首《出会》，专门记录童年跟嗯娘赶会盛况的：

> 八抬大轿佛祖坐，
>
> 庄严随行众神傩。
>
> 钟磬鼓乐百戏舞，
>
> 丝竹笙簧伴佛歌。
>
> 忽而法号沉锣起，
>
> 煞时阴风鬼吟哦。
>
> 黄童掩耳不敢哭，

白叟合十念佛陀。
轿里菩萨心头火,
口不能言奈若何?
普度众生法教化,
何必施威扫阳和。
丝竹细乐徐徐来,
驱散乌云阴霾过。
纯纯雅乐碧空尽,
唯看江峰映春波。

末了,意犹未尽,特别加上注,曰:六十年过,仍记忆犹新,今以诗述之。

诗外,有关童年的音乐之声,闵惠芬还说到过乡民们随口唱的民谣及佛曲,走村串户收卖东西的小贩的竖笛声,算命瞎子的胡琴声,这些声音可不比一般,能牵住行人脚,站上半天,不觉得累。

印象特别深的,是各种祭祀中的演奏,演奏者都是和尚道士,"在农家的客堂里,香烟缭绕,时而是低沉的诵经声,时而是钟磬齐鸣的唱经声",主要是江南丝竹和苏南吹打,看得多,听得多了,好多曲子就这样记脑子中,能倒背如流。

以致后来上学,第一堂丝竹课,老师开口就讲《三六》,刚说了几句,闵惠芬"呀"了一声。老师问:闵惠芬,你要发言吗?她摇摇头,又点点头,说:老师,这首《三六》,我三岁就听过。引起哄堂大笑,笑声还未消尽,闵惠芬开口,当堂《三六》起来,整个教室顿时毕静。

大约将近四岁,有段时光,嗯娘发现,女儿不太愿意做身边的"小尾巴"了,动不动就说,嗯娘,我跟姐姐出去啦,没等着回答,人就飞走,不见了踪影。姐姐是隔壁人家女儿,十多岁大了,稳重相,跟她出去,嗯娘很放心,加上开春养蚕插秧,自己里外忙不完的活,真也顾不上她,也就随她出门野去。

跟姐姐出去,是因为村里来了一支工作队,说是从北方南下来的,里面有位女工作队队员,圆圆脸,很漂亮,梳一根长辫子,她唱的歌,很好听,后来知道是电影《陕北牧歌》里的《崖畔上开花》。跟那条跳动的辫子一样,里面的唱词,生动,好记,"崖畔上开花崖畔上红,受苦人你过上那好光景,有朝一日我翻了身,我和我的干妹子结个婚"。

这个会唱歌的"圆圆脸"的女工作队队员,极大地吸引了小惠芬,她一个小不点,硬是挤在一群大姑娘里面,长辫子甩到哪儿,姑娘们跟到哪儿,她也一步不落，追前追后地，盯着长辫子，紧紧相随。

一首生疏的北方民歌，被一群江南少女，不知天高地厚，唱得汹涌澎湃，这件事，印象太深刻："没有多久，整个歌子唱得很溜了，只有一唱到'我和我的干妹子结个婚'时，声音就明显地弱了下来，而'结个婚'这个具有神秘含义的歌词，常常使她们羞红了脸。这时幼小的我就顽皮地盯着小姐姐们羞红的脸看，虽然我完全不懂'结个婚'的含义，但三个字能使她们羞红了脸，就足以使我高兴万分了。而北方来的圆脸姑娘总是唱得那样高亢嘹亮，从不羞红脸，声音也不会弱下来，这就使我对她万分钦佩。"

没多久，长辫子姑娘不见了，姐姐暂时没地方可去，也就不带她了，她整天嘴巴翘嘟嘟的，走路都有气无力的。嗯娘知道了原委，笑了，让嗯娘想个办法，给"乖心肝"变出个长辫子姐姐来。

她说的变，是自己给女儿唱歌，逗女儿开心。周边村子的人都知道，周凤珍是带一条好嗓门，从娘家过来的，村里组织活动，轮到唱的，都让她出节目。她唱歌，很亮，很宽，她变"长辫子"那会儿，天天给女儿唱周璇，一首《渔家女》，翻来覆去地唱，小惠芬还是听不厌，有时候嗯娘自己都觉得厌烦了，她还是死缠住：快快快，来个《渔家女》吧。"手把网儿张，眼把鱼儿等，一家人温饱就靠这早晨。男的不洗脸，女的不擦粉，全家人齐心朝前奔。"唱这些句子，母亲的声音，脸上表情，口型，头缓缓旋着的模样，说不尽有多美。后来，入晚境了，这画面还时时会在眼前呈现。

童年闵惠芬，跟嗯娘在一起伴得久了，两人有了旁人理解不了的默契，做过一件事，她会跟娘说，"我们娘妮两个清清爽爽"，一句特大人气的话，娘就会开心地点头。这句直抵地气的话，别人其焉难详，她们心知肚明。意思是，我们娘儿俩，贴肉着呢，知根知底呢。闵惠芬的弯斗里童年，主角是周凤珍和"乖心肝"，是母女俩的故事。那么，当初的三口之家，在外面读书的一家之主、爹爹闵季骞呢？

（4）"国王"爹爹

五岁那年，一天晌午，嗯娘奔进奔出，像是没头苍蝇，拿起这个，放下那个，做什么都没心思，见到女儿，惊异的眼神都能闪出电光来。嗯娘一把将她搂怀里，说："爹爹要回家来了。"母亲剧烈的心跳，闵惠芬都能听到，咚咚咚，一下子，娘儿俩个瘫坐在了长条凳，互相依偎。"我和嗯娘就这个样子，雕塑一般，不依不动，坐了许久，一起等待，幻想着，现在的爹爹该长个什么样子。"

闵惠芬父亲闵季骞

"（爹爹）很瘦，眼睛很大，很明亮，不过，任他怎么叫，我都不敢靠近，又憋不住想看，就远远地，偷瞄了几眼。"五岁女孩初见父亲，那份陌生、胆怯，与生俱来。

父亲闵季骞，脸红红地望着女儿，身子转来转去，他解开随身带来的布袋，先取出二胡，拉了几下；再拿起琵琶，轻轻地划拉了几下，见女儿没有动静，又划几下，还是不见她转过身来，又划，又划，终于划走了女儿的胆怯，慢慢地将身子朝他移近去、移近去，近到爹爹双手够得住的地方，站直，不动。爹爹丢开家什，一把抱住女儿，眼泪就滴落下来，没一点声响。

接着，爹爹像个孩子似的笑了起来，问女儿要听什么曲，女儿不说话，摇头。爹爹又笑起来，这回笑出来眼泪，他边抹泪水，边跟妻子说：我提问题，怎么这么愚蠢。意思是"乖心肝"这么小，她哪里知道要听什么曲呀。没料到，女儿开口了，她说，爹爹你拉吧，你拉什么我都爱听。

一晃，晃过六十年，闵惠芬著文《我和爹爹》，"至今清楚记得，他先拉二胡，第一首曲子很长，第二首曲子最苦，第三首曲子最欢乐"。

"到第三首曲子时，我就兴奋起来了，我觉得胡琴发出的声音，很像家里后园竹林里，成群的小鸟热闹的叫声。"最初和父亲在一起的日子，感受最深的还是他拉的二胡。"我五岁那年就听了《二泉映月》《病中吟》《空山鸟语》《十面埋伏》（琵琶曲），这些曲子，我一定是中国最小的听众了。"

放下琴，闵季骞将女儿抱放在自己的膝盖上，跟女儿对着拍手，教女儿顺口溜，"小麻雀，麻雀小，不会走路只会跳，不会唱歌只会叫"。

太简单了，只来过两遍，第三遍，女儿张口就来，爹爹夸她聪明，女儿就考爹爹："你会金玲子叫吗？喜鹊怎么叫的，你学给我听听。"

闵季骞学喜鹊，喳、喳、喳、喳。

女儿说："不对，应该是，喳——喳喳，喳，有长有短的。"她还学喜鹊踱着方步走路的样子，来来回回转着圈子走，把个爹爹笑得前仰后翻。

父女俩渐渐亲近起来了。会拉琴的爹爹，还会捕鱼。他可会捕鱼了，待河边没多久，鱼网就有了动静。

"爹爹，网线在动了。"

"我盯着呢。"

一会网线，一会爹爹的脸，女儿眼睛不够用。

他一个书生，变成了老练的渔夫，看准时机，起手拉网。"'哗啦'一声，真了不起，被他拉起一条银色的、红尾巴的大鱼。"

闵季骞是刘天华的第三代弟子。1942年，闵季骞任章茂里小学的音乐教师，和同为音乐教师的叔叔闵慕骞成为同事，经常去观摩叔叔的唱游课，并向他学习二胡、笛子、风琴等。

1947年，闵季骞考入国立音乐学院（中央音乐学院前身，时在天津），成为当地最早从乡村走出的，专业学国乐的学子。因为贫困，次年休学，去官林中学任音乐教员，1949年方得复读。闵季骞独在异地，是靠一段时间上学，一段时间打工（帮人抄谱是其中之一），来维持生计，完成学业的。

说起自己的老师，闵季骞特别自豪，就学期间，他先后学了二胡、琵琶、三弦和古筝四样乐器。在一代宗师杨荫浏门下，研习乐理，兼习三弦；师从储师竹，主修二胡，储先生是刘天华的嫡传弟子；师从曹安和，学习琵琶；师从曹正，学习古筝；师从程午嘉，学习打击乐器。

次年，闵季骞从中央音乐学院毕业，与来京的妻子相商，想与家眷一起，留在北京工作。不料周凤珍一口回绝，做丈夫的还想再多说几句，平时低眉顺眼的妻子跳了起来，重言重语说，若此，她就不活，要一头撞死到公公坟头去。反应如此剧烈，实在也可以理解，当时的北京，在一个世居江南乡村的妇女眼里，无异于远在天边的地方。有了这番波折，留京的想法，闵季骞从此不提。

不久，应丹阳艺术师范学校吕去疾校长的邀请，闵季骞到丹阳工作。闵惠芬七岁，爹爹由嗯娘相伴，带上他在北京生活的全部家当，坐船离京，沿京杭大运河，直下江苏丹阳，安家一个叫板桥头的地方，自己到丹阳艺术师范学校报到工作，小惠芬则入读艺师附属小学。

从弯斗里到丹阳，小惠芬的感觉是进了天堂。

上学没多久，她就发现，学校大操场对面，是艺师大哥哥大姐姐的教室和排练室，隔着窗户，可看到舞蹈排练，《采茶扑蝶》《十大姐》，"看得滚瓜烂熟，就差没挤进去跳了"。美术室也是个好地方，蹑手蹑脚溜进去，看大哥哥大姐姐们画画，安安静静里，滋长出神秘兮兮的氛围，十分刺激。

到丹阳没多久，闵季骞弄来戏票，让她们母女进丹阳剧场看锡剧《双推

丹阳艺术师范学院旧址

磨》。这是闵惠芬人生中，第一次走进真正的剧院看戏，让她跟嗯娘意外的是，这出戏里面的"大陆调"，她们在弯斗里就会唱。于是，台上的演员在唱，台下的她和嗯娘，在自己的肚子里跟着唱，唱过一段，两个人互相望一眼，说不出地开心。后来，爹爹安排她们第二次进剧场，是看卡通电影《兔兄兔弟》，虽然银幕上的小动物很可爱，心情大好，比起《双推磨》，娘俩肚子里唱戏的乐趣，味道差了许多。

丹阳艺术师范学校，经常举办音乐会，每次都是闵季骞大显身手，二胡、琵琶、古筝，都要献几曲，特别受欢迎。

有一次音乐会上，闵季骞正在弹琵琶《十面埋伏》，剧场突然停电，一片漆黑，有观众失态，尖叫起来，闵季骞风雨不动，继续演奏。观众席，有几支手电亮起，照向舞台，接着，受到启发，更多支手电的亮光，射向琵琶演奏者飞舞的双手；后来电灯光大亮，琵琶声也正好戛然而止，跌宕起伏，令观众激动万分，雷鸣般掌声，一浪高过一浪。从此，闵季骞在丹阳，多了个"国王"的称呼，即"国乐之王"。

"国王"再威风，在家里，还不是宝贝女儿的爹爹？要什么，他都得依，女儿是家里"女王"。"女王"清楚，"国王"最宝贝的东西是乐器，都是他自己收拾，谁都不让碰，嗯娘也不许。跟他要吃的喝的，要笔要纸，都没问题，想动乐器，没门。

初见时，看到女儿对着自己带回家的一堆乐器眼里有光，他就有话，说那是大人的东西，不许乱碰噢。之后，千叮咛，万嘱咐，爹爹嗯娘两个，"不许乱碰"的话，不知说过多少遍，小惠芬每次都点头，说记下了。

有一回，一年级小学生闵惠芬放学回家，嗯娘正要外出，她说有点事，一会儿回。小惠芬就乖乖坐凳子上看书，做功课。做完功课，她依旧坐着，不站起来，眼睛死死盯住乐器，怎么也舍不得移开。

家里挂乐器的钩子，钉得特别高，连爹爹自己都不方便，得踮起脚尖才够得着，不用说，是为了防备小惠芬。

现在，机会来了，爹爹早晨离家时，跟嗯娘说过，晚上陪同事，不回家吃晚饭，嗯娘又不在，家里就她一个人。她搬小方凳，摆上桌子，一步踩上条凳，再一步走上桌面，人就站上方凳去了。这个三大步，她在心里想过一百遍都不止，实施起来还真灵。

站上去，眼前突然就开阔了，先碰到的是三弦，再是琵琶，最后是胡琴，依次摸过三四遍后，手指停在胡琴的琴筒上不动了。一瞬间，不由得颤抖了起来，手臂往上再伸了伸，就捏住琴杆了。

真是出怪。弯弯一根线，像个美女的身段，琵琶很漂亮；笔直挺拔，玉树临风，三弦很耐看，像个小伙子。都好，都新奇，都想要搂怀里，一双手，伸出去，十根指头碰到的，独独是胡琴。

此生与二胡，天定，命缘。

拿，还是不拿？胡琴还没离开挂钩，僵住了，她犹豫难决。不动爹爹的东西，自己是点过头，下过保证的，违反保证，怎么还是"乖心肝"呢？还有，她在嗯娘面前起过誓，除了"乖心肝"，什么人都不做。这么想着，脸发烧，心狂跳。

不迟不早，嗯娘推门回来了，看到女儿站在凳子上，满脸飞红，她什么都明白了："'乖心肝'不要急，不要急，千万急不得！"

嗯娘已经急得要瘫倒，跌跌撞撞，三脚两步赶过来，双手搂紧女儿两条腿，抱她下了地。嗯娘让女儿坐下，转身给她倒了杯水，看着杯子在女儿手里一点点斜过去。

"什么叫吃饭家什，你可懂？"

"待哪天，嗯娘带你丹阳城里绕一圈，角角落落走个遍，看看能不能找到一家卖乐器的商店，即使是小摊小贩，那就算我们大本事。"

"店铺都没有，哪里还有修乐器的呢？"

"没有懂修理的人，乐器出点毛病，小毛病还可以，大毛病呢，爹爹怎么过？我们一家怎么过？"

小惠芬让嗯娘抱下地，头就是低着的，听嗯娘一路说、说、说，她听、听、听，头低了一路，始终没有抬起过。

艺术学校，近在咫尺。上学放学，大哥哥大姐姐们，抬头不见低头见，他们脸上，洋溢着青春的欢笑。身上大多还有乐器，提在手，背肩上，带着乐器走路，特别是大姐姐，那是另一番风光。小惠芬遇到了，会立刻停下脚步，死盯着，直到走远了，望不见身影。或者，鬼使神差似的，会跟着他们的脚步，他们走，她也走，他们停，她也停；走过一程，直到自己也感觉无趣了，才收了脚，怏怏而归。

(5)"我有胡琴啦！"

1953年4月，闵惠芬读小学二年级，一个普通的星期天，她到艺师二院，找同学玩，途经艺师老师单身宿舍区，遇到一处门口堆着杂物，堵了半边道。她正待绕行过去，眼稍在杂物堆无意间一瞥，机会来了。她看到，里面有一样东西，不是东西，仿佛是把二胡；不是仿佛，琴杆、琴筒，样样齐全，还有弓，斜在琴杆之上，一点不错，是弓，裹一起的棕毛，发出油黑的光亮。尽管胡乱地混在杂物里面，每个部件都不在正常位置，不仔细看，还真看不出来，可是，小惠芬想有把二胡，想到眼睛出血，头脑胀痛，这些部件分得再散，场面再零乱，她都能一下子作出判断——是把完整的二胡！

小惠芬的双眼里放出贪婪的光来，她刚要扑下身去，又把身子收了回来。一扑一收间，罗哲元老师站到了她面前。

罗老师，小惠芬认识，是父亲的同事，艺师教美术的青年教师，行将结婚，告别单身。今天他趁着星期天，正兴冲冲地打扫房间，门口的杂物堆，就是从他房里清理出来的。这把胡琴，毫无疑问，应该是罗老师的。

"罗老师，我想跟你要样东西。"

"我的东西？"

"你一定得给。"

"一定给。"

"发誓！"

"发誓！"

"罗老师，这把琴，可不可以给我？"

罗老师看看杂物堆，又看看小姑娘，不由得笑出声来，他一副人逢喜事精神爽的模样，右手潇洒地一挥，说："归你啦，拿去吧！"

"我抓起二胡，连谢也忘了说，一路飞跑回家。那真是没命地奔跑，一句话，在喉咙口反复说——我有胡琴啦！我有胡琴啦！一个念头，像是个吓人的催命鬼，在脑子里旋转：罗老师反悔了怎么办？罗老师追上来要回去怎么办？那个时候，丹阳镇大大小小的马路弄堂，都是青石板铺成的，尽管大小不匀，却是一块连着一块，没尽头似的。我在上面跑着，跳着，走完一条路，转个弯又是一条，不时地有'咕咚咕咚'的声响，从脚下跳出来，那是不平整的石板，在我脚丫的敲击下，发出的声音，单纯又丰富。这美妙的'咕咚'声，在我心头差不多回荡了一辈子，它象征着我音乐生涯的开始，象征着我从事二胡事业的开始。"

到家，猛推门，把正忙活的嗯娘吓一跳。她顾不上嗯娘，问，爹爹呢？嗯娘说，你眼睛真大，他不就在你身边吗？原来爹爹出去刚回，跟女儿正巧前后脚，在她身后站着呢。

返身面对爹爹，好不容易，她把气喘匀了，双手高高举起："我有胡琴啦！"声音从喉咙迸出来，很响，有一点爆发的味道。闵季骞看女儿，脸仰着，通通红，不停地冒着蒸气，额头到颈脖，满添汗泥，眉宇间画着决绝。他心头一震，先是接过胡琴，旋来旋去，不肯放下，不知在看，还是在想心事；然后慢慢俯下身，搂住女儿，无限爱怜地看着她，没有说话，话都在女儿背脊画圆圈的手底心，画了一圈又一圈。

琴是罗老师自己动手做的。最惹眼的，是琴头的雕刻物，是鹿头的形状。这个位置，是琴的最高点，具上是天，合一起成了"天鹿"，丹阳谐音"天禄"，讨个做官的口彩。此琴的尺寸规格，成年人使用太小，适合作童琴。西方乐器制作，有时会根据演奏者年龄、身高，订制不同的尺寸，中国乐器也有类似制作，但不会是批量生产。这件罗氏手工作品，虽非量身定制，恰恰天衣无缝，适合小惠芬的身高，比正式胡琴差口气的，是封在琴筒上的，不是传统的蛇皮，是癞蛤蟆皮。闵季骞左看右看，一声叹息："这个罗哲元，真是的。"

闵惠芬的第一把琴

"罗老师不会是捉不到蛇吧？"看着父亲，女儿推测。

"那为啥不用蛇皮？"

"他怕蛇，不敢捉！"对自己的推理，小惠芬很肯定。

闵季骞撸撸女儿头，大笑不止。

以后，闵惠芬拥有了许多琴，其中不乏名贵珍品，这把琴，始终放在身边，这件事，记了一辈子。步入知天命之年，还能清楚记得罗老师长的模样，"归你啦，拿去吧"，他说话的声音，手势，头一甩的潇洒，拂之不去。闵季骞呢，耄蒉高寿了，别的许多地方，都有点可以原谅的糊涂，女儿拿到这把罗氏胡琴时的欢喜神态，蹦跳着扑到自己怀里的开心劲儿，放电影一样，一遍遍走心里过。

当时的爹爹，真心让女儿给感动了，对这把杂物堆里捡起的二胡，也有了感情，不是爱屋及乌那么简单。他不敢怠慢，连夜给癞蛤蟆皮作技术处理，又给弓换上新弦，擦好松香，自己一遍遍试拉，各处调整，直至一切妥帖。次日一早，他找出自己编写的油印本《二胡教材》（后修订，1956 年 12 月由北京音乐出版社出版），第一页——《芦笙舞曲》。

女儿还没有反应，不知道爹爹下一步要干什么。爹爹没有看他，看油印本，安顿女儿在自己面前坐端正，说："惠芬呀，开始吧。"

《芦笙舞曲》只有三个音"1、5、2"，两个空弦音，一个"2"用食指，是特别简单的乐谱。

小惠芬做梦都没想到，这会是她的启蒙第一课，起因竟是一把自己捡来的，癞蛤蟆皮琴筒的破二胡。

这第一支曲，没两天工夫，她就上手了，拉得没有疵点。女儿进步之快，出乎爹爹意料，也让他高兴。以后几天的课，他就有了改变，中间没有停息，三首曲子，《感激毛主席》《摘椒》《王大娘探病》，一口气教给了她。爹爹有学校的教学工作，平时毕竟很忙，他是想，一次教多一点给她，可有比较长的时间，让她独自练习，少一点影响到他。哪知道，前后只用了一个星期，女儿就跟他说，她已经熟练，会背了。爹爹吃了一惊。闵季骞是音乐教育家，他熟知少儿民族乐器教育的一般进程。

"三首全都会了？"

女儿点头。

"都不用看谱了？"

女儿点头。

有了琴，小惠芬变了个人。过去要好的朋友约她玩，她不去，吃饭睡觉，都要大人催上几遍，才肯放下琴来。中魔似的，琴不离手，天天拉琴。晚上上床睡觉，她跟嗯娘说，一天的时间为什么那么短，过都没怎么过，就过完了。嗯娘觉得奇怪，闵季骞笑笑，拉琴这件事，孩子实在是喜欢。

"她家租的房子，正好和我家在同一个院子，小牛场 17 号，我们前后做了四年邻居。闵季骞先生是著名的民乐演奏家，二胡、琵琶、古筝色色精通，因为家学渊源，闵惠芬从小就学会了二胡。每当夏晚，大家在院子里乘风凉之时，闵先生都会拿来各色乐器，尽兴演奏一番，曲子大多是江南丝竹。此时，和二胡差不多一般高的闵惠芬，也会跷起小腿，拉上一曲，父拉女随，煞是热闹，

整个大院的邻居都大饱耳福。"（孙逊，上海师范大学都市文化研究中心主任、博士生导师）

闵季骞教女儿学艺，很有章法，循序渐进，女儿不是这样想，总感到"吃不饱"。艺师有专门教民乐的课，去学校看爹爹，让她路过碰上了，便在窗外听。听过一次，觉得好听，比爹爹讲得过瘾，就留意了。再去学校，不急着找爹爹，先躲到教室外听起课来，正入神呢，背后有人拍她肩，想赶忙回过头去，太急了点，脑袋瓜撞窗门上了，赶紧扶住痛处；那只拍她肩膀的手，跟她的手合一起，不住地按摩她的脑袋。

"你怎么跑这儿来啦？"是爹爹的声音。

"我来看你的呀。"

"人家在上课。"

"我就是来听课呀，这个老师讲绰、注、吟、揉、顿、挫、滑，绰是什么意思呀？"

"乱弹琴！"

"他讲得不对吗？"

小惠芬跟"国王"父亲学琴的事，不知怎么，让艺师联欢会的组织者知道了，再次组织活动时，他们就跟闵季骞商量，让小惠芬上一个节目。

当时全丹阳城，会拉琴的儿童，也就小惠芬一个，消息传出去，大家觉得稀奇，好玩。一向低调谨慎的爹爹，这次答应得爽快，还催着周凤珍，两个人一起上街，为女儿买了一双红皮鞋、一双花袜子。

嗯娘特地找吕去疾，借来一条儿童穿的连衣裙作参考，亲手为将要登台演奏的女儿，做了一条连衣裙，红底配上黄圈圈图案，小惠芬幸福得满脸放光。实在是太漂亮了。要知道，那个时候，丹阳人，男女老少的衣着都非常土，大人都很少穿连衣裙的，小孩子更少见。

父母亲如此隆重地打扮自己，令小惠芬无比激动，就更起劲地练琴。听爹爹的安排，上台演的就是四首启蒙曲，她信心十足，认为一定能拉好。

演出那天，学校小礼堂挤满了观众，轮到小惠芬上台，下面的观众忽然就起哄了，还不是因为是个孩子，大家争着要看个新奇么。

小惠芬坐上凳子，才发现自己人不够高，两只脚怎么也够不着地，她急中生智，索性就架起了二郎腿，这个老茄茄的，显然是成人才习惯有的姿势。才摆好，就引来满堂大笑。

不管下面怎么闹，小惠芬倒是一点也不怯阵，只管按爹爹的既定方针，一首首拉起来。

《芦笙舞曲》《感谢毛主席》《摘椒》，都顺利，博得一阵阵掌声，《王大娘探病》，坏了，脑子坏了，谱子怎么也想不起来了，"王大娘"没能探成病，胡琴先就"病倒"在了自己怀里。

小惠芬悬着两条腿，愣在台上，不拉琴，不说话，台下嘈杂声，一阵高过一阵。"努力想，还是想不起来，眼睛盯着天花板看，还是想不起来。看到这个样子，下面的大人们更是开心，发出来一阵阵笑声，有人喊：'小姑娘，下去吧！'我想，偏不，我一定要想起来，不拉完第四首决不下台。"

爹爹一看这形势，自然不能"见死不救"，"急忙跑到台口，轻声哼起了《王大娘探病》开头的音调，就像演戏时，演员忘了台词，有专门提词人提醒一下一样。我听得清楚，不觉松了一口气，毫不掩饰地'哦'了一声。这一'哦'，'哦'得也太响了，让台下观众听了个正着，爆发出更开心的哄笑。在大家的笑声中，我拉完了《王大娘探病》"。

话是说轻松了。艺术学校的师生，特别是学二胡的学生，还有在场所有的孩子、孩子的家长，都为她的琴声所折服，为之惊叹。差不多大的孩子瞪大的眼睛，一眨不眨；白发苍苍的老师微微笑着，频频点头：这一点点小的女孩儿，怎么可能拉出这么漂亮的声音呢？那是春天柳枝绽放的嫩芽，百灵鸟脆亮的嗓音，天山雪融的清泉，清晨时无边原野飘荡的炊烟呀……

八岁时，闵惠芬第一次登台演出

通过胡琴唱给世界，此乃闵惠芬最初的心声呢。

年仅八岁的孩子，第一次正式登台，值得好好庆贺。爹爹好得意呀，牵了女儿的手，穿过热闹的人群，一路上，不管认识不认识，都跟人家打招呼，走走停停，一段不长的路走了好久。

"我们这是到哪儿去呀？"

"照相馆。"

"拍照？"

"不拍照，去照相馆干吗？"

进照相馆，郑重其事地拍照，这是第一次。爹爹一定是跟照相馆的叔叔阿姨说过什么了，他们都朝小惠芬点头微笑，竖大拇指，小惠芬什么都新鲜，开心，兴奋。听摄影师的指点，坐进布景棚，身上穿着，舞台装扮一样不落，捏着二胡，穿漂亮的花裙子，扎蝴蝶结，像模像样地，拍了一张纪念照。

这个开头，好比小惠芬是支箭，摆上了弓弦，又好比翅膀特别会长的幼鹊，人家舒舒服服待窝里，伸长颈脖等妈妈喂食呢，它扑棱一声，早早地抖动双翅，自己飞了。

第二年，都听爹爹的安排，二胡演奏新曲目，如开闸之渠，源源不断，多到没法数，当年演奏最出色的，除《西藏舞曲》，另一支是京剧曲牌《八叉》。紧接着，下一年，师从李炘老师学钢琴，不用说，是爹爹牵的线，李炘是爹爹的同事，所用教材，有《拜厄》和一些钢琴小品。

（6）好朋友

1956 年，闵惠芬十一岁，闵季骞调南京师范学院音乐系任教。当年夏天，一家三口迁南京，火车上，闵季骞喜滋滋地告诉妻儿，丹阳是小地方，南京才是大都市，不好比的。到了下关车站，手里提着沉甸甸行李呢，闵季骞颠颠地，走很远一段路，给她俩各买了一根冰棒，步子很急地回来："这东西叫冰棒，丹阳没见过吧，吃，快吃。"

接到手时，周凤珍和小惠芬怕烫似的，一个激灵跳了起来，冰棒一个劲冒凉气。小惠芬把它举过头顶，对着阳光左看右看，爹爹大笑了起来：快吃快吃，时间不能久，化掉就吃不成了。娘儿俩听了，两眼愕然，莫名其妙，冰水还在一个劲往下滴，她们听不懂，"化掉"这个词是什么意思。

看着女儿开心地吃冷饮，父亲突然激动起来，趁等公车的一点点时间，他不顾她能否听懂，郑重其事地说："你们可知道，这次我能调南京工作，真是全亏了好朋友杨老师，没有他，我们哪能到南京呀！"

小惠芬自顾吃冰棒，没听父亲说话。

杨老师大名杨其铮，比闵季骞早些时候从丹阳调到南师任教的，他到南师后不久，就找民乐系主任陈洪先生，热情地推荐闵季骞。其实他并不熟悉陈主任，他只是觉得闵是个人才，推荐是他的责任。陈主任被他的真诚感动了，和他一起，花了许多努力，才把闵季骞调至南师，任民乐教师。"他们两个是爹爹的贵人，这辈子都感激不尽呀。"

吸完冰棒，还舍不得张嘴，是怕凉气跑掉呀。

人得有感恩之心，滴水之恩，当涌泉相报。这些话，爹爹没有说，他觉得跟年龄这么小的女儿没法说。女儿呢，没听说半句道理，却知道父亲跟她说的，就是这些意思。他是要告诉女儿，这个杨其铮先生，是朋友，他得记住他的好，她也得陪着父亲，记人家一辈子。

杨其铮和闵季骞，一起编二胡教材，是学术上的知音，生活中的好友。他们编的教材，在闵惠芬开始学琴时，闵季骞已经完成初稿，初稿的油印本（即第一页是《芦笙舞曲》的那个），还是闵季骞亲自刻钢板印成的。后来杨其铮和闵季骞在这个版本的基础上，继续完善，一起合作。

一天半夜里，小惠芬梦游，莫名其妙从床上爬起来，其时，闵季骞和杨其铮正在挑灯夜战，两位惊奇地望着小姑娘，看她在院子里转过一圈，然后在房门口的门槛上坐下，腰板直起，一动不动。女儿这个情况，从没发生过，闵季骞慌了，想要走近去叫醒女儿，被杨其铮一把拉住，轻声说：咱忙咱的，不要惊动她，会吓着她的。

深更半夜，一个坐门槛梦游着的小姑娘，两个拉琴写曲忙音乐的大男人。

"我迷迷糊糊听到，杨老师拉了豫剧《王贵与李香香》的插曲《王贵是个好后生》。我在梦中第一次听到此曲，觉得好听极了，竟然坐着，一动不动，一遍一遍听。第二天，我很快练成了这首曲子。"

"夜游"这件事，闵惠芬记了几十年。

当年闵、杨二位好朋友联手编的初级二胡教材，绝大部分内容是民歌、戏曲曲牌和民间音乐，里面有一首叫《傻大姐》，教材上还有唱词，很有趣："她的确傻，顶顶有名的傻大姐，三加四应等于七她说等于八。她的确傻，顶有名的傻大姐，叫她去放哨她说怕鬼呀。哈，笑死啦！同伴们想一想，岂有此理，哪有此事，说鬼话，她为什么傻，就是没有学文化，学了文化再不会这样傻。"

这个作品，闵季骞指导小惠芬二胡伴奏，她的同班同学吕安安独唱，一拉一唱，成了他们两个多年的保留节目。"我这辈子都记得，它给我和吕安安带来终生的快乐。"

真是天有不测风云。

到南京的日子，指头都能扳过来，还没有待够多少天，别说熟悉新的环境，就是家里的板凳，都还没有坐热。一天下午，爹爹哭丧着脸进家门。小惠芬看到，他眼睛红红的，分明刚刚大哭过。

爹爹带回的一条消息，令全家震惊："杨老师，杨其铮先生死了！"

"你说什么？再说一遍！"嗯娘一把将女儿搂住。

"死在燕子矶，是跳长江死的。"

什么原因，起先爹爹也不知道，后来听说是"肃反运动"，杨先生受到惊吓，引发精神分裂症，自寻短见，至于他是什么问题，谁都没有说清楚过。

一连数日，爹爹失魂落魄，总在喃喃自语：他举荐了我，我才到了南京，来了这些天，我们两个都忙工作，还没能见上面，连当面跟他说一声谢谢，都还没有来得及呀。

事已至此，无可挽回，爹爹做的第一件事，是把杨先生的遗孀、遗孤接到自己的新家住下，与嗯娘一起，百般安慰他们母子，直至住了近一年，杨夫人华慧君觅得了安身之地才搬走。

同年，音乐出版社打算出版闵杨编的教材，牵涉到署名，闵季骞力主将杨其铮署前面。出版社意见，杨是初稿定型后才参与的，按照常规，理应闵排前面。"谢谢你们的好意，不动了，就这样了，算是表示我对他的敬意和怀念吧。"闵季骞一变一向温和的脾气，口气不容商量。

数十年后，南京艺术学院马友德教授见到闵惠芬，回忆往事："你爸爸和杨其铮先生编的这本书，是解放后最早的教材，很好的书，我学二胡时曾用过它。"

（7）红领巾艺术团

正如爹爹所说，南京大城市，就是不一样，学习锻炼的机会真多。到南京不久，小惠芬就参加了鼓楼区少年之家红领巾艺术团。艺术团指导老师牛犇，是部队复员的，不仅吹、拉、弹、唱全能，还特别能想办法。

艺术团条件差，他从一些艺术单位搞来尚能使用的旧乐器，跟山路小学协商，借它们后院一间大空房作排练厅。一个像模像样的乐队起来了，他让小惠芬担任合唱、管弦乐、伴奏指挥，这可比一个人练二胡、弹钢琴有趣多了。当然只是个傀儡，排练的辛苦活，牛老师包掉了。小惠芬站到指挥台，似懂非懂地看总谱，反正，基本东西牛老师已经指点，按声部进出点出，按节奏快慢比划。

艺术团排的第一首乐曲是《友谊舞曲》，第二首是《瑶族舞曲》的慢板段落。后来，乐曲难度提高，小惠芬"指挥生涯"最辉煌的有两首曲子，一首是李劫夫创作的，四声部童声大合唱《歌唱二小放牛郎》，是用管弦乐队伴奏的；另一首是儿童歌舞神话剧《桃花河》，半小时左右，牛犇老师和曹鑫老师创作，说的是一个小山村，儿童们辛勤培育了一片桃树林，山上猴王企图霸占，儿童在桃花仙女的帮助下，打败猴王，夺回家园。乐队一本正经坐到了乐池里，指挥台左侧排着几十个人的合唱队。

这些活动，加上每天练二胡、钢琴，使小惠芬整日处于高度兴奋之中，"常常夜里睡不着觉，各种美妙的音乐盘旋在脑海，轰也轰不走"。

当然，她一个孩子的睡不着，不同于成年人的失眠，她睡不着，就拿出弯斗里培育的看家本领，抓了萤火虫，或者纺织娘，放帐子里，一夜玩到天大亮。白天上学，她意犹未尽，把黑夜的兴奋，又挥笔演绎成长长短短的诗句，朗读给同学们听："萤火虫呀闪闪亮，亮呀么亮晶晶；纺织娘呀叫不停，叫呀么叫不停。"

白天晚上的辛苦，人就瘦下去了，父母亲看着心疼，买鱼肝油给女儿补身子，这可是金贵的好东西。不料女儿不领情，这东西讲究按时论颗吃，她倒好，三天两头忘记，有一次，嗯娘责备两句，还顶嘴，她一甩手，把满满一瓶鱼肝油从窗口扔了出去，爹爹赶忙奔出去，趴到草丛里，好一顿找。

调皮归调皮，更多的时候，小惠芬给父母带来的是欢乐和喜悦。只要是红领巾艺术团有演出，爹爹他比谁都兴奋，都上心。穿上嗯娘准备的白衬衫、蓝裙子，那是必须的，那是当年最最时髦漂亮的演出服；再就是梳辫子，每次演出，"爹爹都十分在意，总是亲自给我梳辫子，我的头发密，发质粗，拢起来一大把，爹爹的手劲大，我的辫子，被他摆弄得笔直，坚挺，像根箭一样射出"。

每一次，爹爹都不会忘记，来点锦上添花，在笔直、坚挺的"箭"上，扎上两朵大大的鲜艳的蝴蝶结，一会大红，一会又换了大绿。

(8) 南京乐社

六朝古都南京，文化底蕴深厚，民国以来，音乐艺术，特别是国学，集中了许多德高望重的大家。闵季骞有个习惯，有点空闲，就去拜访这些前辈艺术家，去他们那儿串门，还喜欢带上女儿，不管听不听得懂，让她坐旁边，做父亲的心里踏实。

张正吟先生，是南京古琴和国画名家，深具文人雅士风范，爹爹本人也是难得有机会上门见他，偶有"惊扰"，都带上自己的女儿，一起去拜访这位隔代大家。年幼的小惠芬见过张先生当庭操琴，挥毫作画，他的雅乐遗韵，虽不可能完全领略，却对幼小的心灵，有了早期古典音乐知识的启蒙。

南京乐社，是小惠芬的一个重要去处。创建人甘涛先生，乃名门后裔，满腹经纶，音乐上则是"有丝即弹，有孔即吹"，尤善胡琴类乐器。乐社有昆曲组、古琴组、二胡组和十番锣鼓组，闵季骞是甘涛的重要合作伙伴。

跟着爹爹一到甘家，甘先生总是亲自捉住家里可爱的小黄猫，让小惠芬抱怀里玩个够。然后他示范，"他演奏的江南丝竹和京胡非常杰出，加花，变奏，花样繁多，令人眼花缭乱"。

乐社凡有音乐会，必奏一曲《春江花月夜》，甘涛先生的古筝，闵季骞的琵琶领奏。《春江花月夜》于 20 世纪 50 年代中期开始流传，小惠芬每次都听得痴醉。

河南民间乐曲《十八板》，是另一支必奏曲目，甘先生拉二胡，闵季骞弹三弦，风格与《春江花月夜》迥异，前者诗画江南，后者则具北方铿锵豪放之气。"这首曲，可以说我是听到会的，多少年后，我与上音演奏家张念冰合作，几乎不用看谱子，就奏得得心应手。"

在乐社，小惠芬不尽是学习，也上台演奏。"我是南京人，从小也去南京乐社参加活动，我现在七十五岁了，当时十四五岁，她是八九岁小姑娘，一个小不点，上台拉二胡，弄个小凳子填脚板下，很可爱。台下坐的呢，几乎清一色白发老先生，老少反差特别大。"（龚一，古琴演奏家）

南京乐社对于闵惠芬真正重要的意义，还是民间音乐。甘涛先生请来老艺人顾鉴明先生，顾先生会演奏十番锣鼓，乐社排练、演出了顾先生传谱的《喜遇元宵乐》，《忆记景》，《四来》（到春来、到夏来、到秋来、到冬来），《师上车》（《四上尺》的谐音）。小惠芬多次聆听由顾先生带领（司鼓）加乐队排练和演出的这些民间乐曲。所列曲目，充满乡土气息，都常在喜事和庙会上用，由甘涛先生和闵季骞记谱，收入《江苏民间音乐选集》。

有一次，闵季骞带女儿到乐社昆曲组，他没带三弦，也没带二胡，从怀里掏出竹笛，察看了一下笛膜，就伴和着吟唱，流利地吹奏起来。小惠芬后来才知道，祖辈公公会吹笛，爹爹从小跟公公学过。

昆曲组也揪住小惠芬，要她拉二胡，组里有一个白胡子老爷爷，脸膛红红的，胡子长飘胸前，一脸慈爱，活像一个仙人，小惠芬不由自主去亲近他。

老爷爷叫甘贡三，又叫甘鑫，是甘涛先生的父亲，继承了先祖遗风，精通昆曲，他的艺术传承很有故事。"听他家人讲，辛亥革命后，清朝宫廷里的很多艺人流落到街头，其中有红豆馆主溥侗，甘贡三收留了他，并令其子拜他为师，得其亲授。"

一天，甘贡三老爷爷左手抓住小惠芬，右手抓住甘涛先生的小女儿甘小年，说要教她们唱两段。小惠芬心里一百个愿意，嘴里调皮，说要甘爷爷先答应她一个请求，允许她把他的胡子编成一根辫子，甘爷爷想都没想就答应了。

小惠芬兴奋极了，很快，甘爷爷的一大把胡子，在小惠芬的手里成了一根白乎乎的大辫子。下巴挂了大白辫的甘爷爷对小惠芬说：把手伸出来！

"我伸手，他在我的手心里先拍了一下，又用他的食指，在我的手心里点三下，说，这就是'一板三眼'，然后口传心授，教会了我和甘小年《春香闹学》和《游园》。几十年后，《游园》被我改编成了二胡曲，演奏时的意味，完全是甘贡三爷爷的唱法。"

闵季骞曾带领南师学生赴江阴采风，上世纪 50 年代已有深入民间、挖掘传统的自觉，他收集并记谱的，有谈明镛的吹奏乐，江金生的十番锣鼓、小册子《十八拍》、笛子曲《定席》，张伯炎的《朝天子》等二十几首。

爹爹记谱的本领，女儿觉得奇怪。原来闵季骞在中央音乐学院上学时，杨荫浏请来了程午嘉，程先生不仅琵琶了得，还熟悉十番锣鼓。闵季骞便跟程先生学十番锣鼓课程，程先生还同时教会了他记谱的秘诀。

六十年后，闵惠芬回头看，"杨荫浏先生、程午嘉先生等的教育理念真是值得我们继承，他们在新中国成立初期，就探索和树立了民间音乐如何推陈出新的理念，在教育上也已将之纳入民间音乐的课程，这对我们后辈有重要的启示。"

1957 年夏天，上海民族乐团到南京演出，部分演员睡在红领巾艺术团，摊开草席打地铺。年轻演员们还和红领巾们联欢，一起演节目，陆春龄先生时年三十多岁，属青年演奏家，他脖子里戴一条红领巾，吹了一首《小放牛》；十七岁的二胡首席瞿春泉，一曲《赶集》，让小惠芬眼界大开。当天，陆春龄、瞿春泉应闵季骞之邀，到家里做客。

二位老师谈话的兴趣都在小惠芬身上。说她的指挥不错，很有大将风度，二胡更好，音准、节奏，都好。说着说着，聊天中，二位提议：可以考虑让小惠芬报考上海音乐学院附中，争取获得深造的机会，她有天赋，加上后天良好的教育，争取走专业道路。

"还只有十二岁。"闵季骞有顾虑。

"能早一点，没什么不好。"

"又是女孩。"

"女孩好，女孩拉琴的少，国家需要呀。"

最后一句，大人气十足，是小惠芬插的话。陆春龄鼓掌，瞿春泉跷大拇指，闵季骞笑得尴尬。

上海客人走后，小惠芬开始天天跟父亲缠，非要去上音附中，父亲的顾虑却一时没法消除。大上海，连自己都陌生的地方，这么一点点孩子，不说上学念书，就是生活，怎么去过呢。

不久，南师音乐系另一位琵琶老师陈恭则，听说了上海同行的建议，主动找到闵季骞，动员他，不要有顾虑，放手让小惠芬报考去。闵季骞双手摊开在同事面前：她去上海，连个过日子的落脚点都没有，这便如何是好呢？不料陈老师是有备而来的，他说了个自己的想法。

陈老师是上海人，妻子和女儿都还在上海。当下，他提议，让他认小惠芬作自己的干女儿，上海的妻子李文玉，便是小惠芬的干妈。李文玉是上海雁荡路小学的教导主任，她培养过五六个孩子，都考取了上音附中；女儿陈安如，也就是小惠芬的干姐姐，已是高中二年级的学生，完全能够帮助妹妹，带带妹妹。

一番话，打消了闵季骞的顾虑，小惠芬更是高兴得拍起手来，真好、真好，我到了上海，妈妈姐姐都有了。

这话提醒了闵季骞，旧社会过来之人，通晓传统礼数，不能马虎，当即跟陈恭则商定，选了日子，搞了个像样的拜干爹仪式。

相比一般人，文化人闵季骞别出心裁，备了一大篮子青苹果，在仪式上，让女儿恭恭敬敬呈给干爹，愿他永远年"青"，快乐健康；陈恭则准备了一大篮子红苹果送给小惠芬，祝干女儿求学长知识，灿若红霞，天天向上。

1958 年 5 月，到了小惠芬动身去上海的日子，爹爹和嗯娘都得上班，没法送她。按爹爹起初的心思，送女儿上火车，无论如何得亲自去，女儿长这么大，头一趟出远门，还是一个人出行。

那天早上，三个人在一起吃早饭，吃着吃着，他看看周凤珍，看看小惠芬，忽然就改变了主意，碗筷一放，每天上班用的提包拎到手里，拍拍女儿的肩膀，口气坚决地说："也好，从今往后要独立了，早晚要靠自己，我的宝贝女儿，就从这次离开家门开始，你一个人出门，我们不送，你独自去闯吧。"

第二章 樟

1958—1966（13—21 岁）

（1）"听一听"

南京去上海，闵惠芬遵照干爹说的，上海火车北站下，走几百步路，坐上 5 路有轨电车，跟售票员阿姨说清楚站头，到干妈家，一步都没有走错。见了干妈，两下自是欢喜；马上跟干姐见面，一问一答，没几分钟，两个就好得亲姐妹似的。

第二天一早，干妈带小惠芬上街，头一件事，就说要替她做一套新衣服。起先小惠芬不干，懂事地说，在家时，妈妈都给备下，带上了，有新的，够穿。干妈说，妈是妈，干妈是干妈。干妈是个利索人，办事风风火火，剪布，找裁缝，没几天，干妈给做的新衣漂漂亮亮上了身。干姐是上音附中钢琴专业高二的学生，带上她去上音附中，熟门熟路，到哪儿办什么事，什么周折都没费，帮助干妹妹报上了名。

报名是顺利，初试却是出师不利。

这年报考民乐的学生特别多，到处都是人挤人，闵惠芬参加基本乐理，又稀里糊涂出了问题，考砸了。结果是，听了多人拉过二胡后，小心翼翼问人，什么时候轮到自己拉，被人带着同情的目光告知——你不用拉了。

小惠芬站到初试榜单公布处，一会儿从上往下，一会儿从下往上，一行行过目，仔仔细细，看着看着，怎么也看不到自己"闵惠芬"三个字，不知不觉，眼眶里蓄起的泪水，一滴滴掉落了下来。

这伤心的一幕，让三位学生看到了，他们是正巧路过的高年级同学，知道了原委之后，他们为小惠芬抱起不平来，其中一位姐姐还掏出手帕，替她擦眼泪。

"不哭，乖。"

"我们帮你。"

"你一定会录取的，一定是他们哪儿搞错了。"

原来在这之前，在复习迎考时，小惠芬进到附中，刘姥姥进大观园一样，到处蹿。也不是瞎蹿，她是听到哪个琴房传出胡琴声音，就往哪里钻。

她一个南京来的小姑娘，土气稚气傻气，上海人眼里，看什么有什么。进到一个琴房，有三四把胡琴同时在拉，是一首练习曲，她好奇地倚门驻足。音毕，大家轻轻说话。她好动，乘人不注意，伸手拨动琴弦。琴手大人不记小人过，宽厚一笑，理解她手痒痒的，把琴往她身边推了推：想拉？她点点头。她顺手接过，琴就落到了她的手中，功架很好地坐下了。

弓弦起，才开声，听众就有了，琴房挤不下，一颗颗小脑袋瓜贴满了窗台。南京小姑娘人来疯了，舌头吐吐，拉过一曲又一曲。

眼下看到她伤心落泪的三位学长，名字分别叫张怀粤（上海电影乐团演奏员）、成公亮（1940—2015，古琴演奏家）和何昌林（1940—2009，音乐学家），正是听过她拉二胡的高年级生。他们觉得她琴拉得太好了，这么小年纪，就可以拉《空山鸟语》，连"蝉噪林愈静，鸟鸣山更幽"的意境都拉出来了，太神了，不录取谁，也不能不录取这个小姑娘呀。他们决心要为她打抱不平。三人一合计，觉得这事儿找别人没有用，非得找到领导，直接反映情况。

没费大功夫，他们找到了附中校长金村田（闵惠芬升入大学后，他是上海音乐学院民乐系主任）。姑娘小伙，七嘴八舌的，把理由统统给"领导"摊摆开了。这金校长还真民主，还真信任年轻人，正儿八经的，把年轻人的意见当意见，当场答应他们，一定给这个南京来的叫闵惠芬的小姑娘一个机会：你们放心，怎么也得让把关的老师"听一听"。

复试那天，当中坐的卫仲乐先生，分坐两旁的是陆修棠先生和王乙先生。卫仲乐（1908—1997），是杰出的琵琶演奏家、教育家，民族器乐艺术"通才"，时任上海音乐学院民乐系副主任；陆修棠（1911—1966），二胡演奏家，早年肄业于国立音乐专科学校国乐选科，时任上海音乐学院副教授；王乙（1919—2002），二胡演奏家、作曲家、教育家，

上音附中时的闵惠芬

时任上海音乐学院附中民乐科主任。未待一曲《空山鸟语》"鸣"罢，喜形于色的卫先生，朝两边看了看，陆先生和王先生都在不住地轻轻点头。接着由王家恩先生主持，按规定，考了模唱与打节奏，家恩先生还同这个南京来的小姑娘聊了一会儿天。小惠芬回到南京后，过了不到两个月，就顺利接到上音附中的正式录取通知书，从此，师从王乙先生学习二胡，开始她终生二胡学习、演奏、教学、求索的音乐生涯，定居上海，再未离开。

这段经历，闵惠芬口里是另一个版本："记得'听一听'之前，我等在11号楼花园的台阶上，只听见白桦树哗哗地响，天空十分晴朗。终于我被叫进了'听一听'的教室，里面坐着一大排老师，但我一个也不认识。第一眼看见的，是坐在正中间显得很特别的卫仲乐先生，当然那时是不知道他名字的，因为他硕大的脑袋，留着蓬松的长发，显得很特别，我只觉得眼前一亮，他不就像图片中的贝多芬么，顿时我觉得好像被乐圣的灵光照了一下。他的旁边坐着一位老师，感觉他眼睛特别圆，面貌很和善，他就是陆修棠先生。其他还有好几位老师，来不及看，也不敢看。我集中精力演奏了一曲《空山鸟语》。拉完后，我看见'贝多芬'和圆眼睛对看了一下，两人明确地点了一下头。'贝多芬'又向其他老师传递询问的眼神，其他老师也点了头，我顿时心花怒放——他们要我了！"

一场被人戏称"垃圾堆里捡回宝贝"的复试，给闵惠芬留下的最深印象，不是别的，"就是当中坐的，梳着长长头发的民乐系副主任卫仲乐先生，让我突然想到以前看到过的艺术家照片——哟，贝多芬！监考官是贝多芬呀，灵光闪烁之间，拉得无比的好！"

进上海，初入学，见的老师，听的教导，都新鲜，都好奇。后来，随着时间推移，新鲜转为陈旧，好奇也转为司空见惯，慢慢地，都淡出了记忆。唯有一句话，校长"金口"说的，像是获得了神奇的浓缩术，刀刻斧劈一般，让她一辈子记在了心里。

新生入学典礼，金村田校长登上讲台，向可爱的新同学们训话，寄托由衷的期许，语气自然平和，不乏慈祥之态，照例说了一些客套话、打了几句官腔之后，金校长开始说这句话了，当然还是他那浙江口音很重的南方普通话，只是力气明显加强，神色也是大大地不同了。他说："我们学习民族民间音乐要学深！学透！学到家！"

比起前面说过的，金校长太想强调这句话的重要性了，他必须得紧咬牙关、嘴唇横拉、一字一句、铿锵有力地说出来。他这样说话，惊着了乡下姑娘闵惠芬。新鲜的学习环境，本来就让她好奇，校长用这种语气说的话，就不仅仅让她感觉到新奇了。金校长，和"咬牙切齿"说的这句话，从此刻在闵惠芬的心里，一有机会，不论场合、对象，就模仿着说出来，字句、动作、语气、表情，分毫不差，成了她的"保留节目"。

熟友中说不算数，还写在文章里："当时尚是顽童的我，只是记住了金校长特别阔大的嘴和浓重的浙江口音，那是十分怪异的发音，而且频频与同学们偷偷模仿：用两个手的食指拉宽自己的嘴唇，以示是金校长的大嘴，然后用浙江口音，把这句话鹦鹉学舌一番，再然后大笑一阵。随着年龄、学历、知识的增长，这句话，成了我从艺终生的座右铭。"

1958年9月，跟闵惠芬一同入学的彭正元（作曲家，革胡演奏家），1950年跟随当工人的父母，从江苏盐城专区建湖县来到上海，安家曹杨新村，"当时，老院长贺绿汀有一个政策，音乐学院的大门，向工农子弟打开。这样说，也真这样干了。1957年，学校在工人子弟点办起了音乐补习班，我就是参加了音乐学院附中，在曹杨新村的补习班，获得补习的"。

"考试在大礼堂，一个人一个桌子，笔试口试都有，结果录取了72人，分甲、乙两个班。要求念七年，初中三年，高中四年，我们一届，算是末代的七年制。学生进校就分主、副课，闵惠芬主课二胡，副课钢琴，考试老师说我音准，我的主课便是唱歌。王永德（二胡教育家）也是，入学之前，是连钢琴都没见到过的贫家子弟。当然，不是清一色工农，包括贺院长的女儿贺园园、钱仁康（1914—2013，中国第一任音乐学博士生导师）的女儿钱一萍，都在我们班里。"

闵惠芬的初中三年，可分两段，整个初一阶段，对任何新事物都充满着好奇，不懂事，很贪玩，特别是初一上半学期，期末考试有多门功课分数较低，考卷纸发下来，上面好多的红叉叉。"老师讲话听不进，上课坐不住，下课铃声一响，就冲出去，成了个皮大王，女孩子中，也就我一个，跟最会玩的几个男孩子轧淘，冲呀杀呀，魂不附体一样，结果，第一个学期基本上荒废掉，根本学不进去。"

"放寒假前，王乙老师把我叫去，到他的办公室，我站得笔笔直，他说，你看看，你这个学期，都干了些什么，你回家怎么跟你爸爸交代，我实在是担心，你这个样子，怎么能学得出来。……王老师从未如此严厉过，我眼泪水就流下来了。我这一生，因为学习不上心，挨老师批就这一次，再没有过。"

初一下，收心了，算是个过渡。跨进初二，忽然就懂事了，换了个人一样，学习积极性大增，埋头用功，课外动静也小了，不仅圆满完成规定功课，还偷偷自学起四胡，拜师拜的是师兄陈大灿。"师兄太有福气了，居然有机会跟内蒙歌舞团请来的四胡老师学四胡，我羡慕得垂涎三尺，就死皮赖脸求他教我，陈师兄很好说话，满口答应，真心诚意教我，做我的小老师。结果，他的一本四胡教材，让我从头到尾学了一遍，其中《秀英》《苍鹰》这些曲调，我一直记得。"

进入初三，迷上沪剧，钢琴专业高班学生吴培德是土生土长上海人，沪剧唱得特别地道，字正腔圆，也成了她课余的小老师，专教沪剧。

在同学彭正元的印象中，那时的闵惠芬，"就随男同学们，'阿彭、阿彭'地叫我，不像有些少女常有的羞羞答答、扭扭捏捏，非常爽气，平时见她，就是个痛痛快快、不拘小节的人，跟谁见，都是哈哈一笑，但是一旦进入正题，她就不一样了。我们小男孩，捉蟋蟀，冲呀杀的，她用功，一头钻在正事里，不出来了"。

王永德也一样，"我和闵惠芬是同学，是十分知己的师姐弟"，"凡和闵惠芬稍有接触的，对其便会有一种直感，即她的性格的爽直坦白，讲话大大咧咧，毫无遮拦，待人真诚，胸怀开阔，言谈举止，举手投足，丝毫没有小家碧玉的矫揉造作，尽显朴实大方，和蔼可亲"。

十四岁时的闵惠芬

1960年，闵惠芬十四岁。5月的一天，学校组织师生赴上海音乐厅，观看首届"上海之春"音乐节的演出。

开幕式演出，精彩纷呈，独独令闵惠芬钟情的，是《阳关三叠》，一位少女合着古琴的吟唱，按说也不过是普通的节目，给她这位初中生的感觉，却是"不觉神迷，终日念念不忘，不能自已。四处查找乐谱，终于在上海音乐学院附中唱片室，找到王震亚（作曲家）编配的大合唱唱片，乃天天聆听，直至烂熟于心"。

这一经历，可说是由唐代诗人王维的名篇《渭城曲（送元二使安西）》谱就的琴曲，与闵惠芬的首度神交，也可看成她脱去稚童气，开始成熟的一个标志。

正是这年的夏天，"文化部在上海召开的，首次全国艺术院校二胡、琵琶教材会议上，一位戴着红领巾的小姑娘，在全体代表面前，沉着稳健地试奏部分老先生为少儿编写的二胡教材。我被她扎实的基本功，和机智、伶俐、质朴、纯真的表现力而吸引，并预感经过努力，她定会成为一个出色的二胡演奏人才"。"会议期间的一天晚上，上海音乐学院附中的王乙老师，带着她来到我的住处，向我学习《迷胡调》中的一些特殊风格技法。从直接的面授中，进一步感受到，她把握乐曲风格韵味的准确性，和具有丰富想象的音乐表现能力，非同一般，特别是她良好的心理素质和毫无技术负担的演奏状态，更加深了我对她的深刻印象。"（鲁日融，西安音乐学院教授，就在这次会议上，他演奏了自己创作的，具西北秦风韵的《迷胡调》《信天游》，被赞誉"对二胡演奏风格、技法的新开拓"。）

闵惠芬初中毕业，顺利入高中，学校开"民歌"课，整整两个学年，授课老师是江明惇（上海音乐学院教授）。江老师毕业于上海音乐学院作曲系，留校从事中国传统音乐的收集、整理、研究工作，以他对民歌的热情和理解力，激发起闵惠芬学习民歌的潜在激情。那一阶段，她对课堂上所学民歌，和教材中所录民歌，不仅都会，还能模仿当地方言，惟妙惟肖地"再来一遍"。

听老师讲江南丝竹这门课，她特别来劲。

一上来，老师讲这个乐曲的历史，活在民间，艰难发展，自生自灭，具备顽强的生命力，讲你繁我简、你高我低，讲加花变奏、即兴发挥，一小段理论翻过去，便提到《三六》《龙虎斗》《凌霄花》，这些个都是曲调名，都陌里陌生的，却听得新鲜，便用心记。条分缕析后，老师沉入具体，自然地哼唱起，一些段落，才开个头，闵惠芬的耳朵就尖了起来——星空，板凳，稻桶，草垛，飘拂的柳条，黑脸，泥腿，行香的队伍，热闹的场景，蒙着月色、穿透田野的音符，一个个跳进了嗓子眼，故乡家门口，小河般流淌，哗哗而至，想赶都赶不走，声势足够浩荡。

情不自禁，随着老师的节拍，她由慢至快，由低及高，哼将起来，不能停止。她的不由自主的声音，起先是让老师的声音起了变化，跟她相反，他是快化慢，高转低，干脆停了下来，任由她哼唱。满课堂的师生，吃惊，是不用言说的，到底都是读音乐的，迟疑了一小会儿，紧接着，便是噼里啪啦的友好的掌声。

接下去，专业课，晚自修，打开书本，看书页上介绍滩簧、民歌、佛曲的章节，毕竟都是初次接触，都生疏，同学们，轮到谁，都需要好好研读一番，一时还难领会，感觉吃力。她不，这些纸质的文字，在她眼里，变戏法似的，一行接着一行，都幻化成了立体的画面。到了她这儿，乡音，土到掉渣，也最为亲切，因为都配有亲切的布景。

高一下学期，她向师兄唐春贵学习江南丝竹、广东音乐及沪剧音乐的演奏，并向他学习板胡的演奏技巧。

1962年，参加第三届"上海之春"演出的闵惠芬

高二上学期，"音乐学院为来年的'上海之春'全国二胡比赛作校内选拔。中学、大学在一起选拔，不分先后，不写姓名，比赛出来结果：大学部选了吴之珉，中学部选了闵惠芬。此后上课比以往要频繁得多，除了每星期上两次课（正常情况下每星期一次课），还有一些额外的辅导。当时练习的曲目有《听松》《空山鸟语》《春诗》《二泉映月》《灿烂的五月》《春暖花开》等。"

后来成了民乐团同事的徐立胜，本来中学比闵惠芬高一届，闵惠芬跳级后，与他做了同学。对她，还是附中阶段的印象最深："她是最勤奋的学生，这一点是毫无疑问的，每天一早进琴房，不到吃中饭，人不出来的。"

1963年春，闵惠芬步入高二下学期，经上一年的选拔，已明确参加"上海之春"全国二胡比赛了，不用说，她的练习，更加紧锣密鼓。

王乙先生不仅亲自授课，还常常请来自己的老师陆修棠先生，开小灶，指点闵惠芬。"在赛前的两个月期间，贺绿汀院长也曾经关心过闵惠芬，他对闵惠芬的演奏才华很赏识，并亲自为她讲授《二泉映月》的处理。"

吴之珉是留校任教的青年教师，闵惠芬私底下叫他大师兄，既明确作为大学部参加比赛的选手，又被指定为一起参赛的闵惠芬作指导；当时在读大二的唐春贵，也是确定参赛的选手，二胡、中胡、板胡都很棒，号称是"上海的刘明源（1931—1996，板胡、中胡演奏家）"，为了帮助师妹，他们两位优秀的选手，都做出了一些牺牲。

阿彭一直记得："他们两个帮助闵惠芬，全心全意，毫无私心，那时全国上下'向雷锋同志学习'正方兴未艾，社会风气特别好。后来比赛结果出来，学院的青年教师吴之珉获三等奖，唐春贵则没有获奖。师生一同参加全国顶级比赛，学生获大奖，老师殿后，从这个意义说，也是足可载入中国音乐史的奇闻。"

李肇芳（高胡演奏家）因为小了一岁，没有参加比赛，他却是每天去看，关心选手备赛的点点滴滴："我看到，是程卓茹叫了黄包车，亲自把闵惠芬送去教育会堂的。程是音乐学院附中校长，是基本乐理的专家、权威，非常优秀的教育家，她的先生是杨嘉仁，留美博士（双硕士），上音建立指挥系，他是第一任的系主任。"

李、闵是同班同学，都学的拉琴，"她有自己的习惯，比如轮到她练习是两点半，她会提早半点钟去，不受任何干扰，一看没有人，到了那儿就拉。小小年纪，有独立思考。有过一次，我们聊天，谈对人事的想法，她说：我看不惯的东西，又没法阻挡，光抱怨没用，只能做我能做到的事情"。

总结学习生涯，闵惠芬有本账："从初二到大二，我学过一年四胡，一年沪剧，两年民歌，一年'二人台'，旁听郭鹰老师教授的潮州音乐古筝课，参加过江南丝竹合奏课，学过一年京剧打击课，每一种我都非常有兴趣，基本都满分。"

她还学会了记谱，"学'二人台'时，老师是民间艺人周治家先生和张埃宾先生，他们即兴演奏的本领特别大，奏十遍，十遍没有一遍相同的，这样的谱子，我们照样记得下来"。

二胡在上世纪50年代还是个很单一、很个人的乐器，可是琴到了闵惠芬的手里，拉起来，就有一种肢体，有一种阔度。同行们发现，她拉东西总有乐队感在，很宽，这跟她小时候担任过小学乐队指挥有关系。

（2）少年夺冠

"上海之春"，始于1960年，1963这一年的"上海之春"是第四届，而这一年举办的全国二胡、小提琴独奏比赛，则是首届。参加比赛的有北京、上海、天津、沈阳、武汉、成都、广州、西安、南京等九大城市和华东六省的代表，其中二胡比赛，有二十九名选手进入决赛。不消说，参赛选手，几乎囊括全国的顶级高手——鲁日融、黄海怀、萧白镛、汤良德、沈凤泉、王国潼、蒋巽风、吴之珉、宋国生等，群贤毕至。他们均具个性化演奏风格，人人身怀独门绝技，带着足以"一剑封喉"的优秀曲目而来。

鲁日融就不用说了，他创编的《迷胡调》，早已闻名遐迩，王乙老师带着小惠芬，亲自上门求教过；黄海怀创作了《赛马》《江河水》，才干当然非凡；而老一辈二胡大家蒋风之先生，将多年研究的《汉宫秋月》，精雕细琢般传授于爱子蒋巽风；王国潼则携刘文金为他量身定做的《豫北随想曲》《三门峡随想曲》，这是两首具划时代意义的二胡曲，他这次风尘仆仆南下，自然也意在折桂。跟这些优秀选手准备的曲目相比，闵惠芬准备的《空山鸟语》《二泉映月》，是"大众曲目"，显然相形见绌，没有优势可言；年龄上看，她一个小姑娘，显得特别的稚嫩。比赛的时候，她被排在最后一名出场，应该说也是顺理成章的。

比赛为两轮：初赛规定曲目为《病中吟》，及新作一首、民间乐曲一首；第二轮规定曲目为《二泉映月》《空山鸟语》，及新作《灿烂的五月》一首。

第二轮比赛，二胡是 5 月 12 日举行，小提琴是 13 日举行，14 日下午同时公布两项比赛的结果：闵惠芬获得二胡独奏比赛一等奖的第一名。

中国胡琴历史悠久，但二胡的兴起，也就 20 世纪初刘天华先生以来近百年之事，二胡一直都是男人的世界。在这场新中国成立后举办的首届顶级赛事，能闯入决赛的，也只有她一位女性。十八岁少女闵惠芬异峰突现，用上"惊艳"二字，纯粹就是白描，丝毫没有夸张的成分。

"闵惠芬是最后一个上场的。观众席中，多二胡好手，起码也是爱好民族音乐的行家，见上来个女孩子，都在忙着收拾包包了，《病中吟》几弓子拉下来，剧场'哄'的一声，全都安静了下来。这以后又拉《听松》《灿烂的五月》《空山鸟语》，一路上，过五关斩六将。"

"比赛那天瓢泼大雨，我排在最后，按理说，排序不是很有利，我跟人家不一样，喜欢开顶风船，外部不利的条件，反而成了助推的内在动力。

"轮到我出场，我就看到下面观众都不太想听了，因为我是最后一名，第二十九名，下面人，要么伸懒腰，要么整理行装，我不慌，反而镇定，集中到一起，只有一个念头——有什么办法，能使他们安静下来听我拉琴？

"我想起老师对我的教导，上台演奏的时候，一定要使自己进入角色，第一首乐曲《病中吟》，你就要想着，当时刘天华先生贫病交加，社会之黑暗，就是社会之病。没想到果然奏效，当我慢慢地沉下心来，沉重的心情，从里到外浮现，台下一下子鸦雀无声。"

坐台下的王乙老师对闵惠芬说："听了你的第一个乐句出来，我就在心里说，这孩子，成功了。"

大赛颁奖音乐会，在上海音乐厅隆重举行，刘天华、阿炳时代不可能有，解放后也没有过如此规模的比赛，可谓中国民乐史上第一个"奥斯卡"颁奖典礼。

奖状设计很朴素，红色硬封，正页上简单几个字："一等奖获得者闵惠芬"；副页上是评奖委员会名单，不简单，"贺绿汀、蒋风之、卫仲乐、陆修棠、孙裕德、黄贻钧"，六位大家，每一位都是亲手执毛笔，签下了极其个性的行草，书法性、观赏性都在，可读出慎重、庄重、凝重和厚重。

1963年，闵惠芬获得全国首届　　全国首届二胡比赛，闵惠芬与其他获奖人员合影
二胡比赛一等奖

闵惠芬获得第一名，让很多人兴奋了好长时间。贺绿汀先生慧眼独具，由衷赞美："别看她年龄最小，演奏却最有音乐。"张韶（1927—2015，二胡教育家）乐不可支："她拉得那么出色，当时我真想马上冲上舞台，去把她抱起来。"他给出的评语是："将门出虎子，小小年纪做到刚柔相济，实在不容易。"

谈到对整个比赛的感触，贺绿汀代表老音乐家说的是："许多新作品的演奏非常精彩，乐曲的内容结合了现实生活，而且有鲜明的民族风格和相当高的技巧，这是一次可喜的收获。"

另一位音乐家，时年六十岁的哈尔滨艺术学院副教授张季让，也有一段心语："二胡虽然是中国乐器，但举行这样规模的二胡比赛，在我国历史上还是第一次。在'五四'前后，虽然也有人提倡过所谓'国乐'，但一直没有被人重视过，拉二胡的人更是被人瞧不起，只有在解放以后，在党的'百花齐放、推陈出新'的方针指引下，民族乐器才得到了各方面的鼓励和关怀。"

可见，论比赛目的预期和评价实际收获，主办方和组委会是自有重点的，闵惠芬的出现，只能说是异数，是意外收获，是横空一道闪电。

蒋巽风跟闵惠芬一样，也是一等奖获得者，排名在闵惠芬之后。他在闵惠芬从艺五十周年学术研讨会上，还清楚记着四十年前那场不同凡响的比赛："当时，闵惠芬只有十七岁，我比她大十一岁，所以管她叫'小友'。闵惠芬在那次全国首届二胡比赛中荣获一等奖第一名，小小年纪取得如此辉煌的成就，不仅震撼了所有参赛者的心灵，也使我深深地感到佩服。"

"我在中央音乐学院附中上学时，就听说上海音乐学院附中有一位女学生，在'上海之春'二胡全国大赛上获了一等奖。听过录音以后，《空山鸟语》音色的明亮、短弓的干净、左手风格性技巧的准确，使作品诠释得全面而有新意，确实令人折服。"（杨光熊，二胡演奏家）

上海民族乐团团长王甫建"初见"闵惠芬，"记得是在'文革'初期，我们这些刚进初中没多久的小鬼，被派去看管被查封的图书馆，我们百无聊赖，躺在书堆上翻书。有一天，随手拿到一份旧报纸，上面登着'上海之春'获奖者照片，中间一个扎两小辫儿、手拿二胡、穿着朴素演出服的女孩，给我留下很深印象，底下一行文字：左（或是右）起第 X 人闵惠芬。那年我十三岁"。

武汉音乐学院院长胡志平经常把自己的感慨，向学生倾吐，"当时的闵惠芬尚不满十八岁，就以奇高的悟性、敏感的审美心灵和精湛的演奏技艺，将作品意境的本质内核生动地表现出来了，这简直是音乐史上奇迹。"

闵惠芬与上海音乐学院附中同学

对闵惠芬当年比赛时演奏的录音，中国音协刘天华研究会秘书长方立平，不止一次地细细聆听过，"当《二泉映月》第一弓长音一拉出，我就大为感叹，那种日后被人们视为闵氏演奏风格的'气势'与'力度'，和她对音乐深刻的掌控力，那一刻分明已经呈现"。

在李肇芳眼里，"她仅是个年方十八岁的上海音乐学院附中女生，但她是一座富矿，她大胆而细腻的表述，演奏标点句逗的分明，气息意境的把握，作者心灵世界的挖掘，乐曲精神形象的勾勒，都远远超越了她的年龄，她不单是大赛最年轻的获奖者，更带来了二胡艺术演绎上一股清新的风"。

另外，在老同学的记忆里，当初学校认为高中学生应该安心念书，学生出去参加比赛，王乙老师也不赞成的。从这个角度看，说闵的成功有偶然性，也不无道理。

学扬琴的丁言仪，比闵惠芬高两届，她的主课老师洪圣茂是闵惠芬的伴奏，有比赛的消息、赛场的轶事趣闻，老师就给学生透露，跟大家分享。最后一轮，在文艺会堂的比赛，洪老师牵线，丁言仪和同学都去听了。都是学音乐的，都是差不多的年轻人，听的时候，手底心都冒汗，"确实拉得好，那么小的年纪，对音乐理解这么深，琴下出来的东西，就是能到达你的心灵。几十年过去，对她在赛场上超过想象的表达，印象太深，不可磨灭"。

在无比热烈的掌声中，闵惠芬从侧台下场。她的演奏完毕，也是宣告本届二胡第二轮比赛的结束。

人们纷纷离场，专家领导、师长同学，都迫不及待在讨论，喧哗，热烈。陌生小姑娘的琴声，涌动在在场每个人的耳鼓，飘浮在长空，那是朝霞里绚丽的光芒，春色里夺目的闪电，黄浦江奔流的浪涛，满觉陇八月的桂花雨，紫金山蓬勃的金钱松。

这是一片金子般的声音呵。

年轻姑娘闵惠芬顾不上大家的议论，丢下各色目光，独自走向屋外，找了个清凉地方，大口喘气。五月天气，怎么变得跟盛夏一样，会这么热了呢！

"闵惠芬，吃饭去。"不知道是什么时候，王乙老师站在了自己的身边，他跟她说话，眼睛看远处。

"王老师。"闵惠芬好像有好多话要说。

"吃饭去！"

走了好长一段的淮海路，师生二人进了一家饭店。

老师是上课的老师，除了课堂，师生难得有时间见上，偶遇，说的还是二胡，一起坐到饭馆吃饭，是想都不敢想的事。学生看着老师，只会笑。

老师把钞票、粮票摊开，巴掌拍了一记桌子，一个很陌生的动作，跟服务员说话，嗓门比平时高许多："两碗饭，三两一碗、四两一碗，一盆茭白炒肉丝，来大盆的！"

饭菜一会儿就上来了，都在冒热气。

闵惠芬筷子捏在手里，看着王老师，还在笑。

老师把饭堆高的一碗往学生面前一推："吃饭！"

至少是入学以来，最好，也是最饱的一顿饭。闵惠芬的吃态，说风卷残云，那是夸张，只能说，学生远远比老师吃得快，吃到碗见底，闵惠芬才顾上抬起头，王乙老师的饭碗，饭堆刚刚削去个头。老师的心思没有在吃上，筷子捏手里，他是在看，笑眯眯地，看着自己学生，吃饭、搛菜、喝汤，直到把饭碗里最后一粒米饭吃净，面前的菜碗，最后一条茭白丝，被她挑到了嘴里。

"饱了？"

"饱了。"

"好吃？"

"好吃。"

"再来一碗要不要？"

闵掩嘴笑了，说了一句王老师想不到的话："老师忘了一件事，您应该请吴之珉大师兄、唐春贵师兄一起来吃饭的。"

老师眼一亮，手抚学生的头，撸了撸，说不了话。

师生二人走在宽畅的淮海路，长者是多么清瘦睿智，姑娘是多么意气风发。夜幕笼罩，身边脚踏车，一辆过去，一辆跟上，路人边走边说话，都是轻声细语的；新叶簇簇悬铃木，散发阵阵春的清香，神气地站在人行道，看过一株，又一株立到面前，芬芳没有尽头。拐入汾阳路，进校园，闵头里走，老师脚步有点吃力，闵一定发觉了，就停下来等老师。待王赶到，闵站在一棵大樟树下，只管仰面张望，枝壮叶稠，偌大范围，星空都被遮严实，越见黑重。

王乙奇了："小闵呀，你在看啥？"

"看树。我有个疑问。"

"说我听听。"

"我在弯斗里，在丹阳，很少见到这么大树，我们那边，天那么大，地那么肥，没见过什么大树，反而是上海，公园、校园、大街，好多好多。"

"是呀，这是个好问题，老师一时答不上，有关植物学，还有社会学的问题，可以好好研究。可是老师搞教育，知道上海的大学多，好大学多，人才就集中，上海跟全国其他地方比，就是人才济济呀。"

"这个我懂。就说学音乐吧，就有我们附中，还有将来要上的音乐学院，全国有多少音乐人才，都集中过来了，更不要说其他学科了。弯斗里、丹阳哪里会有呀！"

"你闵惠芬不就是这样，到上海来了吗，不要说丹阳、南京，就是江苏也没留住呀。"树下有座椅，闵就势扶老师坐下。王乙沉在兴奋里："今天是个好开头，了不起的好！是我当老师到现在，最开心的一天！多希望从今往后，你日长夜大，成一棵参天巨树呀！"

不约而同，师生一起仰起脸来。

这个夜晚，他们一老一少，该是上海滩最幸福的人了。

（3）伴合奏

"真的，完全没有想到我会得第一名。"人们无数次问闵惠芬，她都是用这句话开头。一夜之间，突然成名，除了王老师请过这顿美餐，上学下课，日常生活，闵惠芬没感觉有什么变化。

是的，不久，中国唱片上海公司来相约录制唱片了，《空山鸟语》是她此生灌过的第一张唱片；是的，不久，她加入了中国共产主义青年团；由于赛事耽搁的功课，只消几个晚上的突击，很快都被她补了回来，没觉得怎么吃力。和二胡一样，这一年，她的文化课突飞猛进，让所有熟悉她的人，吃惊她的学习、比赛两不误。

其实，变化还是有的，而且非常明显。

备战和比赛的故事，都发生在高二年级，都是过去时了，进入高三上学期，她开始系统学习《江河水》的演奏，高三下学期，则疯也似的苦练起《豫北叙事曲》《三门峡畅想曲》。这三首重要的二胡曲，都曾是她的"对手"——黄海怀、王国潼们的看家脚本，现在都一齐汇合到她的弓弦之下，尽诉衷肠。

练到怎么个程度？天天一身湿衣服，这是必须的，关键是，不停地冒出来的汗水，顺着胳膊肘，小溪奔流一般滴落，于是，琴房的地板上，天天是一大摊汗水的痕迹，世界地图一般，就没见它有干的时候。

上音附中，当时的设置，高中是四个学年。鉴于闵惠芬专业课和文化课都很突出，当然不排除还有全国获奖的因素，校方决定让闵惠芬跳级，直升上音本科。

1964年9月，大一新生闵惠芬，师从陆修棠先生。

大一下学期，闵惠芬接到邀请，跟随学院演出小分队，赴广州，观摩广东省大型音乐舞蹈史诗《东方红》排练（仿北京的演出模式），当晚正式演出。听到双管吹奏的《江河水》旋律，闵的心灵受到极大震撼，在台下竟伤心得泪流满面。

次日，于广州市南方剧场，闵在上音小分队专场演出中，第一次登台独奏《江河水》。全身心投入，忘情的演奏，竟使她"忘记自己当时还置身于舞台上"。琴声逐渐静止后，全场观众，经历片刻沉静，立刻沸腾了，热烈的掌声，伴和泪水，经久不息。闵圆睁着泪眼，紧握二胡呆立许久才回过神来。

丁言仪记分明："大二那年暑假，听高年级班的同学说，新来了一位同学，很不错。我问是谁，他们说是闵惠芬。我说，她还没到升学的时光么。他们

大学时候的闵惠芬

说她跳级的，跳了一级。"

过完假期，新学期第一天，系主任金村田找到丁言仪，说："你有了空，就与闵惠芬合作伴奏吧。"

毫无疑问，学院为闵惠芬设定的发展路子，是独奏型二胡演奏家。作为唯一伴奏乐器，扬琴的位置，就成了题中要义。

丁言仪口里应诺，心想，学校这么多扬琴，闵惠芬同届的，能人有得是，为什么单单选了我呀，有点受宠若惊。

还没等丁言仪想好见了闵惠芬该说点什么，上完课，闵惠芬就先找过来了："以后能常常在一起练琴了，想想也开心"。

"我的扬琴，一塌糊涂，敲不好的。"

"光说话没意思，要不我们练琴吧。"

说着，两个人就钻到了琴房里。

开篇就是《江河水》。

伴奏谱摊开在面前，丁言仪快速"扫描"了一遍，心里在说，这么简单呀，本来不太踏实一颗心，瞬时安定。

闵惠芬起弓拉前奏了，几个音符飘起，钻进丁言仪耳朵，她就明白，这是一首很难伴奏的曲子，要表达的内容太深沉、太悲切，这远不是扬琴表现的强项。扬琴是弹拨乐器，有局限性，伴谱又这么简单，要去表现如此深沉的曲子，难度太大。沉稳下来的心，复又浮起。

"幸亏我只是伴奏而已，我只要把节奏对上，强弱跟着二胡走就可以了。这是我对《江河水》的初次认识，也是我对伴奏与独奏关系的肤浅看法。"

丁言仪最大的问题，还不在这里。父亲丁景唐先生，是上海市文化名人，母亲是学校教师，良好的家庭背景，使喜欢歌唱的她，从小就有条件弹钢琴。凭歌唱、弹琴两项，小学报考音乐学院附中，不料紧要关头，感冒发热，钢琴乱弹歌乱唱，落了榜。不服气，在普通中学读到高中，再考，进了上音附中。

拿到录取通知书那一刻，知道是学扬琴，心里好失望，没兴趣呀。她同时考进上海中学的，自己功课那么好，摊上个不喜欢的乐器，退学的心思都有了。教导主任找她谈话，那一年，国家提倡大力发展民族音乐，需要大批这方面的人才。父亲知道后，没二话，跟她说，国家需要扬琴，当然就学扬琴了。

闵惠芬与丁言仪演奏《江河水》

两个不同年级的同学，因为老师安排的演奏练习组合，差不多形影不离了，《二泉映月》《江河水》，蚂蚁啃骨头，一曲一曲练下来、磨合下来。丁言仪明白得很，那些最初的日子，只能叫独奏，不能叫伴合奏。自己虽然高她一个年级，年龄也长她两岁，但在演奏中，很明显，都是她在带着自己，一曲曲从生涩到纯熟，一次次进入作品主题要表达的内核。

"阿炳的东西太深沉了。"

"想想也是，不深沉，他就不叫阿炳了。"闵说。

丁也有体会："二胡真是件很特别的乐器，你看，它跟刘天华，跟阿炳，真是神合呀！"

"是的，表达人的复杂丰沛的感情，正是它最大的长处。"

"扬琴起烘托作用，让二胡更好地发挥自己长处，正是伴合奏中扬琴的长处呢。"

长相叙，心相随。同学相处，难分朝夕。丁言仪自己也说不清楚，改变了许多观念，跟天生反感的民族音乐，怎么会一点一点气息相通起来的。不知道始于何日，一个叫她"丁言仪"，一个叫她"老闵"。"丁言仪"是随了学生腔的，"老闵"却是全无道理。姑且存在就是合理吧，她们之间这样叫着，叫了一辈子，再也没有改过口。从此，开始了长达四十年的，丁为闵弹扬琴伴奏的合作关系。

《三门峡畅想曲》《豫北叙事曲》《山村变了样》，新曲一支接一支，日复一日，乐此不疲。

重返《江河水》。

"随着老闵那小而干涩的指尖流淌出的，如诉如泣的旋律，我的心完全被二胡勾住而不得自拔，我的双手似乎已不属于我，而只属于二胡。

"我想象着一位拖着虚弱身子、蹒跚于江边的妇女，时而呼天抢地、时而泣而无声的场景。我极力去体会她那叫天天不应、唤地地不灵的丧夫之痛，积压胸中那种悲、那种怨、那种绝望，从我的心底，经由扬琴琴竹在空间与二胡声交融、对白。

"我体会到了老闵所拉二胡的魅力，它很感人，它能触及你灵魂深处最柔软的部分。"

音乐学院有个民乐弹唱组，丁言仪是第二任弹唱组组长，有王昌元她们参加。她知道闵惠芬从小喜欢民歌、小戏调，演奏练习空下来，也是时不时爱唱上一段，就把她也拉进了弹唱组。

戏曲课，京剧、昆曲、沪剧、评弹都有接触，固然很重要，民歌组也不可或缺。"我们俩专门有过一年的学习，她得五分，我也是五分。两个人，放开唱，哇啦哇啦的，真是带劲。"

闵惠芬认为，"喜欢唱歌，对演奏有好处"。

"让民间音乐进入生命，用二胡表达出来。"

"贺校长的办校宗旨，了不起呀！"

修棠师育人，心思幽远，导引学生，尤其重视学习民间音乐。杰出的民族音乐家孙文明（二胡），周治家（二人台、四胡），张埃宾（二人台、笛子），张小牛（苏南吹打和婺剧音乐），王秀卿（盲人音乐家，三弦、大鼓），丁喜才（榆林小曲），在贺院长的支持下，一个个都被请进了高等学府任教，民乐系拜民间音乐家为师，虚心求教，蔚然成风。闵惠芬正是在他们身上，学会了记谱、定谱和表演形式，同时感受到了民间音乐的魅力。

陆先生带教闵惠芬，实足两年，所选教材，便是全国二胡比赛中从全国各地传到上海的新作。闵惠芬不仅随师习《三门峡畅想曲》《豫北叙事曲》，还学习先生的成名作《怀乡行》。

有一天，陆先生把闵惠芬拉到身边，试探地问："别光顾着练琴，什么时候搞搞创作，怎么样？"

"我们学生，行吗？"

"怎么不行！刘天华写《病中吟》时才几岁？二十岁！创作不在年龄，在感悟，他有了'人生何适'的心灵感受，那个年纪，也能写下浸透沧桑的不朽名篇。"修棠师通篇鼓励。

有老师这话，没什么好犹豫的。

闵惠芬的音乐创作因子，在很短的时间里，被迅速调动起来。她的首部原创作品，二胡独奏曲《老贫农话家史》，是1964年下半年开始酝酿的，当年的寒假开始前，交到了陆老师手里。

得意学子的青春之作，整个假期，摆在老师案头。

1965年春，大一下学期刚开学，陆修棠跟闵惠芬说："这样吧，你牵头，成立个创作小组。"

闵惠芬知道老师在指点她，在一步步帮她。

事儿跟同学一说，王昌元（古筝）说，我参加；浦琦璋（作曲）说，算我一个；王铮（古筝）说，让我也加入你们的队伍吧。

闵惠芬与浦琦璋、林恩培

四位少女组成一个团队，很快统一了形式，变二胡独奏为二胡与两台古筝的三重奏。二胡的主旋律写作，闵惠芬得到了陆老师辅导，和声设计、华彩声部的写作得到了作曲系刘福安老师的指导帮助。

3月下旬，四位同学完成了二胡古筝三重奏的《老贫农话家史》。

4月初，陆老师说："呵呵，我只是会上放了点风，其他系好几位老师，都来了兴致，想看你们演奏呢。"

过不了几天，陆老师通知："放学后，你们留下，学校会有人来找你们。"

"学校找我们，会有什么事呀？"老师不说，同学们也不问。下午下课后，其他同学都走完了，就剩下她们四个，你看我，我看你，傻等。一会儿，来人了："你们是演奏《老贫农话家史》的吗？"

他们手里拿着圈尺和本子。

闵惠芬眼睛一亮："要给我们做衣服？"

"量身订制服装，梦想转眼成现实。"

"乌啦！我们要有漂亮的演出服了！"

四少女一蹦三尺高，开心地抱成一团，转过一圈又转一圈。

当年5月，该曲在"上海之春"首演；9日在上海音乐厅演出，10日于解放剧场演出，并灌制唱片，由中国唱片社发行。

《老贫农话家史》也有曲折。徐立胜记得分明："班里有两位同学，左得很，倒也不是冲冲杀杀，搞打砸抢的那种，他们讲'道理'，说火热的生活才是唯一的创作源泉，她根本没有经过旧社会，哪里来生活，这个是方向路线问题，否定不是否定她人，是否定她的创作路线。"

她很单纯，很苦闷，很难受，去南京家里小住一段，那几个人又叫，话出格了："她是修正主义文艺黑线上的红人，这是在逃避运动！"

面对嘈杂，响应者寡。10月，闵随上音小分队，在广州南方剧场演出，首次独奏黄海怀的《江河水》，扬琴伴奏谭蜜子，还有她和同班三少女的《老贫农话家史》。这也是她接受高等教育后，第一次离开上海外出演出。

此前，这年的初春，一日，闵、丁二人接系里通知，要她们去锦江小礼堂演出。茂名南路59号锦江饭店，那是属于高层人物活动的地方，是市委市府、书记市长，接待中央领导、外国政要的地方。那个年代，普通上海市民，知道底细的，走过这地段，都会紧张兮兮，脚步紧。

按理说，在上海，这样的演出，也不是偶尔，有过几次经历后，闵惠芬习惯了，不就是演奏么，给谁演都是演，她是不会马虎的。她这点定力，与生俱来。丁言仪坦陈，跟老闵比，同样是年轻，舞台经验一样还不足，自己就是不行，越是担心出纰漏，还是防不胜防，特别是自认为重要的场合。

"我随老闵出场时，腿脚都不听使唤了，轻微一点声音，就觉得格外响，我的心好似定音鼓，咚咚咚猛击着胸膛。"

之后，同类的演出无数，倒是没有过差错，可是这一次，丁言仪形容自己"犹如一夜游神"，"恍惚中与老闵一齐坐下，脑子一片空白，演奏过无数遍、早已滚瓜烂熟的《江河水》呀，要命的《江河水》呀，你是个什么调呢，怎么就想不起来了呢。这个恐怖的状态，可怕地意味着，我手中的琴竹，虽然已举起，却不知道该敲往哪根琴弦、哪个音位去"。

旁边坐的，相距不足两公尺的椅子上，是比自己小了整整两岁的闵惠芬，她的神态，"镇定如若，旁若无人，已完全沉浸在《江河水》女主人公的角色中了。受她的鼓励启发，我猛然想起，这是降 B 调！除了降 B，还能有什么调呢，真是的！手中的琴竹随即落点，我心随意地弹起了扬琴，转瞬间，完全忘却了胆怯、紧张，音乐起，一泻千里，一路顺畅"。

然而，丁言仪心有不甘："我们的琴声却在 1966 年的夏天戛然而止：老闵被冠上贺绿汀'宠儿'的帽子，牵扯进全院上下批判贺绿汀的讨伐声中，我也因父亲莫须有的罪名而被淘汰出局。我问苍天，难道我们刚开始的艺术生涯，就这样终止了吗?！"

第三章　锲金

1966—1973 (21—28 岁)

(1) 心被三度揪紧

"革命"会是个什么样子？校园里看看，至多汾阳路、襄阳路走走，也就可以了，没有必要去淮海路、复兴路。不就是你斗我，我斗你，工人不生产，学生不上课，演员不练功么，"我受不了了，我们学校几乎听不到琴声，只有高音喇叭伴和的冲、杀、打、砸、抢声"。

陆老师跳河自杀，是闵惠芬去北京，接受毛主席检阅回来后不久发生的。这让她的心，刹那间被揪紧，痛至彻骨。

"打倒反动学术权威陆修棠！"

"陆修棠自绝于人民，死有余辜，遗臭万年！"

之前，音乐学院贴贺绿汀院长的大字报，从教室贴到走廊，从墙上写到地面，从校园连上大街，触目惊心，铺天盖地，到处墨字、红叉，黑乎乎，血淋淋，仿佛整个世界，就剩下这两种颜色，多一种就是罪恶。每个角落，随时都会伸出强而有力的拳头，砸烂贺院长的"狗头"，在这样的路上行走，必须得揪住心，吊起胆。

短短一两个月，一颗稚嫩的心被二度重揪，闵惠芬浑身上下，满布撕裂般的疼痛，不能忍受，便放声大哭。

这个年龄段，自然是感性重于理性。贺绿汀院长，德高望重，对于上海，乃至中国音乐界，他老人家，毫无疑问是个重要的符号。但是，他对于具体的学生，毕竟还远了一点，除了老院长在首届全国二胡比赛上，说过那句欣赏自己的话（这话还是事后别人传给她的），还真说不出有多少理解。

陆修棠老师就不一样了，他是业师，是几乎天天要见、直接给自己授课的先生呀，他的口音、他举手投足的模样，正在一天天加深，多么清晰，多么亲切。全国二胡比赛的奖状，陆老师隽永的签名，透彻着文化意韵。见到好字，好描模，是她与生俱来的习惯。老师的这个签名，她用手指，起笔落锋，一次又一次，反反复复，试着去顺老师的一笔一捺。

听到陆老师跳河的传闻，她根本无法接受这个事实，本能的第一反应，就是不久前学院的演出，陆老师走上舞台，演奏刘天华名曲《月夜》的神态，平时授业，老师都是讲课的样子，那是她第一次，也是唯一的一次，看到老师在舞台上的风姿。多少高雅的气质，多少柔美的音色！不下苦功夫，哪里是随便能够学得到的？特别是，他利用较缓慢的换把方式，产生浓浓的江南韵味，令她沉醉其中而深得启迪。

陆老师是在身边的，一个自己正仰望着，慢慢学习，等待着看清整个颜面的人，怎么能说没就没有了呢?！他是一个拉琴的教授，一个纯粹的艺术家，正值艺术青春的好年华。

1966 年 5 月 16 日，中共中央下达《关于全面开展"无产阶级文化大革命"的通知》，上音全面停课，没过几个月，闵惠芬随着大批同学，赴京"接受伟大领袖毛主席的检阅"。

在北京，一等就是好几天，看什么都没心思，天天等毛主席接见。轮到检阅那天，整夜没睡，半夜起身，抓着接待单位发的一个熟鸡蛋、一个苹果、五只刀切馒头，闹哄哄，跌跌撞撞地，自东往西挤在长安大街，随大流往前涌。糊里糊涂地，听人说已经走入天安门前了，头颈就使劲往右扭过去，直直地望天安门城楼，琉璃瓦，红灯笼，跟灯笼一样大红色的、一个人根本抱不过来的粗廊柱，倒都看得很清楚，就是毛主席看不见。光知道他是在城楼上，戴着一顶军帽，城楼上人不少，个个都戴着军帽，谁知道哪一个是毛主席？看不到就是看不到，怎么使劲也还是没看见。激情满怀去北京，因为没有见到毛主席，很扫兴地回了上海。

哪里知道，在上海等待她的，是陆老师的死讯。

没待自己的情绪从陆老师含冤去世的悲痛中缓过来，闵惠芬的大名也"荣登"了大字报，罪名是"资产阶级黑苗子"，"反动学术权威贺绿汀的宠儿"，墨字，红叉。理所当然地，她被一脚踢出红卫兵组织。"造反派"不让当，"保守派"又没处当，留下的，只有当"逍遥派"一条路。

陆老师出事，自然而然，闵惠芬牵挂上了附中的王乙老师。王乙老师跟陆老师是师生关系，更是自己整个中学阶段，学习二胡的主课老师。王乙老师被揪斗示众，消息不胫而走，他的众多罪名中，最显赫的是"双料特务"，造反派已将其关入私设的囚房。闵惠芬的一颗心，第三次被牢牢揪紧。

当上"逍遥派"后，她百事放下，坚持练琴，除了二胡，板胡、京胡、坠胡都是在那几年中学会的，"甚至还'啃'了一阵小提琴"，完全"不革命"，彻底"逍遥"。

想到自己的主课老师，"瘦弱如灯草"，通身的书生意气，曾经的好学生，就心疼得不行：多少蛮劲的"造反派"，他们手里的鞭子，不用抽下去，只要是举起来，他就得倒下，连爬起来的力气都不会有。

很快的，她便探得，"双料特务"没有走远，是被关押在校园内一幢小楼里，而且知道，不是在正经房间，是一处阴湿的地下室。那个传消息的人，还知道很多，"造反派"对他又凶又狠，除了没完没了的批斗，就是强迫劳动，扫院子、掏大粪，什么活累，什么活脏，就让他干什么活。明明是在把他往陆老师走的路上逼呀。

心如火焚的闵惠芬，到现场转过几次，白天不够，晚上一个人继续转，很快有了盘算。

（2）请老师听我拉琴

上海音乐学院，位于闹市中心区，校院内除了一幢教学大楼，全是精致的小洋楼，面积都不大，以红灰为主调，布局错落有致，间距都不宽，绿地多小片。

关押王乙老师的，是一幢哥特式小楼，紧挨着淮海路汾阳路一片（现早已拆除，成了停车场）。那间地下室，在朝西朝北的位置，仅有一个小窗，可以透气。直对地下室的楼上，也朝西朝北的，是一处洗脸间，看上去门是关着的，其实可以打开。闵惠芬上楼侦查过一番，隔天就抱着琴，提着凳，贴着墙根，三脚两步奔上楼，进屋，勉强够铺下一张单人草席，就住下了。

洗脸间安静到出奇，永远旋不紧的坏龙头，有小滴水落下，那点动静，刺耳响。久不扫除之故，四壁，齐腰瓷砖泛黄，满挂蛛网，粉墙斑驳，小不点窗户，被砸碎半块玻璃，残口锋利如刀，有小风穿入，平添一丝凉意，闵惠芬顿生安慰。地坪不平整，有排水沟，有凹陷，她挑着位置，把凳子放平实了，方才坐下。倾心做一件事，拉琴。

亲爱的老师受欺辱，学生无能为力，不过一弱女子，只会拉琴而已，还都是老师教的，那就拉琴吧，请老师听。

弓毛才吻弦丝，声音便出现了，真正怪异，耳朵里灌注的，怎么会是陌生的气息？分明是二胡的声音，是我的琴在呜咽呵。琴声徜徉在洗脸间，一段紧接着一段，流水顺着管道，顺着地心引力，走得无声无息；声音钻透水泥地板，穿越破玻璃，导入地下室，徘徊于小小的铁铸窗棂，走得跌宕起伏，抑扬顿挫。

闵惠芬坐这里拉琴，很沉稳，很老练，这神情，与年龄太不般配，又分外协调。是练习曲，是《江河水》，当然，还有《二泉映月》，意境太吻合，却不能多拉，伤感，绝望，不是目的。必须是《光明行》，是《月夜》《良宵》，是《病中吟》《闲居吟》，是《灿烂的五月》《春暖花开》《空山鸟语》《烛影摇红》，所有的，都是王乙老师手把手教的曲子，是老师他喜欢、极力推崇的音乐。

这洗脸间，很神奇，人入座，琴声起，跟往日的教室，便有了气息相通的灵性。

"胡琴流传至今，有一千多年历史了。"老师常常感慨。

"一种叫奚琴的拉弦乐器，弓是竹片制作的。"

"能歌善舞奚族人的伴奏乐器呀。"

"马尾胡琴随汉车，曲声独自怨单于；弯弓莫射云中雁，如今归雁不寄书。"

"沈括的诗，在他的大著《梦溪笔谈》里。"

"看看，到了宋代，胡琴演奏，已改为马尾弓了。"

周末，师生于校园相逢。阳光大好，一起走走，好时光，莫虚度，课堂被接龙到了去饭堂的路上。

"胡琴过去一直用于戏曲、歌曲、歌舞伴奏，民间音乐合奏。长期衍变，有了不同音色、音域和演奏手法的胡琴，为京剧伴奏的——"

"叫京胡。"

"为昆曲伴奏呢？"

"南胡。"

"梆子剧？"

"板胡和坠胡。"

"粤剧？"

"粤胡。"

"广东音乐合奏时用的胡琴呢？"

"高胡。"

"潮州音乐中用的胡琴叫二弦。"

"北方书鼓曲艺音乐伴奏，常用的琴则叫四胡。"

老师说最多的，还是刘天华。说到他，先生会两眼放光。真正伟大的民族音乐先驱呀，19世纪90年代，他让胡琴、琵琶登上了高雅艺术殿堂，争得了进入高等学府的地位，创立了科学演奏学派。他的经典传世之作，首首表现的，都是热爱生活、热爱故乡的诗画江南、民俗风情。

老师提请注意，"先生为提高二胡演奏技巧，系统化编写了 47 条二胡练习曲，真是了不起的改革"。

"固定高音的定弦，内弦为 d′，外弦为 a′，也是他的贡献。"

"这个你也记得？"

"还有呢。"学生有点得意，"多把位和小指运用的演奏技巧，正是刘天华先生了不起的首创。"

大概忙于"革命"的"造反派""保守派"们，七派八派，都很忙，一天天过去，居然没有人来过问。一段时间，上音这个小小角落，成了跨越时空的特殊课堂，不问教授，只交作业。

一早一晚，王乙老师出门，收工，在地下室的时间，基本稳定。洗脸间响琴声，没有顾上这个规律，不选择时段，只要有力气，她就不停在拉，用力用心的程度，所耗时间，都大大超过了平时的练习。

"她的"洗脸间，虽然从未出现过第二个人，她却备有两只凳子，第一天"安家"，就一手一只，提了进去，将凳并排放下，坐上其中一只，起弓便拉。正值盛夏，不多久，凳面即被汗水浸透，湿渍都会渗入凳脚，她顺势移坐另一条。如此，湿了换，换了湿，练琴不能停。

小小闵惠芬，却有大大的胆子。

有过一次，趁着宿舍没有人，她从练习本撕下纸，上书"要挺住，会过去的"几个字，没头没尾，没有上下款，行文口气，完全模仿成人。本想自己给老师递送去的，人都离地下室气窗口很近了，发现旁边有人走动，顿时觉得不妥当，临时改变主意，学电影里地下党接头送情报，假装路过，走远去了，然后在看得见地下室的位置，站定了等候机会。

一会儿，来了一个女孩，小小巧巧，一个小不点，从模样上判断，应该是上音附小的学生。

"小姑娘，你也是学二胡的吗？"她举了举手里的琴箱。

"不，我学舞蹈的。"

"噢，怪不得身材那么好。"

"一点也不好，老师说我腿不够长。"

"还不够长呀，"闵惠芬有意往地下室方向瞄瞄，"让你奔到那儿，怕有个一二分钟就可以了。"

"用不了一分钟。"

"你能帮姐姐一个忙吗？"

小女孩掐着一片寸宽的纸条，飞快地奔远去，又飞快地奔回，脸孔红彤彤，大气不喘："我说吧，用不了一分钟。"

"文革"狂飙落地，王乙老师让人找来闵惠芬，才见面，就拉着爱徒的手，怎么也舍不得放下，他说：我先说"一点"，"哎呀，你在上面拉琴，我天天听天天听，好像又回到教室，咱们师生在一起，忘记自己是在坐班房了，我听得可认真了，听到有些地方，我心里会急出来，自说自话：'哎呀，勿对哉勿对哉，拉得勿对哉！'有时候，会听到得意，夸奖你：'今天灵哉，拉对哉，蛮好蛮好。'"

再要说"二点"时，王乙老师习惯性地，四下里张望了一番，整了整身体，声音就小下去了："小闵呀，那个小纸条，那么细窄的一条条，捏到手里时，温暖呢，手底心沸滚发烫，全身都跟着热起来，里面有安慰，有希望。"

看到心爱的老师这个样子，不住点头的闵惠芬，眼泪水就差点要迸出来。

这一段经历，成了她的财富，年长后，成了喜欢跟后辈讲的"老话"。她的学生，上海音乐学院汝艺副教授，忍不住感叹："一个几百人的小单位，自杀了这么多人，不敢想。"

"很瘦小的干巴老头，苏州人，温文尔雅，不善言谈，最容易想不开。你想想，没有闵老师琴声的陪

闵惠芬与王乙老师

伴，会发生什么事情？可能会，也可能不会。一个学生，一点点大，这么懂事，这么知恩报恩。你说她不懂，不是不懂，她知道，什么是大的，什么是应该做的。"

汝艺带学生，讲琴艺，亦讲老师和"祖师爷"的故事。

（3）纤痕

非常年代的收获，谁能说清楚来龙去脉？

1966年秋天，青年学生闵惠芬，离开上音，坐长江轮船，去四川跑了一趟。从"革命"计，她本无意远行，书本上得来一句"行万里路、读万卷书"，这个时候特别出挑，跟随"革命大串联"的师生出远门，便有了最堂皇的理由。她的"革命"行动，目标很明确：参观"收租院"，游览长江三峡。

　　平生第一次，出门不带琴。

　　"收租院"在大邑县，她去了，直接在原作中间转悠。她一个青年学生，没有太多的复杂心理，欣赏艺术作品，讲究的是瞬间感受。众多泥塑群像中，两个塑像印象最深刻，一个是母亲背着将要饿死的婴儿，手上还拉着个皮包骨头的孩子，可怜的妇人，无望的目光，让人过目难忘；一个是手里拿着三根竹签的男人，仿佛在自言自语：打下的粮食都交了租，往后的日子怎么过？那个泥塑男人，"那种呆滞绝望的眼神，刻在了我的心头"。

　　没有亲历深重的苦难，第一次让艺术狠狠感染了一番。一男一女，两个泥塑的形象，为闵惠芬走深《江河水》，上了生动一课。

　　似曾熟悉，分明相随，人在四川，心游百年无锡。

　　无论懵懂年月，家父弯斗里启蒙，少年丹阳南京讲故事，还是中学大学，陆老师、王乙老师，谈艺术，讲二胡历史的漫长岁月，都绕不开华彦钧——民间音乐家瞎子阿炳。

　　"他眼戴墨镜，身背琵琶，一手提着二胡，一手拄着竹棍，走街穿巷，卖艺度日。"

　　"他没有家吗？"

　　"父亲是无锡雷尊殿当家道士，吟唱奏乐，母亲是民间秦家的寡妇，以帮佣为生。道士娶亲，寡妇改嫁，封建礼教不容，阿炳一降生，便备受欺凌。长到四岁，母亲去世，只能隐忍真实，明明是亲生父子，忍屈受辱，以继子身份跟随当道士的父亲。"

　　"他不上学？"

　　"天资聪颖，自幼好学，吹拉弹打，无师自通，人称小天师。他没有童年，靠着音乐，从小在成人世界生活。"

　　"他真是命苦。二十七八岁起，一双眼睛说瞎就瞎了，渐渐什么都看不到了，道会门亦无情，他被逐至街头，孤苦无依。二胡、琵琶，人世间，可以安抚灵魂的，只剩下音乐了。"

　　"'天下第二泉'，月光下，神话般景色，他看不到，用心体会到，站到惠山泉亭上拉二胡，一拉，就拉出来《二泉映月》，那里面，有他一生的悲怆啊。"

　　他一尊拉琴的雕像，就在"收租院"男女间。

登上江轮，进入三峡，她步出船去，伫立船头。沿江巨大的岩石，连续不断，劈面而至，又退向远处。很快有了发现：在与人腰齐高处，显现一道道别样的凹痕，深浅不一，时断时续，有陈旧，有新鲜，有的布满苔藓，有的居然长出来粗大的树干，不仔细看，根本就不知道，苍虬的枝杈间，会藏着同样的凹痕，深深浅浅，刀刻斧劈一般。

身边有人，是船工，她跟他聊天，两人一起望向岸滩。

"这一道一道的，硬线一样的东西，谁弄上去的呀？"

"你想，谁会有那么大本事？"

"天然造就，人工雕成？"

船工摇头。

"要不，鬼斧神工，巧夺天工？"

"都不是，那是纤绳留下的痕迹呀。我过去就是个川江纤夫，苦命人里面命最苦的人。每天背纤索，拖拉着沉重的货船，酷暑严寒，刮风下雨，脚印追赶着脚印。背上绷紧的绳索，死死地扣住岩石，一步也不得松，特别是激流险滩，弧度大的地方，步步勒石，千百年下来，哪有不留下痕迹的道理呢！"

船工脸庞削瘦，上面的皱纹，刀雕斧砍；一双手，铁硬，裂开的地方，像是小鸟张开的嘴巴，一根根指头可直接当棒槌使，击鼓打锣，一定一句是一句。越过颈脖，看到他肩背隆起，上面沟壑纵横交叉，跟岸滩的岩石一模一样，连宽窄深浅都相同，一根纤绳勒两头，一头是石，一头是肉。

川江纤夫的命运，不正是中华民族世代苦难的象征么？瞬间，猎猎江风吹拂，闵惠芬顿悟某种历史真谛，粗粝的纤绳，自自然然地，跟心爱的琴弦绑在了一起，勒进盘桓在心头的音符里。

专心练习《江河水》，她有过一番追根寻源的跋涉。

此曲来自东北民间乐曲《江河水》，"它的原身叫《二犯江儿水》，在东北民间吹鼓手乐队中经常演奏，在昆曲曲牌《江河水》中，也能找到它的影子。第一张《江河水》唱片，是大连歌舞乐队谷新善先生的双管演奏，他是一个饱尝人间沧桑的民间艺人，他与团长王石路先生一起，重新处理加工了《江河水》，使原来婚丧喜事皆能吹奏的曲牌音乐，起了质的变化。"

故事的原貌，述说一对恩爱夫妻，丈夫服劳役，惨死他乡，妻子赶赴送别夫君的江边，遥祭天魂，面对滔滔江水，诉说自己的哀痛，"车辚辚，马啸啸，行人弓箭各在腰，妻子爷娘走相送，哭声直上干云霄。"

沿长江，一趟西南行，让闵惠芬长了非同一般的见识：哀告无门的绝望，步步滴血的勒石，大江东去的辽远，千年奔涌的波涛。再拉《江河水》，闵惠芬弦底生风，她的旋律，纳入民族苦难的命题，有了崭新的源头、开阔的意象："要活命，要生存，只有咆哮，冲天的、汹涌的咆哮。"

去北京那次，她带着父亲的委托——"替我看望杨荫浏先生"。她不识路，见"靠边"的老头，又没人愿意陪。在大北京，找到父亲特别尊敬的"中国民族音乐学的奠基者"，她是绕了许多道，走不少冤枉路的。

"杨先生端坐在一只大藤椅中，目光平视，语调沉稳：'哦，你是闵惠芬呀，闵季骞的女儿？哦。'他竟忘了请我坐下，我就这样，毕恭毕敬站在他面前。"

屋子里没其他东西，厚厚薄薄几本书，特别扎眼，每本的封皮上，几乎都有"音乐"两个字。他很快转入正题："你听过瞎子阿炳的《二泉映月》吗？不是别人拉，是他阿炳拉的，听到过吗？阿炳的功夫，真功夫呀，这么粗的弦，老弦，你会吗？"

"我接不上话，听他说，'了不起的阿炳，肚子里有千百首民歌，而且首首都会唱，你会吗？'我站那里，身子不会动，汗都冒出来了。"

（4）恋爱

学校不上课，停课闹"革命"，盛行组建毛泽东思想宣传队："革命小将"走出学校，到处去宣传毛泽东思想。全国各地，普通大专院校都行动起来了，更何况艺术院校呢？

"革命"开始不久，在很短的时间里，闵惠芬所在上海音乐学院，拉起了三拨人，跟刘振学所在上海舞蹈学校的三拨人，分别组成了三支小分队，去向祖国三个不同的方向。起先，刘振学、闵惠芬同在铁路工务段小分队，转演于空四军、铁路苏州机务段，一起去上海的横沙岛、长兴岛驻军单位。刘振学是上海舞蹈学校青年教师、舞蹈编导，闵惠芬则是获得过金奖的上音民乐系学生，在宣传队，刘是总导演，闵是独奏。

有人说，没有小分队，他们两个根本就碰不到一块，所以说，闵惠芬和刘振学的婚姻，是毛泽东思想宣传队做的媒。

当然，这是表相。

再清楚不过的是当事人。准确说，做媒的，是屋顶。

刘振学性格内向。小分队排练演出，有闲下来的时候，大家都会聚集一起，嘻嘻哈哈，说话聊天。刘振学不，他不合群，独角相，掏根烟，站到没有人的地方，一个人抽去。抽着抽着，他就抽到人家屋顶上去了。

那地方，也特别，安排宣传队住的楼房，跨腿没几步，脚板就能站人家瓦片上去。别人看到，也就算了，闵惠芬不依，她好奇心特别旺。

上海男人中，他属中等身材，脸庞是浅浅的熟褐色，宽大的下颌，有力量感，使面型走向典型的四方，令南人有了北相。最厉害的，是一双眼睛，大而明亮，燃烧的，是一股专注的火焰；又深邃如两口井，有柔情，从水面匆匆掠过，不易觉察；更多的是沉稳，忧郁与思索交织，凝视瞬间，不用开口说话，就已经跟你开始交流。闵中年大病，刘服侍妻子，连年通宵熬夜，闵惠芬最关心这双眼睛："你好看的双眼皮，都熬成三眼皮四眼皮了。"

她站到楼下喊话："喂，你怎么搞的呀？想心事，想瓦片上去啦。"

刘振学看看她，不说话。

"老是盯着看、看、看，远方，有什么好看的？"

"风景呀。"

总算吐出句"三字经"。

闵惠芬不请自到，她挤到刘振学身边，并排坐下，一起噤声坐禅，没言语，目视看不清的遥远。

婚姻问题，多少年过去，因为闵的成名，各式各样媒体，不太容易放过，版本不少，几句主要的话，大致相同。

语言不太好表达的地方，刘振学有自己的招牌式笑容，"我们的结合，怎么起的头，我也说不好，可以说双方都主动的"。

"好端端的，大家在一起闹猛着，就不见他了，一看，他跑房顶上了，就这么蹲着，死盯着一个地方看。我憋不住就好奇。人在年轻时，思想跟长大以后不同，那时，对新鲜事物有好奇心，对性格不一样的人，兴趣特别大。"

"我喜欢看她练琴，动人的《江河水》，豪气的《打飞机》，那么专心，一坐大半天，都不站起来。觉得她这个音乐很有与众不同的地方，如泣如诉，好像一个人在说话。你要我讲很多音乐上的学问，也讲不好，但她的音乐有内涵，能打动我。"

"革命"需要，演出很忙，再忙，他们一起散步的时间还是有的。苏州园林，偶尔光顾，最经常的是，小河边走走。走着，路边会冒出一个坟墩头，茅草梗在坟头飘动；走着，会跟民兵遇上，穿着黄军装，带枪挎刀，文攻武卫，不可一世。

闵、刘，穿演出服，也是黄军装，一天演下来，胸背，裤腿，都是盐花，白色线条，乱涂乱划。通常是，月上树梢，小桥流水河埠头，两脸盆衣服，闵洗，刘晾，甜蜜配合。

关系发展到这一步，各自都已经心有灵犀了，还得有信手拈来的中介物，来个"一点通"。

1966 年 5 月 7 日，毛泽东给林彪写了一封信，信中要求全国各行各业都要办成一个大学校，学政治、学军事、学文化，又能从事农副业生产等等。后来，这封被称为"五七指示"的信，发出的伟大光芒，终于照到了闵惠芬身上，她需要下乡，"接受贫下中农的再教育"，和刘振学有好长一段时间分开，不能碰上面。

临分别，闵惠芬捧着一本自己的相册，找到刘振学："哎，拿去，放放好，这个照相本，是本人最珍贵的东西。"

刘接到手里，就势贴到了胸窝口，算是有个态度。

"话说清楚，是请你帮我保管一下。"

"你什么时候回来，我什么时候交回给你，保证完璧归'闵'。"有时候，老实人幽默起来，让人很难抵挡。

闵惠芬低了头笑：谁说他不会说话呢。

她的少年，跟那个年代，所有乡村的普通人一样，能照过几张照片！几帧发黄的留影，让青春驻足，蛋脸，大辫子，高挑身材，丰满不失窈窕。天性活泼，待人爽直，为事真诚，高山流水，都写在周身散漫的气息里，成于乡野，长于四方，与生俱来，不垢不灭。中年病魔的摧残，改变的，只能是容颜，内质，一辈子没变。

1967 年下半年开始，整整有近两年的时间，除了刘振学《长征组舞》剧组排练需要回市区，两个人都落实"五七指示"，先后分别去上海郊区农村，蹲点参加劳动锻炼，过年过节，都是你来我去的，很少见得上面。闵惠芬去的地方，先是南汇县红星大队 15 队，后是奉贤县江海公社红星大队上音三夏劳动队，刘振学是金山县金山公社"八二"大队。

有伟大领袖给副统帅的信垫底，刘、闵二人的恋爱生活，注定了通

闵惠芬与刘振学

篇都是"两地书"。四十余年过去，几经搬家变迁，多次清理书信杂物，初恋时，闵惠芬给刘振学的情书，一封一封，他都仔细保存着，连裂了口的一个个破信封，都舍不得扔掉。

情书通常是这样的：

振学：

你好！来信已经收到，这几天等信真是心焦，天天去看信，都给同学笑话啦！接到信的心情，和去年接到你第一封信的心情，竟是一样的，拿到手时，心都跳了起来。

这次下乡，收获是很大的，因为是第二次到奉贤，贫下中农对我特别亲切。常到我们学校玩的沈伯伯，几次三番邀请我到他家吃饭，有一次竟到南桥去买了鱼肉。我再三说我们的纪律不允许，他也不听，弄到后来，我们只好骗他，说吃过饭了，为此事，他简直生气了，我只好一再说明，毕业前争取再来看他们时，一定首先在他沈伯伯家里吃。贫下中农的一片深情厚谊，使我实在感动，想想自己已经是二十几岁的人了，但还不能更多为贫下中农服务，真是内疚呀。

这次劳动也很有劲，在工宣队师傅的带动下，每个人的干劲都很足，我们参加了收割、挑猪泄、撒猪泄、拍菜籽等工作。老实说，思想斗争还是经常有的。如撒猪泄，一闻到那臭哄哄的气味，已经有点受不了了，还要用手抓着撒，这种事情，我出世到现在第一次做，怎么会没有思想斗争呢？不过，想到毛主席的教导，想到贫下中农也是这样在干，也就毫不犹豫抓起来，我想这也是脱胎换骨的一步吧。说也奇怪，在我们劳动完后，虽然手上还很臭，但饭都吃得特别香（你可不要看了我的信后吃不下饭啊）。

我还加入了男将的行列，挑过一个下午的猪泄。当然，我这从未挑过担子的肩膀，不能和你比呀，我尽我的努力来挑，还是少得可怜，猪泄只能装上半筐，而且走起路来气喘如牛。不过，我已经获得不少光荣称号了，什么"女大王"啦、"傻小子"啦，听了心里乐滋滋的，干起活来，也不觉得重啦。

今天割小麦，腰酸背痛的时期已经过去，割得比较快，傍晚时分，老师傅（他家是乡下的），叫我去学堆麦，我一听，连连摇头，说做不来，他一再鼓励我，我壮了壮胆，就爬上了高高的麦垛。老师傅在下面，把一小捆一小捆的麦子扔上来，我就在上面堆放，老师傅还不住地指教，一个大

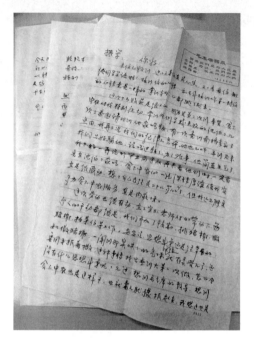
闵惠芬与刘振学的书信

麦垛终于堆成，心里很是高兴。看到满天彩霞，一望无际的田野，不禁想起了一首民歌：稻堆脚儿摆得圆，社员堆稻上了天；撕块白云抹抹汗，凑上太阳吸袋烟……今天，我是在体验这首诗的意境啦。

我们可能在十七号或十八号才能回来，真是不巧，想必你们已经休息过了。真想早点回来，我太想你了。看到你的信中写的"归根结底是离毕业很近"时，鼻子都酸了，眼泪又在转了，当然，我是躲在帐子里看信，别人不知道。工宣队老张已知道我们的事，他说你们年轻人总是希望在一起工作，到时候帮你想想办法。但愿一切都能如愿就好。你的来信中，要我先写一首诗给你，这倒是将了我一军。这两天比较疲劳，还当着这个"短命"的班长，今天又听说有同学回上海，所以来不及写了，请同学快点带上海寄你，你可快点快点收到。

我的身体很好，连皮都没有擦破一块，请勿挂念。这两天，我有空就钻在帐子里看你的信，你快点来信吧，写得越长越好。

紧紧地、热烈地、长久地握你的双手。

你的惠芬　6.8　灯下

她写给刘振学的信，大多记实，也抒情。这封6月8日的信里提到的诗，在落款"1969.7.19"的信里，就有了《与振学共勉》的八句诗：

前几天，雷雨不断，每当风雨交加的夜晚过去，就迎来灿烂壮丽的清晨，树木葱茏，真是一派生机。每当这样的夜晚，我就会想起各种往事，想到一旦困难过去，胜利就会来临。有志的热血男儿，当百折不回，闯过一切艰险，去迎接辉煌的黎明。油然而生并非新鲜的词句，今天寄给你，与你共勉：惊雷振落滂沱雨，疾风驱散乌云天；败叶零落腐水流，青松苍翠朝阳艳。风暴识得青松劲，艰险考验英雄胆；男儿热血化青云，革命何惧创业难？

"滂沱雨""乌云天"，确是常有，都是因为信，成败都是萧何。闵惠芬给刘振学寄信，掰着手指头数日子，到了该收到回信而没有收到时，她就急，就胡思乱想：他怎么不给我写信，他是不是变卦了？是不是我看错了人？他不是我所想得那么好？没等她纠结完，刘振学的信到了，正是在这封迟到了一点点的信里，刘振学明确表示，"要献上一颗赤诚的心"。看到这句话，"我记得，一下子把我乐得蹦了起来。这封信，我是一面走一面看的，走路不看脚下，不小心掉到了路旁边的垄沟里去了。我们下乡的全体同学，都站在田畈里看我呢，那个起哄啊。我爬上岸来，发现半个裤腿管已被撕成了布条条，我也管不了那么多了，让自己是个落汤鸡样子，一路傻笑，冲进宿舍"。

"这封信，我一直要看，不好意思让别人看到，就躲蚊帐里，用一个小电筒，对着这样看。就是那个时候开始，我们正式地有一种恋爱的关系了。"

是恋爱的力量吧，那些艰辛的日子，在她眼里，依然温情："上午十时左右，我们到达目的地，迎接我们的是喧天的锣鼓，热烈的握手，亲切的乡音。我这是第二次到奉贤了，贫下中农对我们几个老相识真是热情，问长问短，没完没了，一切都是那样感动人，我永远也不会忘记。"

表达爱情，她习惯散文的笔调，细腻，具体。

昨天晚上又想你啦，忍不住打开手电，拿出夹在书里的照片，看啊看啊，看不够。看，上面的两个人，笑得多么幸福、甜蜜，他们的未来，会更加美满。

虽然分别才几天，我感到很长时间了似的，非常挂念。这两天天天下雨，你衣服带得不多，可能统统都湿了吧，也不知有没有听我的话，把凉鞋带上，如果没有，我看你只能赤脚了。如果你实在难以解决，我愿意抽时间来给你送衣服、鞋子，反正康师傅在寝室里住着，可以去拿的。如果你要，只要一句话，我就来看你（当然可能要给人笑话的，面皮老老就行了）。

听小季说，你在乡下吃菜很省，还没有平时的一半，我听了很不愉快，千万不要这样，身体千万不能垮，你回来要是瘦了，我要难过的。

浦琦璋把信带了给我，当时我们正在排练《渡长江》，六七个人起哄起来，玩笑一个一个开过来，把我搞得脸红耳赤。这一下，这帮小子可乐了，因为我过去是不大会脸红的，这次可有点招架不住啦。不过，我觉得让人这样开开玩笑也很开心，这也是一种幸福啊。

我给你买了一做白衬衫的布料，五尺，我要利用星期天，自己动手给你做。我同学有个朋友是裁缝。

鸿雁传书，若是乡下寄出的，末页会补上一句："躲在帐子里写的，字迹很乱，请原谅"；刘振学随《长征组舞》剧组在沪东工人文化宫，她会在信封背面追上一句，"如此人不在，请速转上海舞蹈学校"。

虽说情书的版面很宝贵，他们两个不能免俗，浅谈深议艺术的篇幅，还是不少：

《渡长江》已全部通完，预计的内容已完成，这两天天气很热，我们每天排练都汗流浃背。大家还是有劲头的，困难的确不少，我们总谱不会写，我和小浦只是把分谱大约写一写，布局大概排一下，然后大家发挥。整个排练过程又是创作过程，原来预计的效果还是有的，有的地方用了较详的手法，听起来挺新鲜。不过，我已深感乐器的局限性很明显，创作很吃力，现在只能在这几件乐器力所能及范围，想尽一切办法来弥补，还是感到很不够用，色彩亮不上去，高潮起伏不大，还要靠演奏的处理来补救。

你们决定搞《大渡河——铁索桥》，很好。我提供一点想法，最好塑造指导员和老艄公，老艄公的孙子被敌人杀害，这时红军杀过来了，解放了老百姓。此次可有指导员和敌人作战的戏，老艄公向指导员诉苦，指导员政治动员，老艄公挺身而出送红军过大渡河。

情书里，闵惠芬这个未过门的媳妇，多次提到刘振学的姐姐，"你没有空去看她，我代你去看看她"。

(5) 旧唱片

新婚暂住屋，是学校的 8 号琴房。同事们记忆："小小房间外，是长长走廊，类似骑楼一般，所有厨房用具，小碗橱、煤球炉，都放在露天。有个雨天，我们去她家，煤炉刚点燃，团团浓烟，在房门外翻滚，随着乱风，涌过来涌过去，我们不知如何是好，干脆直起喉咙叫。闵惠芬答应，手举蒲扇，不住地拨烟扬招，人形有，脸被遮没，根本就看不到。"

闵惠芬与刘振学、刘炬

1972 年 7 月，儿子刘炬出生。

孩子出生前，约四个月左右，闵惠芬意外获得一张旧唱片，录有阿炳先生亲自演奏的《二泉映月》。

这唱片，过去只是听说，现在拥有了，激动万分。更重要的一个原因，是她正在拉《二泉映月》，1971 这一年，从年初开始，拉到岁末，闵惠芬几乎没换过其他曲子，凄风苦雨，落寞悲凉，《二泉》了一年。

手里一把琴，釉色苍老，正是卫仲乐老师的爱物。

"这段时间，我想拉《二泉映月》。"一个偶然机会，她与卫老师见上了，开口就说心里话。

卫老师也不多说："《二泉映月》，好。"

师生只是简单交流了一下，第二天，卫就给她拿来了这把琴："《二泉映月》，你不妨用它试试，兴许能拉出你要的味道。"

这一试就实足试了一年。那琴很特别，声音一出来就跟其他琴不一样，真神了，拉别的曲子没太大感觉，就是拉《二泉映月》，苍凉，低哑，缥缈，寒夜里走风，深秋时落叶，许多别样风情，要什么有什么，好似量身定制的神器，一开弓，八面来风，乘势凌云。

这就是后来所谓的"二泉琴"吧，它需要有特别的神韵。

虽说季节已入初春，气温还是低。那天近晚，闵惠芬独自走在上音校园，只觉得寒风不住地往脖子里钻，脚步就紧，人就缩小了。音乐学院无音乐，于是，身后单调的、鞋底打磨水泥地的声音，显得特别地响，它紧随着自己，你慢，它也缓，你快，它也急。

走过一段路，来到僻静处，它停下了，闵惠芬心在打鼓，她也停下。蓄足勇气，转过身一看，原来是张奇松，无锡人，声乐系的，同学加同乡。

张奇松四顾无人，神秘兮兮，走近她，将一个报纸裹着的东西塞到她怀里，悄声说："你收好，一张唱片。"

闵脑子来不及急转弯："唱片，什么唱片？"

张的声音，放得更低了："《二泉映月》。"

"华彦钧先生的作品？"

"可不是一般的《二泉映月》，是瞎子阿炳亲自拉的原版唱片。"张奇松眼睛盯着闵惠芬怀里的唱片，小声说，"你拿去，它对你有用。"

闵惠芬僵直地站定，不知道该怎么处置："你从哪里弄来的？"

张同学继续压低着喉咙说话："别问那么多了，是'四旧'，是要砸烂烧掉的，以后再不会有了，要绝版了，我给了你，千万要藏藏好啊。"

说完，他离她而去，先是急走，再是奔跑。待到闵惠芬想起来，想要再问他些什么时，哪里还有张奇松呢，已经连个人影都没有了。

疯狂年代，界定"四旧"，宽到不可理喻。真佩服张奇松，把注定要被砸、被焚、被毁的东西，冒着极大的风险给保留了下来。一路行来，他陪伴左右的脚步消失了，四周沉寂到令人窒息。望着张奇松消失的方向，闵惠芬顿生浓浓的感激之情，内心訇然有声，迅至澎湃，一时，竟不可止。

这张唱片自有来头。

1950 年夏，中央音乐学院杨荫浏、曹安和（1905—2004，民族音乐学家）两位教授，从北京专程赶到无锡，看望华彦钧先生，想为他的演奏录音。

民间艺人，大学教授，都是新中国的音乐人。

"华先生，我们看您来了。"

"谢谢，我有什么好看的？三年多没有拉琴了，老鼠把我的琴咬坏了。"

"没有琴了？"

阿炳摇摇头："大概是上天不让我拉琴了吧！"

杨荫浏去附近乐器铺，借了一把琴，俗称"清一色"的二胡，即琴杆、琴筒、琴弓都是竹子做的二胡（多年后，闵惠芬见过这把琴）。装的弦很粗，是老弦和中弦（一般二胡用的是中弦和子弦），这种弦很难拉，声音容易拉破。

"琴有了，华先生，只是不太好。"

阿炳接过手里，试着拉几下，笑了："蛮好蛮好。"

也不跟谁打招呼，站起身，提着琴就要出门，曹教授跟着站起来，想要去拦，被杨教授一把阻止："随他心思，让他出去走，他有自己的习惯。"

阿炳上了无锡街头，好比鱼儿游进江河，南禅寺、清明桥、南下塘街、惠山锡山，漫无目的，熟门熟路，他身子摇晃，边走边拉，放松自由，琴声悠悠，融和入三轮车铃、沿街叫卖、呼儿唤女、狗吠鸡鸣。三天之后，阿炳坐在北京教授面前，演奏《二泉映月》，杨、曹二师，端出最先进的钢丝录音机，小心翼翼摆弄，录下一个个音符，凝结阿炳的才华和苦难。

这个录音，闵惠芬清楚，是个至尊之宝。

过不多久，闵惠芬被借调至上海电影乐团，参加一个民乐合奏曲的排练，要求每天下午，一时开始，四时结束。她饭后即过去，每每都会早到，便转悠，东张西望。

这天，她依然早到，依旧到处转转，无意间，在二楼尽头，她发现一间小黑屋，门是虚掩着的，手一点，就轻轻开启了。

没窗，也没有光线，她估计是储藏室，拉亮里面的电灯，"是只二十五瓦的照明电灯，昏黄黄的"，屋里几乎什么都没有，却有一台老式破旧的唱机，直直地放在里面唯一的小桌子上，她连躲的工夫都没有，"像哥伦布发现了新大陆一样，顿时惊喜万分"。

好容易等到排练完，她找到一只凳子搬进小屋，返身关上门，"啊，竟是一个与世隔绝的天地，达摩面壁的地方也没它好。里头静到几乎是真空的感觉"。

自从有了阿炳《二泉映月》原版唱片这个宝贝，闵惠芬一直为没有唱机而万分苦恼，眼下，正是天赐良机。当天，她跟同伴们告别，返身就回了二楼，关上门，亮灯，真个是躲进小屋成一统了，"那刺耳的高音喇叭，那红卫兵的叫喊声，似乎已去了另一个星球"。

抹净尘埃，打开唱机，转动摇柄，安置唱片，点上唱针。"那老唱片发出了初起时的沙沙声，$\frac{4}{4}$ $\underset{\cdot}{0\cdot 6}$ $\overparen{5643}$ | $2 -$……，阿炳的胡琴声含糊地响起来了，他老人家从黑夜中，从昏街暗巷中，裹着凄苦，拖着沉重，缓缓向我走来。"

那天夜里，她让墨色笼罩，沉下心听阿炳倾诉，一遍又一遍，整整三四个钟点，"随着旋律的流动，阿炳苍劲有力与凄凉辛酸交织的琴声，把我带到了遥远的、阿炳生活的年代"。

《二泉映月》的引子，阿炳的开头，细细咀嚼他的第一句，"是一声积郁胸中被挤压出来的长叹"；叹过之后，是"一种木然的脚步，迈在人生艰辛之路上"；乐句的结束音"1——"，是一个长音、空弦音，此音奏法极为特殊，便是称之为"浪弓"的手法吧，"听出来阿炳持弓右手的用力，有轻有重，往往第一拍较重，渐弱后的第二拍有两个连顿，有时似有非有，有时又比较明确，听着使人感觉连中有断，强中有弱，起而再伏"。闵惠芬很快有了联想，那是"孤独的夜行者步履之声"。

沉入阿炳的第二曲调，音乐好似布满阴霾的天空，透出来的一束月光，明朗而刚毅挺拔，给人丝丝慰藉和希望。第二句之后，阿炳的演奏显得气宇非凡，神情高昂，"音色飘逸，使人有一种神思清扬、乘风凌云的想象"。

这个无声无息的夜晚，在闵惠芬内心，涌动起"不可名状的心酸忧伤，无处倾诉，念天地之悠悠，独怆然而涕下"。

杨、曹二师当年所谓最先进的录音，效果是很差的，钢丝的噪音无法清除。录音前，杨教授对阿炳说："受技术限制，我们的设备，只能录六分钟音，所以一曲超过这个时间，就不能录了。"

阿炳说："我又看不见，怎么知道时间？"

两位北京来的老师大吃一惊："难道说你的曲子没有固定的结尾曲谱？"

"那就这样吧，时间快到了，你们在我的肩膀上拍一下，给我个提示，我自会处理。"

两位老师依阿炳的话操作，录到五分多钟的时候，杨荫浏先生在阿炳肩头轻轻拍了一下，阿炳会意地一点头，临时拉了一小段尾声，作为曲子的结尾。

旷世名曲，现编尾声。

如此，一首完整的、不到六分钟的名曲正式诞生。

录完音，杨、曹二师现场放给阿炳听，阿炳惊呆了，觉得不可思议，自己的琴声，怎么可能从别的东西那里发出来呢？他指着钢丝录音机，说这个东西有仙气呢。

杨问："阿炳先生，您这支曲子，是个什么名字？"

"没有，这曲子的名字，还没有好好想过。拉好多年了，都是信手拉来，日子久了，便成了现在的样子。"

杨荫浏无可奈何："你常在什么地方拉琴的呀？"

"街头呀，无锡人都知道，我在街头拉，去得最多，固定一点的地方，就数惠山的泉亭了。"

"那就叫《二泉》吧。"杨教授脱口而出

阿炳笑了："有支粤曲《三潭印月》，挺雅的，何不称之为《二泉印月》？"

"'印'字重复了，无锡有个映山河，推敲一下，不妨叫《二泉映月》，如何？"二位老师反复推敲。

阿炳仰着脸，没言语，算是认可。二位北京来的老师，在无锡前后只待了两天，二胡、琵琶各录了三首。阿炳跟他们说，我还有好多好多曲，二位跟他相约不久再见。不料，三个月后，1950 年 12 月 4 日，阿炳去世，享年五十七岁。

关于曲名，学养深厚的贺绿汀院长，有过一番话："《二泉映月》这个风雅的名字，其实与它的音乐是矛盾的。与其说音乐描写了二泉映月的风景，不如说是深刻地抒发了瞎子阿炳自己的痛苦身世。"

有这段往事填底，闵惠芬认定此曲乃阿炳的心曲，是他用心在拉，在向世人述说，没有人为他写下过一个音符，他根本就没有想过要什么曲谱，它从来就萦绕在心头，生生不灭，如果没有时间限制，他是可以一直这样拉下去的，可以拉一小时，几小时，甚至拉几天几夜不停息。

杨、曹二位先生抢救式录音后，同年深秋，无锡举行一次有点规模的音乐会。阿炳首次，也是最后一次在大庭广众演奏此曲，博得观众经久不息的掌声。次年，天津人民广播电台首次播放此曲；1959 年，十周年国庆，中国对外文化友好协会，将此曲作为我国民族音乐的代表之作，送给国际友人。从此，《二泉映月》在国内外广泛流传，步入世界音乐云端。

有了张奇松冒险相赠的旧唱片，真可用上"如虎添翼"四个字。1972 年的 4 至 6 月，直至 7 月 2 日临盆，那些怀孕的日子，闵惠芬听着原版阿炳的唱片，拉自己的《二泉映月》，天天拉，天天拉，一日没有消停过。没半句虚言，《二泉映月》是儿子呱呱落地前的胎教音乐，而且是唯一的。

（6）永远的阿炳

1973 年 3 月的一天，春寒料峭，闵惠芬接到电话。

"你是闵惠芬同志吗？"

"我是上海音乐学院闵惠芬。"

"你好，我是上海交响乐团黄贻钧，旁边一位是曹鹏同志，是我们俩一起找的你。"

"闵惠芬同志你好，我是曹鹏。"

闵惠芬不觉惊喜，什么要紧事，轮得上两位名望极高的指挥大师一起找她？赶忙致意："黄老师好，曹老师好。"

"闵惠芬同志，你还能上台演奏吗？"

得到肯定回答后，问题又来了："假如让你演奏，你想拉什么？"

"你们要我拉什么？"

"我们团接到赴京演出的任务，全场节目，上半场为民族器乐小型节目，下半场为新编交响乐《智取威虎山》。想请你随我们团赴京演出。"

"这是件大好事。"

"谢谢。不过时间很紧，三天后就得参加节目审查。"

"时间确实紧张。"

"你抓紧将曲目准备一下，早点报给我们好吗？"

"好的。现在就能报。"

"就现在？"

"是呀，不是时间很紧么？"

"行，那你报什么曲子？"

"《二泉映月》。"

闵惠芬胸有成竹般说出"二泉映月"几个字，另一首曲目《喜送公粮》还没待说出口，对方就急了："《二泉映月》？"

"是，阿炳先生的《二泉映月》。"

"闵惠芬同志，你吃了豹子胆啦？"对方继续，慌不择词似的，似乎有好多话要说，又不方便这个时候说，"好了好了，给你时间，你想想好再报，这个《二泉映月》无论如何不行，电话里跟你说不清。"

知道他们的态度，闵惠芬也有好多话。这么好的曲子，怎么都成了糟粕，说不让拉，就一直不能拉呢。民乐精品，几乎声绝，只要有上台的机会，等死不如拼死。这些憋了八年的话，她是真想一股脑儿向两位前辈尽情倾诉。

在三天准备期间，就自己的二胡曲目一事，曹、黄二师再没有说什么意见，闵惠芬按《二泉映月》《喜送公粮》排练，连续三天，不息一口气，天天紧张。

最后一天晚上，在艺术剧场，算是赴京前最后一次排练。坐台下审查节目的，是黄贻钧、曹鹏和全体交响乐团演员。当闵惠芬无伴奏的《二泉映月》奏完最后一个音符，整个观众席长时间鸦雀无声，空气紧张到让人透不过气来。此时，曹鹏先生眼睛怒睁，情绪失控，几近失态地站立起来，大吼一声"好"！那一个"好"字，如炸弹爆裂，几乎要穿透屋宇，直逼长空。接着，全体在场的观众，爆发出激动的经久不息的掌声。一支沉寂多年的中华民族优秀的乐曲，通过闵惠芬的坚持和演奏，首先在上海音乐人中获得空前共鸣。

夜深了，参加排练的演员们渐渐散尽，领导、职工也都回家了，大开的灯光，被一盏盏关灭，整个场子，瞬间暮色四合，唯侧幕有一盏工作用灯还亮着，那微弱的光芒，无力地投向舞台中央，照着独立的闵惠芬。"我躬着背，埋着头，怀里抱一把形状古朴的琴。八年了，八年没有上舞台，舞台感生疏了。突来的审查，使我处于激动之中，心绪纷乱，难以自抑。"

一年多拉下来了，一曲《二泉映月》，烂熟于胸，她早已明白，"孤独之感是全曲的灵魂，是能否动人心魄的感情之源"。这个时候，身处孤独的她，遥念更加孤独的灵魂。此刻，她唯一想做的，是要用手里的琴，用熟悉的无锡乡音，与阿炳先生，作一番幽明神交。

"阿炳先生，我要为您演奏了，我要用琴声感谢您一年来授艺传韵的苦心。"

幽暗的剧场，传来轻微脚步声："我（阿炳）来了，老小（无锡方言，孩子的昵称），我已经来三个时辰了。其实，我已经听你练习差不多一年了，你小小年纪，已晓得人世的苦恼，罪过人、罪过人呀！"

闵惠芬泪如雨洒："我哪里比得上你吃的苦，你俚一生一世一个人，只有胡琴相伴，你俚讲句知心话格人都呒么啊。"

阿炳心慈，会讲宽慰话："现在倒好了，我在奈何桥那边，千千万万冤魂苦鬼欢喜听我拉琴，连阎罗王老爷都喜欢听我拉琴。"

"阿炳先生呀，你何以有此等力道，你俚琴弦拉起，我的心弦怎会颤动？"

"老小呀，听清楚了，我拉动的，哪里是琴弦，是心弦呀。"

闵惠芬手里，古朴的琴奏响了，心里一声声发问："阿炳先生，你说一句，这年头，我这样拉，适不适时？"

闵惠芬这个年纪，二十八岁，正是阿炳眼睛开始失明的岁数，每天看到的是铺天盖地的大字报，耳畔震荡的是"砸烂""打倒"的喧嚣，她独自沉在阿炳的旋律中而不能自拔，"望断天涯路，何处是归宿？茫茫长夜行，琴声慰孤独"。她一天天体会阿炳的琴弦，他为何不必重实？他要的正是"充满含糊凄婉之意"，为何处理成空弦音？他要表达的不是别的，是沉重压抑的内心呀。

阿炳先生的回答一定是："何谓适时？适时者，乃合天意、合民心也。你看天下，富饶的中华大地，田园荒芜，哀鸿遍野，我和你们对这世道，岂能袖手，岂能观望，岂能歌功颂德？琴音含人心，哀音惊世人，这是人间正道，我等应立正祛邪，至少出淤泥而不染。"

闵惠芬不觉兴奋起来："请教阿炳先生，何为演奏《二泉映月》格调指法真谛？"

"速度则初徐缓而渐紧缩之，音韵则刚柔而相济之。刚者，运弓沉，按指实，音质抱朴若拙；柔者，运弓虚，按指浮，行韵清微含凄，但两者需衔接贯通，不得有分割断句之痕。润色装饰要蕴藏于旋律之内，警惕机械操作之嫌。

"第一曲调与第二曲调循环轮转，旋律强弱依音势走向随之起伏，各段衍变新声处需重视刻画，乐曲主题几经轮回到第五次，音高至巅处为全曲高潮，其时须全神贯注、凝聚力量。

"然而欲强宜先抑，弱起渐强，丝丝紧扣，步步紧缩，激情勃发，至尾，其势如大江之潮，尽情宣泄，方能荡气回肠，惊天地，泣鬼神。

"此处技巧极高，当年四把头二胡，此处高音我也着实用功了一番，最后摸到的诀窍是，左手按指浮而有控，右手运弓实而有力，腰腹丹田鼓气，大臂挥弓迸发。"

点点滴滴，小心翼翼，神往先师，在琴弦间摸索，于声色里探寻，偶有突破，更是喜不自禁，记下心得。"最后一个轮回，你俚奏得比我慢，这样甚好。学我者生，似我者死，用不着学到一模一样，你俚音中透出慈悲之心，我听得出格，你对我格同情，和你自家的苦恼孤独已融为一体，真是难得。老小呀，你不要太失望，天意不可违，民心不可欺，历史长河不会断格！你再拉我听听，多拉几遍，我再助你一点神气，你明天一定会成功。"

她的努力，听众实可感悟。多次听过闵《二泉映月》等众多曲子的王次炤（前中央音乐学院院长、博士生导师），思索中国民乐多年，说："我一直认为闵老师的二胡表演艺术是完美的。因为她是用心在演奏，而且是充满了文化底蕴的演奏。假如我们注意到的话，就会发现闵老师每次演奏都好像倾听着自己的心声。她那种专注的神态和凝神的目光本身就好似音乐，即便是无声的录像，人们也能从中听到她心中的音乐。"

这个晚上，艺术剧场，一盏灯，一张弓，闵惠芬与阿炳对话，物我两忘，大汗如注，酣畅淋漓。次日凌晨，待她背起琴，步入街头，已是"月魂西沉，夜阑人静，唯见东方天际，微微泛起了鱼肚白"。

仲春赴京，北京彩排，闵惠芬带一曲《二泉映月》上台，举座人物，心照不宣，大家都怕沾上"政治问题"，不表这个态，基本木然以待。连在座地位显赫者，他们听是认真听的，待一曲终了，你看看我，我看看你，却没有任何态度，最后把拍板权交到"中央文革小组"。小组长江青同志开口了，她不紧不慢地说一声："此曲较沉闷，不宜演出。"

摇摆至此，一锤定音。

后被通知，正式演出，闵的二胡曲目变了，《二泉映月》被否定后，闵惠芬又上报了《江河水》。按当时审查标准，此曲不是又是个悲曲么，跟"形势一片大好"沾不到边的么，这个变化通过，无从考证，总是拍板人的意见。

演出地点，是北京东单青年艺术剧场。那一天，北京市社会各界知名人士，只要没被"打倒"，或者"被打倒"但还有活动自由的那些人，差不多都到场了，有不少是全国首届一指的艺术家、科学家。

好消息，有时候会长脚，跑得飞快，都知道演奏曲目是《江河水》，都知道演奏者是少年夺冠的上海姑娘闵惠芬。离正式开始还早，台下却已经坐满了人，你望望我，我看看你，都是激动的表情，有的对手表，有的引颈张望，坐下去，站起来，又坐回去，有的干脆弓起背脊，埋下脑袋，半晌不动弹。

二胡独奏曲《江河水》，以凄厉之声诉悲怨之情，讲的是老百姓的故事，诉的是民族的困顿、底层的哀怨。在非常年代，乐曲的意象分外清晰，悲伤、愤恨、呐喊、诉求，声声啼血。二胡声起，现场观众，没一丝响动，许多人开始默默流泪，一直流，不管不顾任其流，有压抑着的抽泣，起起伏伏，从四面八方蹿出，待闵手里的琴，最后一个音符出来，全曲奏毕，哭声终于爆发，山洪狂泄一般。悄悄啜泣的、捂住嘴不让发声的，全都释放了，许多人边哭边说话，哽咽着，抽泣着，断断续续，字不成声，句莫能辨——"八年了，没有听到真正的、这样好的民族民间音乐"。

闵惠芬这边，《二泉映月》落不落选，已云淡风轻，她心里明白，这年代，能不能上演，哪里是自己能把握的呢。她看重的是，经这一番起落，自己已将这一名曲拉上了一个前所未有的新境界，这才是最实在的收获。

在京演出完毕，闵惠芬即随交响乐团返回上海。

时隔不久，6月24日，服从命令听指挥，再随上交赴京，演奏的曲目，除了《江河水》，还有被刷下来的《二泉映月》。原因不明，仅仅一个多月过去，此曲"不沉闷"了？无需知晓，连演多场，人们争相购票，有的人听了一场，再听一场，观众场场爆满，演出最后一场时，门票比前几场更紧张。

四年之后，甘涛先生带着爱徒朱昌耀（江苏省音乐家协会主席），到南京师范大学闵季骞先生家见闵惠芬。《二泉映月》是朱的期末考曲目，他自认为细听过很多版本的演奏，音准、节奏及音乐处理，已比较到位，考试时，老师也给了较高的分数，但有些老师认为他的演奏深度不够，他不以为然，也不服气，想请闵老师鉴定。

听完他的演奏，闵惠芬笑而不答，信手拿起他的琴，一样给他拉了一遍，然后讲起她对乐曲的理解：速度开始要徐缓，随着情绪的推进而渐紧，音韵刚柔相济，且衔接贯通，既有哀叹忧伤，更有愤而不平，既有凄婉心酸的感慨，也有激情冲天的荡气，这就是《二泉映月》，这就是阿炳！听过一曲，听罢一番话，朱昌耀为自己的年轻气盛羞愧。

"今天我演奏的《二泉映月》能够得到老师、同行和广大观众的认同，是受了闵老师的影响，我演奏《二泉映月》在许多地方的理解和处理上，都和闵老师相似，就连经常演出版本删节的长短，都和闵老师一样。

很多年后，闵惠芬在阿炳故居

"后来，我读到闵老师《孤独的夜行者》一文，我才知道，她在给我上课的许多年前，就已经深深地研究过《二泉映月》和阿炳了，正是有了这样刻苦的研磨，演奏上才能有如此的深度，理解上才能有如此的深刻。"

同行们感叹："在名曲《二泉映月》的演奏范例中，她是把握拿捏阿炳心灵最准确的一个人。演奏家一般都会有完美音色的追求，闵不是唯美主义者，她超越了音色的束缚，以木讷、麻木的行弓和触音，层层递进，拙力而细微，朴实无华地，刻画出一代音乐上的，伟大独行者阿炳的苦难心路。"

多年后，同为上海音乐学院教授的陈春园、汝艺，跟朱昌耀相比，是更年轻一代的二胡演奏家，就《二泉映月》的演奏技巧而言，分别得到闵老师真传。

在老师面前，陈春园有困惑就提："对要演奏的作品，如何保持新鲜度和持久的热情呢？比如《二泉映月》。"

老师的回答是："什么叫熟练？熟练应该包括熟练演奏感觉，我认为，内心感觉也是需要练的，一旦你找到了那种感觉，每次演出，就要很努力地把这种感觉再现，并且加以丰富。像《二泉映月》这样的曲子，我喜欢拉全版。它的旋律，需要几次跌宕到高潮才正好，这是一个过程，否则来不及把情感拔到一个高度。另外，不想练琴的时候，索性就攻克技巧部分，有些地方，要盯着狂练，直到顺手，哪怕不睡觉。"

关键词是"拉全版"。

汝艺也得到老师的一个关键词，"软骨头"。向老师讨教，她不多说，只说一句，"演奏《二泉映月》不能'软骨头'"。

汝艺聪明，即时领会："一句话，树起了阿炳的傲然与正气，道出了《二泉映月》的桀骜与孤独。言简意赅的语言表达，确实有一种对音乐特征'漫画'

式的勾勒与突出，使学生马上就能准确地抓住音乐形象，从而更加深刻地表现音乐。"

毫无疑问，《二泉映月》，早已远走世界，贵为中国民族音乐的精华。要是当初，没有杨荫浏、曹安和等老音乐家发现并录制下来，也许世人就不知道，经典有可能没有了传承。王甫建另有理解，即便没有经典传承，"在闵老师心里，一定还会有另一种很美的音乐生成，因为曲调也只是情感的载体，只要有着那样一种与音乐、与传统的缘分，最终会形成很多美的演奏，刻意去写，倒不一定能够写出来"。

"阿炳拉《二泉映月》，其实是可以一直拉下去的，当时的录音技术只能录六分钟，所以人们现在听到这首曲子，在结尾时有点意犹未尽。"闵惠芬这段话，是对自己演奏生涯成名之作的深入剖析，"拉这支曲，总有不够尽兴的感觉。"

如此，王甫建感叹："只有当经典创作，与经典演绎相遇时，才会有真正的经典展现。"

第四章 镂玉

1973—1982（28—37 岁）

（1）一次灿烂的日出

话说 1973 年仲春，闵惠芬随上海交响乐团进京，准备的是《二泉映月》，拉的却是《江河水》。演出任务完毕，她随团返沪，一天都没有耽搁。

要说"耽搁"，也还是有的。音乐会演出集训间隙，她经常抽出时间拜访前辈张韶先生。张韶上承刘天华及其第一代传人的二胡艺术传统，下开一大批中青年二胡演奏家之端绪，集二胡演奏、教育、革新于一身，是 20 世纪二胡艺术发展史上影响深远的二胡艺术家。闵惠芬每有赴京的机会，只要有时间，都要登门向他求教，自觉获益良多。此行拜访，张先生向她提了个要求，说人民音乐出版社正在编辑一部《二胡练习曲》，希望闵惠芬能贡献一首乐曲。闵惠芬少不了一番谦虚后应允了下来。

回到上海，她几乎是马不停蹄地，投入了张韶交代的练习曲创作。她"综观全部练习曲，发现没有慢长弓类型的曲子"，于是，"回忆在美丽的江南农村度过的，自己的童年生活，宁静的村野，飞转的水车，悠扬的丝竹，豪放的田歌，种种的意境汇合一体"，写下了一首结合独奏与演习曲写法的练习曲，为内容统一，定名《长弓练习曲》。"当时就被认为是一首音乐会练习曲，20 世纪 90 年代正式命名为《忆江南》。"这是继《老贫农话家史》后，闵惠芬的第二首创作作品。

这次创作，可以说一泻千里，顺风顺水。

《二胡练习曲》面世，得到广大二胡爱好者的欢迎，在专业演奏家中同样引发好评。在整部练习曲中，朱昌耀独独对闵惠芬这首创作曲有自己的评价："是一首非常完整、非常地道的江南风格的乐曲，在我的大学时代，不知练过多少遍，对我的影响不能说不大，我创作的《江南春色》（和马熙林老师合作），受其启发也是显而易见的。"

那些年月，北京、上海两地跑，是闵惠芬的生活常态。

上世纪 70 年代，闵惠芬与前辈艺术家王乙、陆春龄、张锐等

继美国总统尼克松访华，1974 年，美国费城交响乐团，近两百人庞大队伍，受我国文化部之邀，首次来北京访问演出。同时，我国也准备了一台综合性文艺节目，欢迎费城交响乐团。闵惠芬接到文化部通知，赴京参加排练、演出。

这是一台超强阵容的演出。节目中，有中央乐团的大合唱《黄河》、刘德海的琵琶独奏《十面埋伏》、胡天泉的笙独奏《草原巡逻兵》、刘诗昆的钢琴独奏《匈牙利狂想曲》和闵惠芬的二胡独奏《江河水》《喜送公粮》，等等。精彩的中国艺术，引起费城交响乐团指挥大师奥曼迪极大的兴趣，他特别欣赏闵惠芬的二胡。

奥曼迪等不及回酒店，就拉住中国同行李德伦，论起艺来："中国胡琴真好，是一件神奇的乐器。"

"流传至今，已有一千多年历史了。"

"那么丰富，那么细腻，偏偏又是那么简单，两根弦。"

他想了想，又摇了摇头，"美到不可思议"。

李德伦的身份是中国艺术团的总指挥。临分手，奥曼迪郑重其事对他说："美丽的闵惠芬小姐，是位超天才的演奏家。"

他不说琵琶，不说笙，只说二胡，只提了闵惠芬。李德伦立即领悟，大师这句话的分量，它不是一般捧场式的褒扬，他是对中国二胡、对闵惠芬演奏的充分肯定。

上世纪 70 年代的闵惠芬

李德伦很兴奋，哪儿都不去，直接回到团里，叫来闵惠芬，再把大家招呼拢，转达了奥曼迪的评论。李德伦见多识广，民族乐器、民乐演奏家，受到世界顶级艺术家由衷的肯定、尊重，这在尚未开放的中国，是少有的。

不久，《纽约时报》资深乐评家勋伯格，称闵是"二胡界的海菲斯"；《音乐美国》乐评家威斯达称："纤瘦的闵惠芬有米尔斯坦的控制和音色。"闵惠芬的声望，因此也获得极大的提升。

自此，中国的"江河水"，以中华民族相传千年的古老乐器，从中国女性艺术家的指间，澎湃着自己美妙的声响，汇入世界顶级音乐潮流，奔涌前行。

当时，闵版《江河水》，国内外的影响力是空前的，安徽音协会刊《二胡艺术》主编季维模说过一段话，颇具代表性："《江河水》的演绎和诠释是二胡演奏艺术史上一次灿烂的日出，是中国二胡演奏艺术史上一座光彩夺目的丰碑。《江河水》一曲近乎石破天惊的演绎，宣告了具有强烈震撼力和非凡魅力的'闵惠芬演奏风格'的确立，也标志着闵惠芬超越同时代演奏家而成为二胡界的代表人物，或称之为闵惠芬时代的到来。"

在中国艺术团三年，只要在京，只要没有演出任务，每逢休息日，叶剑英元帅都要邀请闵惠芬到家里做客。

叶帅通诗爱书，多才多艺，尤其偏爱二胡，是出了名的。1964 年秋，他下部队，视察大连长山列岛，一头钻到连队俱乐部，问他们有没有二胡。当战士递给他一把二胡时，他眼睛发亮，操起二胡，便演奏起《步步高》，一曲才了，在战士们的喝彩声中，又拉起了《光明行》。远离大陆的海岛，文化生活，有多少单调乏味呀，有元帅为他们拉琴，又拉得那么好，听着琴声，守岛士兵的眼窝都湿了。这件事在人民解放军中，一直传为美谈。

刘诗昆是叶剑英的乘龙快婿，他跟叶向真离婚是后来的事。女儿一家住上海，女婿刘诗昆来北京参加演出，便到老丈人家探望，同往的有刘诗昆妹妹刘晶茹，她跟闵惠芬是熟友，当然更知道元帅的爱好——他是最正宗的二胡迷。

"我们上海有个闵惠芬，您可知道？"

叶帅看看她，摇摇头。

"这次在北京演出，美国同行也对她赞不绝口。"

"美国人也懂二胡？"叶帅说话好逗人。

"她是中国首届二胡比赛一等奖获得者，当时还是个十八岁的女孩子，她演奏的《江河水》《二泉映月》非常棒。"

"这个，我知道，一等奖有北京的，北派，有上海的，南派，北京比不过上海，上海获奖的还是个小姑娘。"

"小姑娘就叫闵惠芬，我的好朋友，这次她和哥哥一样，也从上海来北京演出了。"

叶帅双眸发亮："好呀，你跟她说，我请她，到家里来做客。"

如此，闵惠芬受叶帅正式邀请，第一次到他家里做客。

叶帅请客，考虑到她要带上胡琴的，又是人生地不熟，特意派了小车接闵惠芬，老帅细致周到，诚心诚意。

闵惠芬给叶帅拉琴，《江河水》是必拉的，这支曲，他百听不厌；接着拉其他的，《二泉映月》《空山鸟语》，都爱听。

叶帅听拉琴，不是一般的欣赏，听得特别认真，许多时候，他的手掌不由自主，在和着节奏，轻轻地拍打着桌子。闵惠芬每拉一曲，拉到最后一个音符，屋里出现一个短暂的冷场。她停了弓，随其他人的目光，看叶帅时，他老人家似乎还沉浸在音乐的意境里。他突然睁大眼睛，依次看屋里其他人，最后盯着看闵惠芬："完了？"

闵惠芬颔首微笑。

叶帅鼓掌，初徐后急，眉眼里都是笑意："拉得好！"

琴声暂息。

老人家很兴奋："你们知不知道？最初的《江河水》，只是一首东北民间乐曲呀，它还有个故事。传说从前有一对夫妻，很恩爱，丈夫服劳役客死他乡，在家里的妻子闻讯后，赶到江边，对着滔滔不绝的江水，诉说自己的哀痛，那是她送别丈夫的地方呀，她是来遥祭天魂的。"

叶帅七十七岁高龄，记忆力好到惊人："我给你们说个秘密，可不许说出去呀。十年前，我们国家开始排练《东方红》，那可是气势磅礴的大型音乐舞蹈史诗。随着朗诵'夜沉沉啊路漫漫，长夜难明赤县天'，有一段表达母女生离死别的双人舞，衬托背景的音乐，是双管独奏《江河水》。这个凄烈的、扣人心弦的原创版音乐，正是我推荐给周恩来总理，再由总理介绍给剧组的。"

叶帅自己拉二胡，有着不俗的水准。他乐感好，音很准。

叶帅是广东人，特别喜欢广东音乐。他取出一本广东音乐的谱子，指着《昭君怨》："你给我拉拉这个。"

"这个没拉过呀。"

"试试。"

闵惠芬读谱试奏，难免出错。但凡她出错，就被叶帅逮住，他把谱子拿在手里，指点着，大笑："错了、错了，这个地方错了，哈哈哈，全国冠军也会出错。"

说笑着，他把闵惠芬手里的二胡接了过去，竖琴扬弓，拉了起来。《昭君怨》，老人家是真熟悉，他拉这支家乡的曲子非常流利，无比得心应手，但见他眼睛微眯，身子顺着节奏，轻轻地晃悠，脸上漾开了青春的笑容。

闵惠芬和刘晶茹，就坐在叶帅正对面的沙发，她们一起望着他陶醉的模样出神。快要刹尾，两个好朋友搂搂肩，相视一笑。看得出，她们很放松，把这儿当成普通朋友的客厅了。从这一天开始，元帅与闵惠芬成了忘年交，拉开了一段老少友情的序幕。

老元帅对闵惠芬，相识这几年，见面机会并不多，时间也不太长，却结下深似父女般情愫。有一次吃午饭，刘诗昆与叶向真都在，叶剑英当着全家人的面说："我看呀，小闵纯朴无邪，是个真正的艺术人才，比你们哪个都强。"就在那次饭后，叶帅将一台当时极贵重的小型录音机，亲手送给了闵。那个年代，搞音乐的，都是听收音机记谱的，能拥有一台录音机，简直就是件奢侈品，闵视若珍宝。

往来这么久，叶帅跟闵惠芬，也就只有一帧留影，找不出第二张，还是叶帅要求下拍摄的，看照片中老少二人，有多质朴、多自然！一边是统率千军的大元帅，一边是把一生托付给了二胡的演奏家，因为都酷恋胡琴，成了忘年交。

"小闵她没来北京呀？"

"没听说来。"

"好久没有来啦。"

"怎么，想她啦？"

叶帅指指自己耳朵："是它在想，想听小闵拉琴了。"

（2）南人北曲

7月，中国艺术团成立。闵惠芬应邀再去北京，这时她已从上音调入了艺术团。进京不久，文化部连着安排艺术团作了多场对外演出，为行将出访阿尔巴尼亚、朝鲜、蒙古、苏丹、希腊、比利时、卢森堡和瑞士等多个国家作准备。

在这一轮出国演出中，闵惠芬统一申报的二胡独奏曲目，除了《江河水》《喜送公粮》，新增了《赛马》。《江河水》是传统曲目，《喜送公粮》《江河水》在广州中山堂演出过，麻烦的是《赛马》。

出访的国家中，有蒙古民主主义人民共和国。蒙古国接到演出曲目后，照会我国外交部，指出：《赛马》有一处音乐引用了蒙古民歌，而这首民歌，在蒙古已被冠于新歌名《红旗颂》，成了蒙古人民军军歌。我们一国的军歌，变成了你们的民族乐器曲目，不妥当，希望不要演奏此曲，或者进行删改。

出访在即，情况紧急，团里立即找闵惠芬商量，"两条路，立即改，或者干脆撤下来，换其他，曲目你先提方案。"

情况很突然，闵惠芬也急上了，《赛马》是不可多得的优秀作品，不到万不得已，她不想走第二条路，"好，给我一点时间，我来想办法"。

她的办法，是找沈利群。

在北京，闵惠芬住友谊宾馆，跟同是上海来的交响乐《智取威虎山》剧组住一起，上海人民艺术剧院的沈利群借调在这个剧组，第三、八场的戏，她有很重的创作任务。之前，闵惠芬跟她没有交往，没有单独说过话，只是知道她待人热情，很有才华，有很深的音乐造诣，创作的作品领域很宽，人称"跨界音乐家"，为二胡名家萧白镛写过二胡曲，《中胡与竖琴》《高胡与竖琴》，很有自己的味道，闵惠芬非常欣赏。

吃罢晚饭，闵惠芬找到沈利群的房间，按响

沈利群与闵慧芬

门铃。

"谁呀?"随着很溜的普通话,房门就打开了。

闵惠芬颔首低眉,赶忙要自报家门,被对方猛一阵摇手给制止了:"用不着介绍,谁还能不认识你!"

就在几天前,沈利群随剧组的朋友看演出,坐的位子在舞台左侧,虽说比较偏,但很近,观看是很适意的。节目中,有闵惠芬的《江河水》。说起来,大家都是上海文艺界的,沈利群还真是没好好看过闵惠芬的演出,有过一次机会,可惜座位太偏太远,加上那天的秩序也是特别不好,基本就没怎么看。这次大不同,不仅有距离优势,还有灯光帮助,能清楚地看着她的侧面听她演奏,沈利群很享受,很投入。那么清瘦,那么真情,那么质朴,沈利群当场就在心里作出评判,同为顶级二胡演奏家,闵惠芬的演奏绝对要比萧白镛动情、深刻。

一番客气过后,闵惠芬坐到沈利群面前,开门见山:"我想请你帮个忙。"

沈利群眨眨眼,表示不理解。

"这次出去演出,要有'安可',我一个'安可曲'也没有。"

有点明白,沈利群说:"我身体不好,心情很坏。"

闵惠芬静静地看着她。

"一动脑子就呕吐,喉咙里都是痰,神经坏了,彻底毛病了。路上看到一位老先生,会想到他中年是什么样子,小时候又是什么样子,随时都会联想。自己感觉,后脑勺碰到墙壁上去了,想当年魏王曹操脑子里得的,大概就是我这样的病吧?"

"看过医生吗?"

"去过精神病院,一个女医生说,你更年期了,让我吃药,又不让多吃,先四分之一,再二分之一,后来才同意,一次吞服一片。"

闵惠芬说《赛马》:"多动听的曲子呀!"

沈利群不松口:"你应该去找原作者写呀!"

"原作者是黄海怀先生,先生他 1967 年就走了。"

沈利群一下愣住了:"已经去世啦?"

"我找谁好呢,黄贻钧?朱践耳?"

沈利群自有原则,连连摆手:"不不不,让大作曲家改人家作品,无论如何是不妥的。"

"中国代表团出去演,一个'安可'也没有。二胡曲目本来就少,眼看着这样一首优秀曲目,从此被打入冷宫,实在太可惜。"

"我试试看。我极度神经衰弱,什么都写不了的。"

"真的给你添麻烦了。"

"真要我写，决不会马虎的，起音，落音，衔接，不能让人听出来是另外加上去的，这是我必须要做到的。"

《赛马》的改编主要有两处，一处是重新创作蒙古族民歌旋律，即被认为是蒙古军歌的那段曲子；另一处，是对结束部分进行压缩。沈利群顺着自己的思路做，很快就弄成了。

"原作者这么好的开头，独创的拨弦，气氛很好，一定要保留。结尾，1967年写的，老了一点，我帮着改了一下，能不能用，我不知道。前前后后，也就一张纸的事，给了闵惠芬，她千恩万谢地拿去了。"对自己做过的事，沈利群有一说一，讨厌虚的一套。

两天后，闵惠芬提着胡琴上门来了："沈利群，你来听听。"

沈利群回忆："就一遍，一听，可以呀，我心里说，完成任务了。"闵惠芬不依，接着又拉了几遍，细节的地方，跟她探讨、校正。沈利群舒心，依她主意，又动了几下，双方觉得妥帖，方才罢休。

面目一新的《赛马》，从此创生。

方立平认为："新写的乐段，不仅丰富了艺术情趣，也增强了乐段之间的对比，让乐曲更显活泼、明快、一气呵成。换句话说，这也让演奏时，更加显出闵氏演奏风格。从此以后，社会上一直广泛流行的，正是这一版本，闵惠芬走遍海内外，所到之处，已必加演这首《赛马》。"

就《江河水》《赛马》而言，毫无疑问是原创者黄海怀演奏在前，闵惠芬演奏在后，可是影响力，不在一个档次。当时尚在南京艺术学院学习的朱昌耀回忆："我在观看《百花争艳》电影时，看到了闵老师的精彩演奏，那如诉如泣的《江河水》，那奔腾热烈的《赛马》，使我感到非常的震撼！"

影片中的《赛马》，全新版，首次以一分二十四秒版本面世。

南京师范大学音乐学院教授岳峰，醉心闵氏《赛马》，注意到她不为常人发现的神奇，即"女手男音"，"南人北曲"，"翻开中外器乐演奏史，不难发现，由于生理结构、性情气质多有不同，其演奏风格会因性别差异而各具特色。一般来说，女性演奏家偏于纤巧细腻、含蓄而柔婉之情，男性演奏家多于粗犷豪放、雄浑刚毅之气。而闵氏二胡的琴声中，既有男性之胸怀，又含女性之情愫；既透出了一般男性所不长的精妙细润，又拥有一般女性所不及的磅礴气势"。

日后，闵惠芬不断涌出大作，岳教授深剖此题："中国器乐史上，由于地域之别，疆土之广，无论古琴古筝，还是箫笛琵琶，皆因南北气候、语言性格、趣味差异而形成南北迥异的演奏派系。通常认为，南人偏重于清丽婉约的水灵之气，北人侧重于厚朴遒劲的山雄之风。闵惠芬作为道地苏南水乡人，又是上海就学成长，其琴风却既有南人之秀，又有北人之放，尤其《长城随想》中坚如磐石的行弓，《新婚别》中柔肠百转的运指，迄今依然无人能及。可以说，闵氏二胡'女手男音'和'南人北曲'的独特现象，不仅成为器乐演奏史上的一个鲜例，也会成为后人一时难以跨越的巅峰。"

方立平分析："产生这些现象，是因为闵惠芬在二胡演奏时，施展出了他人无法相比的'二度创作'才能，或者也可以说，是因为她独特的演奏风格，使她弓下流出的音乐更具深度，也更具感染力和听赏价值。"另外，同为黄海怀在先版，《赛马》"不仅有着'二度创作'上的不同，而且还涉及'一度创作'上的变化"。

所谓"一度"创作，就是沈利群与闵惠芬在北京切磋艺术的短暂时光，作品诞生，有一个写作者与演奏者"创奏相长"的过程。有了"一度""二度"的变化，《赛马》理所当然，成了闵惠芬驰骋舞台的一骑绝尘。

那天拉过琴，闵惠芬没有马上起身，依旧坐在沈利群房里，眼睛落在她脸上，仿佛在自言自语："只有一个'安可'，肯定还是不够的。"

沈利群当即明白："这个闵惠芬，'贪心'着呢。"

闵惠芬跟沈利群说太行山红旗渠通了水的事，当时全国报纸都登，是个大事，还有新闻电影《红旗渠》。她从怀里掏出报纸："真是人间天河呢，林县老百姓改造穷山恶水，你没法不感动。"

接到沈利群手里的，是闵惠芬以卢怡作曲的《红旗渠》电影主题音乐，下功夫编写的二胡曲。"花了我一天一夜的时间，还只是个大轮廓，你大手笔，斧正一下，调动一下。"

"其实，这个作品，她送到我手里时，差不多已经完成。她自己转了个调，开头都很好了，我就后面加了个尾巴，形象清晰：通水了，老头拿个旱烟杆，站到大渠边，激动万分，招呼乡亲们——水来啦，水来啦！就出来这么个形象，就做了这点事。平心而论，这个作品，实际上完全是她自己搞的，可是，她这个人，非常客气，一定要加上我的名字。"

这就有了根据同名歌曲改编，闵、沈联合署名编曲的《红旗渠水绕太行》。民乐界，二胡曲目的匮乏，是显而易见的，传统曲目不多，新创作和改编的更少。两个初次相识的艺术家，因创作结缘，在很短的时间里，挽救了一部作品，合作了一部作品，成民乐创作界一段佳话。

《红旗渠水绕太行》诞生于非常年代，很容易演绎成激情有余而内容贫乏的作品，而闵能赋予它较深刻的思想内涵，使此曲成为那个时代少有的能激发人冲破心中的樊篱，去奋勇追求理想的艺术精品。

香港城市中乐团艺术总监程秀荣说："上世纪 70 年代末，我在上海，第一次现场观摩闵老师演奏《红旗渠水绕太行》，我看到的是闵老师内在和外在配合得天衣无缝之舞台艺术，没有多余的动作，没有多余的表情，一切尽在情理之中。"

一位北京同行，与程秀荣谈此作品，说道：多次揣摩乐曲第一句句尾那个长音，终不得要领。作为闵的学生，程有幸知道其中奥秘：这个大幅度渐强音，如不借助腰力，从弓尖把弓加速送至弓根，是不能很好地演奏的，而类似运弓的方式，"凡老师演绎的作品，比比皆是，她生动的身体语言，很大程度，由于其特殊的运弓所决定"。

过不多久，中央人民广播电台要闵惠芬去录音，她谁都没有叫，只要沈利群一个人陪她去，请她帮忙监听，什么地方有问题，不合适，让她帮她记下来，说："有你在，给我再把把关，我放心。"

这次沈利群只说了一个字"行"，身体的事，当然再不多说半句，她爽快地站起身，说走就走，关上门。两个人走上马路，胳膊挽着胳膊，嘻嘻哈哈说笑，俨然已是多年好友。

后来，《赛马》有过风波。

1997 年 11 月 4 日，《文汇报》登载题为《一代名曲岂可以讹传讹》的署名文章，内容来自武汉正在举行的"黄海怀二胡艺术研讨会"，说沈利群"对《赛马》作了两处改动，除结束句外，最主要的，就是把那首蒙古族民歌的一段旋律挖掉了，而换上了另外四句旋律"，要"还《赛马》以历史真面目"。闵惠芬第一时间看到这篇文章，知道是人家误解了，好朋友被冤枉，自己必须出来说话。

她请老朋友、上音"最会写文章"的钱苑先生，著文《关于〈赛马〉：闵惠芬、沈利群细说原委》。《文汇报》方面，得知原委后，积极配合做补救工作，在该报第一天由黑白改彩版的重要日子，安排出跟《一代名曲岂可以讹传讹》同样篇幅的版面，隆重刊登钱苑先生的文章，还作曲家以清白。

1999 年元宵节，武汉举行民族音乐会，闵惠芬再次"细说"《赛马》，实事求是，没有虚言，"改编《赛马》，沈利群是有功劳的，她创作的四句旋律，优美如歌，舒缓和谐，与全曲形成了一个有机整体，也使全曲显得更紧凑了"。

有意思的是，《武汉晚报》报道闵惠芬细说《赛马》一事的记者，与当年写《一代名曲岂可以讹传讹》的，竟然是同一位署名作者。

沈利群感叹："演奏家闵惠芬，操心演奏，更操心作品，操碎心。"

合作了两部作品，一部有她强烈的个人影子，没有署名；另一部，受别人帮助，本可以不署名，她客气，一定要署上别人名字。闵惠芬的豁达大度，淡泊名利，沈利群看得最清楚。经过这件事，闵、沈成了终生知己。"我答应再为她写东西。我条件不好，一双儿女，双胞胎，住 14 平方米，朝北，四个人一房间，写东西没地方，打开两扇小柜门，加块板，算个桌了。我的脾气，跟人交往，不要名气，不要唯利是图，只要人格美，闵惠芬，名气、人格都有，更讨我喜欢。"

风波过去，涟漪不存。对此，台湾一位叫刘峻正的闵迷，说过一句实在话："闵惠芬对《江河水》《赛马》进行深入的研究，借由精湛的演奏技巧诠释出特有的音乐形象，使得黄海怀毕生最重要的两首曲目，能够透过闵惠芬的双手流传下来。"

1997 年 10 月 29 日，翌日武汉艺术学院将举办黄海怀先生纪念会，她骤然忆起 1963 年少年夺冠，亲聆海怀先生在上海演奏的情景。"不禁悲泪横流，且沉吟默念，祝祷之"，即挥毫作诗，诗曰：

> 天低云暗，
> 江河水泣，
> 呜呼海怀，
> 我辈俊杰，
> 英年早逝，
> 魂归天阙，
> 乐音传世，
> 韵绕皓月，
> 心香遥祭，
> 宏图遗业。

黄海怀去世后，武汉音乐学院没有合适教师，闵惠芬让黄海怀的儿子黄波来到自己身边，实足教了他一年二胡，以备考中央音乐学院。黄波对闵感恩戴德，从此往后，视师若母，两人的关系无比亲密。

(3) 录音组

1975 年，中央决定，在北京成立录音组，调集全国各地最优秀的艺术家，录制中国古典诗词音乐和用民族乐器仿奏京剧唱腔，闵惠芬就是第一个进录音组的艺术家，要录的是根据经典京剧唱腔移植的二胡曲。

闵犯难，"用二胡来演奏戏曲，过去想也没想到过，我只听过单弦拉戏、唢呐咔戏，但那个品种很少在音乐会出现，一般在民间节庆，或联欢会或杂技团演出时有出现，是纯模拟艺术，有时当中还加入模仿人白话、锣鼓或鸡鸣狗吠，甚至飞机大炮之声，似乎不登大雅之堂。二胡演奏走什么路，应该用什么格调，这个问题把我难住了"。

"本来中国艺术团要出访美国，节目单都印好了，闵惠芬是'头牌花旦'，第一个演出，但突然不去了，要她关起门来练'传统京戏'，后来知道是'重大政治任务'。"闵惠芬说自己是很听话的，一头钻进去了："这是个艰难的'活'，一开始，对着京戏谱子拉唱，声音刺耳，刘诗昆、刘德海等一大批艺术家，在门外听得慌，冲入门叫道：'小闵哇，你在里面呜哇呜哇哭什么呀？'"

闵惠芬、俞逊发与中国艺术团的朋友

"当时我在中国艺术团住，一时没搬出，我反复聆听言菊朋录制的唱片，一声声模拟，找不到感觉，只觉得是老虎吃天，无从下口。"

陆续进入录音组的，有俞逊发的笛子、王昌元的古筝、龚一的古琴、汤良兴的琵琶和许讲德的二胡，闵惠芬负责移植老生唱腔，许讲德移植青衣花旦的唱腔。对京剧并不熟悉的闵惠芬，拜师李慕良。

李慕良长子、中国国家京剧院琴师李祖铭，是看着闵惠芬到家里来的，自然记忆犹新："文化部找了民乐界的闵惠芬、许讲德等很多有名的人物，学习生、旦、花脸等各行当的名段。当时也找了很多京剧界有名的老前辈教他们，正好闵老师分到我父亲这一组。"

李慕良先生是我国著名京剧琴师，幼年学京剧老生，1940年后，长期为马连良操琴，操琴风格自成一家，影响久远。他追求"心手相印"，旋律平正大方，节奏鲜明多变，手音圆润爽朗，指法灵活有力，弓法快而流畅，尺寸严谨，伴奏、过门、垫字，结构新颖，不落俗套，世称"李派"。老舍先生对其曾有"韵声长自远，意在手之先"的赞誉。

首登李门，她是万分虔诚。

二胡演奏家向京胡演奏家学习，从江南风韵，一下子跳进梨园腔调，闵惠芬明白，接触博大精深的京剧艺术，要得其真传，日后将成为自己演奏艺术中一种重要的风格，早晚勤学苦练自不必言，眼前的老师，太重要。却不料，遵嘱坐定，谢过茶水，脱口而出，跟老师说的头一句话，竟是盘在脑际的问题："李老师，怎么拉，才能拉出来高派的味道？"

她说的是高庆奎，高派老生创始人，具有一条挺拔刚劲、高亢无比的好嗓子，余叔岩、马连良、高庆奎被誉为老生"三大贤"，有名段《逍遥津》。

李慕良立马知晓，这个学生不是一张白纸，她来见他之前，一定是做足功课的。他回答："你就把高派的唱片翻出来，听它个几十遍，然后再拿二胡来找这个味道，一遍不成两遍，一直到味道对了再往下走，然后再是节奏。"他是口传心授与讲解剖析戏曲音乐艺术规律相结合。

老师这几句话，凝聚着他一辈子的心血，闵惠芬实足用了四个月，一百二十天时间来体会。

所谓口传心授，具体的教与学，"他手操京胡，先教我学唱，他让我先学像唱片上言菊朋的唱腔，我识谱，用不着教视谱，但唱的尺寸对不对，节奏布局对不对，装饰润腔、吐字气息对不对，都由他鉴别，然后指点我"。

实在找不到感觉的时候，他像教小学生唱歌一样，反复示范。好在闵的音乐基础良好，加之多年学民歌、戏曲，民间音乐的悟性在，基本不困难。"等我学好了唱，再到琴上揣摩指法，大致顺畅了，他就用京胡引领我，开始连贯性练习，这时，我必须顺着竿儿爬，不可自作主张。"闵称李"作出的尺寸就是真理"，"只要照他的布局，顺着他的暗示去做，大轮廓就出来了"。

他们师生，从开始起，可说是一见如故，甚是投缘。"当时，李先生一唱，我吃了一惊，人声幽咽，与二胡之神采何其相仿！"

前后有三个月，李针对大量京剧唱段，为闵作了艺术分析和技术剖析，这一段"国粹京剧"对闵的"改造史"，指导意义极大。"李慕良先生非同小可，他的音乐感觉就是'圣旨'，而且一讲就通。"闵非常肯定，也非常感激，"现在我的节奏，铁板钉钉准确，就是来源于他教的戏。"

当然，不仅是拉琴，还有《卧龙吊孝》。《卧龙吊孝》又叫《柴桑口》，取材于《三国演义》第五十七回《柴桑口卧龙吊孝》，剧情是周瑜欲袭取荆州，诸葛亮设计大败吴军，三气周瑜，将周瑜气死，诸葛亮亲至柴桑口吊祭，以不能合力拒曹为憾，感动东吴诸将，安然回荆州。

诸葛亮的《卧龙吊孝》，唱的二黄导板、回龙、反二黄慢板唱段，淋漓尽致地表现他吊祭时的复杂心情。瑜是被亮气死的，亮又去吊丧，本是假的，但他又以瑜不实行他的"联吴抗魏"为憾，并力求东吴诸将相信他哀悼瑜的诚意，假中有真，真里掺假，这是一段委婉深沉、起伏多变的言派唱腔，极尽回肠百转、声泪俱下之意味，尤其他那种忽收忽放、顿挫跌宕的行腔，将诸葛亮"欲言而不能言"的复杂心情形象地展现了出来。

闵惠芬向京剧音乐家李慕良学习《卧龙吊孝》

因是假戏真做，因此是放悲声而不动肺腑，有英雄惜英雄的成分，但骨子里是政治军事行动的需要，为实现吴、蜀联盟的需要。此哭是哭给东吴人看的，是为了赚取东吴人的信任，解除敌意，在称赞周瑜年轻有为颇具肝胆的同时，还要隐夸自己的功劳。

经李在艺术上分析、演奏上剖析，闵有了理解消化："指法上尽情操作悲声，但内心冷静支配我的手，音乐形象是有气度、有气质、有修养，放悲声也不失军事家风度，并不是悲到没有分寸，音乐感上刚柔相济，尽量把言菊朋唱腔最高艺术意境和他的唱腔特征明确表现出来。音乐表达两次出彩：一，导板，导板一开始，诸葛亮进灵堂哭倒在地，大放悲声，气氛浓重。这位大军事家也是个出色的演员，他可立即做到声泪俱下，可见他也要进入角色的。为此，我也进入角色。二，唱词'空于那美名儿万古传'，此为京剧流传百世的绝句，要用最充沛的感情来演奏。经过我的反复试验和李老师的反复指点启发，我每每奏到此，总有畅达昂扬、抒情无穷之感。"

高派高庆奎的《逍遥津》一曲，感情与《卧龙吊孝》则完全不同，它也取材于《三国》，表现的是汉献帝遭曹操逼宫，悲愤欲绝，恨不得要把牙根咬碎的故事。高派唱腔，高亢入云，气贯长虹，与言的唱腔刚柔相济，顿挫有致，风格、气质完全不同。"我的内在感觉是，简直浑身换了一副筋骨，感情表达上，也是撕心裂肺的悲伤，捶胸顿足的痛恨，真要拿出剧烈万钧之力，几达气噎声绝的程度，要达到一种伤痛到极致之境。"

《逍遥津》的重点，是导板回龙，也有千古名句"二皇儿，虽年少——"，"此曲的导板开口，感情是暴发式的，'父子们，在宫院伤心落泪'，原来二胡擅长的装饰性指法不够用了，频繁的上下滑音，大小频率、深浅不同的揉弦、大滑揉、小滑揉的交替运用，悠长的弱奏和强至极限的张力对比转换等，大大提高了二胡的演奏技巧和表现力，而一切技巧要融进极强烈的感情色彩中，还要气息贯通，每每演奏，几使我迸息"。

三十年后，闵著文《天梯》，深情回顾"录音组"，"文革"混沌中，她的这段经历，文艺界没人跟她重叠。整整七年没有老师指导，"李慕良老师来了！他为我架起了攀登中国民族音乐艺术高峰的天梯，他引导我进入了中华文化传统之渊源，他使我确立了后半生器乐演奏声腔化的命题"。

进"录音组"第四个年头，暮春，丁言仪随上海乐团出访赴京集训，一天，抽空探望闵惠芬，两个人，贴心话，自说不完。还不及谈上十来分钟话，闵惠芬突然闭了口，立起身，去拿胡琴："边拉边说吧，得让你听听，提提意见。"

她拉了《卧龙吊孝》和《逍遥津》，还有余叔岩的《珠帘寨》，"她拉过一首，就停下来，给我介绍一首唱腔的内容，神情非常投入，得意之处还放声唱给我听，我知道她老毛病犯了，已经沉迷其中，全身心放进去了。那天，也就短短半天相见，她知识面之开阔，神情气质之豁朗，给我展示出了一个新的老闵"。

拉了前面说的三首，正要拉第四首，丁言仪有了发现，猛然出声："老闵你停一下！"

闵拉得兴奋，说得起劲，被她这一声断喝，停弓，闭嘴，看着丁言仪，眼睛里的不悦神色，显露无余。

丁言仪不看她脸："你把手伸给我！"

闵惠芬不知所以，乖乖伸出双手，掌心向上，老老实实摊开。丁言仪放着右手不管，只顾拉过她的左手，仔仔细细看：闵惠芬左手每根手指指肚的形状，都比常人略呈扁平，食指、中指的指肚常有细细的、琴弦勒过的痕迹，不过一般常拉琴的人都会是这个样子，丁言仪略过不计。她看到的食指、中指的指肚，都已裂开，张着可怕的伤口，露出来深层的真皮，嫩红的血痕很明显。好像这一条一条的嫩红，跟一双手没长一起，又好像，那肉移到了自己身上，心一下子被抽紧，难以名状："怎么会弄成这样？"

"呵呵，有什么好大惊小怪的。只不过是这段时间有点过分，除了吃饭睡觉，也没有别的事，手指一息不停在弦线上压揉，上下滑行也厉害。"

"拼命呀！"

"北京的春季，不同上海，特别干燥，有风沙的影响。"

"要发炎，弄出大问题来的。"

"刚开始裂开，疼到钻心彻骨，时间久了也就麻木了。只有完全停下来，呵呵，夜深人静了，那个撕心裂肺的痛，还真有点熬不住。"

丁言仪低下头，手指头抹眼睛，没言语。

闵惠芬拉过她的手，放到自己伤痕累累的手里，频率很高，上下摆动，声音提了起来："机会难得呢，丁言仪呀，你知道的，有李慕良老师传授，自觉功夫大长，音乐的歌唱性、韵味表达的多样性、旋律长线条演奏的自如性大有长进，谁能够松下劲来？也不敢松。比比收获，吃这点苦，真是算不得什么。"

在琴弦上，一个是拉，一个是敲，舞台姐妹般。第一次合伴奏《江河水》，作为伴奏，丁言仪侧视她一双手，不够圆润，更称不上修长，心里在想，如此"小而干涩的指尖"，太平常，太普通，何以能流淌出如诉如泣的旋律，每个音符竟会触及你心灵的深处呢？后来跟她多次合伴奏，每次奏毕，满场观众都在鼓掌，沉浸在享受音乐的喜悦里，近在咫尺的丁言仪呢，却往往会下意识地，把目光投向闵惠芬的手，看她的指头。

这里头，也有插曲。

创造自己向往的艺术，是闵惠芬一辈子的愿想，"仿奏""声腔化"，何曾不是呢？"对我来讲，应该说，最投入最进入角色的，还是创造。要有作为，就要另辟蹊径，与众不同。"在中国艺术团，重心固然在学京剧，她还有条件做的事情，就是拼命地吸取其他艺术门类的精华。对于小字辈的闵惠芬来说，身边几乎都是顶级大家，真是"老鼠掉在了米囤里"，"我经常会傻傻地看着刘德海弹琵琶，看着刘明源拉二胡，看着胡天泉吹笙，实际上这就是'偷师'呀。我有一件从小到大都会的事情，就是'偷师'。根本不该轮到我学的东西，只要一发现它的好，我马上就会被'定身法'定住了，就要去听，去学，去模仿"。跟李慕良先生学戏期间，同屋住的是蔡瑶铣（1943—2005，昆曲表演艺术家），有个傅雪漪老师（中国艺术研究院戏曲研究所研究员）来教蔡唱古典诗词和昆曲。闵明知道自己的压力也挺大，可还是忍不住，傅老师一来，就放下二胡，暂停学京戏，立刻跟着去听诗词音乐。"因为我觉得，过了这村再也没这店了，傅雪漪老师也老了，谁知道以后还能有听他授课的机会否？"

对闵惠芬的二胡仿奏，乐评界给出的判定是：抵达了"虽然耳熟能详，却又别样风味"的境界。她在京剧仿奏领域，一鼓作气，先后用二胡学拉了《卧龙吊孝》《逍遥津》《李陵碑》《文昭关》《珠帘寨》《夜深沉》《连营寨》《卖马耍锏》《斩黄袍》《绝谷探道》十个经典唱段。在李老师指导下，录制上述曲目中的八段老生唱腔，其中《珠帘寨》，由李慕良亲任伴奏，后来收录于"闵惠芬二胡金曲珍藏版"专辑。根据高庆奎同名唱腔移植的《逍遥津》，是唯一一首冠名移植的创作作品。

新华网著文，细说毛泽东的收藏，说他生前收藏有许多唱片和录音磁带，"在众多乐曲中，毛泽东更喜欢听闵惠芬演奏的二胡曲。他生前特别喜欢听闵惠芬独奏的《逍遥津》《斩黄袍》《卧龙吊孝》《连营寨》《哭灵牌》等名曲"。

当时担任录音组编曲和录音监制的连波（上海音乐学院教授）是见证人，2004年7月著文，说闵惠芬跟李慕良求学，"从内容到唱腔，一字一句，细心揣摩"，几近痴迷；在录音的过程中，"每天从早到晚，听到闵惠芬在艰辛地苦练，我被她那认真执著、孜孜以求的精神所感动，今天回想起来，真是功夫不负有心人啊"！

长久以来，特别是现代舞台艺术日渐丰富，传统京剧受地域文化，主要是舞台语言的局限，许多人听着吃力，尤其是外国友人，更不容易听懂。闵惠芬通过仿奏京剧唱腔，发现二胡的演绎可以突破上述局限，听众可以直接从音乐语言中感受情绪精致细腻的变化。而京剧艺术，通过二百多年的发展完善，积累了良好的人文历史底蕴，有着丰富多彩的流派唱腔，二胡可从中吸取养料，加以融化，为我所用，古人云：论曲之妙无他，不过三字尽之，曰"能感人"。

仿奏的价值出来了，不是简单的重复别人，更不是重复自己，它是另辟蹊径，在闯一条二胡演奏的新路，即器乐演奏声腔化。

"我觉得闵老师太用功了，她开创了二胡艺术的新格局。"李明正（中国艺术研究院研究员）说，"从二胡接近人声、富有歌唱性特点出发，更重要的是，深入到戏曲声腔音乐中来，走了一条探索二胡以民族音乐为本体的发展道路。"

他以《逍遥津》说开去："她不是在演奏二胡，她是深入到汉献帝这个人物的心灵深处，这琴声是人物的咏叹，是人物的内心独白，她已忘却了观众，如痴地体验着十几个'欺寡人'的凄楚、悲愤。"

在北京的日子，除拜师学艺，演出活动也很频繁。

"1975 年，我被借调到北京，参加新版《红楼梦》校勘注释工作，其时闵惠芬正好也在北京，进行二胡演奏的声腔化研究。她住在西苑宾馆，我住前海恭王府内。

"那时中国艺术团经常要出国演出，每次演出前，都要在北京先内部演出一场，闵是团里的台柱子，每次演出都会有两张票子，我因此有机会叨光多次欣赏到当时国内的顶级演出：闵惠芬的二胡，刘德海的琵琶，俞逊发的笛子，吴雁泽和朱逢博的男女声独唱，这样的阵容在今天不可能复制。其中闵惠芬常演不衰的节目是《江河水》，虽然听了无数次，但每次听都让人热泪盈眶，内心久久不能平静。"（孙逊）

"第一次听闵老师演奏《逍遥津》，不是唱片，是北京李慕良先生专场京剧音乐会。当二胡奏响略感苍凉、凄婉跌宕的唱腔音调，全场为之一震，每个音符，好像不是由胡琴演奏出来，而是由名家名角字字珠玑唱出来的。"王甫建说，"我当时与闵老师还只是处在'神交已久'阶段，远还没有过直接的交流，但这段音乐，让我完全折服，那样直率，那样用心，同时又是那样传神。那次音乐会上，大多数听众都是京剧音乐的业内人士和爱好者，熟悉这段唱腔，是一群内行听众，一曲奏毕，全场掌声雷动，夹杂着戏曲观众惯有的喊好声，让人恍惚中，好像闵老师不是个手拿二胡的女演奏家，倒像是个俊秀挺拔的须眉名角。"

通过这一段探索，闵惠芬完全被二胡传达出的"人声""丝竹"的综合艺术美所陶醉，她拉琴，到这个阶段，才真正接触到了民族文化的精髓，"二胡这件乐器，最具歌唱性，可以十分到位地表达人声，而人声则是内心情感的演汇"。

很显然，器乐演奏声腔化的美学命题，是对传统二胡演奏法所做的一次本体上的大突破，它建立在对中国艺术总体认识和把握的基础上，吸收了传统文化的博大精深，从传统的内部，寻找超越的动力，"化为她的知识结构，化为她的音乐语言，赋予了器乐创作和演奏深厚的文化底蕴，正是众多有志之士追逐民族立美、审美的奥秘所在，有着无穷的艺术创造前景”。

“声腔化”是闵惠芬遵循中国传统艺术发展规律，自觉为二胡寻根，自觉在活态音响层面寻找与中华母语关联的认知结构和操作方式，是建立在表现民族音乐内涵的基础上的技巧运用，是渗透着闵惠芬用“功夫”和“神韵”表现出来的中国传统音乐之魂！

闵惠芬为追寻器乐演奏中的民族神韵，走进了民族音乐的海洋：北到内蒙，南到海南，西到新疆，东到台湾，蜂采蜜，她采美……她又抓住各种机会，学沪剧、锡剧、越剧、粤剧、京剧、昆曲，与一群江南丝竹艺人结交为好友，共同探讨。上世纪80年代初，为演好《长城随想》，她还专门学古琴，学京韵大鼓，名家“小彩舞”的声韵表演，从中领悟音乐表演中的文化风骨。

当年初夏，朝鲜金日成主席访华。

中国艺术团在人民大会堂小礼堂，为朝鲜贵宾举行专场演出。闵惠芬原定演奏《江河水》《赛马》，后又加演《卧龙吊孝》。

听完闵惠芬的演奏，金日成非常兴奋，虽然还坐在椅子上，人显得不安生，转来转去的，坐不住了，最后，谁都没想到，他“嚯”地站了起来，头昂着，高高地抬起臂，使劲地鼓掌。随后，间隔也就几秒钟，全场观众也都站了起来，热情地鼓起掌来。在喧哗的掌声里，金日成宣布，邀请中国艺术团赴朝鲜访问和演出。他的一句话，将整个本已十分热烈的场面，又推向更高的高潮。

演出结束，在现场观看的数学家华罗庚，表现得异常激动，谁的招呼也不打，径直向后台赶去，找到闵惠芬，握着她的手，说了许多祝贺的话，同时将心里的疑问端了出来：“小闵，你怎么敢拉《卧龙吊孝》这个曲子？是不是政治空气变了，文艺要解放了？这么好的东西，要压制到哪一天？”

随同华老一起去后台祝贺的，还有抗日英雄吕正操将军，老英雄也有问题：“中央是否有了新精神？”

两个问题，有点咄咄逼人。眼望尊敬的师长，闵惠芬咧开嘴笑，答卷在心里装着，嘴里没有发话，已经通红的脸，越来越红。

华和吕，他们两个，既是民乐知音，又是生活中的好朋友，两人都喜欢闵惠芬。在北京，只要有机会，三个凑到一起了，二胡、京胡、南派、北派的，聊个没完。有过一次，三个人又聊上了，近结束，闵觉得饿了，对华老说：我们工资才几十元，您同周总理一样，月工资有300元，今天您得请客呀！华老一愣，连忙笑着直点头：是的是的，我请我请！于是，拖着吕和闵，美美地吃了一顿全聚德烤鸭。华老还多次邀闵到他家做客，他的夫人和子女都喜欢闵。每次去他家回来，闵见人就会发感慨：华老这么大的数学家，待人那么真诚，他们一家怎么都那么好，待我跟家人一样，在他们家，我最放松，丝毫没有拘束。

（4）《洪湖主题随想曲》

9月，文化部副部长钱浩亮带队，中国艺术团赴朝访问成行。

在平壤国家剧院的演出，闵惠芬独奏三曲：《江河水》《赛马》《卧龙吊孝》。演出后，金日成接见艺术团全体成员，他走到闵惠芬身边，俨然老朋友一般，一把握住她的手，热情洋溢地说："你的演奏把我迷住了。"

后来，金日成在剧院贵宾厅，接见全体中国艺术家，他细说往事："访问贵国，送了我很多磁带，其中有《江河水》，我非常高兴。我除了自己听，还叫我的家里人听，中国的民族音乐走到我们朝鲜民族音乐前面了。"

闵惠芬随中国艺术团在朝鲜

第二天，朝鲜国家艺术团的弦乐演奏家，登门拜访闵惠芬，向她请教二胡演奏艺术。隔日，闵惠芬回拜对方，并向他们学习鲜族的拉弦乐器枷柳琴。在随后的两国艺术家联欢演出中，闵惠芬用枷柳琴演奏了一首朝鲜乐曲，令两国同行们赞赏不已。

月底，从朝鲜回国，闵惠芬接到指示，得马不停蹄去大寨待命。到了大寨，才知道是为拍舞台艺术片《百花争艳》，摄制组已经先期在大寨了。

当初，《百花争艳》是为赴美演出而准备的一台节目。

美国总统尼克松访华，中美关系进入"蜜月期"，中国政府汇集中国顶级艺术家（主要是歌唱家和器乐演奏家），组成中国艺术团，准备派往美国进行艺术交流和演出。美方在审看节目单时，发现吴雁泽演唱的歌曲《台湾同胞我的骨肉兄弟》，有一句歌词是"我们一定要解放台湾"。美方认为，这首歌曲不适合这次的艺术交流，要求中方换歌，或者改词。中方则认为，这不仅是一段歌词，而是政治立场问题，是原则，坚决不肯退让。因有异议，赴美没有成行，这台节目随后就在国内巡演，并由北京电影制片厂拍摄成了舞台艺术片《百花争艳》，闵惠芬在片中演奏了《江河水》《赛马》。

别人还是不明白，中国艺术团人才济济，那么多顶级人物——刘明源、刘德海等，辈分比闵惠芬高，舞台经历比她长，到后来，为什么她的节目成了第一档，成最好的节目了？她的上海同事们都知道其中道理，"她能被所有人看中，都器重她，就是，你一看就能看出，她是个不会胡思乱想的人，是专心拉琴的人，是两耳不闻琴外事，一心落在琴弦上的人。"

闵惠芬随中国艺术团在阿尔巴尼亚

李所谓"所有人"，当包括江青。在中国艺术团，江青重视闵这根"台柱子"，将她视为重要的培养对象。

香港音协主席朱道忠跟同行们说：我观察大陆艺术家，闵惠芬先生是名副其实的艺坛长青树，要说她有什么秘诀，我看就四个字——"目不斜视"。对这个评价，同行们无一不赞同！"二胡皇后""弦乐大师"，算什么呀？华而不实。心无旁骛，把一切名利、杂念都卸下，全身心投入拉琴。"目不斜视"，这才是对闵惠芬最准确、最高的褒扬。

朱道忠另有褒语："如果说，20世纪的二胡领域有一块世纪勋章的话，那么，20世纪的前期应该献给刘天华，20世纪的后期则应该献给闵惠芬。"这话，除了二胡技艺，一定也包括她的德行吧。

1975年10月，由北京电影制片厂录制的中国艺术团电影舞台艺术片《百花争艳》向全国发行。在老百姓精神生活极度贫乏的年代，一部《百花争艳》成了中国人最丰盛的精神食粮。在这些节目中，闵惠芬高超、精湛的二胡演奏，《赛马》的欢快，《江河水》的悲怆，让观众百感交聚。《百花争艳》毫无悬念地使闵惠芬在全国民众中的知名度迅速上升，到了无以复加的地步。

1976年1月8日，周恩来总理逝世。

中国艺术团团部明确规定，团里所有人，这几天不准去天安门。闵惠芬找到朱逢博，脸色凝重，让对方很陌生："我胸口堵得慌。"

闵惠芬电影《百花争艳》演出照

"我也是，气都透不过来。"

"要不出去走走？"这么说着，闵的一只手臂，不容分说，已插入朱的臂弯。

两个好朋友，几乎是齐步走出饭店，不觉后面有人喊叫："等等，算上我一个。"是古筝演奏家王昌元。她说：这种时候，哪还有心思弹古筝，好朋友，一起出门。

用不着谁提示，三个人的脚步，迈向了天安门。

闵惠芬随中国艺术团出访苏丹

在北京那些日子，闵惠芬主持出过纪念墙报，写过表达怀念总理的长诗，还与艺术团的好友们结伴去医院，向总理遗体告别。做过这些，她感觉好像什么都没有做过一样，内心还是沉闷，还是"堵得慌"。

6月，闵惠芬随中国艺术团，远赴苏丹，参加尼迈里总统的革命节纪念活动。有一场首都喀土穆的演出，闵惠芬演奏的曲目，照例是《江河水》《赛马》。

想不到苏丹人的音乐天赋会那么强，一曲《赛马》，听到抖弓部分，才开始呢，他们几乎是全体站立起来鼓掌，并不约而同地跑到舞台口的空地上，欢快地手舞足蹈起来，那种强烈的呼应，那种惊人的节奏感，那种对音乐与生俱来的感悟，令人震撼。《江河水》起音了，刚才还谈笑风生的尼迈里总统，忽然就安宁了，坐得端庄，神色严峻，一曲终了，还是不倚不动，独自沉思。

他缓步走向舞台，站在闵惠芬面前，握了她的手说："我懂了，中国人民的苦难和苏丹人民的苦难是相通的。"

从苏丹返国，闵惠芬即被借调至新成立的上海艺术团，紧接着的9月、10月，闵惠芬都随团在国外作访问演出，走了希腊、卢森堡、瑞士三国。她是在中国驻瑞士大使馆，在遥远的他乡知道关于粉碎"四人帮"的消息的。一心一意拉琴的闵惠芬，好像离政治很遥远，猛一下子，政治就来到了跟前，连侧一下身体的机会都没有。

10月下旬，闵惠芬回到上海。

从首都机场到虹桥机场，外面的世界，到处是欣喜的笑脸、奔走的人群、欢庆的锣鼓。闵惠芬家门外陈旧的台阶上，从没铺过这么厚的爆竹屑。浓烈的火药味，滚来滚去，淡淡的红颜色，飘飘洒洒，叠叠层层，一路展开，一条冰清冷静了整整十年的窄小弄堂，被充溢的喜气，涂了个满地满堂满天红。

三口之家难得团聚，本来就欢乐，粉碎"四人帮"的特大喜讯，更是喜上加喜，男主人刘振学忙进忙出，眉眼稀松，成天笑得像个"傻子"。

回上海的次日上午，刘振学从外面回家，旋开门，气还不及喘匀，闵惠芬就冒出话来："刘振学呀，我有个重要的事跟你商量，你一定得答应。"

刘振学不说话，笑看妻子。

她也笑，不说。她知道，他在等她说出那个"重要的事"，而她呢，通常是，还没做成，是不会提前吹的。

老规矩，闵老师出远门回家，刘老师的第一要务是张罗吃的。外面山珍海味，比不上家里锅灶自己弄的荤素，他是"营养师"，妻子的食谱早记在心里，最简单的红烧肉，是她的最爱。她最爱的东西，作料、咸淡、甜度、火候和汤头长短，是他功夫最深的一道菜。一大早就去菜场转悠，菜篮子里，除了蔬菜，没买猪蹄，没买鱼，心裁别出，买了八只大闸蟹，粉碎"四人帮"，大快人心，他们得在餐桌上庆贺一番。

"看到了，看到了，喝酒吃蟹，很有创意呢。"

闵惠芬向刘振学要时间，起码得给她一个星期，她哪儿也不出去，谁都不要来干扰她，她要关起门写东西。这个东西，于她，太重要太重要，北京起念，不，在瑞士首都伯尔尼，听过大使馆官员传达过重要消息后，当夜根本就睡不着，辗转反侧，有了构想，强烈、持续的激动，时而清晰，时而凌乱，需要冷静梳理，需要一气呵成，需要精雕细刻。

"说过的，一回来就去看姐姐的，也不去看她了？"

"先不去了吧，没有这个空了，你先代表。"

"茯苓饼、蜜饯不送人了？留下，都自己吃，能吃光？"刘振学摇摇头，自问自答，"行，我骑个自行车，明天就去几家转一下，有个小半天，也就能送全了。"

"咱刘老师就是行，不服帖还真不行。"

"别来高帽子，你房里忙去，狗鼻子闻到肉香，自己出来，我可不会叫唤，落个'干扰'的臭名声。"

闵惠芬一头闷进卧室，除了吃喝拉撒，一双脚硬是没有出过房间门，整整七天七夜。其间她是怎么折腾的，情绪有过什么样的起伏，旁人一概不知，刘振学也一样不了解，只知道中途向他两次要过笔，一次说是钢笔坏了，流不出墨水，换了圆珠笔，还是不好使，刘振学索性上街，买回来一打圆珠笔，都放她桌上，用不用随她便。熬至第八天，一大早，刘振学不在，大概去菜场了，餐桌上摆着豆浆油条粢饭，她匆匆吃过，给刘留个字条，就离开家门，赶去丁言仪家。

敲她家门。

"你吓到我了，老闵，眼睛怎么这么红，跟个兔子一样？"丁言仪盯着闵惠芬的脸，眼睛一眨不眨，好像对方是从没见过面的陌生人。

"是吗，有这么吓人吗？"闵惠芬双目圆瞪，一张脸干脆凑近丁言仪，两个鼻尖快要撞到一起，丁言仪赶忙逃远去，闵惠芬身往后仰，哈哈大笑："告诉你，是看《洪湖赤卫队》看的，又是'洪'，又是'赤'的，眼睛还能不红？"

闵惠芬"闭门造车"的"重要东西"，是把歌剧《洪湖赤卫队》中女主角韩英的重要唱段《看天下劳苦大众都解放》，改编为二胡独奏曲。

"娘的眼泪似水淌，点点洒在儿的心上。满腹的话儿，不知从何讲，含着热泪叫亲娘，娘呵！"

这些句子，丁言仪多少熟，多少喜欢呀！没待闵惠芬细说端详，丁言仪就开口，轻轻地唱了起来，闵惠芬跟着她哼唱，起先都还有点拘束，倒是闵惠芬，省略了过渡，先就拉开喉咙，一下子提高音量，哇啦哇啦唱上了；丁言仪哪甘落后，肆无忌惮地"疯"起来。已经将近十年没这样放开心情，唱心里想唱的歌了，此时此刻，两个人，全身心地，回到了音乐学院弹唱组。

好像听到有人说话的声音，闵惠芬冲丁言仪摇手扮鬼脸，两个人同时想到大声歌唱可能会影响到别人，她们的歌声这才消失了。

丁言仪起身，关紧了门窗，两个人开始办"正事"：老规矩，闵惠芬操琴拉新作，让丁言仪当第一位听众，听听她是如何在二胡上"唱"这首歌的。

"唱"过三遍，"二胡"跟"扬琴"款款深谈。

"你的第一段旋律，基本上与唱腔相同。"

闵惠芬点头："能感觉准确细腻，歌唱性的特长，甚好。"

她将其中的精微设计和盘托出："所以我力求掌握音乐表达的气息感，在乐句、乐段开始前用鼻子吸气，在音乐进行中，缓缓地自由呼吸，按指和运弓也力求受呼吸的'指挥'，使其协调、自然。"

丁言仪点头称是："第二段旋律的线条感很突出呀。"

"旋律线条的流畅、连贯，唱歌时比较容易做到，二胡就必须合理地安排旋律线的起伏，要做到这一点，有意识地进行训练，才能使自己达到一个新的层次。"

闵惠芬说："你有没有注意到快弓乐段与歌唱性乐段的交替出现呀？"

"当然注意到了，这部分显得开阔饱满、激情豪放，很律动。你用快弓技术，有了锐不可当的气势，韩英为劳苦大众甘洒热血的英雄气概酣畅淋漓。"

"第三乐段为散板，是吧？"

"乐曲的高潮了呀，其中有句得一连拉十个音，并连续两次换把，技术上可是一个难关，我体会，拉好这一乐句，内弦时运弓要十分饱满，拉到外弦九个音时，要有一连串音符带着惯性冲下去的感觉。速度越快，弓幅越要小，但要保持一定的紧张度。"演奏家写演奏曲，为演奏练习的细节，会考虑得特别精到。

两人越讨论越兴奋，同时想到，二胡创作声腔化毕竟是新东西，该听听专业作曲家的意见，她俩一鼓作气找到陆在易（上海音乐家协会主席），请他作客观评价。粉碎"四人帮"，陆在易正在兴奋中，拿到闵惠芬的手稿，眼睛飞快地扫描，手在轻轻颤动："闵惠芬，你行，你的行动力真强！"

陆在易的钢琴，即兴伴奏，闵惠芬纵情开弓，拉完最后一个音符，弓止，音消，双目微瞌，闵惠芬显然还沉浸在亢奋中，没有完全回过神来；坐在钢琴凳上的陆在易，双手悬在琴键上空，也还没来得及收回，就爆出一声大赞——"好"！

只一个字，让闵、丁二人欢喜得抱到了一起。两个人匆匆谢过陆在易，又一阵风似的离开。

过没几天，丁言仪家的门又有人敲响了，开门一看，又是闵惠芬。"你怎么又来了？"

闵惠芬说："不欢迎呀？"

"不是这意思，忙了这么久，是让你在家好好休息。"

"坐不住，半天都坐不住。"

"还是《洪湖》？"

"是呀，二胡声部算是拉过了，扬琴伴奏谱还一遍没有弄过呢。"说到新作，闵的话就刹不住，"装饰音的功夫还没有下够。离开王玉珍的演唱风格、

丁言仪与闵惠芬

语气，按习惯的装饰音感觉去演奏，听众会不舒服，我现在通过录音，在反复仔细听她的唱腔，还在尽可能像地模仿学唱，琴声必须模仿得越地道、越动人，才能获得好的效果。"

那些日子，她整个人，完全被一部《洪湖人民的心愿》（后更名《洪湖主题随想曲》）占得满满，任何东西休想插入。她们两个一拉一敲，改谱调音，创作

热情高涨到无以复加的地步，这个地方动一下，那个地方再推敲。"有分歧意见时，即使我俩声调提高到整栋楼都听到，最终我俩都会统一，事后谁也不生谁的气。"

1977年1月1日，上海文化广场宽阔的舞台，上海文化艺术界为庆贺粉碎"四人帮"举行大型联合演出，闵惠芬编曲的二胡独奏《洪湖人民的心愿》首次面对广大观众演出。

扬琴伴奏丁言仪记住现场，跟其他"人多势众"的节目相比较，"我们仅是两人组合的演出阵容，实在太单薄，然而我俩是带着扬眉吐气的豪迈心情登台的，我俩青春的热情在被禁锢了十年后，要迸发，要一泻千里、一吐为快！扬琴一敲奋起，胡琴一拉震撼！我的两根纤细的琴竹，力图敲出铜管的号力，你的弓弦拉出的，是你对祖国母亲的赤诚之心。当我俩的琴声凝固在舞台上方时，隔了几秒钟，才从台下传来一阵高过一阵的掌声，久久不肯停息，那股声浪，强烈地冲击我们的胸腔"。

音乐显现了它无穷的力量、无限的魅力。

"四人帮"粉碎后，中国艺术团解体，闵惠芬留在上海艺术团工作。从元旦第一场起，在上海文化广场连续演出了六场，场场都有闵的独奏《洪湖人民的心愿》，都是不肯停息的掌声；不同的是，之后的五场随着乐曲的主旋律，牵引出观众群自发的齐唱，不可抑止，汹涌澎湃，那声势，一场更比一场壮阔。

（5）两千把大蒲扇

谁接的头，记不得，哪一级组织通知的，不清楚，只听介绍人说了一句，这次的邀请方是湖北省洪湖地区，那里举办"荷花节"，点名要闵惠芬的《洪湖人民的心愿》。一时间，无边无际莲藕湖，一叶扁舟出荷荡，贺龙元帅的传奇故事，韩英扮演者王玉珍的剧照，大刀梭镖，一齐扑面而至。人早已沸腾，先就应允下来："好呀好呀，我们去，一定去，这也是'洪湖人民的心愿'呀。"整个准备工作，短短几天，两个人都处于兴奋状态。洪湖接的人一到，说走就走，晨星还在浓云间躲闪，两个人的"乌兰牧骑"，简装轻行，离沪西去。

车，是北京吉普，漆色斑驳，灰头土脸，旧，小，一看就是改装过的，宽度没有变，高度被无端升高，比例一失调，明显一副怪异腔。站到车面前，丁言仪脱口言："这个车好滑稽。"

"不错吧。"接待的同志面露得意，"搞到这部车子，真不容易，我们领导出面，跑了好几个单位呢，听说是去大上海接拉胡琴的老师，还是世界上拉琴拉最好的老师，呵呵，这不，最好的车，人家借我们了。"

两位客人互相望望，两颗头一起点。

"一路开过来，除了响声稍许大了点，别的啥问题都没有，我们荆州洪湖过来，到你们上海，千好几百公里呢，没熄过火，一次都没有。"

"对，交通工具么，只要能把人安全送到的，统统都是好车。"闵惠芬追上一句，说得丁言仪直点头。

"好车"上路，第一知道它的"好"，是铁皮薄，身轻如燕，薄到有身处纸板箱的感觉。早起出城，开窗迎风，比较凉爽，十点一过，太阳威力发作，往西走，风不知道躲哪里去了，一丝一毫都没有了，开窗关窗都是热。一辆车，活脱是只大烤箱，滚滚热浪，在身前身后直蹿，在脑门上疯狂。丁言仪为难了："我们五个人一辆车，一位陪同和我俩坐后排，另一位陪同坐副驾。大暑天，我俩穿的镂空塑料凉鞋，坐的位置一双脚没处放，要放，只能踏发动机位置的薄铁皮，可是铁皮是滚热的。一路上，我们一双脚，铁皮上撂一会，又赶紧悬空举一会，高温已使鞋底软化，生怕铁皮逞威，把一双鞋彻底给毁了。

"比较起来，我稍好，瘦呗，老闵怎么办？她胖，我有数，她的体质，从来是怕热不怕冷，太热，会要她命。我们挨紧着坐，我的另一侧是男同志，她的另一侧是铁皮，都忌。两个人，除了紧贴，还是贴紧，能够感觉彼此，全身衣服，湿了干，干了湿，干干湿湿了不知多少回。

"开头有晨风，尚能说笑，十点过，吃不消了，全车人脸色难看，沉默无语。太阳辣花花，虽说风还有一点，却是热的，如同蒸汽房跑出来的蒸汽，吹到脸上，灼疼。停车休息，四野沉闷，又恋念蒸汽了，都说让司机快开车，还是开起来好，有点热风比没风好。

"上午还在夸车高，下午就嫌它矮小，气闷，铁皮直接在头顶发威。老闵的发质是'沙发'，平时又干又硬，一根根，像钢丝，经高温严烤，顿时成了干草堆，成了鸟巢，蓬松凌乱，一塌糊涂。"

丁指指头顶，向她提醒，闵点点头，眨眨眼，表示有数。接着，她双手举起来，指爪张开来，没待丁明白过来，她就狠命一通乱扯胡抓，一会儿，更像草堆、鸟巢了，她还得意夸张地摇晃，逗乐了一车人。

到达目的地，天已近晚；入住招待所，一切停当，天已全黑。闵在丁耳朵边说："今天我们'黑出黑进'呢。"丁一时没反应，待明白过来，已站到房间，不觉清风徐来，风源来自头顶，有一部小型吊扇呢，三个叶片转得正欢。两人大乐。闵说：好，少废话了，抓紧洗澡休息。无奈气温太高，丁还是一夜睡不太平。

次日下午演出，是在当地的一座公社礼堂，可容纳观众两千多人。在勉强可以称之为舞台的土台上，安排了两台电风扇，一台式，一落地，相对于没有任何降温设施的观众席，舞台已经够豪华。可叹风扇不能往脸上吹，也不能吹中间（二胡的蛇皮经不起吹，吹干掉乐器会坏；扬琴更是，又干又热的天气，再加上风吹，板都可能要裂开），风扇的角度，被调节成朝地面上吹，跟没有一个样，根本起不了作用。"起初，我们因为炎热，显得有点烦躁，看起来令人羡慕的电风扇，就在身边，却不能享用，凉风呼呼，只能看，一丝一毫到不了自己身上。反过来，我们羡慕起台下观众，他们人手一扇，想扇就扇，想息就息，多自在呀。"

观众陆续入场，整座礼堂，大放光明，除了座位满满的，走廊、门侧，特别舞台前，都站满了观众，挡不住的热情，抗不了的散漫。跟常见的乡镇相同，演出场地人声鼎沸，一片嘈杂；亦有不同，人手一把扇，少有折扇、纸扇，多的是大蒲扇。

这该是怎样壮观的场面！男女老少，两千来号人，两千来把大蒲扇，一齐无节奏地掀动，巴哒巴哒，哗啦哗啦，拍打皮肉的声响，拍打蚊虫的声响，相互闹打的声响，跟大伙儿习惯了的随便的说话声、放肆的嘻笑声，汇合成钱塘潮，在这座乡镇小礼堂内汹涌澎湃。

只隔一块幕布的舞台，情形则完全不同。一把胡琴，一架扬琴，两个人，场面特别空寥，风扇的旋转声，风儿卷过台面的脚步，这些微弱的响动，在幕布外的气势面前，几可为零。舞台内外，一闹一静，让丁言仪心里直打鼓：这个怎么弄法，怎么弄法呢？农村，小镇，也算走得多，也算熟悉了，眼前这个阵势，还是招架不住。她的眼睛转来转去，视线离不开老闵。

从上午走台到现在，老闵一丝不苟，跟出国和在北京、上海演出一样，情绪始终高昂，演出场地的嘈杂，都在意料中，这般出奇的热，实在让她难熬。和昨天车上的情形一样，汗流浃背是免不了的，只是脸上的妆，容不得浸湿，吸汗补粉这件事，需要不间断地做，方才妥帖。"真正只是眼稍豁到一点，可能看到点啥，也可能什么都没有看到，完全是凭感觉，有她在身边，竖琴坐着，就是泰山一座，稳笃笃的，刹那间就不慌了，气沉住，心定了。"

"二胡独奏，《洪湖人民的心愿》，演奏者，著名二胡演奏家闵惠芬，扬琴伴奏丁言仪。"

报幕员隐退。

闵弓即起。

若一道不容抗拒的命令，齐刷刷地，所有人的嘴巴，合上了，满场大蒲扇，刚才还肆无忌惮舞动，瞬息之间，也全都停下了。两千来把，没一把动的，有僵在半空的，有伫于膝盖的，更多的，停在胸前，再不放下。一张张油亮的脸，露出的，几乎是一样的专注和热烈。一座坐满了人、无比闷热的礼堂，因为悠然飘起的弓弦之声，所有的声响，争先恐后离场让位，飞出屋外，走远了，脚步之快，胜过大海退潮，一会儿便无踪无影。比较北京、上海的音乐厅，洪湖乡野营造的安静，有点神秘，哪里是一句"鸦雀无声"能形容的！

闵惠芬刚辞世时，丁言仪第一时间著文，用跟老友对话的口吻，回忆到这场演出，刻骨铭心：

> 那天，你的演奏过半时，不知不觉中，从台下传来轻轻哼唱的歌声，伴随着你的琴声，忽高忽低，四处响起。顷刻之间，台上台下，以声会情，以情会心，交融成一片。奇怪的是，乡亲们的声音，始终是轻轻的伴和，满场依然是你的琴声为主，是二胡引领下的哼唱。
>
> 是因为这支曲调，洪湖人太熟悉，还是因为你的琴声，太打动人？那种台上台下的应和，简直到了天衣无缝的境界。我们两个，对乡亲们观赏音乐的素养，大加称颂。全场演毕，我看到你的演出服后背，已经像从水里捞上来似的，湿透湿透，再看你脸，汗津津的，掩不住的欢笑，闪耀着孩童纯真的光芒，真是美。这次洪湖演出，一闹、一静、一唱，能把这么烦躁的人拉静，我真正感受到，你一把二胡在普通观众中的魅力。

（6）小泽征尔

闵惠芬写过一篇千字文，曰《二胡演奏法要领》，以极洗练的概括性语言，讲二胡练习的坐姿、持琴、持弓、运弓、揉弦、换把和音准练习七要领，供初学者领会。时至今日，这篇千字文仍堪为胡琴入门最经典的简明要诀之一。不过，同是创作，闵惠芬自有感悟，"写这样的作品，跟花在演奏《江河水》上的功夫，还是不可同日而语。那是一项向极致靠拢的艺术工程，研究实践，再研究再实践，去感悟，去丰满，去创造，是需要投入毕生精力的。"

1962 年，湖北艺术学院的黄海怀于广州羊城花会，欣赏到谷新善的双管独奏曲《江河水》，为他的演奏所打动，萌生移植此曲为二胡演奏曲的想法。不久，湖北艺术学院邀请谷新善、王国潼到该院讲学，黄海怀前往谷住处请教，请他完整演奏《江河水》，并将全曲详细记录。之后，黄海怀反复研究推敲，对揉指法进行了独特的艺术处理，记谱定型，至此，二胡名曲《江河水》诞生。1963 年，黄海怀亲携此曲，作为新曲参加第四届"上海之春"二胡大赛。1964年，由黄海怀的嫡传弟子吴素华录成唱片，发行全国。

正是在第四届"上海之春"上，闵惠芬初识《江河水》。1964 年入大学，陆修棠老师力荐，闵惠芬浸淫《江河水》，凡十数年，苦练研究，做足功课，用足脑筋，日复一日，年复一年，形成了个人的独特见解。

自 1975 年《百花争艳》流传至今，闵无数次演绎此曲。

作品有一个悲剧性很强的开始。未有曲调先有情，《江河水》篇，尤甚。闵惠芬让自己沉入一个悲惨世界，"在一个深呼吸后，拉响第一个带装饰音的$\frac{\geq}{5}\frac{3}{}$……，装饰音$\frac{\geq}{5}$要用一指'打'到弦上，使之产生一种震撼性，而$\overline{3}$……和$\overline{5}\frac{\sim}{6}$……两个长音，要奏得既暗淡又凄凉，到$\frac{\geq}{1}\frac{}{2}$……的装饰音$\frac{\geq}{1}$时，又要奏出一次震撼性。第一和第三个装饰音，都要用弓根演奏才能奏效"。

说到第一乐段："我把真正稳定节奏的开端安放在"$\underline{12}$ $\underline{53}$"四个音上，这四个音毫不动摇的稳定感，起到牢牢控制自己内心节奏的作用，并对乐队或扬琴伴奏产生控制力，从而取得独奏与伴奏高度统一。"

"第三小节$\frac{\widehat{}}{}\widehat{1}$音的出现，由于有一个带棱角的上滑音，紧接的强颤音，立即产生了撕心裂肺、哀痛欲绝的效果，它掀起了第一个感情的波澜，"$\dot{1}$"音奏时，要时值充足，压揉紧而密，尔后出现的抖弓，进一步推波助澜。"

说第二乐段，她的弦，处处埋有伏笔。"此段二胡与伴奏分句对奏，情绪要贯通衔接，强弱对比较微小，随音势走向略作起伏，此段运弓用弓的中间部位，右手腕向下方略倾，使弓杆轻轻靠在琴简外侧，运弓短而轻微，这样的发音既清晰又含蓄，加上"$\dot{5}$""$\dot{1}$"音的压揉，其他音平直不揉弦的处理，下滑音慢而凄凉的处理，便能产生特殊的吸引力，达到欲哭无泪的效果。"

所谓匠心，在这个段落里获得最为机智的安排，"整个第二大段节奏要十分稳定，似乎是'木呆呆'的，'木呆呆'就是表情，正是它深刻动人之处，也是音乐'大手笔''大写意''大布局'的表现方式"。

第三乐段，重点介绍全曲高潮表达的要求，"此时要凝聚演奏者最大程度的激情，强调抖弓前的音头，强调抖弓时的力量，强调腰部支撑之力，总之调动一切'力量之源'，奏出感天动地的悲愤之情"。

对于闵惠芬演奏《江河水》的技术特征，陈春园认为，她运弓时大臂先行，这个动作特点使演奏者在演奏时能以大臂之力带动腰力，同时开阔胸腔，使丹田之气无阻地上升，呼吸获得更大自由。从舞台形象看，大臂先行的运弓动作，带着大气的舞蹈性，造型感强。

在深呼吸后开弓，"全曲的第一弓是震撼性的。弓毛紧压琴弦，在弓根处起音，伴随左手一指打音，闵老师形容为'好像扔下一块重物'。紧接着，运用强烈压揉和完全不揉相结合；急促带棱角的上滑音、回滑音和粘住琴弦、直揪人心的下滑音相结合；休止符前气断声绝的'盖音'"。

乐曲高潮之前的低潮，往往很难处理，闵的手法是，将压抑和爆发乐句的对比拉大，将第 37 节，欲扬先抑的长音"5——"，"从弓尖出发，紧粘琴弦，走得极慢，甚至有一刹运弓像凝住了一样，此时观众的心也随之被揪住，最后猛然加速，奏出强音"。

"我记得最成功的，是有一次演奏《江河水》时，心突然就闷起来，与此同时，两只脚都沉重了，拖都拖不动一样，很吃力，而且是，走出台口，人就进入了角色，有着充沛的感觉，始终保持，那是一次特别成功的演出。"这次演出，她不止一次提到过，具体指的是哪一次呢？没有说。

1977 年 5 月，上海筹备一台中日著名艺术家联合出演的音乐会，以上海交响乐团演唱肖华的《长征组歌》为主，另有三个小节目，其中就有闵惠芬的二胡演奏。

那天，在上海交响乐团排练厅，中日艺术家一起排练走场。前面两个节目过去，轮到闵惠芬上台了，她拉《江河水》。弓起前，整个排练厅，像是正式演出一般，静穆无声。进入状态的闵惠芬，照例是沉入物我两忘的境界，一口气完成演奏，待她停弓、仰脸，返回现实，一件从未有过的事情发生了。"一个人，准确说一条黑影，一道黑色的闪电，在我面前直蹿起来，快速跃现。这时还没有真切弄清楚是怎么回事，可以确认冲到面前的是一个人，只是根本不知道是谁。他站到我面前时，冲劲是极足的，看他好容易刹住步后，抬起的脸，正对着我。

"看到他脸，我真正地大吃一惊，整个面庞都是湿的，水里捞出来一样，完全被眼泪水糊住了，看得出是哭的，两只眼睛通通红。站到我面前，他终于平复了情绪，开口说话了，却是满口的日本话，哇啦哇啦的，我自然是没有听懂。看到我面露茫然的样子，他更是着急，不由得加快了语速，声调也随之拉高，我更是不知所云了。他更急，扬起双手，不管不顾地猛敲我的肩膀，我只能回报他更加无奈的摇头，再敲，我依然不知所云的样子。他还是不罢休，索性高举双手，来来回回搓起我的头发来了，把我的头发弄得那个乱呀，成一鸡窝了。顶着'鸡窝'，望着他那头标志性的凌乱长发，我依然木然。

"当时场面有点乱，许多人纷纷离开座位站起来，有认识他的人，惊呼起来——是日本的小泽征尔呀！

"过不多久，一位年轻人急步赶过来，说是翻译，才给解了围，给大家说清楚：说这位，正是世界著名指挥家小泽征尔先生，在听完了我的《江河水》之后，他非常激动。跟我不会日文一样，他也不懂中文，说了许多话，表达他的感受，翻译当场给大家直译了一句，说我闵惠芬的演奏'诉尽人间悲切，使人听起来痛彻肺腑'。"

小泽这句话，不久便传遍了天下。

作为久负盛名的指挥家，这次小泽征尔应邀观看中日艺术家联合演出音乐会的排练，是早早地坐到了座位上的。后来闵惠芬回忆，小泽征尔他们一行嘉宾，坐到舞台前排座位时，闵惠芬是看到的，只是不知道他们是谁；她上台演奏，琴拉到中途，有一个黑影，慢慢慢慢矮下去，倚桌不起（小泽征尔没有听完全曲，就已经不能控制住感情，伏案恸哭了），这过程，眼睛透过虚光，她也能感知得到；不过"当我一拉完，黑影一下子蹦起来，绕过桌子，冲到我面前，接下去他的动作，我是怎么也想不到的"。

1935 年生于中国的小泽征尔，早年师从卡拉扬，与印度的祖宾·梅塔、新加坡朱晖一起，被誉为世界三大东方指挥家。他在指挥界，是出名的"大动作"指挥家，他很善于利用自己突出的形体动作，诱发和引导乐队队员的音乐表现力，他在指挥时，全身没有一个部位不参与的，甚至连头发都成了工具。有人不以为然，全面地看，这是他独特的风格，于别人恐怕不合适，在他身上则是一种很有效的艺术手段。据了解，在闵惠芬面前"失态"，是小泽征尔在中国乐坛的第一例。次年，小泽征尔到中央音乐学院访问，听民乐系十七岁学生姜建华独奏《二泉映月》，有从椅子上顺势跪下的过激动作，对大家极其虔诚地说道：这种音乐，坐着和站着听，都是极不恭敬的。这是后话。

不奇怪，艺术天赋越卓越的艺术家，越是有个性。

钢琴家刘诗昆，他多次聆听闵惠芬的演奏，两人还因琴结为朋友。同为艺术大家，也许他的个性，与小泽相去甚远，他听了《江河水》，没听说有激烈的肢体语言。多年过去，他深思熟虑，说了一段话，评价之高、之切，可与小泽征尔激情的肢体语言相媲美："闵惠芬用她的二胡拉出的那首《江河水》，是我生平听到过的无以数计的中西曲音中，为数不多的令我毕生不能忘怀、至今记忆犹新的感人肺腑的乐音之一。那乐音，已不仅是琴音，更化成了心音；那琴技，已不仅是卓绝的技能，更化成了精深的艺境。琴心合一，技艺交融，声情并茂，乐摄人魂，这不仅是那首《江河水》的弦音带给我的感受，而是闵惠芬的整个琴乐留给我的深深回忆。我同惠芬熟识已达三十余年，深感其心境之美，琴技之绝，乐思之深，艺界之真，这才是真正音乐大师的艺术真魂所在。"

过了一年，1978 年的 6 月，小泽征尔亲率美国波士顿交响乐团到上海演出。上海艺术团也有一场演出，当然有闵惠芬的二胡独奏，节目单有《二泉映月》《洪湖主题随想曲》两支大家熟悉的曲子，另有《战马奔腾》《阳关三叠》二曲，别说小泽征尔和他的美国团队，几乎所有在场的中国听众都觉得陌生。现场聆听闵惠芬演奏的，有波士顿交响乐团的首席评论家，他回国后不久便撰文，称闵惠芬是"世界伟大的弦乐演奏家之一"。

林谷芳，台湾深具影响力艺术评论家，跟多数评论不同，他把视野放大，视角拉高，以"文化美学"的观点看《江河水》，进而看闵琴彰显的意义。如此，他认为，有没有被西方人指认"伟大弦乐家"，有没有让小泽征尔恸哭，都不重要，重要的是，"有了哪些前人未见或最少独具特质的成绩"。

"东北民间乐曲《江河水》本是一首轻快的吹奏乐，改编成管子独奏时改变了情绪，成为一首诉说民间疾苦的悲悯曲调，我在订指法时，脑子里想到了孟姜女那样的古代妇女。"黄海怀的初衷，基本是线性思维方式。而陈春园认定，闵惠芬是一个发声情感强烈鲜明的人，天生是个演奏家，她"凭借其强烈鲜明的个性天赋，和独特的人生体验，将《江河水》推向了艺术的至高审美——悲剧性震撼"。"哭"与"咆哮"是《江河水》的重要形式，闵惠芬认为该曲是"欲哭无泪、哀告无门的绝望"，"只有咆哮"，"冲天汹涌的咆哮"，如同孟姜女哭倒长城，到最后投海自尽，引起惊涛骇浪；如同窦娥哭诉冤屈，直叫六月飘雪。演奏此曲，"光表现凄凉还不够，还必须拉出劳动人民同厄运抗争的精神，继而抵达拨云见日的境界"。

（7）借得梅花一缕魂

小泽征尔的"行为艺术"，太过用力，中外媒体相继报道这一消息：新闻广播，从中央台到地方台，大小报纸杂志，配照片加评论，也是相当地用力，引起乐坛，乃至圈外各界连锁震动。小泽征尔说过的这句话，那个夸张失态的动作，作为美谈，差不多传遍了中国的城市和乡村，老百姓十有八九都知道。一般人，听过就听过，发生就发生了，闵惠芬不行。脑袋让小泽征尔猛搓过后，有一点她特别清醒：中国的好东西，世界需要。她"起来行"，有选择地做了两件事。

上半年，赴京参加全国政协会议，并当选为全国政协委员。在京期间，一个偶然的机会，她拿到了《战马奔腾》的乐谱，是解放军二炮文工团二胡独奏演员陈耀星 1976 年的新作，作品绘形传神，把战马的形象、边防战士的英姿浮雕般表现了出来，她非常喜欢，说干就干，一头钻进"战马群"，在北京练，回到上海接着练习，一时沉迷，渐入佳境。第二件，便是《阳关三叠》。

说起来，《战马奔腾》比较简单，难的是《阳关三叠》。

乐曲《阳关三叠》，产生于唐代，根据诗人、音乐家王维的名篇《送元二使安西》谱写而成，是中国十大古琴曲之一，也是中国古代汉民族音乐作品中的极品，千百年来被广为传唱。在唐朝，曾以歌曲形式流传，收入《伊州大曲》作为第三段。唐末诗人陈陶诗曰"歌是《伊州》第三遍，唱着右丞征戍词"，说明它跟唐代大曲有关；李商隐亦有句"红绽樱桃含白雪，断肠声里唱阳关"，王维、李商隐两位大家前后差百年，可见此曲当时流行之久、之盛。

此古曲在闵惠芬心里，盘桓已有十八个年头。"余少年十四岁时，赴上海音乐厅观看首届'上海之春'音乐会，听一少女合着古琴，吟唱《阳关三叠》，不觉神迷，终日念念不忘，不能自已。便想着学唱，四处查找乐谱，王震亚编配的大合唱唱片，终于在上海音乐学院附中唱片室找到，乃天天聆听，直至烂熟于心。"

神迷归神迷，盘桓归盘桓。有如此亮丽一抹底色，更兼十年"文革"累积的"人间粗野之风太盛，深情高雅之韵难觅"的焦虑，还非得有国际大指挥家如此触动心灵一阵恸哭。闵惠芬没有犹豫，没有等待，一头沉入了《阳关三叠》二胡独奏曲创作。

流传千古的送别曲，首度通过二胡，传递思古之幽情绵绵，空灵之意韵远出，流芳不绝。小泽征尔后，二十六年过去，闵惠芬在纽约访问演出，友人、著名录音制作专家马濬先生为她录音。录音毕，回宾馆，两人同坐一辆出租车，窗外，中央公园、时代广场，华灯绚烂，车水马龙。

"听过这许多曲子，您最喜欢哪首？"

"我最喜欢《阳关三叠》。这首曲子，我听古琴弹奏听得很熟，想不到胡琴演奏更动听。"

"您知不知道琴曲的全曲唱词？"

"不知。"

"要不要我抄给您？"

马先生高兴极了："要，要！我有用。"

转去达拉斯后，她默写了该曲唱词和创作由来："遄行，遄行，长途越渡关津"，"尺素申，尺素申，尺素频申如相亲"。琴曲编配为二胡曲后，每每操习，相关文字，倒背如流，句句都已烂熟于心。长长一篇唱词，次日晨，她于达拉斯的宾馆书毕，当即电传纽约，给到了马潆先生。

回到上海，音乐理论家傅建生与闵惠芬会面，听她说起马潆。

傅先生提出新问题："你能否把你改编此曲的经过也写一写？特别是，你为什么要加入类似华彩的一句长曲调，因有了这一句，使该曲的意境升华了。另外，这首乐曲怎样演奏，才能达到古人送别友人时依依不舍的情感和古风韵味？"

闵的回答，先宽泛，再集中："把古琴、歌唱最具特征的表现，加上二胡最擅长的表现方法，三者加在一起，才有可能创造出一个更动人、更富诗意、更深情的《阳关三叠》。"

闵设问："如果把《阳关三叠》仅照原谱拉一遍，那种千里万里的刻骨相思，怎么能尽情抒发出来呢？"

"我要创造出千里万里思念之情悠悠如丝的意境，通过二胡借鉴古琴绰、注、吟、揉、顿、挫、滑等演奏手法，吸收琴歌吟咏，充满语韵气息的各种技巧来丰富二胡的表现力。"回答傅先生问题，有些地方，她具体到了某个音符的处理："我根据诗意，二胡演奏第一叠时情感上貌似平淡，内心却充满依依顾恋之情，左手不揉弦，或很淡地揉弦。"这篇答问，几可称为《阳关三叠》曲的演奏指南。

关键处，她和盘托出。在第二叠之后，到第三叠的"载驰"时，她叮咛演奏者："为加重语气，把"5 6i6｜"原来两次的，再多加一次，铺设工作开了，三次"5 6i6｜"以后，制造出一个较长停顿，此时要凝神进气，在停顿足够后（要敢于停顿，敢于全场寂然无声），要重重吸气，以后无比深情地奏出两个小乐句。此处，原唱词'何日言旋轩辚，能作几多巡'，利用二胡内外弦的音色变化，在内弦以弱奏的方式，制造出摄人魂魄的效果。之后一个迂回的上行五声音阶，把二胡音高推到极致。"

最后回答傅先生最关切的话题。

她毫不隐晦，谓之此乃"神来之笔"，一番话，说得通透澄明，荡气回肠，很能见她爽朗的性格："这个高音的"$\overset{\frown}{3}$"要拉得非常悠长幽远，方法是，此处推弓要非常节约运行，注意要从弓尖出发。这是我确立的'千里万里思念之情悠悠如丝'的意境意象的重点体现之处。到此还不够，我把$\overset{\frown}{3}$音加上了戏曲吟唱的，慢起渐快的小三度滑揉，全曲音高推达制高点"$\dot{5}$"。老天助我！滑揉"$\overset{\frown}{3}$"到"$\dot{5}$"的"$\dot{5}$"音，正好是个泛音点，泛音制造幽远意境最适当，最巧妙，最有效。而下行的五声音阶，我又采取了一次离调的方法，使'♯F'羽调离至B羽调，而且又一次奏了一个里弦的空弦音。"

接下来，她说的内容，远远超出傅先生的问题，面对广大《阳关三叠》学奏者："这一大长句，高音达到全曲制高点"5̇"，低音达到二胡空弦音"4"音的最低点，二胡的音域，一下子拉到很大宽度。奏长乐句，宽音域，节奏上松松紧紧，自然顺势的转调离调，戏曲吟唱的滑揉运用，都是调动了器乐演奏与声腔艺术的高妙手段，从而造成内心激情的跌宕起伏。"

寻觅"深情高雅之韵"，创作《阳关三叠》曲，她用《红楼梦》中林黛玉咏白海棠句"偷来梨蕊三分白，借得梅花一缕魂"自谦作结，贬词褒用，巧用拟人，意思很清楚，她对音乐创作，身在此山，眼睛望着的山，更高更远。

果不其然，接下来，她的步子一天更比一天紧。

第二年春天，上海民族乐团重建，她正式调入上海民乐团。4月，上海歌剧舞剧院作曲家张晓峰，和她坐到一起，商谈合作《新婚别》。初夏，文化部重组中国艺术团，她再次被借调赴京，得以结识作曲家刘文金，不久，便有了和他一起，壮怀激烈，站到联合国大厦长城壁毯前。

此阶段，不说夸张语，闵惠芬手中的二胡演奏艺术，弦动神州大地，音连大江南北，不知已传达到多远。

闵惠芬与上海民族乐团的同事们

其时，日后做了她领导的左翼伟（上海民族乐团副团长、唢呐演奏家）在兰州部队当兵，正赶上《百花争艳》电影红遍大江南北。部队操场，连着几个星期，盯着《百花》一部片子放。左翼伟酷爱音乐，一时间兴奋到没有方向，放几场，看几场。一次放映，天下雨了，先是毛毛雨，飘来飘去的，观众就不多，后来雨有点大，本来不多的观众也跑散了。雨水湿透了幕布，光柱前，雨丝闪着银光，快速地，一条连一条，机器还在转，整个操场，就剩下左翼伟一人。

放映机那里出现动静，很细微，左翼伟警觉到了。

"不放啦？"

"没人看了呀。"

"你这人真是，怎么这样说话，我不是人吗？我在看呀。"

"就你一个人了呀。"

"一个人也是人呀，千万莫关机，让我看完《江河水》《赛马》，你马上关，怎么样？求你了。"

放映员心一软，满足了他一个新兵蛋子的请求。

露天操场，一部放映机，一个观众，一个演员，一种声音，胡琴的声音，有细雨伴和，有和风在相送，于辽远的贺兰山岭千转百回。

后来，有个探亲的机会，左翼伟抽身来上海，跟民族乐团老师学唢呐。"正是那次到上海，我第一次见到心中的偶像，见到闵老师，是毫无准备，突然遇上的。多少激动啊，那么一个少年时开始崇拜的人，不是照片，不在银幕，也不是在舞台上，是走在马路的，真真实实一个人。"

"那天，我去音乐学院看杨老师，随便走路上，遇上了。就像以后无数次见到的一样，她身背二胡，左右肩各一把，甩开双臂，在淮海路上走着，节奏和速度，跟我们军人的正步差不多，称得起大步流星，旁若无人。阳光透过枝叶，洒到她身上，闪闪发亮，当确定就是闵惠芬时，我神情紧张，左顾右盼，六神无主，完全呆掉。那么大名声，那么大本事的人，怎么可能活得那么普通、那么简单、那么朴素！说来也奇怪，就这个偶然的镜头，简单的形象，把我打小树立起的，对人对事的看法，一下子颠覆掉许多。"

（8）浙江姑娘许奕

笛子演奏家许树富，衢州市龙游县寺后村人氏，天赋异禀，吹拉弹唱都会，年轻时在衢州文化馆工作，浙江成立民间歌舞团（后为浙江歌舞团），是赵松庭先生（1924—2001，笛子演奏家、作曲家）把他招到了杭州，让他跟自己学笛子。慢慢地，其他乐器少弄了，许树富一心吹笛，亦迷作曲，精通金华婺剧，写过一曲《婺江欢歌》，很出名。

专业吹笛的许树富，特别喜欢二胡。1963年闵惠芬获奖，从来二胡是男人世界，突然出来个女琴手，一出手就夺走了冠军，让他特别关注。那一年，他的女儿许奕（浙江音乐学院教授）才三周岁，冥冥之中，他有一种期盼，期盼女孩儿长大能像闵惠芬一样，学二胡成材，为东方民乐争光。许奕七岁时，他让她离开当教师的母亲，带在自己身边，接受音乐熏陶，主学二胡。

1977年，许奕十七岁，高中毕业。

为了女儿的将来，许树富找恩师赵松庭。

"国家恢复高考了，不要她马上工作，想让她考大学。"

"好呀，年轻人，有读书的机会，当然要读书。"

"我给她定了个目标，上海音乐学院，二胡专业。"许树富说，"小姑娘去上海参加复试了，好多人呀，队伍都排到汾阳路大门口啦，几千人参加的考试，就那么几个名额。"

"能够参加复试，已经很不容易了。"

许树富一个劲摇头："不行、不行，离开上大学，搞专业，差距太大太大呀。拿个台式录音机，听听，拉拉，哪里是个学习提高的办法？"

"你有什么更好的办法了？"赵松庭问。

许树富就说出了让女儿去上海，接受闵惠芬指点的想法："据我多年的观察，上海的闵惠芬，虽然尚年轻，她拉的二胡，你听仔细了，真的不一般，每一个音符都有音乐的，她都认真研究过的。我家姑娘如果能努力，跟闵老师学本领，那是三生有幸。"

赵松庭，人称"江南笛王"，在民乐界声望很高，跟闵当然熟悉。他热情地向闵介绍许奕，闵说："许树富先生不是您的学生，吹笛的吗？"

"许奕是树富的女儿，专业学的不是笛子。"

"怪可惜的，她怎么不跟父亲学吹笛呀。您知道，我一般不招学生，衢州又那么远，我在团里演奏任务很重。当然也教学生，那都是零星指点，不系统的。"

"树富五体投地崇拜你呀，希望女儿能跟你一样，在二胡方面出成绩。许奕这孩子，乐感非常好，也很懂事。"赵松庭说，"你见到了，一定会喜欢她的。"

见不见，倒是无所谓，她"看"学生，用的是耳朵。很快，她听到了许奕的演奏，让赵说对了，音准、姿态，是可塑之材。闵惠芬不觉欣喜，小姑娘的乐感的确很好，天赋不可多得呢，脑子一热，便答应先辅导，带带试试，实际是收下她，作了自己的弟子。

许奕开始了新生活。

衢州到上海，慢吞吞的绿皮火车，硬座，十个小时，真是远，真是拥挤，不过她在车上，会找人比较，"比比人挤人，站立着的旅客，我有位子坐，很不错了"，心里马上平衡，一点不觉得辛苦。

坐久了，免不了要打瞌睡，年轻好睡呀。衢州这个站特别，跳上去的车，开上海，也有去宁波方向的，标识不显著，有睡过头的懊恼。列车广播说宁波站到了，啊呀大事不好，赶紧下车补票，一倒一转，就不是十个小时的事了，十五六个，二十个小时都有可能，发生这样窝囊的事，不是一次两次。

辛苦换来的机会，在上海的时间，就特别金贵。

闵老师上课，很有意思。好好地，说着演奏时物理振动对音色的影响，讲运弓，讲揉弦，讲空弦，讲滑音，讲装饰音。正在兴头上，她说"当一个演奏家不容易，演奏称得上是家，就是创作呀"，毫无来由地，冒出这么一句，让许奕回程时，走一路想一路，直至再次到上海，也没能理出个头绪。

有次在杭州，师生得闲逛西湖。过香格里拉、杭州饭店，从岳坟拐弯，步入滨湖草坪。传来《江河水》的乐声，声音不远，没有商量，两人循声而去。

操琴者，乃一盲人，坐树底台阶，很忘情。闵放轻脚步走拢去，许亦步亦趋，两个站近旁，不说话，听。一曲听罢，闵给了他一点钱，挽起许奕的手臂，一起离开。

触景生情，虽不是《二泉》，老师也一定是想到阿炳了吧？步入曲院风荷，老师一开口，学生便知道自己错猜了，她说："他根本不在降 B 调上拉呀。"

"是呀，好笑，不知道自己在拉什么调。"许附和。

"想过没有，他是怎么学的曲子？"

"不知道。听农村广播？"许奕根本就没在想。

"他把全曲拉下来了呀，"柳枝飘飘，拂面而至，"音的高度，不在降 B 调上，放空弦的那个音低了，没办法，只能到上面来拉了。"

"船来了，我们坐船去！"许的提议，闵没有同意，她手一指，艳丽花瓣，肥叶片片，两个走到荷丛里去了。

"可以肯定，他听的是录音，转速有问题，慢时低，一快就高，自己的弦又是定好了的，拉下来，他全凭听觉。"

"真是不容易啊。"至此，许奕才进入情况。

"讨饭糊口，维持生计都困难，还能拉琴，摸到音，坚持练，拉到这个程度，跟他比，我们在天堂里。"

老师没有半句说教，学生回味，通篇道理。

初启，为住宿事伤脑筋。复兴中路 1350 弄闵家，房子小，勉强挤下一家三口，没有他人的插足地。许奕到上海，每次来，经济条件不允许住酒店，只能打游击，幸亏了同乡好友史云，她在上音读书，让住她的琴房，这样做，不说违反校规，还不安全。那天，已经过半夜了，迷迷糊糊，梦里听到响动，借微弱路灯光，看到有只手，透过破玻璃，正在往里探，门插销已经被拉开！幸亏惊醒，幸亏发现早，幸亏大声叫，吓跑了坏东西。

次日一早，闵老师知道了，更受惊吓，口气大到冲出弄堂："太危险了，赶紧搬，一天也不能多待！马上回来，回家里来！"

家里只有一个小房间，小到只够摆一张床，还只能是 1.45 米的；房门出来，过道样的一间屋，客厅餐厅加一只更小的床，再要走路转身，就不会太自由了。后来，那只更小的床，只要许奕在上海，就让她独占了。房间里，挤着一家三口，房间外住许奕，这个格局，一直延展到三年后搬家，住房得到小步改善。

许奕于 1980 年 10 月进浙江歌舞团工作了，断了考学的念想，依然跟闵师，每周五，从杭州去上海，去了还是住老师家。如是节奏，长达十年，没有间断。

闵、刘二师，都随和，都好相处。这么多年，刘老师跟人介绍，一会儿说"家里添了个农村来的小姑娘"，一会儿说"现在加上浙江乡下姑娘，我们一家有四口人啦"，很少叫她大名。许奕才不管你怎么叫，只要你开心，随便叫什么都行。

一天晚上，过半夜了，平时好睡的许奕，醒过来，辗转难眠。夜深人静，墙壁隔音很差，听到隔壁老师两口子也没睡，在说话。

"刘炬大了，咱们这个房子，还是旋不转身子呀。"

"是呀，来不得客人，你看，许奕一来，捉襟见肘。"

"能不能跟领导提提，换个大点的房子？"

"不能。"

"为什么不能？"

"你呀，我是共产党员，团里有几个党员？我怎么能开这个口。"

听到这番对话，大概是 1985 年，闵四十岁，刚刚成为中共预备党员，次年转的正。单纯的许奕，1977 年拜师，结识闵，这么多年处下来，一直以为她就是党员，而且是资格很老的党内同志，跟老家村子里，人人叫好的老支书一样。严格律己，宽以待人，老师说话做事，一言一行，时时处处，哪一点都像许奕心目中的党员。

（9）联合国壁毯

1978 年夏天，中国刚刚打开国门，就组织了一百五十多人代表团，前往美国访问。二十多天行程，遍走美国东西部，成员中，有上海的闵惠芬和北京的刘文金（1937—2013，作曲家）。一日，代表团到纽约市曼哈顿区，参观联合国总部大楼，即联合国大厦。

他们站到秘书处大楼前，欣赏一百九十多根悬挂世界各国国旗的旗杆；他们进安理会会议厅，遐想世界

闵惠芬随中国艺术团在联合国

和平与安全的沉甸甸重量；他们在公共前厅，细细地看法国艺术家马克·夏加尔设计的彩色玻璃，画面上的音符，使人想起贝多芬第九交响曲。在卢森堡赠送的枪雕塑面前，伫立凝思，他们以含义相同的雕塑"铸剑为犁"作背景，摄影留念。

随着参观的人流，他们缓步来到一间大厅，介绍说是联合国代表休息的北大厅。没想到天津地毯公司十五名织毯高手，以二百四十八种色纱织成的长城壁毯，就悬挂在这里。到这个时候，还没有人跟他们提醒到什么。不经意间，在这样的地方，"长城"突然矗立在面前，惊喜之状可以想见。

《长城》壁毯长 10 米、宽 5 米，面积 50 平方米，是 1974 年 10 月 7 日，中国赠送联合国总部的。图面是在国内见惯了的居庸关长城雄姿，万里长城，蜿蜒于洒满阳光的山间，壮阔宏大，千山万壑尽收眼底，象征幅员辽阔的大国；作品使用抒情笔调，强烈的明暗对比，表现霞光灿烂，象征古国新貌，画面上的晨光，将长城映成古铜色，有着祖国江山铜墙铁壁，坚不可摧的意义。

他们不约而同地止步，站直，仰观，仿佛壁毯上，金色的阳光，照耀长城，同时也洒落在他们身上，暖意融融，情思幽远。他俩久久不愿离开，有一种内心自发的震撼力，开始不断地撞击全身。

就是这个地方，1971年，第二十六届联合国大会，恢复了中国在联合国的合法地位，中国重新行使联合国常任理事国的权利和义务。1974年，"联大"举行第六次特别会议，复出不久、担任国务院副总理的邓小平率团出征。4月10日，邓小平就在这里的大会场，发表了著名的演讲，阐述毛泽东"三个世界"的理论和中国的对外政策。三十多分钟的讲话，多次被热烈的掌声打断。六七十个亚非拉国家的外长或常驻代表来到邓小平席位前，和他热烈握手。各国的祝贺，使大会不得不长时间中断（联合国大会召开，一般不鼓掌，很少出现中断的场面）。中国代表团团长，在恢复中华人民共和国在联合国合法席位时的首次发言，出现过这一盛况，邓小平的发言，把盛况推向又一次高潮。

　　此情此景，他们备感荣幸。这一切就发生在眼前的地方，时间过去还没多久，邓小平的身影仿佛还在，他代表祖国发出的话音，普通话夹杂四川腔，都还在这里回响。

　　在美国那些日子，虽然吃得好住得好玩得好，各界人士都很友好，免不了的，还是一种飘零的感觉。

　　二十多年过去，两人忆当年，点点滴滴，依然兴奋。

　　"从美东，到美西，观美景，看建设，五味杂陈。"

　　"看到人家发展，想想我们国内这个状况，心情压抑。看到壁毯，那种热血沸腾，一下子涌上来了。"

闵惠芬在长城

　　"在壁毯前，我跟文金差不多站在一起，眼泪哗哗地流下来。"

　　"她都哭出了声音。"

　　"你声音倒是没有的，稀里哗啦，一面孔的眼泪鼻涕。"

　　"闵惠芬同志出来后，马上拉住我，哎，刘文金，我跟你商量点事。"

　　"你不要说了，你要说什么，我知道。"

　　"我要你说出来。"

　　刘文金几乎是一个字一个字说出来："我们就要用民族乐器，来演奏出长城这种伟大的气概。"

　　闵惠芬笑："自从参观过联合国大厦，我们两个成了长城迷。1980年开始，只要有去北京的机会，我总得见刘

闵惠芬、刘文金在长城

文金，屋里不多坐，见到天气不错，两个人就去爬，越爬越远，越爬越起劲。我们一起，有过十多次攀登长城最高峰的纪录。"

毫无虚妄，刘、闵二人后来的《长城随想》，纽约联合国总部，正是创作酝酿的起点。

方立平认为，闵惠芬的演奏之所以能打动万千听众，除了"对演奏艺术的追求、演绎方式的独到"之外，"她所选定的演奏曲目往往蕴含着'时代的呼声'，具有'史诗的成分'，富有潜在的感情与张力"。"由此，我们可以看到这么一个现象：她所选定并演奏的乐曲，往往成为当时那个时代的'二胡第一曲'，从而得到社会大众最广泛的认可。同时，这些乐曲一路走来，连成一段，又仿佛串起了一部用其二胡之声表现的宏大史诗。通观中国乐坛，能如此这般进行'二度创作'的，独闵氏一人耳！"

(10) 丝红弦白

出访美国之前，上海歌剧舞剧院作曲家张晓峰找她，商谈合作《新婚别》。长篇叙事诗《新婚别》，诗圣杜子美名篇。张晓峰大胆构想，欲取其意，通过三个个性鲜明的段落，叙咏一千多年前的悲剧故事，创作成一首二胡叙事曲。

张把自己的想法告诉了闵惠芬，希望能得到她的支持合作。闵说，好呀。

口气轻松到让张吃惊。1979 年，民乐创作还处在恢复和探索期，要完成这个创作，难度是相当大的。坦率说，起初立下这个想法，张晓峰底气不足，之所以找闵合作，就是看到她的声誉、艺术魅力和群众威望，希望借船出航，完成创作。

之前，两位同城民乐人，没有在一起工作的经历，张晓峰是先扬琴后编曲，大多时间躲在书斋，闷头搞创作。待 4 月"开工"，坐到一起做《新婚别》，才真正晓得，闵惠芬做事顶真，好寻根究底，都不是一般说说的。

与杜诗相关，有一个生离死别的故事。

"有史料吧?"

"简单看过。"

"除了《新婚别》，杜甫应该还有别的叙事诗。"

"重要的有六首。"

"哪六首?"

张晓峰一一告诉了她，嘴里没说，心里有想法，做音乐，跟研究历史，应该没有关系吧。接着有访美活动，等到两个人再坐到一起，时间已过去数月。再见闵惠芬，她一脸得意，又一脸疲惫，摆开茶水，她开口就是"安史之乱"，说得头头是道，所涉史料之丰，所述诗意之浓，让钻研过唐诗的张晓峰惊奇不已。

读史不算，还研究杜甫"三吏""三别"，整整六首诗，弄得自己像个杜诗专家。张晓峰后来知道，她为此还将陈伯海任主编、孙菊园任副主编的《唐诗汇评》四百多万字，上、中、下三大卷，置于案头，常读常新。张晓峰起先不以为然，不久之后，一曲草成，登台试演，才大见分晓。

那日，跟张晓峰一起坐台下听演奏的，好几位是同道音乐人，他们起先都是静静在座，曲子终了，好几位坐不住了。

"大喜到大悲，分明着!"

"这一节'送别'，有六分钟吧，绝对细腻，感情连绵，一气呵成，把音乐的悲剧性一层层地推向高潮，听众非得屏声息气不可，过瘾，好听!"

"情声交融，悲剧性被一层层推向高潮，气都透不过来。"

"她一定是对历史背景，故事情节，人物感情，一应了然着。这么好的演奏，想必人物都在她心中呢。"

听同行说话，张晓峰只点头，不吭声，内心翻滚。他知道，自己这么多年的创作，吃尽甜酸苦辣，看多了合作者之间的不和谐。谢晋先生晚年，曾亲口对他说，他一辈子执导的电影，凡重要的，没有一部不经过折腾，许多都是人为因素。非常庆幸，这次找闵惠芬合作，一个开头就这么顺畅。

访美归来，闵惠芬工作的脚步紧了许多。

《新婚别》，还不能投入全部精力。她大忙，百分百，扑到一部作品，专注一段时间，暂时做不到，也许张晓峰可以，但她分身无术，没这"福气"。

调入民乐团时间不长，团里在她身上，寄予厚望，希望她起步不久的"器乐演奏声腔化"，能朝前走几步，鼓励她移植和改编《宝玉哭灵》——徐玉兰的同名越剧唱腔，并在短期内，完成创作，演奏排练，要她带上这部新作去浙江，中国越剧的故乡。

"红"事《新婚别》篇尚未了结，"白"事《宝玉哭灵》又上了手。

越剧发源于浙江绍兴嵊县一带，古越国所在地，由说唱艺术"落地唱书"发展而来，演唱艺术上流派纷呈。这一出戏，说的是，林黛玉被封建势力摧残致死，贾宝玉得知后，五内俱焚，哭倒在地，悲愤之余，回忆他与林妹妹两小无猜，一往情深的过去，最后，与封建大家族强烈抗争并决裂。在粗犷朴素的越剧老调基础上，徐玉兰创立了高亢挺拔、起伏跌宕、奔放洒脱、慷慨激昂的徐派唱腔，在以柔美温婉见长的越剧唱腔中独树一帜，《宝玉哭灵》乃徐派经典。

继《逍遥津》后，《宝玉哭灵》是闵惠芬独立完成的，又一部成功移植的作品，创作过程出奇地顺利。她说自己这回有大"福气"，除有著名琴师李子川的热情指导，又得到徐玉兰本人的倾心传授，那份高亢婉转的曲调，正是在徐玉兰的直接调教下形成的，原汁原味，要走样也难。

《宝玉哭灵》跟老百姓太接近，一点点马虎，都混不过去。她去越剧院，跟徐玉兰学唱腔，一字一句学，琢磨，沉下去，就不想起来。给她倒了一杯茶，原封不动，硬是不沾唇，到吃饭点了，一推再推，说没有饥饿感，半点都没有，说话时，她脸上的认真虔诚，让徐玉兰吃惊。临分别，送客都送到门口了，徐又让闵留步片刻，赶回去，取了一张三十三转的木纹唱片，送给她，跟她说"有空可以听听"。

不久，传到徐耳朵，说是闵惠芬本事真大，她把唱片上的纹路全都磨损了。传话人还说，自己用手指真的在唱片上抚摸过，来来回回地摸过，"光溜溜的，纹路没有了"。

"怎么可能呢？不可能。"徐近乎惊呼，眉毛拎起来了。

"起初我也不相信的，摸过才相信。"

"那个东西，磨光掉，需要转过多少圈?!"徐问。

"是呀，简直难以置信。净净光，滑滑的，完全没有了纹痕的手感，真不知道，这需要多少转次，才能做到！"

不久，徐玉兰一个人静心听了闵的二胡独奏《宝玉哭灵》，大大地吃惊了，她把自己的学生统统叫拢："快快快，都给我坐好了，让闵老师给你们上课！"

唱戏的乖乖坐下，拎起耳朵听闵胡"拉戏"。

徐玉兰大眼珠子瞪起，目光如炬："你们都给我坐端正了，好好听！闵老师，她一个拉二胡的大家，搞弓弦艺术的，她学戏，能够这么刻苦，拉出来这么漂亮的声音。你们这些唱的，还不如闵老师拉的，脸红吧？"

徐是"国家非物质文化遗产项目越剧代表性传承人"，获得过"百年越剧特殊贡献艺术家"称号。她赞赏闵，不知道是因为她学习传统越剧的态度，还是因为二胡声腔艺术取得的艺术成就？同年10月，这支二胡曲在浙江首演，广受欢迎，一举成功，越剧之乡，同一唱段，开出两朵奇葩。

粉碎"四人帮"后，越剧舞台艺术电影《红楼梦》初解禁，在浙江，城乡齐说徐玉兰、王文娟，哭灵，葬花，大人小孩，乡村老太太，大字不识一个的，都能哼几句。上海民乐团，在杭州解放路的胜利剧院，连演两场，闵惠芬上场，A场首演《宝玉哭灵》，B场奏《战马奔腾》。两场，数千名观众中，有位不起眼的小姑娘，是十一年后与闵惠芬做了同事的沈多米（上海民乐团二胡演奏家）。

当年，沈多米所在的浙江艺校，组织师生，到胜利剧场观摩。A场，不说座位很靠后，灯光还特别暗，为求效果，沈多米只好委屈，站门边那儿听。"问紫鹃"一段，演奏没多久，整个剧场失控一样，发出声音来，一句一段，字字分明："妹妹的诗稿今何在？如片片蝴蝶火中化。妹妹的瑶琴今何在？琴弦已断你休提它！"声情并茂，全场齐唱，沈多米经不起诱惑，也"齐"上了，过瘾是过瘾了，可惜琴没有听好。第二天白天，一早，父亲带她去看闵老师。

沈多米的父亲沈凤泉，是建国后从上海郊区进上音读书的第一批农家子弟，毕业分配到浙江文艺团体工作，与闵，执师兄妹之礼。在胜利剧场门口，两人被门卫拦住了，不让进。

"上海民乐团，一大群人，游西湖去了，没人在。"

"不会的吧，肯定有人在的。"

"保证不会剩一个，我看到的，全部都去的。"见来人不相信，门卫说话有点急了，"上海人，难得来杭州，休息时光，不游西湖作啥？"

想想也是，无奈，遗憾，父亲牵上女儿，打算离开，又有点不忍心，两人就围着"胜利"转，忽然就隐约听到琴声了，从剧院后面传过来的，稍辨识，是二胡发出的声音。沈凤泉熟悉"胜利"，凭他音乐家的耳朵，能精准地判断，琴声是自剧院后台传来的。

"清楚了，拉琴的是闵惠芬，一定是闵惠芬在拉琴。"

有"声"为证，门卫通情达理，让父女进去"看一看"。

一看，满院空荡荡，后台，零乱放的谱架，打开的琴盒，孤卧的扬琴，她一个人，独在一小间，拉琴。

"今晚拉《战马奔腾》，陈耀星写的，爆发力特别强，我女同志拉不动，很吃力的。"从见面开始，省略客套，她一直在谈她的曲子，心思根本就没有离开过两根弦，"我每次拉到这里时，心里就在喊，啊，加油，用力，我这个头就马头一样昂起来了，就像马在嘶鸣，然后我在叫，观众感觉我在嘶鸣，对，是我在嘶鸣！"

江南丝竹浦东派传承，到沈多米的父亲，是第三代。平时会友，沈凤泉都会坐些时间，跟人有说有笑的，这天见闵，出奇地短，几乎什么都没有来得及说，就匆匆辞别，连闵的一再挽留都劝不住。回家路上，父亲跟女儿的话却是特别多，颠来倒去，说的全是拉琴，全是闵。

"值得值得，来得太值得了。"父亲说。

"我知道，得怎么去拉琴了。"女儿说。轻抚女儿头，父亲没回话，仅仅小半天，女儿长了不小的个头。

当晚，再返"胜利"，沈家父女，全神贯注听《战马》嘶鸣。

"闵老师的《宝玉哭灵》，浙江人民广播电台不久播出，我爸爸从广播里录音成磁带，让我听磁带，我也很用功，听到磁粉全都掉完，纯粹的模仿。

"初见闵老师，这个差不多属于孩童时代的印象，太深了。每次自己拉琴，只要脑子一闪，都会想起胜利剧院，其他人都游西湖去了，只有她，关起门在拉琴，那神态，那句话：头，像马头一样昂起来！"

闵跟年青学子，有学生记住老师的，也有老师记学生的。说来有趣，与沈初见闵差不多时候，1979年夏天，后来做了闵惠芬弟子的赵剑华，因为极偶然的机会，与闵相见相识，给闵留下印象。

那个夏天的傍晚，上海火车北站附近，闵惠芬在散步。马路都很小，还横七竖八的，不成章法，来来往往人多，车子更多，三轮车，自行车，老鼠一样，窜来窜去，走路一定得小心。天光已经完全黑下来了，昏暗的路灯，躲在阔大梧桐叶片后，说照明，根本没起多少作用。

闵走得很慢，很小心。虬江路、公兴路、宝通路，路路窄，小店多，五花八门，样样有，走走看看，蛮有味。

这就传过来胡琴声。

声音其实很低，让街头嘈杂声覆盖，更不清楚，闵对声音敏感，尤其是胡琴声，让她捉牢了。

声音不远，是通过电视机传出的，她循声而去。

两层街面房，低矮之极，更显低矮的底层凉棚下，许多人，围坐在一起，大蒲扇，人手一把，啪哒啪哒的，中间是一台电视机，闵一瞄，就知道是九吋的，跟自己家里的一样。

胡琴声，是电视机里发出来的，黑白画面，中间坐着演奏者，一个拉琴的男孩子。拉的曲，是刘天华《空山鸟语》吧，严重听不清楚，音色实在太差，一根天线，就在电视机顶，有人手动调整，摇过来，转过去，不是图像不清，就是声音长毛。

一帧街头即景，看过就看过了，拉琴少年的形象，却让闵惠芬记住了，还是因为一双眼睛吧。在画面调试稍现成功时，能看清屏幕中，小男孩双眼盯视前方，童贞、灵气、青春、阳光，虎虎有生。在喇叭声音好一点时，那种活泼、充盈的纯真童趣，可以化为清泉，流入听众心田。

1986 年元旦，闵沉疴五年，灵魂沉浮于"蓝茵茵的雾"，"生命接近大限之前"，"远处出现了一个人，也在这蓝色的雾中沉浮。哦，那是剑华，他从田野走来，从那市郊的农田走来，怎么戴着红领巾？大眼睛，白绸衣，灯笼袖。那是他十四岁在电视里演奏二胡时，我第一次见到他的印象。他十六岁那年，考到我们团里，我一下子认出了这双大眼睛，从此他来到我身边，琴声依依，形影相随"。

几天后，于蓝色雾中飘荡的音乐，"被我记录，被我构思，并和我亲密的朋友瞿春泉先生合作，编成二胡与乐队的新作《音诗——心曲》"，并于当年 5 月的"上海之春"民族音乐专场音乐会上首演，赵建华二胡主奏，"我坐在观众席间，全场鸦雀无声，当他拉完，紧跟着观众响起的掌声，他突然大声告诉全场，闵惠芬老师就在下面！掌声更大声地响起，我身不由己地站立起来，向大家鞠躬，观众纷纷向我涌来，问候我，纷纷诉说着，盼望听我演奏的急切心情"。

回来说《新婚别》。

1980 年春节，闵惠芬不知从哪里获知，节日一过，张晓峰就另外有事，接着要去外地。她就给他打电话，在得到证实后，她说："那你这个春节就不要过了。"

"这话怎讲?"

"《送别》还没有修改好吧?"

"是要我节日加班吗?"

"哈哈,晚上躺床上,扳手指头去。"

说完这话,跟着就说再见,再没多话,挂了。张的脑子一时转不过弯,电话还捏手里,一股闷气上来了。你闵惠芬有点不近情理呢,一年忙到头,好不容易有个春节,还不让休息。不过他很听话,晚上躺床上,真的扳手指了。不扳不要紧,一扳扳出来一头冷汗:再过一个多月,"上海之春"要审查作品,这是铁板钉钉的事,留给配器,还必须要足够的时间,还有抄谱,还有排练,一大堆的事,不争分夺秒,这次演出的机会,很可能就得而复失。折腾一晚,第二天一早,他给闵惠芬电话,完全赞同并服从她的"英明决策"。

接着,一切顺利,二胡主旋律定稿,再由朱晓谷先生完成配器,并于这一年的 5 月 18 日至 6 月 2 日,"上海之春"音乐会,民族音乐专场首演,指挥瞿春泉,上海民族乐团伴奏。秋天,首张《新婚别》唱片,于上海录制,上海民族乐团伴奏,收录于《百年经典中国音乐大师光辉岁月系列——闵惠芬》专辑(香港马可波罗公司 2000 年发行)。一首新曲,做到这步田地,完全可以说已经大功告成,可以松一口气了。

不料,新唱片前脚出,闵惠芬后脚就到了张府。

"刚去过南京。"

南京有父母亲在,熟人朋友不少,张晓峰想当然,她是探亲去的,顺口一句:"二位老人都好吧?"

闵惠芬点头谢过:"主要是去访拜一位历史学家。"

接受教训,张晓峰立即敏感:"有了什么新发现?"

"他是专家,货真价实的专家,他的话不容置疑。他明确说,根据唐代典制,新娘送别新郎去从军,乃是朝廷不仁,是迫不得已之举。"

"喔,你打算怎么办?"

"改。"

张晓峰当下接受,怎么改,他得回去想想。不曾想,闵是有备而来的:"'惊变'一节,第一稿快板乐段,在二胡的技巧上发挥不够。"

"说下去。"

"是否可以让主题音型不断压缩、模进甚至移位?"

"如此一来,'有吏夜捉人'的紧张画面,便有了迅速展现的背景。"

"还有，那时的新娘子，都只有十五六岁，天真烂漫，纯情的，是现在小孩子年纪，今天的新娘，差不多是'老处女'了。过去迎亲，抬轿子的，悠颤悠颤的，又不是有钱人家的八人大轿，敲小锣小鼓的。总之，是一个村姑进洞房，很羞涩，第一次见自家男人，应该满脸通红吧，外表却是很安静。总之，许多，是不是都得有？"

"好的好的，我们慢慢再雕琢。"

闵惠芬点到为止，不说话了，看他。

"不仅提升了技巧，丰富了内涵，音乐更贴切、紧凑、充满活力了。"这句话是张晓峰说的，作曲家有了开窍似的感觉，出现"柳暗花明又一村"的喜人景象，浑身来劲，一点慢的意思都没有了，话越说越多，要不是闵惠芬急着要走，他还有许多想法冒出来，要跟她互动。不消说，那次见面，对于提升《新婚别》的艺术张力，大有裨益。"一曲《新婚别》，问世二十多年，她与中外艺术家合作录制唱片，已经有连续五次之多，这在中国音乐界是不多见的。"

1948 年起，张晓峰就从事专业演奏，并刻苦学习作曲和钻研古典文学，他比闵年长七岁，通过这次合作，他感慨万千："闵惠芬主要是个演奏家，我由衷佩服她不仅深谙音乐真谛，而且完全摸熟听众的思路。音乐创作中，她强调音乐要整块整块地、连绵不断地表达出来，要让听众始终被音乐所吸引，这是她独有的精辟见解，也是她演奏风格气质饱满、气度非凡的重要因素。"

多年后，西安音乐学院金伟教授在剖析《新婚别》时说："诗人的同情本在女性，作曲家的立场也在表现女性，演奏家本人更是唱响了女性情感的歌声。"《送别》是作品的轴心，亦是全曲的点题段，"演奏家多次运用指滑音技巧，尽可能拉出缓慢的经过音及下滑音，并且，将揉弦的速度，予以得体的把握，与不揉弦、迟到揉弦交叉作出合理的安排，调式转换后，乐曲描述送别场景，演奏家对音势跌落的适度控制，将滑音处理得浓重激越，让顿弓奏得藕断丝连，使连弓做出椭形的音势变化"。

"闵惠芬演奏的《新婚别》，集中体现了她演奏这一乐曲的三大特点：抒情性、戏剧性、叙事性。正是准确地把握了这三点，二胡本身的所有优势，才被最大可能地激发出来了。作为女性演奏家，她不愧是国手大家！"

乔建中（音乐学家）认为，完美精致的演奏，是闵惠芬对二十世纪二胡艺术最重要的贡献，其中，功劳卓著、影响最大的就是 1980 至 1994 年期间，是她先后首演的四部大型二胡新作，即《新婚别》（1980 年）、《长城随想》（1982 年）、《第一二胡协奏曲》（1989 年）和《夜深沉》（1994 年），而《新婚别》，可以看作是两年以后二胡协奏曲《长城随想》出现的前奏。

《新婚别》作为二胡演奏曲，署名张晓峰、朱晓谷，载入中国二胡名曲，闵惠芬的名字，刻在了张晓峰心里。

（11）鼓掌或者写信

跟许世友司令员相识，是在1978年的北京，全国第五届政协会议上。那时，闵惠芬的《洪湖主题随想曲》红遍了大江南北，两人刚搭上话，司令员便快人快语："《洪湖主题随想曲》好听，你的演奏，我非常喜欢。"

"许司令也爱听二胡？"

"你看，你演奏的曲子，《赛马》《战马奔腾》简直都是为我们部队演的么，多有激情，多豪迈！我的战士喜欢，我也喜欢！"

"写这两首曲子的作曲家，一位在部队待过，一位还是军人，表达的旋律，自有人民军队的风采。"闵给司令说明。

"哈哈哈，曲子写得再好，还得有把好胡琴去拉出来呀。"许司令说话，干脆，硬朗，直奔主题，"我希望，有朝一日，在我的军区接待你，让我的干部、战士，能在营房听到你的琴声！"

许司令说过的这句话，不出一年，就变成了现实。

1978年12月8日，中央军委下达对越自卫反击战的命令，许世友负责东线，任广西边防部队总指挥，经过短短三个月的激战，1979年的3月16日，中国边防部队就全线撤回了中国境内。反击战结束后，闵惠芬参加中央慰问团，赴广西和海南岛慰问演出，来到了许司令的部队。

这时，上海民乐团重建，闵惠芬参与筹备，并正式由中国艺术团调入该团。以地方民乐团员的身份参加中央慰问团，都是熟人好友，跟以前一样，什么都没有变，只是许司令这样骁勇的战将，所谓"粗人""一介武夫"，竟然如此喜爱二胡，这是她万万没有想到的。所以，这次上前线慰问，她有一种寻觅另类知己的意味，节目的准备，便格外精心。

下部队演出，她不是第一次。

有次去广东惠州的部队，演出场地是临时搭建的木板台，有一点点不稳的感觉，她登上去时就格外小心。这一回，正应了一句俗话：说她闵惠芬，是二胡界的"红太阳"，照到哪里哪里亮，那么偏僻的军队驻地，熟悉她崇拜她的人，照样许许多多。

有个人，早早地趴在板台下，占着"有利地形"拍照。她刚刚开始拉琴，就停下了，手指着"摄影家"，说："请你不要拍照了，你影响到我的演奏。"有备而来的"摄影家"，后来又站到了自带的小凳上，影响到后面观众，强烈的闪光灯，更是晃到了演奏者的眼睛，很不舒服。

她站出来，这么一说，令许多人意外，有一息冷场，鸦雀无声。同行的演员，没有上台，站在台后的，都被她的气度惊住了；台下黑压压一大片身着军装的解放军官兵，不说话，张大嘴，听她说。事后，她跟同仁说，凡演出场地，一切都应该是以保证演出为前提，不管是地方，还是部队，都一样要遵守。

现在来到了许司令的部队，他是以治军严格著称的。

慰问团有多场演出，有闵拉琴，许司令每场必到。闵每次演出，都有加演。有一次，她加演多个作品后，自认为差不多，可以结束了，观众鼓过掌后，也都安静下来了，一片短暂的寂静，开始等待下一个节目上演。

可是，奇怪，观众席里，居然出现了掌声，而且，很清楚，只有一双手在拍，"啪，啪，啪"，缓慢，有力，一下是一下，节奏感很强。许多人好奇，头转来转去的，寻找掌声的来源。都知道，凡部队集体活动，服从命令听指挥，特别讲究组织纪律性，包括鼓掌，什么时候该鼓，什么时间该停，也有不成文的规矩，更何况许司令也在现场看戏呢，是谁呀，吃豹子胆啦?!

还是那节奏，缓慢，有力，一下是一下，不过此时，那双鼓掌的手，高高举起来了，在头顶鼓着。大家都看见了，那双手，阔大、黝黑、苍老，沧桑遍布。

是许世友司令员！

指挥千军万马的解放军司令，硬是以自己"孤独"的鼓声，鼓动起全场官兵。潮起般掌声未落，闵惠芬琴底的《战马》又奔腾了起来。

许司令对二胡的热爱，让闵惠芬喜不自禁。之后，许司令发出邀请，要她到他的战地帐篷做客，闵早早地就把胡琴备下了，她要为他拉琴，他爱听什么，她就给他拉什么。司令哈哈大笑："知我者，小闵也！"又是拥抱，又是送礼的，他个子不高，搬过凳子，踩上去取东西，海螺、名贵贝壳，一样样取下来："拿去拿去，只要你喜欢，全都拿去。"

广西、海南岛走一圈归来，她什么都先放下，躲进书斋，接过刘振学递过来一杯茶，静静地读起书来：

> 音乐对于人类有绝大的功用，这是无论什么人都不能不承认的。我国近来最没有长进的学问要算音乐了，虽然现在也有人在那里学到西人弹琴唱歌，大多还是贵族式的（可还只是少数人弄的玩意）。要说把音乐普及到一般民众，这真是一件万分遥远的事。而且一国的文化，也断然不是抄袭

别人的皮毛就可以算数的，反过来说也不是死守老法、固执己见就可以算数的，必须一方面采取本国固有的精粹，一方面容纳外来的潮流，从东西的调和与合作之中，打出一条新路来，然后才能说得出"进步"这两个字。

刘天华先生，于1927年说的这段话，已经读过多少遍？她不知道。她只知道，如果有什么话可以作自己座右铭，这段便是。从南方回来，自己沿着先生"打出"的这条"新路"大步往前向，却是更加清晰，更加坚定了。

1979年10月21日上午，闵惠芬在南京有一场演奏，观众里有她特意邀请的电影演员牛犇，"他是我少年时代向往的明星，尊敬的老师噢"。请牛老师听演奏，她开宗明义，要听他的意见。牛犇先生果然不负闵望，"陷入久久沉思"之后，当晚伏案灯下。

老艺术家给她写信，五百字一页的大稿纸，虽不按格写，却是字字清晰，行是行，竖是竖，密密麻麻，端端正正，整整写了四大页。闵惠芬接读来信，如获至宝。

她有个大红塑料封面笔记本，上面烫金"政协全国委员会"几个字，中间镶嵌一颗金星，平时很宝贝的，她把牛老师写的四页纸，铺摊平整，仔仔细细叠妥，一页页贴在了这个本子后面的白纸页上。

是为《长城随想》专门准备的本子。打开第一页，一幅长城摄影作品，恭书"二胡协奏曲《长城随想》资料论点收集"，开笔摘录马列的教导，记下托尔斯泰、别林斯基格言，再抄古诗，王之涣的《凉州词》，王昌龄的《从军行》《出塞》，李白的《关山月》，杜甫的《兵车行》，苏轼的《赤壁怀古》和陆游的《秋波媚》。长城成形史，山海关、嘉峪关、白虎关各自的特征，有关长城的知识筹备，大段大段地，写在本子上。

还有贴剪报。作家程乃珊游西北，写了一篇《呵，长城》，发在《新民晚报》，虽只是一篇千字短文，牵涉的思想非常辽阔，在赞誉的同时，有"饮马长城窟，下见征人骨"的责问，腐朽没落的政权，岂是一条砖瓦筑成的长城所能挡驾？作者赞叹，中华土地上屹立起来的，新的血肉筑成的长城，"继续创造出驰名世界的骄傲"，正是说出了闵的心声。

这个时段，长城在千里之外，刘文金的创作尚在孕育之中，她在给自己培育足够强大的理论支点。

牛犇有一段话，明明在他的信上清楚写着，她还是一字不漏抄一遍："我们中华民族有数千年灿烂辉煌的文化，我们中国的劳苦大众，可说是受尽人间磨

闵惠芬《长城随想》资料本

难的中华儿女，历史的长河包容一切，我们今日的艺术战士要去探索什么呢?"

她演奏中蕴含的，不骄不狂不馁的"中国人民站起来了"的神气，他非常欣赏，他要她读历史，读文学名著，学一点斯坦尼拉夫斯基体系的精髓。他提出了一些需要思索的观点，比如对戏曲的借鉴，由"腔"变"曲"；改编终非根本，自己要着手建立自己的曲库。立志演奏划时代的作品，这些都让她"辗转反侧"，"什么时候能有一个，既有'刚毅的浩然正气'，又有'典雅微妙的深情流露'?"

牛犇的信前后，闵惠芬与刘文金，为着联合国长城壁毯之约，往来的两地书，已经频繁到各自手里读着对方写来的信，却"总有一封还在路上走着"。

《长城随想》响彻长城内外多年后，稳重的刘文金，负责任地告诉媒体："我爱人把小闵写来的信，从 1978 年 9 月到 1984 年 6 月，有四五十封信吧，都整理出来了。"张出手，阔开虎口，"她也真能写，足有那么厚一叠。"

1980 年 11 月起，两年多了，刘文金的《长城随想》二胡谱，闵惠芬陆续拿到，拿到便练便学。一个在北京写，一个在上海拉，信不断，电话不断，开始了两个人的《长城》"长征"，至 1981 年上半年，她几乎全身心投入在练习中，两耳不闻弦外事，一心只在"长城"中。谁都没有想到，一场来自身体内部的殊死搏斗，正在悄悄地向她逼近。

第五章 浴火

1982—1987 (37—42 岁)

（1）痣

闵惠芬参加全国政协会议

1981 年岁尾，闵惠芬赴京参加全国政协会议。

上海代表下榻的地方，同上几年一样，京西宾馆。

是夜，正所谓，洗洗汰汰将息时。同住一室，是来自华东医院的医生女委员，两人一番谦让过后，闵先洗。才洗毕，就直起嗓门喊医生，让她快接着洗。医生应允着，欲进洗手间，两人一进一出，也许无意，也许偶然，医生死死盯着的，是闵惠芬裸露的腰部，准确说是右腰的背部，一颗小小的黑痣。她弓起身子，远远近近地，盯着看，眼睛不敢眨。

闵惠芬不以为然："皮肉长痣，有什么好稀奇的。"

医生脸上没笑容，公事公办的样子："你有所不知，痣跟痣不同，千差万别着呢。"

"我的痣，被你发现异常啦？"

医生不说话，又一番仔细辨识。

"在脱皮渗水，说明是有情况的。"

"拜托你，看仔细了，我生不起病的，无论大病小病，可是一概都生不起的。"

"我的话是警告，回去就来医院检查。"

闵惠芬嘴里答应，脸上发急。

她心里清楚，这急，不是那急。

生命流动的速度，对每个人来说，凭的是感觉。

忙碌的日子，充实的生活，会过去得特别快，一如老话：光阴如箭，日月如梭。确切说，刘文金《长城随想》最初的手稿，她是 1980 年 11 月拿到的，整整一年多，围着《长城》，刘文金如痴如醉地在北京改，闵惠芬如醉如痴地在上海拉，经常是，写的要急切地听拉的，拉的要急切地问写的，时间就在京沪磋艺中飞快地流走了，任谁都没本事留住攥住。断断续续拿到曲谱，分秒必争地天天练习，是满满的日常生活，不觉旧岁将辞，又一个新年临近。

快一年了，两个人没机会见面，电话太短，书信嫌慢，这次会议，有过一个休息天，她当然得用来拜访刘文金。

"刘文金，你瘦了。"

"闵惠芬，你咋黑了呢？"

"注意休息噢。"

"你抓紧多干，好吃的，给自己多喂点。"

"大快朵颐红烧肉，哈哈哈。"

"美得你。"

两只玻璃杯，一把竹壳热水瓶，直接交给了刘文金。刘夫人张彩华，按老规矩，她自己忙厨房，让他们两个待里屋，海阔天空，没尽头地神聊，忘我，至乐。

稍许寒暄，便长驱直入正题，"筑长城"。一砖一瓦，是音符，是燃烧不尽的激情。意犹未尽，方兴未艾。噼里啪啦发声响，天下雨了，小滴一小会，瞬间转为倾盆之大。它下它的雨，咱谈咱的话。张彩华自说自话作主，下达留客令，说：惠芬不走了，反正老刘夜猫子，习惯开夜车，不睡觉的，现在你们可劲说一会，夜深了，我们两姐妹睡一起，说我们的。闵惠芬同意，留下了。

"可劲"不可久，"两姐妹"也说不多，皆为刘文金手里一支笔。通宵，她无法合眼。窗外，电闪雷鸣，大雨滂沱，为作曲家的钢琴声，相伴助威。一会儿连续不断，一会儿停顿无语，时起时伏，无规律可循。刘君嗜烟如命，全不讲究牌子，其味浓烈呛鼻，夹杂着辛辣，从门缝隙蹿入，整夜弥漫；忽然就咳上了，仿佛枪战，狙击点射，间隔长，亦机关枪横扫，哒哒哒，猛震一气。

"两孩子敞开吃，工资不够填俩肚子呢。"

"长身体呀。"

"我父母，他父母，都得寄钱，乡下家里就指望咱们，寄少了还真不行，每个月，工资一到，先得把这事儿办了。"

"弟弟出车祸了，让弟媳陪着，不住家里，大北京，让他们住哪里？吃呀喝呀，哪样少得了？"张彩华一张脸，愁云密布，"大大小小，整整十个人，全压在他肩膀，沉着呢。"

咳似炸雷。

修改第二乐章《烽火操》，进入关键时。此章，复三部曲式。速度快、力度强、战斗性，是它的主要性格，使用的是描绘性、造型性音乐语言。描绘人嘶马鸣的战斗场景，大块的半音阶、三连音、颤音的密集节奏形式表现，具概括性描写的性质，为英雄性格刻画，属具体性描写。一个个音符，他笔下写着，她心里淌着。他们君子约定，这些谱子，在她离京前，必须完成，保证让她亲手带回上海去。

大丈夫一言既出，驷马难追。这话，他从未说过，她从来觉得，他比说这话的人更可靠。

离开刘家，匆匆赶赴会场的闵惠芬，走一路，几度欲滴的泪水，隐忍了一路，眼幕前是刘文金笔耕的背影，盘旋脑海的是《长城》壮阔的音乐。二十年后，闵惠芬著文，记录这个风雨飘泊的夜晚，写道："第二天清晨，我到厨房看看，锅里只有几个冰冷的馒头。过了若干年后，张彩华告诉我，那时刘文金唯一的营养品，只有一个鸡蛋，连孩子们也吃不着。那时候，平价鸡蛋、肉，还要凭证限量供应呢。"

北京开会结束，闵惠芬返回上海，遵医嘱，就去了华东医院，乖乖地看医生。做了检查，结论得看到报告，照规矩，报告得等些日子。闵惠芬是一以贯之的坦然，等就等吧。这个时候，她的全部心思，都还在《长城随想》，病的事，跟她甚是遥远。也难怪，跟一个半天排练下来就能吞下小半只蹄髈的人，硬是要谈身体有什么问题，的确也有些勉强。

病理切片化验结果出来，完全证明医生的推测，是黑痣异变，学名"间变恶变"，是恶性程度极大的黑色素瘤，而且必须马上手术，不容延误。此乃平地爆雷。刘振学第一时间拿到报告，一双手，便不听使唤地颤抖起来，脑袋砰地一声，炸了，瞬间感到自己"如陷深渊"。其时，闵惠芬在录音棚参加排练，一遍一遍，沉浸在自己的艺术世界。刘振学推门直入，没有一句废话，扶住闵，拎起二胡箱子，从录音棚直接去了华东医院。

实际上，在北京时，关注闵的医生，一眼看到了脱皮渗水的现象，就在心里下了个定论：是个凶险的坏东西，只是没说出口。回沪初检，原定要见的外科主任医生，临时急事跑开了，接诊医生的决定是做病理切片，不是说不能做的，而是，既然怀疑是癌，就应该直接切除，直接切断癌细胞逃窜的可能，这才是高明正确的做法。

"马上手术"，这是医院的决定。

1982 年新年元旦，闵惠芬动第一次手术。华东医院外科主任亲自主刀，是扩大切除，豌豆小一颗痣，一刀下去，掏走的是拳头大的一坨肉。病人的感觉是，"腰背被掏空了，产生一种从未体验的，恐怖的轻松"。八天后，详细病理报告出来，说没有发现转移，但是，是否真正没转移，医学上不绝对，要住院、用药、治疗是关键。

对待重症病人，中国民间几成定律，亲人得了跟三个"口"有关的绝症，开初阶段，家属一般都得瞒着当事人，还有医生配合。刘振学不能免俗，他跟所有的亲朋好友讲清楚，凡见闵，只许说是"交际痣"，很凶险的一种病，别的多一句也不能说。

当然，刘也讲不清，"交际痣"又是个什么玩意儿，讲不清不要紧，解释一定要口径一致——"细胞活跃"、"交际痣"，那是个要向癌症发展的坏东西，幸亏发现得早，早发现晚发现，天差地别。这些话，遂成纪律，人人遵守。旁人站成一排，唯闵惠芬本人孤立，被蒙在鼓里。

术后没多天，丁言仪约上王昌元，一起去医院探视。丁、王清楚，他们得把病房当舞台，是来演戏的，还真有难度，老闵这个观众，可不是好对付的，稍有疏忽，就得砸锅。

面对老搭档丁言仪，闵惠芬来了精神，从两位进门开始，她就盯着丁言仪的脸看，至于王昌元，基本是放弃了的。从解惑的角度看，她想从丁言仪身上打开缺口，无疑是高明之举，二位情同姐妹么。

丁是有备而来的。她知道自己的脾气，更清楚闵惠芬的聪明，不敢一个人

闵惠芬与丁言仪

单独，选择约王昌元同往。不出所料，闵的眼睛直盯着自己，目不转睛，丁力避跟她对视，身体自然地转动，不是跟王说话，就盯着地上看，始终不让闵捕捉到自己的眼神。在老搭档纯熟的表演面前，闵慢慢放松了警惕，最后，以闵惠芬依然故我的畅怀大笑压轴，表明丁、王二位演的双簧，还算成功。

趁着上洗手间，丁言仪暂离病房，开门那一瞬间，她长舒一口气，感觉从未有过的轻松。一个多小时下来，丁言仪猛然发现，自己的一件衬衫都湿到了领口边。

闵惠芬患病，丁言仪一颗心一直吊着。定于5月的"上海之春"，日子越来越近，全团几乎所有人都反对闵惠芬上节目。因为谁都清楚可能的后果，谁都担不了肩胛。丁言仪也一样，只是由于关系特殊，她的认知与别人有差距，可以说百感交集。

这些日子，她几乎天天赶到复兴中路1350弄，为刘振学父子俩烧口饭。刘振学反复叮嘱的探视纪律，正是他们共同商定的。三十六岁，放在任何一位演员身上，都是黄金岁月，在闵惠芬，更是她艺术上向高峰攀登的年龄，要是被她本人知道，那个打击，会是致命的。

保密，隐瞒，活活是柄双刃剑。在"不是什么大病"的范围内，闵惠芬的活动半径，刘振学们很难干涉。她自说自话，半径一点点扩大，直到有一天下午，她离开医院，出现在自家门口。刘振学满脸惊愕：你怎么回来了？闵惠芬轻松说话："还会让人送吗？自己走回来的呀，医生查过房，按时换过药的呀。"

她宽衣解扣，让丈夫看环绕着腰部的，又厚又宽的纱布带："我往死里打结，你试试，扎得够紧了。医生护士在的时候，给我量体温，解纱布换药，夸我配合得好，软乎乎躺在病床上，好乖好乖，那是假象，他们前脚走，我紧随着就起身溜了。"

口气轻巧，让刘振学叫苦不迭："你打算干什么，你不要命啦，你?!"闵惠芬难抑兴奋，沿窗户坐下，习惯地端起来胡琴，还不忘做了个鬼脸。

《长城随想》是闵惠芬多年的渴望。花在这个大曲子上，她跟刘文金的心血，一点一滴，刘振学看在眼里，感同身受。怎么可能让她割舍，更不可能让她放弃。他了解她的性格，各种限制，显然是徒劳的。

第二天，阳光大好，她已知道全部真相。下午，还是昨天的老时间，腰间扎紧纱布的闵惠芬又出现在复兴路家里，闵惠芬在房间练琴，刘振学在厨房熬粥热菜。小小的二居室，此时有声胜无声，平静得令人心碎。

自闵惠芬选定病中仍然要完成《长城随想》后，事情发生了戏剧性变化。为了不干扰刘文金《长城随想》总谱的完成，闵惠芬组织"消息封锁线"，通知所有知情的领导和朋友，大意是：我的病情，谁都可以知道，唯有刘文金不能。结果，封锁失败，刘文金还是在总谱创作期间知道了。

事后，刘对闵说："犹如五雷轰顶，连续好几天，茶饭不思，做什么都没心思，配器什么的，都停了下来。"

最后还是上海民族乐团拿出办法，派副团长吴逸群北上，与刘文金紧急相商，终于拍板，一致决定，要让闵惠芬首演此曲，只有这样，才能振奋起她的强大生命力。为此，闵惠芬大喜过望，仰天感叹："知我者，刘文金、吴逸群也！"

没多久，闵惠芬的琴拉到了丁言仪家。她这是在践约。在丁言仪探视时就讲定了的，手术过了，只要能走动，就练琴。医院来回丁家，要挤公共汽车，走不短一段路，她走这段路，要走走歇歇，才能走完。那些艰辛的日子，整整三十年过去，丁言仪记分明："我屋里，挤不说，还寒碜，连只靠背椅都没有，她说没关系，坐骨牌凳一样，弓不好荒废的。"

说过这些话，她小心地搬过方凳，沿五斗橱放稳，背实实地靠住五斗橱，弓就张开了。"她的姿势，我们两个的位置，都跟平时一样，只是，她的腰部，拉了一息，就有红颜色渗出来，先是淡淡的，后来就浓了起来。"

二胡演奏，最吃重的，正是腰部力量，她的伤口，击中需要发力的要害，于是，尚未愈合的伤口，不断出来作祟，真是苦不堪言。"那些日子，我都不知道自己的扬琴，是如何跟上去的，每次为她伴奏，都这样，神魂颠倒，强忍着的眼泪水，让它漾在眼眶里，每时每刻都想找个地方，好让自己痛痛快快哭一场。"

事不凑巧，就在这当口，上海音乐学院有关领导找丁言仪征求意见，打算调她回母校当教师。刚得知这消息，她几乎想都用不着想，自己心里先就答应了。明白人都知道，像她这样搞伴奏的，年纪一点点大上去，去学校教书，是最好的归宿。

关键是，丁言仪骨子里，喜爱教师这份职业，由来已久。早年读小学，老师布置作文题《将来的理想》，她毫不犹豫写下"老师"这个题目，接着，洋洋洒洒，写了几百字的大道理。另外还有，丁妈妈当了一辈子的老师，从小对女儿的影响，可谓情真意切。调动的鸟儿，那天上午从心里飞起，整整扑棱了一天，没停下翅来。也仅仅只扑棱一天，隔天，闵惠芬上门拉琴，鸟儿就出蹿窗户，逃得无踪无影。

一反往常，闵进门不说话，坐上骨牌凳，没有立刻打开琴盒，更没有拉琴的意思，闷坐。这是很少有的情况，丁言仪立刻感知，她情绪不好，心里烦。

大病骤袭，难免卷动陈枝腐叶，不中听的话，刮来刮去，总会刮到她本人的耳朵里。丁言仪咬着嘴唇找词，才问了个头，就让闵惠芬给打断掉了。

她缓缓道："我能想通，嘴巴长在别人身上，说什么都只能由他。"

丁言仪知道，她的话是有所指的，看到她明显痛苦的表情，赶紧表态："老闵呀，犯不着为鸡毛蒜皮的事生气，世界就这样，有人腰眼不好，有人脑子不好。咱们好好排练，我的扬琴在，《长城随想》参加'上海之春'，势不可挡。"

丁说这些话，一点都没有虚伪的成分。那天，老闵的人影子一出现，丁言仪就像瞌睡猛醒一般：什么调动，离开她去当老师，那不就是一柄斧，直接在往老闵伤口砍吗?!

在老闵面前，丁言仪过去没有，自此以后也未"言"过调动二字，她陪伴老闵，直至自己也重病倒下，办理退休为止，那是后话。

也许手术挖掉的肉实在太多，也许癌症创口原本就这德性，术后三个月过去，解开纱布，呈现的依然是粉红颜色，鲜嫩的新肉，没有长出新皮来，没有结痂愈合的迹象。创口一时难以收口，工作却更加繁重起来。

4月，闵应邀赴武汉，担任"全国民族器乐独奏比赛"的评委。很显然，组委会不了解这边情况，通知直接发过来了，还请她在评委会期间，示范性地表演《新婚别》《洪湖主题随想》。

出发前，除《长城随想》的排练，雷打不动，不能停，又必须辅导自己学生——参加大赛的赵剑华。

每天下午换药之后，溜出去练琴，又屡屡得逞，她得寸进尺，竟然异想天开向医生提要求，允许在她的病房里拉琴搞教学，当即被值班医生一口回绝。

她转而让小赵带来练琴的录音带，两人各自戴一副耳机，靠一起，边听边讲解。这幅图景护士看到了，报告给护士长，护士长告诉值班医生。医生忙完其他病房，到闵老师那转了转，回到护士值班室，敬重又感叹地对大家说："闵老师真是个特殊人物。"

师生那儿，老师半卧在病床上，戴着耳机，聚精会神，捕捉音符，然后指点学生。计划中的一堂课，结束了，学生忙着替老师擦汗，满头满脸的汗水，她的衣衫是湿的，头发是湿的，枕巾是湿的，到处是，水里捞出来一般。服侍她躺下休息，学生不敢怠慢，忙弯下身子，趴在老师窄小的床头柜上，提笔整理笔记，边写，滚烫的泪水，止不住掉落纸上。

赵剑华，1979年夏，闵惠芬在老北站九吋电视机里看到的小男孩，当年他随第一批学员，踏进民乐团，她一眼便认出来了，并当场让他站到自己门下，他怯生生，蚊子叫一样喊一声"闵老师"。一晃，八年过去。

八年，剑华的琴房，早起，霞落，琴声从不间断。剑华的启蒙老师，名唤李梁，是自己的叔叔；进团后，有闵精心指教，使这个基础本就不错的学生，如虎添翼。

功夫不负师徒二人的苦心，这次武汉比赛，因他演奏的古曲《阳关三叠》"细腻含蓄，优美典雅"，《洪湖主题随想曲》"激情奔放，具有很强感染力"，引起了轰动，连老前辈蒋风之先生听了后，也大加赞赏，说他的演奏是"真功夫"。

隔天，还是在病房，老师还是闵老师，学生已换成了周维。周维是音乐学院王乙先生的学生，与赵剑华一起，都在为参加武汉比赛作准备，王乙老先生生病住院，带教周维的工作落到了闵惠芬的肩上。

一样的两个耳机，一样的汗水泪水，奇迹也因此产生：

闵惠芬病中给赵剑华教学

一个身患凶险癌症的病人，不顾身体健康与安危，坚持数月带教两位学生，最后，赵、周二人，双双荣获全国比赛的最高奖——优秀演奏奖。

武汉的日子，自然不会轻松。可以想见，民族器乐盛会，亲聆大家教诲的机会，谁都不愿放弃。在她的下榻处，从清晨到深夜，上门求教，与她切磋琴艺的人，川流不息，按她的性格，自然不会以重病为由，而将热爱民乐的人们拒之门外。

（2）《长城随想》首演

时入暮春，合乐进入高潮。

《长城随想》长达二十五分钟，堪为二胡协奏曲之"宏篇巨作"，充满了坦荡浩然正气，百转千回，沧桑悠远，画卷壮阔。未与乐队合乐之前，她已苦练日久，仅就那"坚如磐石"的第一弓C音，就苦苦磨练了一个月有余，合乐开始，排练的工作量惊人地繁重，乐队首席李肇芳所处的位置，"正好在闵惠芬独奏位置的左侧，她的动静，都在我眼睛里。在没有空调电扇的艰苦条件下，只见她汗流浃背，紧缠于腰间因癌症手术伤口的纱布，时有血渍渗现，真正令人心疼不已"。

病中的闵惠芬

《长城随想》是闵的经典演绎范本，从始至终，闵是下了大功夫的。多年过去，后学陈春园弄弓伊始，便跟闵叫苦："闵老师呀，这第一音太难拉了。"

"是有点难，重要的是，你要非常专心，听之前乐队的引子部分，把崇高感放在心里，并保持这个状态。"

"你的这个开头，达到了如此沉重、宽阔的境地，是不是跟力有关系？"春园问。

"开弓的时候，呼吸不能提早，要有镇住全场的感觉，运弓还必须非常省，不能一下子就用光。"

"偶尔听别人的演奏，总感觉这部分过于缓慢。"

"他们没有做到，第一个音，和开头的乐句，要沿承前面乐队部分，是要数拍子的，但不是死数拍子，练习时可以数，数到后面就自然了。"

这"第一个音"，老师处理之精妙，已达极致。音乐美学家、浙江音乐学院教授杨易禾深谙其意："我听闵惠芬的演奏，每次都有新的感受，却每次都有这样一种感觉，那就是，当她奏出第一个音，你立即就被音乐的魅力所吸引，用第一个就能抓住你的注意力，你将自然而然跟随着她的演奏进入'规定情景'。《江河水》的第一个音，立即把你推进哀怨、悲愤的情感氛围里；《赛马》的第一个音，就能把你引入欢快热烈的场面和情景中；《闲居吟》的第一个音，就透露出抱朴含真、陶然自乐之情趣；《阳关三叠》一开始就使你感受那离别故人的依依情怀；《长城随想》第一个空弦音，更是'有一种磐石般不可动摇的坚定感'，隐喻着华夏的巍峨、民族的魂魄。"

陈春园还有问题："一、三两乐章，该如何拉出大线条？"

"第三乐章慢板演奏，在深情忘我的同时，一定要注意节奏时值，切勿太自由，拖沓，致使整个大旋律不流畅。绝对不可以一弓一个大肚子，要用连贯揉弦，不会连贯揉弦，在音乐上是永远不会成熟，总是小心翼翼的。知道揉弦要谨慎，情感比较激烈时，尽量要用大片的连贯揉弦。"

"这一乐章的华彩部分，如何做到极致呢？"

"它是一个悼念情怀的升华，泪洒疆场。开始几句要非常有余地，直到高音出现。高音区，从技术上讲，按弦要轻，音色透亮，飘到天际。直到最后几个低音，用指面触弦，压揉、滚揉，全部用上，对了，华彩前的抖弓，一定要拉到全曲最低潮，甚至可以停顿一会，再开始华彩部分。"闵的讲解毫无保留，陈很过瘾。不过，问题还没有完："二、四乐章的力度、速度，要控制好，难度还是蛮高的。"

"第二乐章？已经上过很多次课了，不说了！不是说，不能演奏太快么，要惨烈，憋着劲来，不是小孩子追打，没心没肺，不是的！"老师假装不肯说，稍停一息，还是说，"有一部分快弓到高潮时，独奏者要带领乐队，把速度逼上去。"

"逼上去？"

"对，有些地方，还要故意拉得噪一些，营造出一种壮丽、男子气概的感觉。至于第四乐章，要流畅，要有精神，表现的是一种沉稳从容的舞蹈节奏，它的第二部分的节奏，较为跳动，也特别灵巧。"

闵、陈的对话，形象回答了《长城随想》中闵琴创造性的艺术探索。

天津音乐学院教务长、博士生导师林聪教授研究发现，"闵惠芬先生把握各种张力因素，使情感表现的'力的结构'与二胡演奏'力的结构'相凝聚、交融，形成同构共鸣"，"其审美创造中的审美理想、审美趣味，达到了空前的高度，体现出划时代的飞跃，树立起了一座二胡演奏艺术的里程碑"。

"上海之春"的脚步越来越近。刘文金亲临上海，指导排练来了。刘有些想法，想要跟闵面商。

无非是考虑到她的身体，想在创作时，尽量不给她造成太大的难度。没待刘文金把这些话和盘托出，闵惠芬就急得摇头摆手起来："什么都可以商量，唯独艺术不行。"

刘苦着脸："面对现实，有难度呀。"

闵看着老朋友的眼睛，说话很坚决："艺术怎能向难度妥协？只要能表达出应有的气质和神韵，再大的演奏难度我也要拿下！"

民乐团穷得叮当响，无力承担旅馆住宿费，刘文金这么大名气的作曲家，连招待所都住不起，团里临时腾间小屋让他将就着住；吃呢，也只能委曲他，每天与乐队人员一样，吃食堂，大锅饭大锅菜。

有个星期天，狂风暴雨大作，看着窗外，闵在家里，怎么也待不住了。民族乐团地势低洼，每次这般大雨，便会水漫金山，刘文金这会定被水所困，出不去，他吃饭怎么办？闵心细如发，又热情如火。"我情急之下，煮了一大碗面，放上熟鸡蛋和肉食，拉了刘炬，撑着伞，冒着大雨，赶到团里。果然，院子里水已没过膝盖。上楼后，刘文金听到我和儿子的脚步声，迎了上来，大惊小怪一番之后，语无伦次地说：'这么大的雨，刘炬那么小，你自己的身体，你怎么这样，不可以的，绝对不可以的！你、你、你不要命啦！'"

1982年5月15日，"上海之春"音乐节，首演《长城随想》，瞿春泉指挥，上海民乐团协奏。

两场演出，刘振学都亲自护送妻子到剧场，华山医院也派了两位医生，在台下前排就坐，时刻准备抢救。"大病中的闵惠芬，端坐在舞台的独奏席，犹如一尊屹立的铜像，以一弓大力沉底的二胡内弦'C'发出第一长音，宣告了中国音乐史上，一部伟大的中华民族音诗的问世。"

"现场聆赏闵惠芬演奏《长城随想》，仿佛置身于悠远雄阔的音响张力场。"上海音乐学院教授李景侠说，"我觉得在乐队与二胡之间，在刘文金与闵惠芬之间，在听众与长城之间，弥漫着一种庄正清严的大美，一种从心底升腾，撞击魂魄的精神气韵。在音乐发生的现场，风荡大野，云流高天，作曲家与演奏者都已隐去，代之的是一种弥漫在空间的无形的大乐象。那场音乐会，已经成为我一次无法忘却的精神游历。在《长城随想》中，她的自然生命和艺术生命真正同时达到巅峰。至此，闵惠芬出色地圆满了中国二胡的一个时代。"

二胡演奏家邓建栋说："在先生的演奏中，结构把握缜密而有序，音乐处理大气而简洁，用自己的心灵来感知中华民族的品格，追忆无数英魂，感知伟大时代的脉搏。其深刻的演奏，兼容广大，出入古今，在追求刚劲雄浑中，又不失圆润洒脱，雄中寓秀、厚中含俊，把对民族的深情，对祖国的豪情，对历史的抒情，对未来的激情，表现得淋漓尽致。"

病中的闵惠芬，有多重梦想，成功首演，实现的仅是其中一个愿望。5月下旬，应中国唱片总公司之邀，她一头钻进录音棚，投入远比登台演奏辛苦得多的，灌制《长城随想》唱片。

灌唱片是个吃力活，丁言仪记得分明："第二乐章拉到最后部分时，她说突然就看不见了，等了好一会，慢慢清醒过来后，才继续拉。"令人欣慰的是，这个《长城随想》首版录音，至今仍被海内外，奉为最佳范本。

7月，上海民族乐团下基层，赴山东、天津、北京等地巡回演出，领导和团里同事都劝她不要去。闵自知病情不允许她去，她仍说：我不去观众会失望的。这一走，又是两个月。正是在这一轮马不停蹄的劳累中，有一次赴苏州演出后坐火车回沪，"因没有座位，她在途中站立了两个小时，积劳成疾，影响到她的淋巴结，又出现了肿胀"。

11月，中国音乐家协会表演艺术委员会，和北京二胡研究会决定，趁闵惠芬赴京出席全国政协会议的机会，为她举办一场二胡"独奏讲座音乐会"。决策者的意图，既是对她抗击癌症的精神支持，更是需要借她的力量振兴民乐，冲一冲中国民乐塌方式走向低谷、年轻人潮水般涌向流行音乐的现象。显然，此举是违反医学常识的，一个癌症病人，去挑战超越体能的考量，会是个什么结果呢！

在准备赴京曲目的日子里，闵惠芬每天一大早赶到乐团练琴，直至深夜，拖着一身的疲惫，坐着末班公共汽车返家。

临出发前一天，她突然感到行走不便，检查发现，腹股沟的淋巴结，出现一个肿块，她自己试探着摸了摸，比栗子还要大呀，心里一惊。当时不知道，这便是肿瘤转移，情愿相信，是辛苦吃力所至。

退一万步吧，知道又怎么样?！"我对艺术的追求是没有止境的。我拉琴，要拉到我再也拉不动的那一天，要拉到我背不出乐谱的那一刻"，她不止一次说的这句话，在天天践行！

吃罢晚饭，饭桌旁边是打理停当的行装，三只琴盒，两只印着上海大厦图案的旅行袋，丈夫眼神呆滞，望着它们，不言不语。妻子擦净手，靠到丈夫身边，默坐，也不说话。一会儿，她站起来，倒了一杯茶水，复又坐下。屋子里静得出奇，时间，随着三五牌台钟走动声，一分一秒地，在夫妻间，云烟一样，飘起，浮走，游散。

饭桌上，有星星点点的水渍，丈夫拿手指头，漫无目的地点划，桌面上，出现了一条条淡淡的湿痕。妻子拿过来抹布，轻轻去抹擦干净。

丈夫抬起脸，开口说："说好了，只许演一场。"

停了停，补一句："实在推辞不了，顶多两场。"

妻子顺从地点了点头，没有再看丈夫。

（3）独奏讲座音乐会

中国音乐家协会和二胡研究会定的，的确只是一场，然而，消息一传出，清华大学、北京大学、北京师范大学、中国人民大学、中央音乐学院、中央民族学院和北京的许多工矿企业，纷纷发出邀请。起初，音协这边，考虑闵老师的身体，打算为她婉言相拒的，又考虑到整个社会"十年动乱"的后遗症，拜金主义抬头，舞台上，难觅高雅艺术的身影，民族音乐几近绝声，而闵惠芬的演出受到青年人那么热烈的欢迎，不正是振兴民乐的好机会么！

中国音乐家协会的李妲娜，是个"旋风"式的社会活动家，她鼓动说："民族音乐要重放光芒，不能再等待，高校是攻坚区，对象是年轻人。"闵惠芬的心火被点燃

闵惠芬演出照

了，虽然她担心自己的病情，在生命与事业之间，她又一次选择了"振兴民乐"。当时，"我们的队伍，只有六个兵：李妲娜是主帅，老将陈朝儒（1924—2013，二胡演奏家、教育家），重病号兼主奏闵惠芬，伴奏丁言仪，作曲家刘文金和理论家肖兴华统称摇鹅毛扇的'军师'，任后援"。

按"李主帅"的部署，先在中央音乐学院举行一场二胡独奏音乐会，算是誓师动员会，由中央民族乐团协奏，韦俊先生指挥，主曲目是《新婚别》《逍遥

津》《宝玉哭灵》《洪湖主题随想曲》《阳关三叠》《江河水》《二泉映月》《赛马》《空山鸟语》《霓裳曲》。

《逍遥津》是全场的高潮，闵惠芬的老师、京剧泰斗李慕良先生，已多年不上台，为了支持闵惠芬和振兴民乐，"不顾年迈体弱，披挂上阵，他的京胡一响，震撼了我的心灵，也震撼了全场观众，使我们感到极大振奋。老师为他的学生和振兴民乐助威，证明京剧界也与我们联手共进，使我们士气大振"。

真正攻坚，是在北京大学、中国人民大学、北京师范大学、中央民族学院的演出，为日本外宾演出的音乐会，和一场为工厂企业的音乐会。

所去的大学，演出地点都比较简陋，他们所谓的礼堂，实际上，不是大教室，就是大食堂，几乎每所大学的学生们，都把演出场地挤得水泄不通，坐地上的，站凳上、桌上的，凳子加到桌子上的，人墙，里三层外三层，重重叠叠，简直就是体育大看台。有的学校，青年学子们太激动了，长板凳都被跳断了好几条，都说这么精彩绝伦的民族音乐演出从来没有观看到过。无数的鲜花，送到了闵惠芬身边，无数双青春的手，伸向了闵惠芬。一张弓，两根弦，一个高危病人，硬是在北京城，在年轻人中间，席卷起民乐的掀天热浪。

李姐娜的开场白，通常是这样的："热烈欢迎来自千里之外上海的著名演奏家闵惠芬、丁言仪"，然后，介绍一生为民乐事业奔波的陈朝儒先生。满头银丝的陈老师从容登台，"他从二胡千年历史开头，如数家珍地讲述各种胡琴的衍变，并对经典名典作了解释，对民族音乐伟大先驱刘天华先生、杰出的民间音乐家瞎子阿炳、当代最杰出的民族音乐作曲家刘文金作了介绍，生动活泼、深入浅出，获得阵阵掌声。闵惠芬和丁言仪则配合以曲目演奏。这场音乐会，集知识和欣赏于一体，在没有任何经济条件、剧场条件的困难情况下，获得了难以想象的成功"。

丁言仪的扬琴里，始终有闵惠芬的二胡在穿行。"那是一段兴奋的，也是辛苦的日子。我们这样的活动，有名称的，叫'独奏讲座音乐会'，是闵惠芬一个人构思的"，"我跟她演过五场后，正在兴奋头上，却因家里有急事，一定要回去，电话打了一只又一只，反复商量都不行，无论如何得回去，我一走，她得跟别人合奏，她又是那么个特别顶真的人，从头配，从头排练，多一番辛苦，十个曲子呀，我的眼泪水都急出来了"。

闵、丁二人住在陈朝儒先生家，丁言仪离开北京回上海的前夜，房间里只剩下她们两个时，闵拉起衣服，让丁看肚子，叫丁摸，丁一摸，烫手一般缩了回来：老闵呀，不对啊，鸽蛋大一个东西，石骨铁硬。话没有说完，丁的眼泪水就喷出来了。

她帮闵整平衣服，嘴里说："我一定要去跟领导反映，无论如何要让他们知道，必须看医生，不能让你演了。"

丁一哭，闵惠芬有点慌，只一会儿，她就平静了，异乎寻常地平静。她帮丁擦去泪水，一双拉琴的手，紧紧攥住一双敲琴的手，说了一句她那段时间常说的话："剩下的时间不多了，你让我演吧。"

两人分开后，丁言仪不放心，一到上海就给她去电话，她说打过青霉素，没有用，不见消肿。"在这种情况下，她还是坚持演，她当时就是有这个意识，大学生很重要，是民族音乐的未来，是希望。"

中央民族学院是高校演出的最后一所院校，是陈朝儒先生的恩师陈振铎先生（1904—1999，二胡教育家、演奏家）供职的学校，振铎先生是刘天华先生嫡传弟子，在民乐界辈分和威信特别高，他为闵惠芬到校的音乐会周旋策划，凡事亲力亲为，让晚辈闵惠芬尤其感动。

闵惠芬的病情出现新情况，陈朝儒知道后，焦急万分，一方面心痛，一方面又为原定计划困扰，情急之下，安排闵惠芬住进振铎先生家，亲自操持她的生活起居。两位陈先生，有担心：较高深的乐曲，是不是能激发起少数民族大学生的兴趣呢？晚上都睡不踏实。没想到演出那天，早早地，学院的大礼堂座无虚座了，许多人不顾座位号，蜂拥到前面，中间和两边的过道也都坐满了人。两位陈老师和学校领导，都只好坐到了后排。只有三个演员的独奏，竟如此轰轰烈烈，他们的脸上都满挂着抑制不住的喜悦。

不料因在京日本观众的要求，在北京国际俱乐部大厅，又为"日本人中国音乐爱好者协会"加演。有闵惠芬的倾情演奏，有陈先生极具理论性、文学性的乐曲介绍，日本观众如痴如醉，完全听懂了演奏，演到《江河水》《新婚别》，满场中日观众哭成一片。

中国艺术研究院教授、南京艺术学院音乐学研究所所长居其宏，那段时间，一双眼睛，几乎没有离开过闵惠芬的足迹，他有感叹："即使病魔缠身，长期与死神作殊死搏斗，即使二胡和民族音乐一时遭遇挫折，陷入困境，闵惠芬也不堕凌云之志，内心依然一片光明，从未放弃对于理想和目标的追求。"

七场音乐会结束，北京二胡界，聚集在京民乐精英，举行了隆重的讨论总结会，会上，陈振铎先生和陈朝儒先生，两位中国二胡界，辈分最高，最有威望的人物，坐那儿，一直没有说话。

主持人请他们发言，客气一番，振铎先生说："小闵跟我说，小时候，印象最深，是《空山鸟语》，父亲季骞先生，右手轮指片断的手势，指法飞快的动作，使她仿佛身处百鸟争鸣的竹林，那是她孩童时的天堂。"

"一个世纪过去了，我们在北京的高等学府，听天华先生十大传世之作，听那么多新曲、美曲。"朝儒先生接着说，"空山不见人，但闻鸟语声。《空山鸟语》的引子，那个高音'5'，被小闵改成了泛音，如此一改，我们感觉，她真是回到竹林了，空气清香，百鸟争鸣，一个全新的时代。"

"音乐普及到一般民众，这是一件万分渺远的事。"先师刘天华的论述，振铎先生倒背如流，"而且一国的文化，也断然不是抄袭别人的皮毛就可以算数的，反过来说，也不是死守老法，固执己见就可以算数的，必须一方面采取本国固有的精髓，一方面容纳外来的潮流，从东西的调和与合作之中，打出一条新路来，然后才能说到'进步'这两个字。"

"这条新路，闵惠芬正在一步一步，扎扎实实走出来！"

一片掌声从座椅中飞扬而起。

两位德高望重老人，几乎同声宣布："在我们眼里，闵惠芬就是刘天华先生的第四代传人。"

此言既出，全场欢声雷动。

闵惠芬坐台下，思绪万千，"音乐要走进寻常百姓家"，"要使我国的民族音乐与世界音乐并驾共驱"，刘天华先生的遗愿，一直在耳畔回响；这些北京的日子，"李主帅"，"敢死队员丁"，特别是陈朝儒前辈挺立舞台不屈的、白发苍苍的头颅，一直定格在自己面前。她在下定一个决心，"独奏讲座音乐会"的形式不错，为大众喜闻乐见，我得一直背着心爱的二胡，为民族音乐振兴走遍天涯。

沸腾的场景，隐入历史二十八年后，闵惠芬收到一封寄自河北石家庄市的信，署名"安栋梁"，信中说："二十八年前——1982 年 12 月，您趁在北京出席全国政协会议之便到工厂、学校、部队演出。14 日，我在北京师大学生饭厅聆听了您的独奏音乐会。至今您注入我心底的飞泉，一直流淌在我灵魂王国的沃土上。二十八年后的今天，请允许我在河北石家庄市，把那时孕育的这首诗，呈献给您。您注入给我——不，您注入给时代、注入给历史、注入给人民的这道心泉，一定会流淌向未来！"

> 明明是一张琴弓，
> 却变成了——
>> 大刀、船桨、闪电、马鞭……
> 明明是两根琴弦，
> 却化作了——

舷梯、虹霓、轨道、飞泉……
明明是一只琴桶，
却阅尽了——
历史和时代的画卷。

沿着你的琴声，
我把酒洒在古道阳关，
我遭逢盛唐后的安史之乱……
我徜徉于江南的梅竹小院，
我驰骋在塞北的千里草原……
我痛饮江河的苦水、山野的甘泉，
我战洪湖、扫豫北、浩歌长城烽烟。
由黑暗到光明——
由昨天到今天——再到明天！

什么是真、善、美的显现和爱恋？
什么是交流、共鸣和通感？
什么是净化和升华？
什么是淘洗和冶炼？
什么是在现实和幻想里遨游？
什么是向着光辉顶峰登攀……
一时间，从你的演奏里，我们都领悟了，
你的心和我们的心直通着一道飞泉！

1982 年 12 月 14 日

北京回上海，刚进家门不久，行李还来不及放下，极度虚弱的闵惠芬，想着弯腰去解鞋带，眼前一阵漆黑，便两腿发软，一头栽倒在钢琴旁边。刘振学一阵心疼，赶紧扔下行李去扶，她说："对不起呀，刘振学，这一次，我没听你的话。"

刘振学扶住她双肩，站立不住，自己一屁股坐地上，将她紧紧搂在怀里，一脸苦相："放你走了，让你去了北京，我就没指望你能听我的话。"

（4）黑色之年

1983年，是闵惠芬的黑色之年。

春节前，因恶性黑色素瘤向腹股沟转移，闵惠芬动第二次手术。才下手术台不久，病理切片化验发现，腹股沟有进一步转移的迹象，必须立即再次手术，作扩大清扫腹股沟。春节刚过，年夜饭才喝几口汤，华东医院特邀上海肿瘤医院经验丰富的李树主任主刀，又将她送上了手术台。这一前一后两次手术，间隔很短，都是在华东医院。

癌细胞的扩散，牵动无数人的心。

在表演艺术家、作家黄宗英不断地鼓励支持下，刘振学去了北京，华罗庚、李慕良、刘文金、李妲娜、张韶、陈朝儒等前辈围拢来一大群，大家彻夜长谈，商量对策，最后决定多管齐下。由大数学家华罗庚去找叶剑英元帅，请他老人家出面干预闵惠芬的治疗；由李慕良、张韶、花芳分别找文化部长周巍峙、卫生部长崔月犁。

周部长给崔部长的电话，直截了当："文化部拜托你们重视闵惠芬的病，尽力抢救闵惠芬！"崔部长多次以卫生部的名义与上海市卫生局联系，请他们用最好的医生、最好的药、最好的方案，积极治疗。

知识分子、文化人的圈子，自有治病"奇招"，朋友们坚信，精神治疗法有不可替代的作用，一致同意，定了一条：闵惠芬病情一旦告急，中央电视台、中央人民广播电台、《人民音乐》、《文汇报》、《解放日报》等，轮流发表相关闵的文章、音像，给她精神鼓励（开过第二刀之后，基本都实行）。

1983年3月，全国第三届民族器乐比赛落下帷幕，在三百余首作品中，《长城随想》获第一名。4月3日，晚八时，中央人民广播电台向全世界播出《长城随想》，播音员亲切地说："我们在这里，向二胡演奏家闵惠芬同志致敬，并祝她早日恢复健康！"

这天的病房，特别安静。医生护士，说话、脚步，都轻轻的，起风了，还挟着绵绵细雨，没人通知，医务人员，包括其他陪夜的病人家属，纷纷起身，关好了所有窗户。

卧于病榻，闵惠芬听完全曲。伴着旋律，每一个音符，都蹦跳着，向她怀抱扑来，一个个，高矮胖瘦、调皮活泼，都熟悉，都可爱，都亲切，那都是她的孩子啊，扶他们走路，喂他们喝奶，看他们一天天成长，振翅高飞了，世界环宇了。闵惠芬掉泪了，"啪嗒"一颗，滚落枕巾，又一颗，无数颗。

周玉明为闵惠芬的精神感动，采写过多篇闵惠芬专访，在《闵惠芬的〈梦幻曲〉》中写道："两天后，我再去看望闵惠芬，只见上海市委组织部长坐在她的病床旁，像个兄长似的，与闵惠芬谈笑风生。闵惠芬手里拿着蓝色信封上新写下的曲子，挺认真地问：'是不是作曲家都是突然灵感附身，作出曲子来的？'部长笑着说：'你呀，一谈到事业，眼睛就亮了，精神就来了。'部长知道我是报社记者，很真诚地指着闵惠芬说：'我是她的知音，也是她的朋友，她的二胡演奏太打动我了。'在一次座谈会上，部长听到'像闵惠芬这样的人，入党也很难'的反映后，马上去闵惠芬家，跟她谈心，并常常来医院看望。1985年7月1日，闵惠芬入党。说这些，我发现她那对纯净的眼睛里，盛满了梦、幻想和热情。"

外力终究是次要，重担还是在刘振学肩头。为争取更好的疗效，刘力主让闵惠芬从华东医院转移到上海肿瘤医院。接受央视采访，闵说："那个时候，对他不利的舆论出来了，说他已经等不及了，他已经耐不住了，什么难听话都有，他才不管这些风言风语呢。就这样讲吧，为了我的病，可以想到的一切办法，他都想到都做到了。有一天，他拿着我的片子和我的资料，连跑了九所医院，请教那些专家，满大街奔波，半道上，人都累倒过好几次，他简直已成了疯子。没有他，我闵惠芬十条命都已经没了。"

刘振学表述不同，说的一个意思："每一次手术前，都要揪心地奔跑，在各大医院和医学内行之间寻找办法，都要想尽办法宽慰和护理病人，为她鼓劲，不致精神垮掉。"他有自己的心得："治病，走对路子太重要了，可以给她多争取治疗时间；走错了，一心想要避免的悲剧就可能出现。与其接受自然规律，不如豁出去，争取可能的光明。"

5月，闵惠芬感到右胸侧有异样，院方诊定为黑色素瘤右胸侧转移。然而，还在肿瘤医院思虑手术方案时，病人又自我发现，右胸侧的病灶已转移到了右腋下。外科主任郑兆尧认为，这一次转移是女性激素所导致。

医学早有定论，腋下转移是个非常危险的部位，腋下上方是颈上淋巴，越过颈上淋巴，就要往肺部等五脏方向转移，这就没救了。郑主任的意见是拿掉卵巢和子宫。闵惠芬说："不行。"坦率说，她考虑更多的是丈夫，他毕竟还年轻。丈夫这边，根本没有妥协的余地："生命是第一位的，其他都是次要，闵惠芬的工作我来做。"得到家属的签字和病人最终的支持，郑主任开始酝酿手术方案：第四刀，先解决右腋下病灶，待伤口愈合后，马上进行第五刀，切除子宫、卵巢。

第四刀，第五刀，按既定方案，顺利实施了，紧跟着，就是术后控制女性激素的问题。没有有效的药物治疗，第五刀，也就是子宫切除，白切除。郑兆尧翻阅大量国外医学文献，认为，一种叫三苯氧胺的西药是目前世界上降低女性激素疗效最好的药物，但必须用外汇去国外购买。这是一只拦路虎。上世纪80年代初，在一般的国家机构，很少持有外汇，私人手里，这东西更是个稀罕物。

长途电话，刘振学跟刘文金商量。几天后，急坏了的作曲家告诉歌舞团编导，他已经找到办法了，北京文艺界好大一批人，准备在天安门广场设摊，为小闵的治疗组织一场社会募捐。刘振学将信将疑：这个方法外国是有，咱们中国行吗？刘文金连胸脯都拍上了，行，就凭闵惠芬在北京的人气，筹齐这点买药的钱，应该没问题。消息传到上海市文化局领导耳朵里，此前，因为局里的外汇实在太少，一直在犹豫，被北京这么一激，领导们立即敲定，匀出钱来，托人到香港购买三苯氧胺。

其时，医疗界盛传，上海三大名中医之一的钱伯文教授开发的牛黄醒消丸，对治疗癌症有疗效。于是，上海无数的同事朋友，扫遍上海全城，掀起购买牛黄醒消丸的风潮。扮演《红色娘子军》主角吴琼花的著名演员祝希娟，凭自己与中药总店的关系，买来了大量优惠价的牛黄醒消丸。

闵惠芬与祝希娟

听说麝香是个好东西，上海音乐学院一位德高望重的老教授立刻送来了珍藏多年的麝香。

苏州一位名医赶来上海，要求给闵惠芬治疗。

郑州一位名中医，无偿寄来价值千元的抗癌药，那个年代，这是个沉甸甸的数字。

北京协和医院的几位专家，专门研究了治疗方案，提供上海专家参考。

黑龙江省的一位普通司机，开着他心爱的卡车，不远万里，来上海探望闵惠芬。来自海内外的慰问信，更是雪花般地，每天涌向闵惠芬的病榻。"重病中的我，每天都生活在人们关爱的海洋里，无比真切，无限温暖。"

一年一度的中秋佳节，在刘闵夫妇心里，1983年，在肿瘤医院过的圆月夜，最难忘。

本来没心思出去的，还是妻子说的，"天晴着呢，我们阳台上，坐坐去"。

出乎意料，丈夫一喜，手脚有点忙乱，揭窗帘，搬椅子凳子，开阳台门，一连串忙乎。妻子说："好了，别忙了，随便一点，坐吧。"

天空墨色渐浓，投在墙上，是樟树巨大的阴影，慢悠悠浮动，妻子坐的位置，让一抹阴影拦住，一晃一晃的，丈夫不言语，欠身起，将她扶起，将座椅挪了挪位，复又扶她落座。妻子不开口，她是没力气说话吧，正好，刘振学无话可说，两个什么都不说，沉默好，不伤神。

有风路过樟叶，索溜溜，索溜溜，复归宁和。

"上海的树呀，就数樟树长得好。"

"上师大有个樟树园，几十株，一大群参天大樟。"

"那个不算大，复旦、交大、华师大，哪所校园都有堪称巨树的大樟，我们上音，也不错，好树有得是。"

月亮露脸了。

他轻手轻脚进房，出来，手里捏着一块月饼。

"杏花楼的。"

"杏花楼的呀。"

再没有话。她不开口，不说吃，也不说不吃，他就一直捏着，不敢用力，握成半拳，让月饼藏手底心。云层厚厚薄薄，月亮忽明忽暗，走到最稀薄地方，突然破天一般，透出大亮来。他们两个，眉目有了，姿态有了，心情也明显有了刻划。

"分了吧。"

"分什么分！"

"月饼呀，不分着吃，你要撑死我呀！"

刘振学"嗳"了一声，两根拇指动了动，一个月饼分两半，嚼出来的，全是苦味。明天在哪里，明年的中秋在哪里？还是妻子先开口，懒得问明天，说当下，说"筋"。第四刀，切除右腋下病灶，无法避开的，手术切断了右臂下的一根筋。这根筋，关系能否再拉琴，于闵惠芬，可说是跟性命一般重要，阳台夜话，这下子，说到了点子上。

说第四次手术打击特别大，指的正是这根筋。医生很明确地说过："闵老师你要有思想准备，拉琴，有可能会不能拉了，因为伤口愈合以后，会出现怎么样情况，谁都说不好。"

真的治好了病，手不能动了，不能拉琴了，活着还有什么意思呢，这个打击实在不能承受，几乎是万念俱灰。医生又鼓励她："通过锻炼，也有可能一点一点恢复机能的，这要看你，能不能吃苦了。"

她的信心又上来了，嘴里说："让我试试。"

她就练，练右臂。

办法是，在门框上吊一根绳子，穿过去，右手拿根绳子打个结，把它拴住，左手拉绳子的另一头，这个往下拉，右手就上去了，拉直了再周而复始。再是，先划一个印记，然后掌心贴住墙壁，五根手指往上爬，一天不息地爬，每抬高一厘米，便在那个高处划一条痕，纵使只攀上了半厘，也要很有成就感地刻道印。常常是，浑身淋汗，就为着抬高那一分半厘。

许多天，刘振学每天一早来病房，推开门，开头的几句，差不多是一样的话："怎么样？"

"今天实足有一厘米。"

"好，加油。"

"不到半厘米，让你失望了。"

"跟昨天比，就是个进步。"

在恢复机能训练，乃至整个治疗期间，闵惠芬得到来自亲朋好友、社会各界的慰问祝愿，几乎惊人一致，唯刘文金是异数，他是个特别的朋友。

跟别人一样，"我为你右手练习所抬起的程度而高兴"，跟别人不同，我"只是希望你不必着急这纯'技术'范围内的事。我再次提醒你，只要有精力，和治疗中的余力，就首先考虑那批文章"。

刘文金对闵惠芬超常的希望，由来已久。

她二胡演奏方面的论述，特别是个人演奏经验方面的阐述，应该有出自她本人手笔的表达。在看到她的诗作和几篇文章，发现她的深厚文学素养和富有想象力的文笔后，更坚定了他的想法。

曾经给她提出过庞大的写作计划，结构一部有分量的专业化的书，书名都想好了——《二胡艺术的实践与探索》或者《二胡演奏艺术文集》，具体到各篇题目——关于韵味，关于各种装饰音的解释，关于音色、力度、线条与节奏的形成与控制，关于指法的科学及其调整、规范，关于对姐妹乐器技法的借鉴，

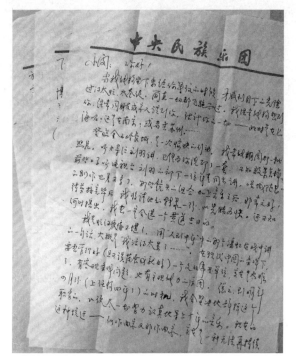

刘文金写给闵惠芬的信

关于二胡演奏的声腔化，关于二胡演奏艺术中的继承、借鉴与融会，关于《二泉映月》与阿炳作品的演奏，关于《江河水》的演奏，关于刘天华作品的演奏，关于二胡演奏的舞台实践。

如此庞杂的命题式写作计划，就是对健康人，也是相当沉重的，对终日服药、命悬一线的病人，近乎残酷。刘文金坦陈，这种生死关头跟她提要求，只是抱着"刻意打趣"和"节外生枝"的心态，目的很明确，"为了减轻闵惠芬在恢复和治疗中经常出现的烦躁情绪"。

不料病中好友果然"中招"，很快有了回应："你出的题目我都很感兴趣，愿意尽一切努力落实在行动上。尽管我的血液现在太混乱，每天要吃大量的中药，还要吃五颜六色的西药，不知黑色素的分子们是否还在流窜，本当把你所提的一切有意思的题目都溶化到血液里，但由于血液成分太乱，这是要影响思考质量的。我现在最想做好的是多读些书，做好案头工作。第一个课题，我想是写关于你的大作的练习过程、思考消化过程，因为你的光辉形象常常无比生动地出现，《长城随想》诞生的前后历历在目。应该在印象最清晰的时候，首先把这些事实记录下来，免得忘掉，如果这件事不做好，那是要愧对后人的。"

完全，彻底，投入进去了，效果是明显的。"闵惠芬开始从无奈的烦躁情绪中解脱出来了，进行思考和动笔写作的热情终于被点燃起来。她不仅对自己虚弱的身体状况表现得若无其事，而且竟如此兴高采烈。当时我也窃窃自喜地猜想，说不定，这些'圈套'般的煽动和'苛求'式的命题，给闵惠芬增添了某种无形的精神力量，有助于她的康复。如同'无心插柳柳成荫'，居然成就了她后来陆续发表的那些论文，特别是当她病体初愈，重返舞台那些年，又写下了许多色彩斑斓、文笔洒脱、内涵丰富的好文章。"

（5）重庆小伙刘光宇

1984 年春，北京李姐娜来电，专门为闵惠芬介绍医生。

与肿瘤医院郑主任商量，并得到文化局领导的支持，3 月，刘振学只身去重庆，拜会那位有名的老中医。4 月，闵住进重庆市第一中医医院，开始了长达半年多的异地治疗。

那天中午，刘光宇到传达室接电话。给他打电话的人，是曲艺团的前辈老师："光宇呀，我丁佩玲呀！"

"丁老师您好，找我么事呀？"

"跟你长话短说吧，我正在重庆市政协办事，碰巧听到旁边人在说上海有人得了重病，要到重庆来求医问药，现在联络的人正在市政协，联系住院和其他生活安排的事。"

"上海人多了，是什么人，跟我有什么关系呢？"

"我这不是正要跟你说么。"

"你说呀，急死人呢。"

"上海闵惠芬呀！你说我要不要找到你，告诉你？"

听老前辈说到这个名字，刘光宇愣住了，话筒抓在手里，不知道怎么办。闵老师到了重庆？闵老师到重庆不是开音乐会，是治病，这么大人物，怎么得重病啦？他马上觉得这想法有问题，闵老师怎么就不能来重庆？闵老师跟大家一样，吃五谷杂粮，为什么不能得病，甚至得重病？

等到想起跟话筒说话，老前辈那边已经挂断。他大概觉得，告诉他名字，就没他什么事了，再说已经多余。

跟许多差不多年龄的、民族器乐爱好者一样，刘光宇是听着闵老师的二胡长大的。他 1976 年考入四川省五七艺术学校表演专业，1980 年参加工作，转行学习二胡。正是 1980 至 1984 这四年，开始从专业的角度熟悉民乐，熟悉闵老师，逐步建立起自己的一些基本观点，闵老师的《阳关三叠》《新婚别》《洪湖人民的心愿》，成了自己理所当然的教科书，反复聆听模拟。

刘光宇接到这个电话，没有任何犹豫，马上赶到市政协。刘所在重庆市曲艺团，位于解放碑，是山城最中心的地方，离市政协也就一刻钟的路，那天走得急，差不多是奔跑。小伙子的双腿，发起力，该多少有劲，十分钟不到，见到了朱老师。

"我叫刘光宇！重庆曲艺团的。"

"我是上海民族乐团的，叫朱德荣，专程来渝，为闵惠芬联系治病事宜的。"

"有什么事情要我办，我随叫随到！"

"那真得谢谢你了！"

"不谢，您吩咐！"

小伙子很激动，浓重的重庆话，说得语无伦次，好在朱德荣灵光，都能听懂。他当然高兴，人生地不熟的，多需要一双援助的手呀。

是4月底5月初这个日子，闵老师、刘老师，还有闵老师的妈妈，先到刘光宇家，然后再去中医医院。"记得闵老师穿一件春秋衫，红颜色，有点深，面带微笑，谨慎相，脸色不太好。我完全像是梦游一样，那么向往、崇拜、敬仰的人，变成一个真人，站在我面前，而且，马上要为她做事，该是多么光荣幸运，好像浑身有了使不完的劲。"

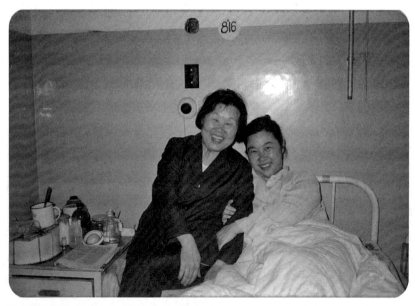

闵惠芬病中与母亲一起

关于闵老师怎么来的重庆，刘光宇另有版本："闵老师到重庆，先找的私人关系，是何树凤推荐介绍的，他是我国非常了不起的琵琶演奏家。"

老中医住在重庆的大溪沟，那个地方，离中医院也就一站地，闵老师去大溪沟看病，各种检测，都可以通过医院完成。刚开始时，煎药熬药，由闵妈妈在外面一家人家完成；换洗衣服，由刘光宇和当时还是女朋友、后来成为他妻子的李瑜玲完成。

刘振学上海、重庆来回跑。在重庆时，住曲艺团宿舍，交刘光宇钱，请他给自己买饭菜票，在团里搭伙。这个事，后来刘光宇一直懊悔，自责："我为什么要收刘老师钱呢？为什么自己不掏钱，帮帮他们呢？"

其实，以当时普通演员，刘光宇收入很有限，于钱，真想帮也难。能做事，每天李瑜玲去洗衣物，他就到闵老师床前，跟她说说话，为她解闷。"后来外婆（闵老师母亲）走了，刘老师也回去上班了，重庆的事，我挑了肩上。"

抓药熬药，医生开出药方，但凡药房没有的，都要去外面购买。跑腿，因为不熟悉，往往还跑许多冤枉路，也是难免的。日子在天天转热，火炉重庆，健康人都难受，医院没有任何降温设施，病人的日子更难熬。

这天，刘光宇下班，推门便见，饭桌上，赫然放着一只大纸箱，是电风扇，母亲笑吟吟："爸爸托人买的，吃过饭，你给闵老师送去。"

"这得多少钱？"

"不贵，六十元。"这个数字，跟父亲的月工资基本持平。母亲看着纸箱说："用得着的东西，再贵也得买。吃过饭，你给闵老师送去。"

闵惠芬在重庆治病期间与学生刘光宇

"嗳！"刘光宇钱不多，力气多。他飞快地吃饭，放下碗筷，抱起电风扇，飞快地跑路，到了医院，拆箱安装，他满头的汗，闵惠芬在一旁，举着蒲扇，一下一下给他扇，滚圆的汗水珠子，在油滑的扇面蹦跳。她不言语，直摇头。

"还有什么呢？没有什么了。在重庆那些日子，说为闵老师做事，不外乎就这些，力气活，不说也罢。"

这就说到有天正午，刘光宇在曲艺团，跟几个同事站大门口聊天。天热呢，大太阳很猛，强烈的阳光里走着一个人，上坡道么，先看到头顶，再肩膀，这不是闵老师么！小伙子们大惊失色，一齐呼呼啦啦涌上前去，把闵老师当成个玻璃人，扶也不是，搀也不是，迎进了他们宿舍。

中医院在一号桥，到解放碑曲艺团，大晴天，青壮年走路都需要三十分钟。四十度的陡坡，还有弧度，绕来绕去，开汽车，必须得加足马力才行。闵老师气喘吁吁，脸皮水里捞出来一样，虚汗如注。进了屋，一屁股坐到床沿，原本想要坐直，却怎么也坐不住，干脆就半躺在了草席硬板床。刘光宇小心翼翼地递上毛巾，又送上折扇，水杯放在了床头柜上。闵惠芬擦汗摇扇，憋半天，说出一句："你们重庆的路，厉害！"

"呵呵，要不，我们小腿怎么特别有力啦！"光宇的一位同事，快人快语。光宇看他一眼，发觉闵老师正盯着他看呢，赶忙垂下眼睑。

闵喘过气了，硬撑着坐直："光宇，你给我拉琴吧。"

"不，闵老师，嗳，闵老师，我拉！"

闵来重庆不久，就跟他表示，要带他学琴。他的回答是："不！我不能，我不敢，我不肯！"闵老师每次说到胡琴，他就会脸孔灼痛，内心沸腾："从十七岁专业操琴开始，闵惠芬这个名字，在我心目中，一直占据着崇高的地位。那时，我想都不敢想，会拜她为师。如今她身患癌症，已经历五次手术，来人生地不熟的重庆求医，我的第一反应，不是学艺，而是她不能死，一定要努力帮助她，这个责任重于泰山。"

而闵惠芬呢，到重庆之后，从曲艺团朋友口中，从刘文金的电话里，加上跟他本人陆续的交谈，知道了这个孩子许多的故事。

闵版《长城随想》，"上海之春"首演，四川广播电台特别有心，在现场有实况录音。省台播出那天，刘光宇预先得到消息，用自己的三洋收录机录了下来，当夜就听，一遍连一遍听，激动而不能自制，折腾到次日凌晨。

心思，就是想拉下来。哪里有那么容易？首先是乐谱，猴年马月才能拿到手里？他犟，凭借"三洋"，强记硬学，半小时长的曲子，居然被他在二十天里，背了下来，拉了下来。他自我感觉成熟后，把自己拉的《长城随想》，买了TDK磁带录下来，寄给中央民族乐团团长刘文金。

刘文金给他回了封三页纸的长信，夸他，鼓励他，要他"学习闵老师，怎么把音乐的卓著，戏剧的韵味，把民族千百年的经历，文明、灾难在哪个乐章，分析体会，力度、速度的布局，情感浓淡的布局"，怎么学闵演奏特色，一一梳理。

北京来信，刘光宇几乎能背，已多处破损，字迹变糊。

冲着他这么喜爱二胡，冲着他二十天拉下《长城随想》的劲儿，现在又朝夕在一起，有了更多的了解，很自然的，闵惠芬喜欢上了这孩子。人前人后，她说过多次了，要收他当学生。刘光宇特别，人家求都求不来的好事，他一口回绝，"我不能给老师雪上加霜"。

你不愿意，好，老师挑大热天登门，看你还敢说个"不"！

望着此刻的老师，刘光宇的犟脾气逃得无影无踪。"我的心被彻底撕碎，第一次体验'百感交集'的滋味。从这一刻起，我与她的心，就永远紧紧贴到了一起，我做了她当时认定的'关门弟子'。我们交织的视线，乌茫茫、灰蒙蒙，不知是喜，是悲，还是愁。"

他顺手拿到手里的，是一把八角形的琴（二胡的一种），发出的声音是《江河水》。

闵静静听，直至最后一个音符远去。

"嗯，你觉得自己有什么特点？"她不说缺点，说特点。

"呵呵，我感觉，我力度比较大。"

老师没接话，从床上爬起，接过琴，拉了几句《江河水》的引子。"真是醍醐灌顶呀！我发现那个弓子，弓毛与琴桶的磨擦是彻底的，她那个力量，是透心的，是四两拨千斤，而且，她的音量比我大许多，但又是巧妙的，不像我使蛮劲儿，又不得要领。"

"我这是让你体会一下，什么叫二胡的力度。我想再让你看看，什么是二胡的音色。"

"还是我这个不怎么样的八角琴，闵老师一上手，几句刘天华的《闲居吟》，哎哟，那个震动，那个充分，那个透亮啊，把我这个拉了四年琴的，自以为不错的基本功，一下子比下去了。年轻么，也拜遍了四川省的名家，也得过全省比赛的第二名，血气方刚，老师这一下，我服服帖帖的，觉得自己十足就是井底之蛙。"

9月份，经过层层选拔，刘光宇作为二胡独奏演员，入选中国艺术团。这个团是国务院侨办组织的，纪念新中国成立三十五周年，赴美国慰问华人华侨。闵惠芬由衷地为这位新学生的进步高兴。参加中国艺术团出国演出，闵惠芬是过来之人，她从台风、仪表，怎么行礼，怎么走路，在非常多的细节处指导调教刘光宇。

时值盛夏，连续四十多度，居高不下，不仅炎热，最要命，排练的那个地方，有很多的蚊子，特别爱咬人。老师点上蚊香，放到盘子里，学生拉琴，她擎手上，香烟袅袅，围着琴转；轮到老师示范拉琴了，学生赶忙双手接过盘子，香烟围住老师转，盘子左右手交换着，上上下下移动，蚊烟终于击退了蚊子进攻。

强化训练，十分辛苦，组织上给配了酸奶，刘光宇不习惯喝，闵惠芬就逼他、哄他，说它就是精气神，一定要他喝下去。她拿自己说事："好东西呢，吃酸奶，长力气，有劲儿！胃口好，精神就好，老师我全靠这个呀，你有没有感觉，到重庆后，那个癌症也有点怕我了？"

带着闵老师字字句句指点过的《江河水》《赛马》《秦腔》《二泉映月》，刘光宇在美演出四十多天，到访了十一座城市，在旧金山、洛杉矶，谢幕最多时达到九次。有美国报刊评论，他拉的《江河水》是"一河的江水流过全身"，他则接过口作答："江河水里流的都是闵老师的心血。"

在异国他乡广受欢迎的种种，刘光宇都会及时写给老师，信件都是通过大使馆寄的，他知道老师喜欢。"回国，回到重庆，我放下行李，直奔中医院，跨进老师病房，她对我说的头一句话，就是，'光宇呀，你那些信，把我眼泪水都看出来了'。"

(6)《川江》

重庆第一中医医院，紧临嘉陵江，闵惠芬所住病房，推窗即景，经典川地风情。

好一道嘉陵江！江水时而滚滚奔流，时而远远退尽，奔流时，气象万千，退尽时，河床裸露，几无淤泥，变化无穷，深幻莫测，面貌与它的入海口，自家门口的黄浦江，千差万别。晓启，水面，船工们，号子声碎，恍自天外，绵邈幽远，摄人魂魄；入夜，江畔，火锅摊，成百上千，一字摆开，麻辣红油，赤膊壮汉，火光熊熊，热气腾腾。待在病房，闵惠芬坐也不是，躺也不是，横竖待不住。

她走出医院，踏下江堤，走近川江船，看清那脚印，原来这么有力，听到那号子，原来这般铿锵；她挤在川人堆里，向他们问路，一次又一次，无论男女老少，那份热情，恨不得把你送过去。"没有遭遇过冷漠，男女老少，谁都那么热情，都掏心窝说话，跟他们吃火锅有关吧，吃辣的进去，喷出来待人，一团火。"

最迷人的，当属号子声。走在江堤上听，夜凉了，不得不回家，躺到病床，还是被它吸引，实在困了，那个声音，游魂一样，钻在她梦里，起伏，绵延，幽远。

那时有个叫杨宝智的，是重庆歌剧团作曲家，是音乐大师马思聪的得意门生，又是优秀的小提琴家。通过别人介绍，闵跟杨初会重庆，闵将他请进病房，海聊神侃，巴山蜀水，四川乡情，说得最多的，自然是那么激越空灵、拂之不去的川江号子。

"你看我这个地方，窗外便是嘉陵江。"

"川江号子动人吧？"

"好听，美若天籁！"

"我们川人成长，伴随船工的号子声。"

"那里面，有一种激扬的生命意志在喷涌。"

"新鲜的生活，你的感受会更深。"

"夜深人静，无船无声时，那号子依然在耳畔，不住地回响，我睡不着。"

"睡不着是对的，我也常常为它睡不着。"

"可不可以，以川江为题材，给我们二胡写点曲子？你熟悉生活，对川江又有着那么丰富的感情！"

一番话语，听得出，闵是十分诚恳。

杨宝智在中央音乐学院求学时，辅修过板胡，在重庆歌剧团拉过中胡、低胡、革胡。"对作为独奏乐器二胡的表现能力，是不怎么掌握的，连换把的乐曲都没有拉过，所以我不敢贸然动笔。这当中，我曾经用小提琴协奏曲《川江》初稿的几个主题，根据二胡两根弦的实际情况，写过一个乐章的二胡曲，给中央音乐学院教二胡的老同学看过，不过没有听到试奏。"

当时，闵杨病房论艺，说到兴起，"长风破浪会有时，直挂云帆济沧海"，李白《行路难》里的名句也蹦出来了，两个人，你一句，我一句。尽管当场拍不下板来，但两人的见解还是惊人地一致："川江号子充满豪情，一定得用二胡演奏出来。"

这算是立下君子协定了。

1990年，闵赴成都演出，杨也在，好朋友见面，第一句话便是：您答应我的曲子，写得怎样了？杨愣了一下，连续几年，杂事多，工作忙，这件事，真还没有排上日程。看她急切的样子，杨不忍心再让她失望，马上说："明年给你一个协奏曲。"

次年，闵再赴成都演出，和王昌元一起，到杨宝智家"催债"，杨拿出三个乐章（前奏、快、慢、快）的二胡协奏曲《川江》草稿，给她"交差"。第二天，她给杨电话，说，很喜欢主题，乐曲表达的"生命不息、奋斗不止"的精神，和她的心境很吻合，"一些地方需要修改，那些技巧乐段，用小提琴可以，用二胡拉，效果出不来"。

这回修改，杨宝智什么事不干，脱出身来，跟闵一起。闵每天都出很多新主意，如慢乐章需要加段"缠达"等，还说"重复加深印象，啰嗦就是重点"，等等。杨拿回家，"遵嘱"再动，第二天再"呈"新方案给她，作品有了质的飞跃，"最重要的，她边试奏，边建议，细节上面出新点子，让我有了脚踏实地的感觉"。

改毕临别，闵手一挥："可以了，你配器吧。"

1992年9月11日，成都民族乐团"1992年中秋之夜音乐会"于成都红旗剧场举行，闵演奏《洪湖人民的心愿》，并首演《川江》，奏毕，掌声雷动。1993年8月，再赴成都，演奏《川江》，闵很兴奋，回到后台，杨宝智正笑盈盈地等候着，她急走几步，张开双臂，"我们拥抱一下吧"！

这次在成都，他们又一起听录音，讨论新修改的方案，最后修订这个版本，就是她1994年在香港和香港中乐团，1995年在台北与台北国乐团，合作演出的版本。

2006年，出品唱片《天弦》，除《川江》是原创外，其他都是传统曲目，《天弦》在香港、广州首发时，均特邀杨出席。闵、杨二人在台上演"相声"，边拉边说，介绍乐曲，掌声雷动，不亦乐乎。

台北国乐团纪念建团三十周年，出版选集，包括闵在台北拉《川江》的音像。杨宝智无限感慨："我反复听她的《川江》，深切感受到，只有经历大起大落大苦大难之人，才会有那样深刻的体会，才能演奏得如此到位。"

《川江》，闵给沈多米多次指点，沈也上台演奏过，"不行，总也拉不像。看看人家，也没有人能拉得会，拉得像，都拉不出号子的感觉。闵出去，很少拉《川江》，每次拉完，她都告诉我们，这个东西，我不是拉出来的，我是流出来的。我治病，住嘉陵江畔，他们天天吼，唱，叫，我侧耳，人都融到号子的音响里了"。

《川江》成形期间，刘振学也有好消息。

从闵惠芬最初发病，到不断转移，不断危机，刘振学完全忘掉了自己，丢下了全部的编导工作，一心扑在妻子的治疗上，好在他所在单位非常理解，只要他照顾好闵惠芬，不要他上班，每月工资照发。重庆之行，安顿好病人，刘振学坐江轮回家。一路上长江的浩瀚，洞庭湖的壮美，无边渔船，不尽白帆，久违了的创作冲动被激发起来，不可遏止。于是，他的双人舞《扬帆图》，成熟胸臆，呼之欲出。到了上海，他拖着儿子刘炬上班，儿子练琴他编舞，结果是，儿子考进了上海音乐学院附中，他的双人舞，在华东地区舞蹈比赛中，获得了创作二等奖，以及男女演员表演二等奖。消息传到重庆，做妻子和做妈妈的闵惠芬说，"这两个消息，跟灵丹妙药一样，大大地帮助我稳定了病情"。

（7）郭鹰先生

至渝问病，时满半年，1984年下半年，待返沪，尽管闵惠芬的体质尚十分虚弱，连头带尾，病情还是稳定了一年半，这要归功于医生的精湛医术。上海医生接着的治疗方法，是化疗与中医并举，同时开始学气功。有个阶段，闵惠芬自我感觉稍见好，家里就坐不住了。去上海音乐学院蹭课，坚持了整整半年，风雨无阻，听钱苑老师讲《现代音乐史》《欧洲古典音乐史》《艺术概论》。这个阶段，她还自学美学理论，诗词歌赋，伏案写作，论文《博大境界中的民族神韵》，就是那段时间写就的。

她让刘振学陪着，去城隍庙，上九曲桥，入"湖心亭"，她惦记玩江南丝竹的朋友。她的出现，让一帮民间艺人大吃一惊，兴奋异常："闵老师您怎么来了？"

她说："我想死你们啦！"

他们说："我们也想死你啦！"

他们的头儿王云祥先生，一把二胡早已操在手里，说："闵老师，您要听什么，尽管吩咐，今天您就是天，您不叫息，我们兄弟几个就一直拉下去。"

闵惠芬知道，上海还有一群潮州音乐艺人，活动比较活跃，他们有个"新动向"，要成立潮乐国乐团，恢复"文革"时被迫停止的排练，这是在重庆治病时听说的，她很振奋，牵挂着这个事。

回上海不久，她联系郭鹰先生。

"郭老师您好！我是闵惠芬。"

"是闵老师呀，难得难得。您求医治疗，您受苦了。"

"跟医生说治病，跟您老，只谈音乐！"

"对对对，不说病，只谈音乐。"

"那，我想来看看您。"

"哪里哪里，您是病人，应该是我们来看您。"

"不是说好，不说病了么。"闵爽朗一笑，"怎么可以，您是老师、前辈，当然我来。"

郭鹰先生是杰出的演奏家，潮州音乐代表人物，他精通潮乐的理论、乐律、曲谱，全面掌握乐队及钢丝古筝、椰胡诸乐器的演奏风格和技法，是公认的潮乐宗师，学生遍及世界，是当代潮乐传承的关键人物。郭鹰先生的演奏，闵从小痴迷，年轻求学时，哪怕是自己的同学，只要所练习的是郭鹰先生传授的古筝潮乐，都会凑上去听一把，过过瘾。

郭鹰他们排练，在上海歌剧院。闵摇摇晃晃，推开排练室门，不敢立刻迈出步去，手抓住门框喘气。郭鹰和乐队团员们都在，有人眼尖：这不是闵老师吗？众人纷纷迎了上来，挽着她手臂，热情问候，百般感激。

闵惠芬病中向郭鹰老师学习《寒鸦戏水》

"让我息一下。"闵惠芬说，就在递过来的椅子上坐下了。谢过大家的问候，接过递过来的茶杯，她大喝了一口："好了，茶也喝了，我不是来听问候的，是来听潮乐的噢。"

她的话，引起哄堂大笑，郭鹰抑制不住激动："好！您要听什么，我们就给你演奏什么！"

之后，这个排练室，她接连到了三次，过足了潮乐瘾，对各种潮乐乐器，二弦、椰胡、笛、扬琴、阮、打击乐，独特的音色、音律构成的奇妙音响，表示由衷的赞赏。郭鹰先生尤其诚恳，为了让闵惠芬更深入了解潮乐的韵味，专门把她请到自己家里，对着录音机，亲自操演椰胡，给她录下了《寒鸦戏水》和《一点红》。老先生倾情潮乐，令闵惠芬感动不已，总想着，自己该为他们做点事。

她从郭先生那里了解到，他们过去的排练厅，"文革"期间被人霸占，至今没有归还，所以临时向歌剧院借地方。老人一脸无奈："怎么办呢？没办法，过一天是一天吧。"

闵惠芬替他们着急："不行呀，借人家地方，总不是长久之计呀，待人家要了，赶你们走，你们去哪里排练？"

"是呀是呀，想到这个，晚上睡梦里都会醒，人家开口要我们走，道理也在人家手里呀，那时候该怎么办呢？"

与郭鹰先生道别，闵惠芬就酝酿起草，连夜著文，以政协委员的身份，给市政协递交了一份提案，希望有关方面关心这件事，帮助他们解决实际困难，千万不要让潮州音乐再度在上海消失。这一提案在上海人民广播电台连播了四次，排练的场地也很快得到妥善解决。自此，她跟潮乐走得更近，这些交聚，可以看作是她后来的名篇、根据郭鹰先生传谱改编《寒鸦戏水》的前奏。

1985 年 10 月，周玉明电话联系她，打算作采访，她答应不了："我现在太忙，没时间谈啦。我得准备去北京参加全国二胡艺术节，在赶写一篇论文，我还得练琴，免得在同行面前丢丑，我正帮我的两个学生准备二胡曲目，如果他们输个落花流水，我也没脸见人呀。"才过去一个月不到，11 月初，周玉明再找她，已经不能接电话，又倒在医院的病床上了。

闵惠芬认准，刘光宇是棵好苗子。离开重庆前，闵惠芬就想好，要让他到上海进修充电。她拜见重庆市文化局局长，争取到当地的支持，跟上海民族乐团联系，落实相应事务。到了上海，她让刘光宇住在赵剑华的琴房，平时上课、教二胡，就在自己家里，作曲、指挥、中外音乐史、视唱练耳，就让他在上海音乐学院旁听，去各个剧场看演出，随民族乐团排练，刘光宇获益匪浅，终生受用。

"在老师家，除了上课，经常改善伙食，当然，大家都没有钱，老师工资七八十元，天天买大排骨，每个人一块，每顿饭都吃，很开心很开心。平时住琴房，星期六在老师家里住，李瑜玲跟闵老师挤一张床，我跟刘老师、刘炬三个人挤一张床，从 1984 年底到 1985 年底，整整一年，我们过的都是这样艰苦的、更是愉快的星期天。"

有个周末，刘光宇买了一堆午餐肉进老师家门，被刘振学瞪着眼睛，好一顿呵斥，不许他买什么东西，已经买了的这一堆午餐肉，让他原封不动带学校，自己吃去。"1985 年春节，在老师家过年，闵老师下厨上灶，做了好多菜，色香味齐全的、特别好吃的菜。饭桌上，老师不住地说'光宇吃菜、光宇吃菜'，一转眼，我的饭碗，被菜堆成了一个大馒头。上海复兴中路 1350 弄里这个大年夜，无比温暖，终生难忘。那天，喝了点酒，恍惚间，我忘记是在上海，是在老师家，只觉得老师就是我的妈妈。"

太平日子没有几天，闵惠芬身体开始每况愈下，不可遏止，刘振学陪着她，不停地在上海的各家医院穿梭。11 月，她高烧不退，恶化状况，直抵冰点。而赵、刘两爱徒，参加全国二胡比赛，备战的锣鼓越敲越紧，却没有一个来向她求教，她实在放心不下，就让刘振学"抓"他们到病床前，说重话："你们是要让我的东西烂在肚子里吗？如果这样让我死去的话，我死也不会安心的！"

赵、刘很忧愁很为难，就跟刘振学合计，怎么能做到既顺着闵老师的意思，又不让她过分劳累，他们就把自己练习的情况用录音记载下来，然后送到闵老师床前，让她听，听完了，学生趴下身子，耳朵凑到老师嘴巴边，听她指导。三十年过去，刘光宇记忆犹新："我最听不得她说的，光宇呀，老师对不住你，我教你的、留给你的，太少太少了，老师不能拉琴，你拿个录音机来，让我唱，你录下来，一样可以练习呀。"

"她高烧，徘徊在三十九度，奄奄一息的倦态，有些字吐不出音，不能用声带来震动说话，只是牙齿能动、舌头能动、嘴唇能动，她说这个地方还有那么一点，那个地方还有那么一点，说这里再从容一点就更好了，蚊子叫，说悄悄话一样。上完课像是爬了几座山似的，呼哧呼哧直喘粗气，脸色由红转白，我们心疼极了。关键是她的眼神都没了，接近瞳孔放大，都是散着的，那种半睁半闭的状态。唉呀，每次上完课，我和赵剑华在外头走廊，都要抱着刘老师大哭一场。"

（8）北京二胡艺术节

正是闵惠芬高烧不断的 1985 年 11 月，北京举行二胡艺术节。请柬是早在一个多月前收到的，今非昔比，医生和刘振学都不同意，她连想都没有想，说是非去不可，理由无可辩驳："这可能是我最后的机会了，让我去演奏吧。"

刘振学点不了这个头。闵惠芬说："别拦我，我爬也要爬到北京去，我去跟大家告别一下。"

周玉明没有采访到闵惠芬，采访了她的丈夫和学生。刘振学说："还有谁比我更了解她呢，她是个永远也不会放弃事业追求的人，身体都到这个地步了，还老是挂着未来发展，还爱开玩笑：'我是人还在，心不死呀！'她这次去北京，已经发现消化道出血两个加了，可她不许我声张。我矛盾极了，让她去吧，太残酷，太不忍心了，如果不放她去，她一定会很痛苦，那对她更残酷。她只要和音乐在一起，一切的不幸和不快，都会烟消云散。"

在气功师的陪伴下，她如约赴京，演奏并演讲。演讲稿，正是病榻上酿就的《博大境界中的民族神韵》，副题是《论二胡协奏曲〈长城随想〉的演奏艺术》。她第一次在大庭广众，从论理高度，披露自己的艺术志向，是"把写在谱纸上的音符，把作品的意蕴情趣，把作曲家的乐思和在作品中倾注的情感，把自己心灵中最生动、最真挚、最富内涵的思绪，化作琴声，再现出来，显示其内在的美和灵气，把人们引向崇高的艺术意境，从而激起人们心灵的回响"。

可谓言简意赅。

她把自己对《长城随想》的演奏体会，逐章传达：《关山行》，特别注意气息的沉、稳、深、长，注意节奏的高度稳定，刻意表现出富于民族性格的音乐神韵；第二乐章《烽火操》，要把技巧融会在音乐表现力之中，关键在于联想，这个联想，包括对场面环境的想象，也包括对作品特有的精神气质和内在情感的领悟刻画；《忠魂祭》，是全曲最动人的篇章，以情入曲、以曲传情，重在感情的表达；终曲《遥望篇》的音乐布局，有四个层次，再现第一乐章的二胡主题，有着舞蹈节奏型的音乐，有着吸取瞎子阿炳《听松》的某些技法，尾声再现和发展了主题的特性音调。最后，她提出，作为二度创作的演奏，只有认真探求民族心理，深刻了解民族音乐的内涵韵味，切实理解乐曲的意蕴品格，才能抵达动人心弦的最高境界。

周玉明多次看过闵惠芬上课，既是艺术享受，又让人"目不忍睹"。她是演奏家，更是诗人，她能够把蕴藏在自己心中的诗意，出神入化地传给她的学生。她全身心投入进课堂，又是唱又是喊，又打节拍，时而笑时而骂，一会儿坐着拉，一会儿起来说，生动、鲜活、率真，寓深刻于随意之中。

身着驼色毛绒衣裙、紫红色毛衣外套、咖啡色皮鞋的闵惠芬登上讲台，凝重之中透着一股生命的活力。亲临北京现场的刘光宇，告诉周玉明："不可想象，闵老师在北京的报告有多轰动！全国一些著名的民族音乐家，都专程赶来，听她的演讲，天津音乐学院的学生连夜跳上火车，赶来看望闵老师。当她拉《长城随想》第三乐章《忠魂祭》时，我们都为她捏一把汗，她毕竟好久没有练琴了，又是这么高强度的曲子。她整个儿豁出去了，拉得比任何时候都动情，拉得台下听的人泪光闪闪。可她的身体哪能经受得住哇，她总把自己的弦绷这么紧，太危险了。"

周玉明听得激动起来，冲动地对刘光宇喊："我太了解闵惠芬，她是个不愿躺着看别人站着的人，她一定认为这样做值得，她是用她不屈不挠的民族魂在演奏。"对闵惠芬这次拼命式的北京之行，周玉明有一段感悟：在这个世界上，每个人都只能作短暂的逗留；有多少人生存着，却无生命；人生不在长短，在质量。

隆冬，刘光宇结束在上海的学习，要离开老师回重庆，确切的日子是 12 月 13 日，师生病房道别，真不该是离别的时候。闵惠芬早有准备，她把给重庆市委宣传部领导的信托爱徒带送，信中写道："我虽抱着有病之躯，然而我付出的代价是值得的，我从他们的精神中，看到后继有人，没有比这更使我宽慰了。我真想再教他们一年、两年、三年，使他们更壮实些。我坚信他们今后会带着我们的心意，以勃勃奋战的姿态，走在开拓、振兴民族音乐事业的道路上的。"

她拿过爱徒的笔记本，撑起身体，奋笔写上：

师生情，骨肉亲，天长地久；
重继承，永开拓，同一目标。

与老师话别，刘光宇原来担心自己，会在老师面前控制不住哭出来，她却笑着对他说："我就是想拉出好曲子、教出好学生、在艺术上有突破，我很幸福，很高兴，想干的事全干成了。你走吧，快走！"

与老师告别的情景，刘光宇不止一次复述过："闵老师是用豁出生命的一种状态，一种真人的状态，教会了我，怎么去为艺术献身，让我带着她的理想，回到巴山蜀水，在我的家乡，把她的理想发扬光大。我当时二十一二岁，她跟我说的，为我所做的，都直白，好像都懂，后来明白，毕竟太年轻，读懂了的，只是表面文字。"

（9）跨过鬼门关

送走刘光宇，进入 1985 年岁尾，闵惠芬病情加重，常常整日昏睡不醒。医院死静的走廊，唯刘振学陪闵惠芬在。消化道出血，又一次发烧，医生让病人吞下钡剂，安排进一个房间，躺长条椅上，等待 X 光检查。

刘振学小心翼翼捧着爱妻的头，轻轻放在自己的膝盖上，好让她躺得舒服些；闵惠芬紧紧抓住丈夫的手，好像那是一只鸽子，会突然挣脱，飞向天空。乌黑的大眼睛，早已失去光彩，脑门新添的皱纹抢足风头，已经幻化成一个大大的惊叹号，使这个男人长年"一级战备状态"的心境，暴露无余。夫妻双目凝视，能听到彼此怦怦的心跳。

妻子缓缓说："放弃吧，已经五年了，你已尽到责任了。"

丈夫铿锵应："不，我一听到你的音乐，就要为你奔命，放心，办法总比困难多。"

消化道出血，须以输血来缓解，但是，输过几天后，又会因出血而流掉，原本鲜红颜色的血，渐渐变成了淡红色，血色素检测，最低时只有五克，神志恍惚。

周玉明再次来病房，永远忘不了，被她称之为白色的一幕："在上海肿瘤医院的白色病房中，虚弱的闵惠芬躺在白棉被下，脸色比白被单还要惨白，她伸出被针筒扎得像白橡皮鱼似的手，使劲握住我的手，对我耳语道：'我不在了，不要奏哀乐，就放我的《长城随想》录音，要给我穿漂亮的演奏服，打扮得很美。'"

那些模糊的情景，藏在清晰的记忆里："只觉得周围，人们讲话的声音，一点点，越来越远，一点点，就听不见了，这个时候，眼睛面前是一片蓝盈盈的雾，身体会飘起来，在这个雾里沉浮，心跳是非堂非常微弱，想尽力屏住气，想动动手指头，动动脚趾头，死心吧，休想，连这点力气都不可能有。这时，我想大概要离开大家了，我想我要努力地屏牢，我一定要听见大家的声音，如果一点点听不见，就是已经离开大家了。这时候我又想，这辈子，从八岁起，拉了三十年二胡，《长城随想》这么好的曲子，也还没有到处去演，只是把它首演成功，录了一个唱片。还有一些学生，非常有才能的，我觉得还没有把他们培养成大演奏家；我儿子也小，也学二胡，可是他二胡也还不像样；先生还年轻，他也是非常有抱负的，如果他中年丧妻，一定很痛苦。这时候大家大概发现我不对了，就推我喊我，我渐渐又醒过来。在将醒未醒恍惚不定时，一串音乐旋律，一串温情脉脉的旋律，远远地飘进脑海，一次又一次，愈来愈近，愈来愈清晰。那不是自然界的，因此你不会见到，也没有机会见到，我也不希望你见到。"

突如其来，欲罢不能。顺手抓过身边一个蓝色的信封，闵惠芬将半梦半醒时彻悟的音符，一个个记录了下来。学生赵剑华，伴奏丁言仪，指挥瞿春泉，一齐站到她身边，齐心协力完成了《音诗——心曲》，是闵惠芬的第一部原创作品，后由瞿春泉配器。南京艺术学院张丽，在她的博士学位论文中说："这是在生命和艺术的天平上，她放弃生命选择艺术的一首作品，所以刘文金称此曲'非常圣洁'。"

没待《心曲》上演，医院检查结论出来了，CT片显示肠上有一个结，属黑色素瘤肠转移。闵惠芬体内的癌细胞又一次疯狂转移！郑主任还判断，盆腔部位可能有大面积转移，如果这个部位有如芝麻粒大黑压压一片的话，手术台上是不能剥的，如果一旦剥破，患者就会当场终结在手术台。凭两条理由——闵老师已动五次手术，身体受伤极大，恶性黑色素瘤目前医学上治不好，做出的结论是"不手术"。

刘振学听懂了，不手术，就是判死刑。自闵惠芬消化道出血，前后已输过1200cc，每次输血后没多久，血就漏完，也就是说，肠子漏血，终会漏干。刘振学开始大胆推理：检查结论是一个结属转移，这在医学上好解决，而说其他盆腔部位黑压压一片，则是推测，推测不等于事实。很显然，医院的结论草率了，爱妻的生命还不到最后放弃的时刻。他据理力争，反复找郑主任、院长分析讲理，他们不改变已经做出的决定，后来干脆设法回避他。

北京有刘文金等一批音乐界骨干鼎力相助，上海有民族乐团、歌舞团、文化局、市委宣传部、组织部、市政协各级组织、领导信任关爱，一路治疗过来，这些力量确实在几个关键阶段发挥了重要作用。走投无路的刘振学，想着驾轻就熟，发挥这些发挥过的力量，通过他们做工作，最大范围地影响到院方的决定。

在他认为十拿九稳的情况下，半道上杀出程咬金，闵惠芬的单位一口咬定，以医院的决定为准绳，任何人无权凌驾于科学之上。这是出乎刘振学意料的，平素不善言辞的他，情急之中又去找有关部门领导，说理不成，反而大吵了一场。"正面战场"落花流水，"地下活动"又开始，有人放风，之所以提出开刀，是他刘某人"等不及了"，他是盼闵惠芬早死，自己可早点再婚。反正，什么难听说什么。

"就这样"是怎么样？不治，等死？！

屋漏偏逢连夜雨，儿子刘炬缺父母管教，生活无着落，学习无人抓，学业一落千丈，当父亲的，得想办法，去张罗孩子读书的事。医院以床位紧缺为由，把闵惠芬退了出来。在家没有治疗，发生过失血过多，而昏晕过去的事。刘振学病急乱投医，带着病历卡，包括肿瘤医院检查的所有资料和 CT 片（闵说它"厚得像一部长篇小说"，那是自己的"阎王账"），满上海找人。

找了近十家医院，不是一般人，都是向外科主任或院长级医生咨询，其中有上海的华山、瑞金、长海医院，有南京军区总医院，几乎统一意见：手术可以做，盆腔部位有黑芝麻一片转移现象，临床也可以剥，只要小心一些，一般不会剥破，但手术后，癌症能否痊愈，不好说。

峰回路转，出现一丝希望：长海医院研究后，外科主任出面表示：如果肿瘤医院一定不肯手术，可以到我这儿来。

刘振学给肿瘤医院写了一封信，请他们再给闵一次机会，如果手术失败，全部责任由自己承担，在信上签名、盖章，杨白劳一样，按上大拇指手印。

再次与郑兆尧主任交谈，刘把话说到底："我之所以这么要求，是为人才，中国音乐需要她，光从家属角度，我没这么大的动力。"

郑握住刘的手，使劲摇着，半天没松开。

同以往多次手术一样，郑兆尧主刀，副主任莫善竞教授任助手，医学院权威专家、院长、妇科主任，齐聚集手术台。

奇迹发生了，手术刀破开肚子，只见肠子上有两个转移灶，就是导致漏血的元凶，盆腔部位干干净净，没有预测的黑麻麻一片。

进手术台前，闵惠芬看着刘振学，目光里透露无可奈何，轻声问道："还要开呀？"

可谓惊心动魄的决定，刘振学常常忆起："我到最后，快要正式手术时，心里忽然又没底了，晓得这是很艰难的，紧张得脚都迈不开步去。这一点，又讲她性格上的优点啦，如果换别人，一个很精细的人，一个问题需要翻来覆去考虑的人，这个事情就难办了。"

1986年2月3日，小年夜，手术在即。闵惠芬忽然说：刘老师，你给我拿个小本子来。刘振学一惊，是不是要写什么遗书，这个问题，他是一直想到，有心理准备的，只是真从她口里说出，还是让他心里发颤。

刘把找到的小本子给她递过去，闵不接，嘴一努，说："我得休息下，蓄点精力，准备开刀。我说，你作记录。"

这才知道，她的意思，是要将伴随自己多年的几把二胡的归宿，一一作个安排。刘振学难得响亮地回了个"嗳"！

"黑色素瘤，顾名思义，病灶颜色比较黑，所有医生都这么说过。这次一刀拉开，腹腔打开，所有临床医生都愣住了，转而高兴，是白的，一片白色。"

郑主任宣布："黑色素病已经好了，或者已经转化为别的次要肿瘤了，闵老师彻底治愈的希望来了。"

刘振学见到手术室出来时的郑医生，直想要冲上去，给他深深躹一躹，再给他一个结结实实的拥抱。

几天后，闵惠芬就吃半流质了，喝过一大碗，又要一大碗，喝完了，还夸张地舔舔嘴唇，眼光"贼不溜几"地望着丈夫："还要，再给我添半碗。"她自己也感受到，这次手术后身体内的律动与前几次不同了，新生命的曙光，在向她频频招手。

央视主持说了一番话："1981年岁末到1986年年初，身患绝症的闵惠芬先后六次手术大刀，十五次化疗，因此被人称为传奇人物。这个传奇人物，有很多个性上很独特的地方，也有在她生命上的。比如说，她也不想生这个病，但是她生了，谁都判死刑，结果她活过来了，因为她精神调整，起到了一种免疫能力作用。不太懂，我想是有这个作用，充分体现出了而且占了优势，她现在似乎跟正常人一模一样了，这种毅力，不是常人能有的。"

第六章　惠风

1987—2003（42—58岁）

（1）断翅重振

1987年阳春三月，离开病榻，站稳了的闵惠芬，气色一天好过一天。一日，邀约好朋友钱苑、丁言仪到家来坐坐。二位接到电话，都开心，都问：有什么事吗？她假装不开心：怎么啦，要好朋友见面，一定得有事？没什么事，讲讲白相相，不可以呀？二位高高兴兴，如约而至。

老闵精神超好，一见之下，让丁言仪惊呆。

"这么好的天，真该出去透透空气。"

"春天么，雨露滋润，万物复苏。"

老搭档想法不少："南汇桃花开得好，索性远一点，老闵，咱们杭州去，听莺啼，观柳飘，虎跑水，龙井茶。"

"去杭州，我的身体，恐怕还搭不够。刘振学陪去过音乐学院，大樟树，好像又粗了一轮，枝条撑开去，阔了许多，满枝新叶，亮晃晃的。栽种的月季，粉红嫩黄，还有白到透明的，颜色丰富，都蛮好看。"

这就说到校院，说到北京"独奏讲座音乐会"，那日的喧哗。

"仿佛就在昨天。北京大学，真是疯，长条凳被踩断好几条。"

"不知道，条凳断了，学校怪罪没有？"

"批评了，嘻嘻，下不为例，原谅了。"

"年轻么，激情奔放，北京师范大学也差不多。"

"人民大学更结棍，简直活力四射。"

"弘扬民族文化，年轻的一代，是'断层'，最难攻入，到他们中间去实干，会有效果。"

"真好。'乌兰牧骑'好，好在轻装，不麻烦，我们这个形式，一说、一敲、一拉，三个人，出门上路，一部小车，全拉上了，比谁都要便捷简单。"

钱教授一直没啥开口，听两个双簧一般说，忍不住双手朝下压压，开了口："喂喂，接下去该陈朝儒先生出场了，是吧？可惜老先生在北京，赶不来。说吧，联系到哪所学校了？暂时没别人，就别找了，让我担任解说，做陈老的替身。"

丁言仪哈哈大笑，闵惠芬恭恭敬敬，给钱苑鞠了一躬。

一躬过后，也就三五天，三位再度聚首，整装出发。

没有单位领导安排，更没有任何人来请，朋友搭桥，电话联系，上海财经大学是新的开始。他们要用民族音乐的精品，诚心诚意的姿态，为上海的年轻朋友演奏去。

都知道，大病康复，需要一个过程，不会短，也说不准该是多长。只是病人等不及，她认准一个道理，向朋友求援，情况自己清楚，在家里，再多待，反而会待出病来。

有志同道合的朋友相伴，体质离强健尚远，摇摇欲坠的闵惠芬，"摇"到了邯郸路国定路，上海最东北边的杨浦区。财大安排的楼里，有两间阶梯大教室，"一间里惊天动地，响着迪斯科，我这边是《二泉映月》《江河水》《洪湖主题随想曲》。起先那个教室气势很大，我这边琴声悠悠，后来是，那边渐渐偃旗息鼓，我这边渐渐人丁兴旺，这使我信心大增，整场演奏完下来，我已经变成了浑身湿透的'水人'，冒得都是虚汗呢"。

"一点也不奇怪，六年躺下来了，忽然站起来，来到财大这样一个特殊的演出环境，面对天真烂漫的大学生，心里明确，是无形的争夺，是较量呢，说战士，这个时候真是呢，全身心的投入和激动，使我热血沸腾。"

是战士，就得战斗。

为给年轻人提供足够优质的精神食粮，她录过两盘二胡的卡拉OK，李肇芳是个见证："那个阶段，从练琴开始，一直到灌唱片，分秒必争，她人就不能动了，所有衣服都显肥了。我们老朋友，也没那么多忌讳，说她瘦到连文胸都掉了，说的时候还笑，有点苦涩的笑。我说，你呀，不是人家不放你过门，是你自己不放自己过门呀。她说，说对啦，知我者，你老李呀。我追上一句，老实说，你以为，你是为自己的荣誉负责，我说呀，你这是对艺术负责，更阔大的境界呐。"

上海财大这一次，刚去时，还不是"水人"，是"冻人"，其时，春寒凛凛，是"花人"，满头满身，沾着点点柳絮。他们三个人，你帮我，我帮你，嘻嘻哈哈，根本就没能掸去多少，人已经站到教室门口，轻轻推开，扑面而来，是可触可摸的青春朝气。

济济一堂的学生，呼啦一声，全都站了起来，"暴风雨般"的掌声，在头顶翻卷，持久热烈，暖人心窝。"他们热情地请我讲几句，我没有准备，我一个刚离开病榻的人，面对青春勃发的年轻人，涌上喉咙口的，是俞伯牙摔琴谢知音，一个尽人皆知的传统故事，这个时候，特别希望年轻人去品味。"

有一天，古琴演奏家俞伯牙在荒山野林弹奏，吸引了一个叫钟子期的樵夫，俞伯牙非常惊奇，樵夫也能听懂古琴的音乐吗？他弹奏两首乐曲，试试钟子期是否真懂得乐曲的含义。第一首曲终，钟子期赞美曰"巍巍乎若泰山"，第二曲完了，钟子期感叹曰"汤汤乎若流水"，这就是以"高山流水"形容知音的典故。后来，俞伯牙故地重游，又一次到这片荒山野林，谁知钟子期早已与世长辞，他万分悲痛，仰天大呼"从此天下知音绝"，并摔断了古琴，表现他失去知音的绝望心境。

"一口气讲完，我觉得有点累，很想息会儿。有孩子突然发问：老师，讲完了？我说讲完了。孩子说，这个故事怎么看，好想听听老师您的高见呀。

"好，真是个好孩子，你这个问题提得好呀，我心里说，你不问，我也很想谈，心里有话，说出来，才能跟大家分享呀。

"突然之间，我的精气神上来了，丁言仪递到我手里的水，一口都顾不上喝。我说，我赞美这个关于知音的千古美谈，不过还是觉得俞伯牙太死心眼，说这句，学生们大笑。他完全可以迈开双脚，寻求新的千百个知音。我不敢自比古贤俞伯牙，可我要寻求天下的知音，要为千千万万的观众演奏。于是，我来到了你们中间，谁说大学生不喜爱民族音乐？此时学生们热烈鼓掌，一阵高过一阵，好久没听到如此有劲的掌声了，我发自肺腑说，今天受到你们的热烈欢迎，使我感到无限幸福。"

大学生有趣，听到这里，掌声伴奏，集体"哦——"了一声，余音绕梁，拖音好长好噱好有味，后面好似跟着一句，"伯牙摔琴好迂腐，我用琴声寻知音"。此时此刻，执琴而坐的闵老师，微微仰面，露出她招牌式的灿烂笑容，一副得意满足的模样。

紧跟着，钱教授开讲，二胡历史，名段名曲，介绍怎样欣赏二胡艺术，都有生动有趣的故事穿插，后面才是闵的二胡、丁的扬琴伴奏。

"《二泉映月》时，对面迪斯科还未息下，《江河水》开始，不断有人涌入，一会儿工夫，本已经很挤的教室，到处站起了人。待《洪湖主题随想曲》开奏，已没有任何干扰声了，估计对面教室的人，已全都过来了。但见，一张张充满朝气的孩子脸，团团围住我，仰着，没有细微声音出现，凭经验，我能感觉，有人连咳嗽都是压抑着的，那种安静，饱含神秘，反馈到舞台，给琴手的感觉，是比掌声更加动人的氛围，那真是雷霆万钧的力量呵。"

返家路上，没有风，少有的早春暖意，温柔地，将周身包围。户外新鲜空气，好久没这么爽快地呼吸了，闵惠芬坚持要走一段，丁言仪坚持要送一程，做一根"幸福的拐棍"。

"老闵呀，开心管开心，注意还是得注意。"

"注意什么呀？"

"老刘交代过的，你还在化疗，一定得注意休息好。"

"知、道、了！"

繁星漫天，闵惠芬为一件事陶醉，翻来覆去说。

"你注意到小姑娘了吧？"

"追到门外，扎马尾辫的那个？"

"这个小姑娘有意思，太有意思了。大家都走了，还跟着我们，追根刨底问：老师您，到底见没见过刘天华？告诉过她了，我父亲见过，我赶不上见。好几遍了，还是问还是问，一定要我承认，见到过刘天华，真有意思。"

"独奏讲座音乐会"进校园，是闵惠芬永远的牵挂。上海财大之后，特别是1990年前后几年，众多的高等学府中回响起她的琴声。

1990年6月，13日、14日两天，她于西安音乐学院、西安交通大学举办独奏音乐会，演奏《一枝花》《霓裳曲》《迷糊调》《三六》《江河水》《寒鸦戏水》

闵惠芬在西安音乐学院的独奏会

《空山鸟语》，二胡艺术世界中更多的精品力作，全面地向年轻人展示，由鲁日融指挥，西安音乐学院民族管弦乐队伴奏。两场演出，特别是交大那一场，到场观看的师生，实在太踊跃，一层一层，几乎无限制地向外拓展。当晚，闵跟上海家里打电话，跟刘振学说："你到现场，一定也会兴奋，简直成了体育大看台！"可惜呀，跟当年北京一样，交大被跳断了好几条长条凳。不久，她去安徽科技大学，师生喜爱民乐的热情有增无减，连演三场，每场安排观众两千五百人，还是满足不了，一个劲叫加演。

5月，上海音像公司找上门，跟她商量，重提出录她的二胡独奏专辑的事。这个项目，是大病前商定的，因几年大病拖下来了，人家没有放弃。闵说，怪难为情的。出品方摇手：应该是我们难为情，打扰你养病休息。

《闲居吟》《霓裳曲》，算是避过医生的耳目，在上海录制，收录于《闵惠芬二胡独奏曲选》，当年，由上海音像公司发行。

"闲居"，养病，闵惠芬浑身不适应。

"完全可以工作了么。"

刘振学很耐心："在家里，跟上舞台，不是一回事。"

妻子的犟劲上来了，"怎么不是一回事？"

"听医生的，没错。"

"也不能全听医生的，能不能工作，自己知道。"

"工作的事，组织知道，组织没发话，安心息养呀。"

"不让做事，比死都难过。"

"我的闵老师哎，这么多日子都熬过来了，再熬几天吧，有医生发话，我们就开工，一天不耽误。"

如此，"别扭"了没多少日子，9月，邀请函到了，北京请她参加首届中国艺术节"中央民族乐团音乐会"。阔别六年了，闵惠芬行将重返舞台。听到这一喜讯，交往了数十年的契友孙逊教授和他夫人孙菊园教授兴奋不已。

"得准备礼物，庆贺一下。"

"必须的。"

"准备点什么，也得动动脑子。"

"当然，也是必须的。"

中国古典文学，是他们伉俪的研究方向，一肚子古人风雅事，跟文学沾边，应该是题中之义。主意很快有，行动随后跟上，丈夫主笔，妻子润色，学古贤，赠诗，赋一篇歌行。开句少不了"君本阳羡陌上枝，移入云阳板桥西"这样的雅句。宜兴古称阳羡，丹阳古称云阳，孙逊与闵惠芬，自幼熟悉，此刻作赋，必须从叙旧始，还是以琴艺为主线，全篇洋洋洒洒三十二句，其中，"阳关三叠伤别离，江河一曲泪凝噎"，"月映二泉愁千古，魂系长城情万里"，特别能击中受礼方内心的柔软部分。

歌行写毕，以最快的速度送到闵惠芬手上。

起初是坐沙发上，与刘振学一起，对着纸，一句一行，慢慢欣赏，读到最后四句"愿君此去载誉归，情韵风采动神京。遥想曲终人不散，满座嘘唏泪花噙"，闵惠芬怎么也坐不住了，泪水像是堵不住的洪水，一个劲往外冒，有委屈，有痛苦，更有满腹话语要诉说："知我者，契友也！"

第二天，一大早，"双孙斋"主，双双都在睡觉呢，家里门铃毫不客气地响起来，一阵紧过一阵，孙菊园听到，赶紧起床开门，一看，闵惠芬！脸红红的，眼红红的，脑袋瓜活脱像个蒸笼，四周都在冒热气，看出来，这会儿，她周身都处在兴奋之中。

站定门口，闵整理衣衫，完全是形式，一个九十度深躬，风度绝对优雅，一迭声说："打扰了、打扰了，请问主人，此刻可容许小女子进屋？"

"快进屋、快进屋，哪里来那么多废话。外面热，屋里说话。"

这几年，多少次见面都是在病房，忽然间回到从前，又是鲜活一个人，自己大步走上门来，光凭这一点，孙逊、孙菊园就开心得合不拢嘴，手忙脚乱给她让座，倒水、取冷饮、切西瓜。

"都是你们害的，呵呵，一个晚上，根本就没睡。"

孙逊"中计"，话音有点慌："是哪里写得不妥吗？"

"不，写得太好，不和一首，愧对你们呀。"

她从包里取出一张纸："你们专家，给推敲一下，特别是错别字，别漏掉了。"

孙逊接到手，是一首七律，快速过目，连连称道："好，好，直抒胸臆，情真意切，写得好。"

"谁稀罕你的空头表扬，快给纠正，捉捉老白蚕（错别字）。"孙逊不客气，给调整了几个字，闵诗《答友人》定稿，他们夫妇俩和闵惠芬都很激动，看着纸上涂涂改改的句子，事先也没有商量，三个人，齐声朗诵：

"断翅重振入青云，长啸万里抒壮烈。"声音，充满激情，慢慢消散，孙菊园侧过脸，看老朋友，没开口，泪水无声，成串挂下，万分感叹。

压抑六年了，她这么一个视艺术如生命的人，这个时候写下的句子，表达的是最真诚的心情。"诗意激越慷慨，充分抒发了，她被病魔长期折磨和缠绕以后，所喷发出来的满腔豪情。"

1987 年 9 月 17 日，非常不平凡的夜晚。北京二胡界差不多都去了，台下一大半，都是熟悉的面孔，有白发老人，有翩翩少年，都知道闵惠芬的故事，起起伏伏，枝枝节节，从一刀到六刀，都一清二楚。六年前，几同绝唱的报告会，他们都是见证者，那个时候，他们都流了泪，希望太渺茫，都以为那是最后的告别。

闵惠芬在北京与二胡界友人的合影

演奏完，台上台下，欢腾了足足有十分钟，起先还比较规矩，一群人上来献花，待他们下去，换一群人上来，再献，都听指挥，排着队，按次序来。一会儿，不行了，有人把花交到闵惠芬手上，要握一下手，才肯离去；握就握吧，有人握住，就不愿意放下，后面有人就急了，要往前挤，秩序就乱了，失控了。那么多美丽的鲜花，玫瑰、康乃馨、风信子、报春花、满天星、紫罗兰、马蹄莲、勿忘我、四季海棠，还有何氏凤仙、德国鸢尾，这些难得一见的品种，知道她闵惠芬喜爱鲜花，这会儿，全北京花店所有的花，都扑到她怀里来了。

无比鲜艳美丽的花呵，不能承受之重呀。

看到台下熟悉的朋友老师，她捧着花儿，赶到台前，从台上献回台下。台下的人，客客气气接过花，放近脸闻了闻，又把鲜花从台下，献回台上。来来回回的，幸亏都包装好好的，没有一把丢散了的。还有献礼物的，献字画的，少不了得介绍一番，品一下书法，念一番字句的。

热情的北京，令人陶醉。

北京的热情，掂出手中弓弦的分量。

闵惠芬认定，这一天，才是病后正式重登舞台的标志。演奏曲目是《长城随想》，指挥阎惠昌，中央民族乐团伴奏。热闹过后，安静下来，弓一上手，"我浑身发抖，弓子，手指，简直都控制不住了，二十多分钟过去，渐渐找回来原来的感觉，只是，手上的劲还是不足"。

演奏的水准不会尽如人意，北京观众对她的欢迎，可以重到"疯狂"二字。很显然，出席这场音乐会，对她重回舞台的喜悦，已经远远超出欣赏音乐。此刻，簇拥在鲜花丛中的闵惠芬，蓬勃出耀眼的生命之光，她与观众朋友同在，一起兴奋。

第二个艺术的春天来临，她得"长啸万里抒壮烈"。

这个兴奋的场面，被她说了半辈子，记了半辈子。

（2）一笑了之

艺术春天的步伐，从来急。北京回来，没出月，30 日，她就参加了在上海体育馆举行的，庆祝国庆三十八周年"第一届中国艺术节（华东·上海）"开幕式，演奏《长城随想》第三、四乐章，上海交响乐团协奏，陈燮阳指挥。10 月，接受南京金陵之声电台采访，实况录音录制《行街》，收录于《闵季骞——梅花点脂》专辑。

11 月，随上海民乐团赴新加坡，参加她病愈后的新加坡首演，节目是《江河水》《赛马》，还是好姐妹，丁言仪的扬琴伴奏。"看着她那肿得像只高庄馒头的右脚背，艰难地跨上并不高的舞台台阶，豆大的虚汗，顺着她那浮肿的脸颊，拼命地往下淌。她的腰背艰难地挺着，我一颗心凌空悬着。待那一声熟悉得不能再熟悉的二胡引子响起，我便踏实了，还是那镇定自若的神态，已多了几分坚毅；还是那小而干涩的手，但此时指间流淌出的《江河水》，已有了几丝能感受而不能言表的新鲜感。"

在揪心的期盼中，老闵奇迹般站立起来，伴在她身边，丁言仪禁不住神思飞扬："是生命有过深沉思索后的本质流露？是大彻大悟后的新境界、新表达？比较过去，她的音乐何以有了更加强大的震

1987 年 11 月，闵惠芬在新加坡演出

撼力?!"

"《江河水》最后一个音，凝固在剧场空间，久久未能散尽，我回过神来，缓缓地舒了口气，但见老闵在擦眼泪。是对乐曲中女主人公凄惨命运的同情？是对自己五年病痛煎熬的感慨？是对人们给她关爱的感激？这是幸福的泪水、欢乐的泪水，该让它流，流个痛快！

"龚一团长见状，拿过话筒，向观众介绍老闵的经历，我俩心情逐渐平复，老闵扭头向我示意'开始'，扬琴声伴着二胡声，犹如两匹奔跑奋进的骏马，向前！向前！最后一个音刚落，台下像是一石激起千层浪，掌声一阵高过一阵。按惯例，我起立站在扬琴旁准备谢幕时，老闵却一把拉住我手，将我拉到台前，并肩向观众谢幕。此时，一位新加坡老华侨上台给老闵献花，老闵转手把鲜花转我手里，贴我耳朵说'这束花应该献给你'。我眼里一直强忍住，没让它掉下来的泪珠，立刻断了线，散落满地。这是老闵对我，对所有关心她爱护她的朋友、学生、观众的感谢，我为她的真情感动。"

在异国舞台，闵惠芬与萧白镛不期而遇。

过去在团里，他们两个，不说话，互不答理，好多年了，始于何时何因，谁都不知道。这不是什么秘密，整个民乐团都知道，僵到你闵不来，我萧也不来。什么原因，不知道，不想说，说不清，道不明。

二胡演奏名家萧白镛，师从项祖英（二胡演奏家）学二胡，拜刘明源（1931—1996，板胡、中胡演奏家）为师学习板胡；1959 年考入上海民族乐团；1963 年，萧、闵参加同届二胡比赛，闵是全国第一，比闵年长四岁的萧获二等奖，这个成绩，上海参赛选手中，是除闵之外最好的。北京成立中国艺术团，上海推荐萧和闵两位，结果是，留了闵，萧回上海。1977 年上海民族乐团恢复，萧入团，并担任二胡首席；闵 1979 春进团，随即举办"闵惠芬、俞逊发独奏音乐会"；同年 3 月，萧于上海音乐学院举行两场独奏音乐会，用二胡、中胡、高胡、板胡多种拉弦乐器，演奏二十多首风格各异的乐曲，以出众的演奏而轰动一时。

凭这些，文人相轻，同行冤家，一山不容二虎了？这种想当然的说法，李肇芳不同意。他们两个，在民族乐团，都是给大家长脸的人，每有重要演出，上面来人商量，萧白镛总是推荐闵，从不偏心。跟他们二位，李肇芳是手心、手背，都要好，都是老同学老同事老朋友，两边都说得上话。说熟悉，他跟萧更熟，年纪很小的时候，就互相了解。这么些年，他承认，二位在单位里，确是互不答腔的，也只是不说话而已，没见他们吵过，更没有听说，谁在背后议论过对方，一次都没有。

"萧自己承认，到了四十来岁，才真正有了见识。"他跟李肇芳掏心窝说话，"闵惠芬用功，真是用功，她的用功，都在她拉出来的东西里，一字一句，每个休止符里。我这个人，拉就拉了，不太用心。"

同为二胡名家，李肇芳说话不客气："我不做两面派，别人问，是这么说，当着萧的面，也是这句话，你萧白镛的东西，声音很好，就是不太有激情，激越的东西、感动人的东西少，这是你跟闵惠芬最大的差距。"

萧跟李叹苦经："我过去太顺了。"

"小开呀，衬裤都拿到对面洗衣店洗的。"不用说，李跟萧，相互知道底细，"他生下不久，很不幸，母亲就去世了，父亲是大医院医生，又开私人诊所，收入相当可以，家庭条件太好了。"

许奕也有一说。两个人，师生做久了，别人的话，好的坏的，多少会传到耳朵里。比如老师和萧白镛的关系，公有公说，婆有婆说，"我凭自己的心去体会。在浙江歌舞团时，参加会演，跟萧老师在一起，他也很喜欢我，也教我琴。他问我，你以前跟谁学的？我说，开始是父亲，后来是闵老师。他看着我，笑着说，好，小姑娘挺实在，我收徒带教，也要看人的。让我跟他学，高高兴兴的，还特别上心。回到闵老师身边，这件事没有隔过夜，我老实跟她说，萧老师很好，也在教我。闵老师开出口来，就是重重的一个字——好！采众家之长，百川归流，终成大江，爽快到不能再爽快，没看出半点不适意"。

闵、萧二人，据称在上海相互不说话，对面遇上，就当没有看见，这次在新加坡演出，碰一起了，同登舞台，说握手，就握手，说笑脸相迎，就笑脸相迎，好像从未有过什么不愉快。无任何预兆，没有一点前奏，就像两个朋友，熟人，在陌生地方遇到了，自自然然，亲亲热热。事后问起，两个人，谁都说不清，是谁先伸出手去的。根本就无需说清，在强烈的灯光照射下，两个人喜笑颜开走拢来，两双精于拉琴的手，紧紧地握在了一起，就足够了。

新加坡有许多萧白镛的弟子，更有数量众多，数不清喜爱闵惠芬的粉丝，都分成萧派、闵派了。他们太了解明星和明星间的点滴事了，刚刚出现的一幕，猝不及防，太突然，这个时候，这个舞台，在一个短暂的停顿后，台下哗然，巨大的动静，像是狂风卷过海洋，所有猜测、闲言碎语，都被扫荡一空。

两个人的和好，两个人的矛盾，不知道因何产生，不知道因何消失，在他们俩身上，"恩"也好，"仇"也罢，谁都没看到，新加坡舞台传出的笑声，却是谁都听个真切。

事情远没有握手那么简单。

新加坡之后，闵做起了萧的月老，把自己的台湾学生霍世洁介绍给了萧。这件事，传到上海演艺圈，成了新闻，一个上海名人和台湾人结婚，还是名人做的媒，一时间，媒体跟踪报道，闹了好一阵。

老话，同行是冤家，闵和萧，偏偏做起亲家来了。

（3）《寒鸦戏水》

日历又翻过一年，重返舞台，使闵惠芬神清气爽，她相信，努力工作，真是健康的良方。

初春，"上海之春"委员会负责人严明邦先生给她来电话："上海观众听说您病愈，高兴得不得了，盼望能听您的琴声呢。"

"我也想上海观众呀，盼望多多为大家演奏。"

"十三届'上海之春'，请您亮相呀。"

"有什么要求，您吩咐吧。"

"开幕式，定了主题'水'，是一场'水上音乐舞蹈晚会'，要在水上舞台表演，要求曲目最好有'水'的含义。"

《江河水》《二泉映月》，与水有关的曲子不胜枚举，"可我想，我大病六年，现在重返舞台，给上海人民的见面礼，一定要是一个新形象，一个健康活泼、生机勃勃的形象"。

她想到潮州音乐《寒鸦戏水》，回忆起西安鼓乐《鸭子拌嘴》，一组打击乐，用鼓点，表现野禽水鸟于水中活泼嬉戏的情景。

"我能否借助打击，换上潮乐锣鼓，为独奏二胡伴奏呢？这一形式，在二胡表演领域，是新颖有创意的，可是，我的老师郭鹰先生呢，潮乐艺人们呢？这一多少有点怪模怪样的形式，他们能接受吗？"

她决心先自己尝试，等有了初步样子，再向郭鹰先生和潮乐朋友们请教。

著名指挥家夏飞云先生，精通打击乐，他知道后，非常赞同，欣然应允，编写《寒鸦戏水》打击乐谱，并很快完成编配，亲临上海乐团指导排练。

1988年5月7日，"上海之春"开幕式，闵惠芬首演潮州锣鼓伴奏的二胡独奏版《寒鸦戏水》，满堂喝彩。

没待闵去找他，郭鹰先生就给她写信来了，老先生因眼疾，不能亲赴现场观看，他在家看电视直播，听完后，兴奋不能言状，觉得打电话不行，非提笔写信不可。

一封信，满纸情："我代表五十万潮州人感谢你！"

身为上海潮州国学社社长，郭鹰先生是闵见过的最最君子、最最聪明的民乐前辈。他画画，画得好极了，他会修手表，技术跟一般钟表匠差不多。1966年被打成"反革命"，1976年"平反"，去公安局找不到结论，没有"现行反革命"的说法，有说是1953、1954年的"历史反革命"，翻遍档案，也没有记录；又说是乐团报上来过，没有批，回文给过局里，就缺了局里向下传达这一环，"反革命"的帽子，他白白戴了十年！

扔掉"帽子"，他用椰胡拉，古筝弹奏，一招一式，把他的曲子传授给了闵，她非常喜欢《寒鸦戏水》，一直拉。从此，随闵惠芬出行的乐器中，多了一面潮州大铜锣，一个小小狗叫锣，一副扁扁大铙钹，一对高低音木鱼。

一曲《寒鸦戏水》，极其独特情趣，深刻意味。

它本是潮州弦诗乐软套十大名曲之一，也是潮州筝曲的代表曲目。郭鹰先生乃潮州筝曲著名代表人物之一，闵得益于郭的影响和传授，她的改编是以郭的传谱为蓝本的。

她有设计："乐曲开头，鸭妈妈一个'人'先出场，巡视四方，速度很慢；第二乐句，众鸭子们，摇摇摆摆，尾随鸭妈妈出场。"

"开头两句最重要，它确立该曲的音乐形象、乐律特点、韵味特征，要强调幽默，夸张而稚拙，充满童趣，似乎含有卡通色彩，我形容为广东'唐老鸭'。这使乐曲一开头，就改变了原曲的悲凉情质，起到了'反其意'的效果。"

乐曲活泼欢畅的情绪，闵是如何得以尽情发挥的？从演奏技巧上，胡志平（武汉音乐学院院长）给过解析："右手弓子连、带、顿、提的技法运用，边顿弓、抛弓以及二胡连续十六分音符的双催奏法，包括分弓的各种音头变化运用密切相关。"

"闵惠芬对乐曲的改编，采用二胡与打击乐器的演奏形式，颇有新意，尤其是，打击乐与二胡，在音色层次上的对比变化、交相融合，打击乐不确定音高的音韵变化与二胡一音数韵，同一音位上细腻的微分音高变化交相辉映，呈现出一种独特的音响组合形态，很有特色。"

"大病一场后，闵惠芬的演奏少了一些绚丽夺目的风采，更多了深邃，和对生命的感悟。""那种飘逸、空灵和超然，那种泼泼然的灵动，与闵惠芬演奏的其他各类乐曲的情趣、意境表现是不同的，在二胡已有文献中也是非常有特色的，对于研究闵惠芬的二胡艺术是非常重要的。"

艺无止境。

十年后，闵读琵琶大师林石城先生文章，关注他对《寒鸦戏水》的新识见，当即大段录之，自己研读，并供后学备考："汕头潮乐名家萧韵阁老先生曰：从标题解释，可理解为'苦中乐'。'寒'者孤单也，'鸦'者自卑之称。然我行我素。尚有戏水之时。明遗仕老，明哲保身，惧势附和，强颜苟存，不宜于言也。表达了明代遗老忧郁深重与自慰的复杂感情。"

（4）《第一二胡协奏曲》

"入青云"，"抒壮烈"，作铺垫的节奏，不同往日。

新加坡结束，马不停蹄，直接去了广州，录制广州乐团合唱团伴唱的《二泉映月》。瞿春泉指挥、广州民族乐团伴奏的《月夜》《赛马》，收录于《中国民乐四大家》专辑，由南海声像公司1988年发行。

广州回上海，仅仅过了一个月，"闵惠芬二胡独奏讲座音乐会"在同济大学校园举办，还是闵、丁、钱"三驾马车"，曲目除了保留在财大时的几首，又增加了刘天华的《光明行》《病中吟》和阿炳的《听松》。同济成功的喜悦还来不及品味，就去了北京，参加首届全国民族管弦乐展播"龙年音乐周开幕式"音乐会，瞿春泉指挥，上海民族乐团伴奏，演奏《洪湖主题随想曲》。尔后，北京直飞广州，录制《长城随想》，阎惠昌指挥，中央民族乐团伴奏。尔后，赴深圳，担任第一期"台湾学员民族音乐培训班"讲师，"讲"了整整一个月。尔

闵惠芬、刘文金与香港乐友

闵惠芬在香港演出前的排练

后，1989 年的春节来临了，奉命赴香港参加首届"香港艺术节"，连演四场，首场《长城随想》，二、三场均演了七首独奏曲，第四场是关乃忠的《第一二胡协奏曲》。

关乃忠，香港中乐团艺术总监，被人称为"一个痴迷于中国民族音乐的乐人"。《第一二胡协奏曲》是他 1987 年的新作，一首无标题音乐，用交响乐队协奏，从配器音域上构思宽广，内蕴强烈浑厚，演奏柔中有刚，乐思深邃，多样的二胡音色层次，结合民族现代交响乐的创作技法，"很期待，很过瘾，在香港演香港艺术家作品，也是一次挑战"。

实际上，关是 1986 年到任的，才担任总监两年，当时他的职权范围是，每一年，从大陆请演奏家或指挥家来香港，最多可以请两个。"我立即就想到了闵惠芬，但听到的是她患病的消息，后来不断听到她和癌症抗争的消息，1988 年我得知她已经开始恢复，可以开始练琴和演出了，此时闵惠芬也带来消息，说她希望可以有机会来香港演出。我得知后非常高兴，不但为老朋友的身体健康高兴，更为她可以重新开始艺术上的第二次生命而高兴。"

香港艺术节开幕式，是香港最重要的演出，当时的香港总督，是一定要参加的。关乃忠就安排闵的演出放在开幕式，"节目单排定后，我就开始担心，一是担心闵惠芬的身体，在音乐会的时候，会不会因病情的变化而不能参演，二是担心《第一二胡协奏曲》，难度真是相当高，就算是对年轻的、技术十分高超的演奏者来说，都是一个巨大的挑战，她大病初愈，能扛得住，拿得下来吗？”

左思右想，关作了两手准备。

他把谱子同时给了另一位年轻的演奏家，让她练习，并和她立下约定，如果闵老师临场健康不佳，她就代替演出，如果健康没问题，就算是她学习了一首新作品。这位演奏家表示理解，愿意配合，这一安排，当时没有告知闵。

“我把《第一二胡协奏曲》谱子给闵惠芬的时候，离音乐会举办还有半年，她后来告诉我，这半年当中，她几乎每天都在练这首曲子。我问她，你不累吗？她说练起琴来，就会把累和病，把所有杂念都忘掉。”

关的脸上明显挂着歉意，意思说：“弄这么个曲子，让您受累了。”闵半开玩笑半认真说：“老实说，我总觉得，你跟我的医生有联系，你的协奏曲在配合医生，给我治病呀。”

那场音乐会是一个奇迹。

接连两天演出，每首协奏曲，都长达三十分钟，闵惠芬支撑住了，而且演奏精彩，无与伦比。听了演奏，总督夫妇很高兴，很享受，亲自赶到后台，给闵先生献花，这是少有的事。

关的创作构思，第一乐章的主题素材，来自一段河北梆子的唱腔，名演员金鞑子的《空城计》。他使用了四度跳进的特色，表达一代年轻人的奋发精神，其中还带了些许的狂妄。对这段的处理，有人演奏得太轻巧，少了一些韧性，有人演奏太昂扬，少了民族的骨气。“而在闵惠芬的手底，此主题的精神气质把握十分精准，随后的几个短小的华彩，她的处理，也是精彩、传神，恰到好处。以致其后很多演奏家，都从她的演奏中得到启示。”

第二乐章的慢板，是非常“考”人的，它要求“浓郁的味道和深邃的意境”，好在这两项，都是她强项，她的演奏，自然得心应手。第三乐章的快板，对于演奏家的技巧，有十分苛刻的要求，音乐会后，关乃忠把闵惠芬的现场录音拿出来，细细品赏。“我惊异地发现，她的演奏竟然只有8分32秒，而通常其他演奏家用的时间在9分10秒左右，也有8分50秒的，最慢的是9分30秒。当然，不是说，此乐章演奏越快越好，快有快的精彩，慢有慢的镇定。”

关的体会是，套用俗语“金钱不是万能的，但没有钱，是万万不能的”，同理，“演奏技巧不是万能的，但没有技巧，却是万万不能的”。闵在体力并非最佳状态下，仍然精彩地完成演奏，可谓之似有神助。许多年过去，《第一二胡协奏曲》又有数位演奏家商业出版CD，不下七八种之多，闵的那次实况录音，仍是那么鲜活，那么经典。

可以说是天意。那时香港中乐团的惯例，只有晚间正式音乐会才做实况录音，那天关乃忠突然担心晚上的录音会有故障，于是下午找来香港电台，把彩排录了下来。结果，晚上的演出虽然十分精彩，且一气呵成，却在行将结束的第三乐章再现部开始时，突然录音没有了声音，是舞台到录音台之间的电缆被人无意间踢断了，致使少了近20秒的录音。幸好下午彩排的录音在，才使全本的录音得以完整保存。

"她是内地首拉者，在香港连续演四场，创造轰动效应。"十五年后，刘光宇对老师不遗余力地开掘新技术，感佩不已，"当今二胡新锐，是否准入21世纪二胡世界大门？此曲可是一块最过硬的试金石。"

闵与关相识三十余年，见面次数有限，记忆中，一起吃餐饭的机会都没有过，合作演出更是少之又少。1994年，在台湾台北市立国乐团音乐会上，闵演奏《川江》，关为她指挥，此录音，已被收入台北市立国乐团三十周年庆典DVD，作为五首精选乐曲之一，整理出版了。可是，他们合作的最重要的《第一二胡协奏曲》呢？

1994年1月28日，"世界著名中国国宝级艺术家歌舞音乐会"在美国纽约卡耐基音乐主厅举办，闵演奏《二泉映月》《寒鸦戏水》。演出结束回住处，闵一个电话打到关在温哥华的家中，重提历史性的精彩录音《第一二胡协奏曲》整理出版之事，足见这份录音在她心中的分量。关当即连夜给香港写信，陈述这一心愿。可喜的是，香港中乐团不久后就出版了闵惠芬演奏的这一优秀版本。

2009年，关在上海音乐厅指挥上海民乐团演出。演出结束时，在台上谢幕的关乃忠，远远地看到闵惠芬捧着满抱的鲜花，由观众席走上舞台向他献花，沉稳的步子，熟悉的身影，心头一热，一句话突然涌上心口：闵惠芬真是重情重谊之人。

病榻起，忙是真忙，开心是真开心。

尔后呢，不开心了，她从来好脾气，也知道发火了。

起因是，病愈复出，无论国内国外，每次开幕，主持人对她的开篇介绍，病字当头，说一大篇闵老师与病魔艰难搏斗的话，不消说，自然都是溢美之词。大家听惯了，没觉得有什么不妥，闵本人也不在意，包容理解，平时对这种说法，也没有提出任何异议。大家记得，她说过一句"我都被描绘成著名病人了"，也都是当玩笑话听，这类睿智的、突然冒出来的话，她可是常说的。

如此，几年过去，"著名病人"还在"著名"着。

有一次演出，演毕，跟往常一样，大家聚在后台，做整理工作，各忙各的，比较放松。闵也一样，前几分钟，还在跟人说笑，忽然开口，让人大吃一惊："希望你们不要再提生病这个事了，好不好？"

没头没脑的一句，没引起谁注意。

"再也不要提了，这不是什么光荣的事。"

开始有人认真了，停下手里的事，听她说。

"说起这些事，我痛不欲生。你们知道什么叫死里逃生？什么叫心有余悸？不要提了，再提，我真要说重话了。我是来拉琴的，你们提了，我拉琴也没有心思了，求求你们了，把我当个健康人，跟大家一样的健康，好不好？"

说这些话时，随队出来的团领导，一个不缺，都在她旁边，紧挨她身后，一句句听真切。"我倒不是怕大家知道，我是觉得，在演奏之前，老讲这个生病，会给观众留下什么印象？呆想想，充斥呛人的福尔马林气味，还能有什么好印象！绝对会影响到音乐欣赏，思想不可能集中的。你们都知道的呀，我对舞台，只存一个希望，唯一的希望，大家把我当作一个正常的健康人，不要再提那段极其痛苦不堪的经历，而观众朋友们呢，只是来听二胡的，只关注民族音乐，只获得舞台艺术美的享受，艺术的纯净度越高越好，其他，都是干扰，都可以归零。"

高雅艺术，观众享受，是她的定海神针。

大家起初感到突然，看到她一脸苦相，开头口气那么狠，过后又差不多是恳求的样子，忽然都明白了过来，觉得她实在是言之在理，一个个不好意思起来。

(5)《昭君出塞》

也在大病后恢复期，入梅季节，一天中午，饭吃过，体感闷热，知了声声，排练厅外，闵惠芬、李肇芳在休息，闲聊。

闵起头："还记得，1961 年还是 1962 年，一起看红线女？"

"在文化广场呀，怎么不记得？《昭君出塞》，红线女出国归来，上海第一场。火是真火，演出场地推板是真推板，座位不舒服。"

"我一直耿耿于怀。巨大的文化广场上，红线女一个人站在舞台中央，穿着高跟鞋，大红的旗袍，红线女，舞台仙女一般，台风真是好。"

"小乐队奏起来，她一开腔，你傻掉了，对吧，一句都听不懂，我是听懂了全部意思的。"李祖籍广东，母亲是粤剧迷。

"真是神奇，从小到大，我就只听过这一遍，红线女的镜头，就是忘不了，一直记住。耳朵里，那些听不懂的广东话，叽里叽里，一直在响。她的声音好在哪里？不是很大，细细的，但是有一种特殊的穿透力。她一边唱，我就一边仔细体会，不是像帕瓦罗蒂那种震撼的声音，但她的声音却清清楚楚、入心入肺。"

"红派艺术，南粤至美。"祖籍名流，李极熟。

"我在拉一批声腔化的乐曲时，一直在体会这个'穿透力'，怎样的音色才算有了穿透力，为何它是如此的表达方式？红线女让我形成了概念，给了我启示，我的手，一直想要去寻找这种声音。"

"手又痒了，想要做新题目？"

"写这个东西的，是广州星海音乐学院房晓敏吧，我一直想要红线女这个版本，原版，一直没有弄到。"闵的焦急都写在脸上，"唱片社查不到，资料室也没有，谱子根本弄不到，人家音乐研究所，我也追去打听过，就是找不到这个片段。"

"那是广东粤剧呀，想到我这个老广东了，兴许会有？"

"对了，你不仅是书香门第，还有个戏迷妈妈呀！"

"妈妈还跟你熟悉呢。好吧，我让妈妈帮你找找看。"

"让老人家费心了。"

李摇摇手："没事。找到后，我给你送到府上。"

"不，我来你家取。一是表示诚意，再是好久没见你妈妈了，看看她老人家。另外呢，嘿嘿，这东西，我已经找过许多地方了，没有呀，你不知道，我心急呀！"

也没有她那么急的，仅仅隔了一天，她就赶过来了。其时，闵自双峰路新迁至人民广场文海大楼，到四川北路乍浦路解放剧场斜对面，"路是没有多远，就是天热，太热了，坐家里不走动，也是浑身难受，做梦想不到，她赶过来了。大病初愈，体质极弱呀，且有医嘱，每天下午一至三半点，需要午休，应该是雷打不动的"。

闵病倒这些年，从儿子口里，李妈妈不断听到她的消息。一会开刀，一会转院，李妈妈窝家里急，想到闵惠芬的身体，吃这么多苦，就伤心，私下掉泪。听说闵要这个录音带，老太太兴奋了，她是红线女"铁粉"，确有《昭君出塞》，孤片，有段时间没有听，藏起来了。喜欢的东西，藏得特别好，真要找，特别难。听儿子一说，当夜，她就开始要找，儿子劝她，也没有那么急的，明天白天再寻不迟。白天到了，闵也到了。

闵和儿子都要帮忙，老人不让：我自己藏的东西自己知道，你们插不上手的，最后还是老太太自己找到的，"真个是翻箱倒柜呀，衣服什么的，被抖落了一地，那宝贝，一盘单声道的磁带，真的就夹在衣物里"。

打开录音机，马上就听："是的是的，就是这个版本，蛮清楚蛮清楚的，谢谢妈妈。"

这才松口气。不客气，一起吃个饭，聊会儿天，闵坐不住了。李知道她脾气："着急赶回去，想要听红线女了？"

不留客了，老同学老同事的，知根底。闵千恩万谢道别，李送闵到21路公交站，让她自己怎么来怎么回了。

日子过去没多久，那天晚上十点刚敲过，这个点，正好是李肇芳参加演出结束，才踏进家门，闵一个电话追过来。

"催命鬼呀，刚进家门呢。"

"算准了的，知道你进家门，才给你电话么，在路上打你，不是不方便接么，算不算体贴呀？"

"什么事？"

"还能有什么事，《昭君出塞》呀。"

那晚，还大暴雨。李是湿淋淋到的闵家，本来心里不很畅，只一息工夫，怨气全消了。他有点糊涂，搞了一辈子音乐的人，一个著名的高胡演奏家，第一次怀疑自己耳朵是不是出了毛病。

近半夜时分，窗外是上海市中心，人民广场，闵这个江苏人，给广东人李肇芳唱粤剧，不消说，一口粤语，还"红派"，还整段整段的，还从头至尾，不看文稿，全程背诵，咿咿呀呀，长达十多分钟，一息不停。

"我今独抱琵琶望，尽把哀音诉，叹息别故乡。"

"回首江山徒惜别，梦还难望到家乡。"

"我背功好，你不知道？我喜欢背，跟我没关系的东西，只要我有兴趣，我照样背，整篇整篇的。"闵兴致极高，"请你来，品品我的粤味，毛病都在哪里？"

粤剧《昭君出塞》，不要说身边有这么个妈，就是李自己，也熟，唱段，音腔，句式。闵这一番唱，即便个别地方吐字欠准，那个音，就是哼出来，也都有着神似的韵味。李用纯正上海话回她："两个字——'服帖'，三个字——'很服帖'！"

"你妈妈宝贵的唱片，天天听，天天听，不间断地听，听到耳朵里的广东戏，一句句直往外冒，呵呵。"

186　闵惠芬

这件事，李肇芳有一段文字记录："在她大病初愈之时，体质还相当虚弱，每天下午一至三点半午休时间雷打不动。但在一个炎热的上午，她赶到我家，和我提起要圆学生时的一个梦，想把当年我们在上海文化广场看粤剧名宿红线女演唱的粤剧名曲《昭君出塞》改编成二胡独奏曲，曾听说我家可能'文革'后还存有红线女的原版碟片时，特登门。经我母亲翻箱倒柜，找到这盘磁带，她如获至宝，爱不释手，一起午餐，请教粤剧行腔艺术，自己如何器乐化，聊到下午四点半。一周之后，当我演出结束到家，十点多，接她来电连夜冒雨赶去她家，一边吃她烧的点心，一边听她咿咿呀呀用粤语背唱出长达十几分钟的《昭君出塞》，令我这个老广东目瞪口呆。"

"不会唱我怎么能拉好？"老同学临别一句话，不无得意。

喜背爱唱，是闵自幼养成的习性，是她独树一帜二胡声腔化艺术体系的基本功，这种与民间音乐融为一体的练习方式，已被当下的民乐演奏者们遗忘。

关于《昭君出塞》的创作演奏，闵亦有话留下："伴着磁带，我边听边记，记完了，我也会了。哎呀，我是一下子着迷的，自信是个好东西，证实了我当年'狗鼻子'的灵。因为太喜欢了，只想练这个，练到身上的汗毛都竖起来了，密密麻麻的。我投入到了六亲不认的境界，然后我找到房晓敏，提出创意，哪几个片段，要什么伴奏，体味什么意境，全都想好，结果他一举成功。大概有个四五年了吧，房就拿我的录音，他配器好的、我们乐团排练出来的演奏，去参加比赛，结果得最高分。我最高兴的，倒不是得了什么名次，关键是他们承认了这是广东音乐，我觉得是重大收获。"

二十多年前，张滨离开前线歌舞团，只身去日本名古屋，专攻音乐，做了一名旅日二胡演奏家。他在日本 CAC 电视台，每周介绍、演奏中国二胡，达五年之久，先后教过的学生已达数百人，并成立了日本唯一的 NPO 法人张滨二胡乐团。他这个团，参加了爱知世博会，也参加了上海世博会，举办了四川大地震赈灾义演音乐会，在日本中部，已经形成了日本"二胡之乡"的形式。

张滨的二胡教育，更多的是介绍闵氏演奏法，他崇拜闵："老师的二胡，就是歌唱家的歌声，就是山岚的回响，就是大海的波涛，就是雪花的飞舞，就是雷雨的震撼，就是鲜花的芬芳。"

特别喜欢闵的《昭君出塞》，他觉得，"那就不是二胡了，那是时隔两千年，王昭君现世眼前，向你倾诉，向你歌唱，以一个活生生美丽柔弱女子，怀抱琵琶，带着美好梦想，不畏路途遥远，不畏人生地不熟，用自己的悲壮去唤起和平，去歌唱幸福"。

"你是北方后生呀，没有看过、听过红线女的《昭君出塞》吧？不过，粤剧，就是唱你听一时也难懂。"

闵惠芬唱，张滨听，云里雾里。

"王昭君在日本，影响太大了。足立美术馆，安田靫彦的《王昭君》，熊本城堡《王昭君出塞》壁板画，日本美术院，菱田春草画卷《王昭君》，昭君题材，日本文学界、美术界，一直是热捧的。如今，民间刻纸、动漫和电卡片，美人图，少不了王昭君。"

"不仅是沉鱼落雁，外形之美吧。放弃优厚的皇宫生活，西行出塞，安抚边疆，勇敢胜过悲哀，大义胜过忧愁，不分民族、国家，一份渴望，是相通的。"

"女性的自我牺牲，女性的热爱和平，是世界的共鸣呀！我一定要把这首曲子介绍给我的日本学生，介绍给日本二胡之乡的朋友们。"

每有到上海的机会，他哪儿都不去，宝贵的时间，用来拜访闵老师。一坐就是三个多小时，从开头到结束，闵始终操琴在手，用二胡跟他交谈，即便片刻聊天，说归说，她不会放下手中的胡琴。

张滨于心不忍，开口说："老师，您放下琴，息会儿。"

"不，不累，习惯了，您时间宝贵。"

"红线女把王昭君的一生，唱得栩栩如生，唱得悲悲切切，唱得壮壮烈烈，唱得红红火火，我们用二胡来演奏，就应该用声腔法，充分展现二胡的华彩，将《昭君出塞》升华到更高的艺术境界。"闵惠芬语出由衷。

张滨作躬揖礼："盼望老师的《昭君出塞》，能早日在日本的舞台上演奏。"

（6）一湾人墙挡风雪

1992 年 10 月，国庆刚过，上海民族乐团在上海兰心大戏院，先后举办"民族音乐精曲专场"和"戏曲音乐演奏专场"。第一场，闵演奏《长城随想》引子及三、四乐章；第二场，演奏《绝谷探道》。

当月下旬，闵惠芬飞台湾，首次应邀隆重献演，举办个人二胡演奏会：10 月 28 日，在台北"国家音乐厅"；10 月 29 日，在桃园县中坜艺术馆；10 月 30 日，在台北县立文化中心；11 月 1 日在高雄"中正文化中心"，3 日在台南"市立文化中心"，4 日在彰化"县政府礼堂"，6 日在台中"中兴堂"，8 日在新竹市"清华大学礼堂"。闵的二胡艺术，旋风式扫遍宝岛，台湾媒体以"二胡泰斗""中国音乐的瑰宝"，以"千呼万唤，闵惠芬终于来台"，表达对闵演奏艺术，崇敬渴望之情。

闵惠芬第一次出访台湾

　　台湾载誉归家，刚入 12 月，她还没有缓过气来，接到安徽淮北利辛县的邀请，让她去那里，为兴修水利工地的民工们演奏。

　　利辛是出了名的国家级贫困县，那里有闵惠芬的一位学生，学生的妈妈是嫁给当地人的上海插队知青。今年一入冬，这个县的干部群众雄心勃勃，打响重建家园大仗，热火朝天兴修水利。已经调离安徽，在上海工人文化宫工作的学生妈妈，希望对第二故乡有贡献，忽然异想天开，想到请闵老师去一趟安徽，为穷困的利辛县，为辛苦的民工，演奏顶级高雅艺术。

　　"亏你想得出，不可以的，妈妈，闵老师名气那么大。"

　　"要的就是她的大名气。鼎鼎大名二胡演奏家，多好！"

　　"她那么忙。"

　　"哪个名人不忙呀？反正是忙，请她多辛苦一次么。"

　　"妈妈你怎么这样说话？"

　　"实话么。"

　　"可以的。"接到邀请，闵惠芬几乎没有半点犹豫，一口答应。她的理由，跟学生的妈妈是一致的：贫困县，水利工地，没有邀请，也是自己想去的地方，接到邀请，更没有话说，只要和档期没冲突，一定得去。至于学生妈妈说的另一层意思，别人听着，太直率，有点自说自话，她觉得，"妈妈想得很对呀，鼎鼎大名二胡演奏家，跑到工地，去了就是不一样，一定能鼓上劲"。

果然是不一样。

是说生活接待。台北的音乐厅之华丽，彰化新竹的食宿之舒适、之可口，不说也罢。利辛呢，不说硬件不能比，接待方式，也真够本真，闵她们赶到，对方说，你人是学生家长请来的，就住学生家里吧。服从安排，学生家就学生家，和丁言仪两个，下了车，就直接去了她们家。12月的淮北，冷到彻骨，丁言仪特别怕冷，早有准备，出来是带了一只热水袋的，学生家里也有安排，给每人多备了一床被子，闵惠芬把给她那床，甩给了丁，又把自己带来的军大衣，也给了丁，一件件往上叠。隔床望过去，首尾不见人，花花绿绿的，好高一个棉花堆。

睡过半夜，丁闵对话。

"安徽跟上海，好像不是同一个世界。"

"还冷吗？"

"四面透风一样，屋子里恐怕已经结冰了吧？"

早饭在学生家里吃。给她们客人备下的是杂粮粥，里面有不少饭米粒，还起油锅，炒了个青菜端上桌。青菜倒是碧绿生青的；他们家里人吃山芋，不吃菜，也不喝她们的粥，他们喝的粥，另外烧，锅里没那么多饭米粒。就这样的，有菜有粥的早饭，还是轮家饭，隔天一早，洗漱过后，就被领到别人家早饭去了。

中午饭，安排在公家单位，情况就完全不同了。说不同，不是指菜的味道，而是有肉吃了。肉是性命，丁言仪知道，闵没肉吃，会影响到演奏，没力气，拉不动琴的。但她更知道，闵血脂高，不能多吃肉，医生关照过的，每次出门，刘老师也有叮嘱。两难！相生相克一对矛盾，遇到了，丁说她，眼乌珠瞪她：少吃点可以吗？闵很听话，突然就停下了，口里正嚼着肉呀饭呀什么的，也不嚼了，嘟着嘴，眼乌珠反过来瞪丁，僵住了，一脸的无辜。丁就软下来了，改口：吃吧吃吧，想怎么吃就怎么吃，我不管你了，随便你，血脂高上去就高上去，有什么了不起的。

两难！仅仅一小会儿，一块肉，撮起又放下，最后还是被塞回嘴里，看看丁，丁闷了头，不看她，顾自己饭碗。她扭过头去，更大口地吃菜吃饭，边吃边自言自语：肉照吃，药照吃，那可不是我编的，是医生说的哟。

屋外，野地里，就不光是冷了。头天来的时候，光知道飘雪，息息停停，时浓时淡，两人都不太在意，去水利工地演出，原计划不会改变。一早起来，正要出发，发觉不对了，根本就是"燕山雪花大如席，片片吹落轩辕台"了。雪哪里是花，哪是在飘，早已聚成团，汇成坨，砸向人间大地。丁不动弹，看

闵惠芬为奉县农民演出

闵，闵起身，走向门去，才打开一条缝，又赶忙合上了。

"风雪逞狂，肆无忌惮，耀武扬威呢。"

"我看，还是别去了吧。"

"风雪天，变化大，一会儿的事。"

"一会儿也不行。我们来过了，意思到了，也可以了。"

"没出息，一点风雪，吓破了胆。"

"随便你怎么说，反正我不是。"

"那为哪般？"

"为扬琴为二胡，你说的，这些都是吃饭家什呀。"

扬琴板子娇贵，经不住雪水，面板朝天的，雪花直接落上去，后果不堪设想；二胡也一样，蛇皮，木结构，都忌水，都不能受潮。这个样子，绝对要损伤的，乐器是第二条生命，生命受到损伤，谁都不好说话。

呆掉了，闵一时无话。

工地来车了，说好是接她俩的，车上下来一位工地领导，和善相，一下车，就"闵老师好""闵老师辛苦"的，连声谢个不住，接着，说了许多话，中心意思：你们心意领了，人就待家里息着，不要去了，不为别的，实在是，风雪太大，天太冷，你们受不了的。

"这个不行，要去的，说好了要去，无论如何要去的。"见到来了车子，像见到救命菩萨，闵老师先就兴奋了，哪里有心思听他说这些，先前那些顾虑，也都顾不上了，手臂顺势抱起二胡，一双脚就跨出门去，就想要往车上爬。领导急了，双手张了开来，下意识地拦在门口。闵老师不急了，索性立住了，说：

"我问你一句，现在工地上，是不是有人在劳动？"

领导点点头。

"这就好了么，民工能干活的地方，我一定能拉得了琴，你说是不是？"

领导摇头摆手，无奈委屈，一副有理没法说的样子，最后，他干脆不说话了，招呼司机："还愣着干吗呀？动手呀！"

众人相帮着提胡琴、搬扬琴，跟上海客人一同上车，返工地去。

大堤真高，风雪真大，人爬到上面，根本站不稳，东倒西歪，跌跌撞撞。她们两个穿着军棉大衣，纽扣扣不好，脱开，吃到风，衣片吹起，好似风帆出航，被迫着奔几步，好容易控制住，蹲下了身子，才不至于跌下堤去。工地的条件，实在简陋，在地上架空搁几块板，就算是演出台了，台前一副木架撑起，没有顶棚，还四面透风，坐的凳椅，有点歪，放乐器的桌子，一直在晃。

开场，主持人讲话，才讲了三两句，就说：演出开始，下面大家看演出。没话了，不讲了。声音被风雪包裹着，通过扩音，忽高忽低，时断时续，听起来怪怪的，看清主持人面孔的人，大笑起来，说他的整个下巴剧烈在抖动，抖得像发动机，吐出来的字，怎么可能囫囵呢。

说开始，就开始。丁的扬琴，闵的二胡，《赛马》《江河水》《洪湖人民的心愿》，音乐出来，江呀，马呀，湖呀，倒是跟环境的粗犷般配，只是手冷，不听使唤。"我还好，出门前，亏了老闵提醒，带上热水袋，藏腰里，借到不少热气。再是，敲扬琴，只需三根手指派用场，可以戴半指手套，老闵惨了，她拉琴，两只手，十根手指全要使劲，风再狂，雪再大，也只能硬挺。"

这种时候，闵的琴声绵延不绝，有了超凡脱俗的力量。变到民工耳朵里，那是前村荷塘蛙声，后岭涧流叮咚，春笋在拔节，茅草正扬花，端午粽子年节糕，谷雨播秧秋收稻，姑娘"咯咯咯"地笑，鸡鸭牛马羊，妈妈呼唤孩子回家，爷爷说那过去的事儿……

"我就有这点本事，条件再差，环境再恶劣，你只要让我坐定下来，拿起二胡，心就定了，气就沉住了，天塌下来都影响不到我了。那天好奇怪，这么个特殊的场地，人不多，拢共也就三四十人吧，本来，看演出么，人都在我们面前，记不得他们是坐的还是站的，忽然地，眼面前该坐观众的地方，空空的，没有人在，一个人都没有。脑子第一反应是，太好笑了，我这么认真这么起劲拉，是在拉给风拉给雪听么？说到风雪，寻找风雪，感觉它们什么时候离去了呢，刚才耳边呼呼个不停的声响，冷到骨头里的感觉，怎么一下子都没有了呢？"

闵惠芬抬起头，从胡琴中走出来。

不知道什么时候，民工们都站到土台的背面去了，他们并排着，挤挨着，正好围成了一个"U"字形半圆，港湾一般，把风的方向，挡了个严严实实。他们计划过，商量过吗？好像没有，不可能没有一点声响的呀，一定是互相传递过眼色吧，不约而同想到了一起，站成了一排，在风雪大堤，写下了一个，人世间独一无二的"U"字。

"我是直到拉完全曲，抬起头，才突然发现的。琴在手上，身子没离开凳子，脑袋就这样后仰起，再左右晃晃，很方便就看到了他们。一张张紧靠一起的，冻得通红的脸，乐呵呵的，颠倒着，望着我，我也颠倒着，望他们，张张纯朴的脸都露着笑容，那是我看到过的，人世间最纯朴的脸，最动人的笑。"

多年后，跟人说起利辛，闵都会感慨："这样的地方，恐怕有史以来，都不知道音乐会是何物，我能去，能让他们知道了，多好的事呀。"

在利辛，也有不开心事，还是跟招待有关。那天临走，县里摆了一大桌，说是为她饯行。饯行就饯行，加几个菜不得了，他们上了甲鱼，还说是野生的，大补的，闵老师吃，特别好。闵就不开心，事先打过招呼，不要这么弄，结果不听，还是上。后来知道，他们这不单是客气，是要借她的光，贪嘴，她更是吃不下去，难受到反胃："这儿是多少穷的地方呵，野生甲鱼，甭管它真假，能咽得下去?!"

从利辛县回上海，稍事整息，同月，去香港"宏光国乐团三十周年纪念音乐会"，参加"上海民族乐团建团四十周年音乐会"，返上海，即与老朋友俞逊发，合作录制《闵惠芬、俞逊发二胡笛子协奏曲·国语篇》《闵惠芬、俞逊发二胡笛子协奏曲·西洋篇》专辑，当年，由台湾伟翔文化公司出品发行。台湾、利辛、香港、上海，是1992年的第四季度，闵氏二胡的游走路径。

已届晚年的顾冠仁（作曲家，原上海民族乐团团长），回忆在民乐团的时光，闭着眼睛，都有一个老闵外出的形象："她总是左肩斜背着二胡，琴箱带交叉在胸前，简直是'五花大绑'。不仅如此，她还要右手拉个大箱子，左手拎着演出服，笑吟吟跟我们道别，样子有些滑稽，但极其可爱。每次，我都有些担心，那么多乐器行李，劝她，装箱托运，起码应该让年轻人代劳，她总是摇头：乐器是我的宝贝，怎么能放心，托运或者让别人拿，不放心的呀。数十年如一日，背胡琴，拖行李的形象，早已在我心里定格。"

"凡是有人的地方，我都要去演！"这是她的信念。

走的地方多，碰到的事也真多。

在浙江的一次露天演出，好好的，正演到"要紧关头"，观众突然骚动起来，有人打出大横幅，上书醒目大字"爱民乐就爱闵惠芬"，令人万千感慨！

在山东一僻壤之地，小山村，不通电，点汽油灯照明，亮是够亮，接近尾声，啵地一声响，灯泡破了，碎玻璃掉落几片，让外面铁丝罩拦住，悬着不掉了。在碎玻璃掉与不掉的"威慑"下，拉完了《江河水》。

另有一次，在江西庐山，牯岭大礼堂演出，突然停电，满座观众没事一样，无一人喧哗，无一处响动，一会儿，有手电筒的，拧亮了，有火柴的，擦亮一根，接上一根，在点点微光中，被观众无言的支持所感动，顺利拉完全曲。

能遇到的事再多，最难忘，还是那年湖北洪湖的"热"，眼下安徽利辛的"冷"。

(7) 狍子、山鸡和"绕山转"

1995年开年，闵惠芬的讲座音乐会，有了新气象：闵季骞，她的耄耋老父亲加盟了。第一季度，她自己任主讲，自己二胡，父亲琵琶，先后在镇江、丹阳这些留下过童年少年足迹的地方跑。丹阳艺术师范附小、吴江教委、南京晓庄师范、徐州师范大学，都去了。嘉兴民乐教师培训班，是更大范围普及民乐服务的大动作，她去那儿义务授课，一住就是十天。

闵惠芬给孩子们上课

这么密集地在出生地演奏，还是第一次。过去，远在上海，有些受慰问单位，送些吃的东西，闵就留着，探亲，或有机会，就带南京家，孝敬父母。弟妹当然吃得最多，怪不得都说大姐好，"她性格好，不得了大气"。这"传统"她一直保持，到江苏，无论去了哪里，南京弯弯更方便，从来没空过手，带回去家里的东西，"吃都吃不完"。

闵惠芬全家福

到了故乡，乡里乡亲的，小鱼儿见水了，她会特别兴奋，奇思怪想都来了，当然还是离不开二胡。

"你们爷爷奶奶，用什么喝水的呀？"

"茶壶！"

"紫砂茶壶！"

"这个同学答得好！"变戏法一样，从桌子底下，她真的掏出来一把壶，"闵奶奶家呀，就在宜兴，出紫砂壶的地方。家里小竹园，有蹦蹦跳青蛙，有喳喳叫鸟——"

"麻雀！"

"喜鹊！"

"还有我妈妈养的鸡。每天早上，第一个起来，喔喔啼，叫我们早早起的鸡是——"

"大公鸡!"

"同学们见过大公鸡吗?"

集体摇头。

"大红鸡冠长尾巴，一唱雄鸡天下白。城里的孩子好可怜哎。"她学鸡鸣，"喔喔喔!"

满教室："喔喔喔!"

她再学青蛙"咯咯咯"，喜鹊"喳——喳喳"。

兜一大圈，她想跟孩子们说《空山鸟语》《草螟弄鸡公》。

3月，于莫斯科录制《闵惠芬二胡录音大全》。5月，随民乐团赴市郊普及演出，于松江剧院演奏《洪湖主题随想曲》《赛马》。6月，"纪念刘天华诞辰100周年音乐会"，在南京举行，演奏《长城随想》。7月，随民乐团赴美出席旧金山"上海周音乐会"，演奏《江河水》。8月，应台北市立国乐团之邀，担任暑假国乐研习营指导老师。9月4日，于台北市"国家音乐厅"举行"关乃忠、闵惠芬与市国之星音乐会"；29日，台中市中山堂举行"龙的音乐飨宴·二十世纪华人音乐经典系列活动"，演奏《豫北叙事曲》《二泉映月》。10月2日，于台北市"国家音乐厅"再奏《二泉映月》。12月5日，"上海闵惠芬二胡演奏会"于香港荃湾大会堂举行。

这一年，有个统计，举办专场音乐会14场，普及音乐会228场，其中独奏讲座音乐会21场，参加演出91场，观众达216450人。

旧金山之行，民乐团是随上海市政府代表团去的，徐匡迪市长带队。演出，是在一大草坪举行。那天的风特别大，演出中途，忽起一阵大风，不留神，吹跑了一位演奏员面前曲谱，很意外，现场谁都没想到，有点不知所措。突然，闵惠芬跳了出来，她是穿着演出服出来的（她的节目排在后面，还未轮到），她把吹跑的曲谱抓到手里后，顺势跪到了那位演奏员面前，弓着身子，替他举曲谱，声色不动，就这么跪着，直至一曲终了。

这场景，不知道徐匡迪市长看到没有，反正民乐团的其他演员，都是看到了的，上海代表团许多成员、美国一些观众，有的瞪大眼睛，有的捂住嘴，显然是惊到了。

1996年开初的一个多月时光，农历还走在旧年里。

大年三十，闵在沈阳的音乐会，拉完最后一个曲子，在观众欢乐的掌声里，

闵惠芬在维也纳金色大厅

她走进后台，走向化妆室。

飞机票已经买好，马上可以回家过年了。这一年，都在外面跑，家里待得实在是太少太少，张罗里里外外家事，辛苦咱们刘老师了，能赶在大年夜前回家，给刘振学一个惊喜，也算是"将功补过"了。这么想着，眼前就站立起一个人，"好高好大一条汉子呀，他戴着皮帽子，穿着东北大棉袄，就这么站着，光喘气，不言语，着实把人吓了一跳"。

彪形大汉不是空手站着，他手里提着东西，他提的不是一般的东西，是一只狍子，三只山鸡。狍子皮闪着光光的油亮，山鸡毛五彩缤纷的好看，聚一起，好大一堆，看着那么沉，他却是轻松相，倒是开口说话，显出吃力来。

"这么大冷天，村子里人都在说，您到咱东北拉琴来了，不光拉咱的《江河水》，还要拉江南的《二泉映月》，北京的《长城随想》，湖北贺老总的《洪湖人民的心愿》，全是喜欢了好多年的好曲儿呀。"

"您爱听二胡？"

"广播里，电视上，这些曲儿，咱听过多少回了呀，广播里，每次报的，都是您这个名字，电视上看到的，都是您在拉，您的名字，跟这些曲儿一样，刀刻一样，早记心里啦，不光是我，我们村里，比我年纪大的，跟我差不多年岁的，一点点小的孩子，许许多多朋友，都熟悉您。我就寻思着，您来了，都到家门口了，又不是来旅游玩的，您是为咱东北拉琴来的，都听了这么多年了，咱东北真该好好谢谢您啊。"

"不谢不谢，就跟农民种地工人做东西一样，没什么了不起，拉琴是我喜欢的工作，能做喜欢的事，我心已足。"

"不，您辛苦，咱享受，不谢是没有道理的么。我寻思着，一定得为您做点啥事。"

"您要做啥事呀？"

"是呀，我一个粗人，能做得了啥事呀。再说，您那么大名气的人，什么东西还值得稀罕呀。"

"要不，您放下东西再说话？怪吃力的。"

"不，没啥分量，一点不沉。您大年三十，家都没回，上海，多好的地方，多暖和，您在这儿，冰天雪地的，跟我们一起挨冻。"

"拉琴都在屋里，开着暖气呢，比我们南方还热。"

"我奔山上去了，去的时候，跟谁都没说，提了猎枪，说走就走。告诉您，我走的道，别人都不知道。"大汉开始讲他的故事，话顺溜了，声音也压低了，"雪地里，大石窝，趴了三天三夜呢，呵呵，我不会白趴，换别人，九天九夜也不成。我贼精贼精，我知道，它们藏哪儿，什么时间出来，走的什么道，什么地方觅食，什么地方拉屎撒尿，它们逃不出我的枪口。也有逃走的，呵呵，一只狍子，太小了，还吸奶呢，不忍心下手，枪口抬高了。"

闵全明白了："您独立大队，一个人行动？"

"多一个人都是浪费，弄不好，还碍事。"

"难得您一片诚意，谢谢小伙子，谢谢壮士您啊！"

当着大汉的面，闵惠芬让主办方的人，速速叫来办票的人，无论如何，让他将机票改签了，她今晚不走，不回上海家里团圆了。大汉的似火热情，烤得她通身发烫："好儿女志在四方，在哪儿过，不是过年？"

第二天，她请来沈阳的朋友们，二胡界同仁，艺术界专家，借花献佛，狍子、山鸡，款待大家。末了，她为诸位做了一场二胡专业讲座，过了一个情趣别样、精神物质"双丰收"的新年。

1996这一年，也有统计，演出180场，讲座式音乐会25场，观众169930人。1997年的统计是，演出103场，讲座式音乐会19场，观众154030人。

面对统计，刘光宇感叹："这些巨量的场次，是她常常一连四场拼下来的，这明明不可为而为之，是生命的透支，进一寸则短一尺，折寿啊！当某一天，咱们的民族音乐，拥有了更广大的天下知音时，请不要忘记，这是闵惠芬用生命去做的铺垫，她用数据承担了艺术家为人民的责任，用奔命拓展了民族音乐的受众群，用感召激发了大批民乐工作者的信心和责任感，实现了她艺术人民性的政治担当。"

1998 年，继 2 月与傅建生合作编辑《王乙教授诞辰八十周年及教学生涯六十周年纪念专辑》；3 月陪恩师王乙先生抵台湾讲学，同月赴京，于北京世纪剧院，演奏《洪湖主题随想曲》等四部作品，又加奏《良宵》《赛马》；4 月，参加王乙先生"教学生涯六十周年纪念音乐会"，同月 12 日、15 日，于沪、宁二地分别举行了独奏讲座音乐会；5 月，劳动节一过，出发西北。

原计划，此行只是到兰州，于 5 月 7 日这一天，在西北师范大学学术报告厅，举行一场"闵惠芬二胡独奏讲座音乐会"，演奏多达十二首曲子。主办方提出，机会难得，希望能请到闵老师，去镍都演奏一次，闵欣然同意。

挥挥手，告别大乐队，背起二胡，她得独自进山。

镍都是甘肃省金昌市的别称。1958 年地质勘探队发现了金川镍矿，国务院调集力量，追踪勘探，发现这是一个多金属共生的大型硫化铜镍矿床，镍储量丰富，规模巨大，世界第二，中国第一。

汽车载着闵惠芬，走在龙首山。

黄土高原、青藏高原和蒙古高原在此交汇，这里是河西走廊东部，腾格里沙漠边缘。荒凉，广袤，寸草不生，一眼望不到尽头，千万里，黄土复黄土。谁知道，这山下，深埋着一个"聚宝盆"。

1959 年秋，数千名工作人员，从松辽、三湘、齐鲁大地、南国鱼米之乡、北京、上海，祖国的四面八方集聚，在换乘的兰州车站，首任总指挥不住地大喊："那是一个苦地方，但有我们国家急需的镍！现在，有困难的人，可以留下，愿去吃苦的人，跟我上车！"没有一个人退缩，大家挤上闷罐车，颠簸西行，在龙首山安了家。

镍矿的矿工，跟抗美援朝的士兵、屯垦戍边的青年、卫星发射基地的科研人员一样，是国家的栋梁。

她站到镍都开拓者纪念碑前，久久不愿离去。

"有什么办法，能够让更多的矿工朋友，听到我的琴声？"她和现任总指挥商量。

"还真有点困难，我们矿井分得很散。"

"如果让我到一个一个矿井去，行不行？"

"山高坡陡，路不好走哇！"

"没有事，不要考虑我，矿工们能走，我一样能走。"

镍矿区，跟所有的开采地差不多，道路都是现开的，路面只要能走车就行，不讲究平整，一座座山，远远看，被削苹果一样，削成了陀螺，送闵的车，就在一圈圈高低不平的、螺旋形斜坡道上行走，当地叫"绕山转"。

闵惠芬在甘肃为矿工演出

在一个矿井拉过几首曲子，道别，开车，转到下一个矿井；再拉，也许是同样的曲子，也许换了新曲（曲目基本上由矿工们自选），再道别，开车，再转下一个矿井……一天之内，连转了四个矿井，每个矿井都被矿工围得满满。矿井与矿井的间距，有远有近，如此安排，保证了它们互不干扰。

那天的阳光特别明艳，穿云破雾，投射在无边的贺兰山脊，背景是深壑，大型机械，陀螺山道盘旋而上。矿工们，疏密随意，在演奏者四周围，坝子里，屋顶上，有站的有蹲的，高低起伏，成层层叠叠之势，个把老烟鬼，熬不住烟瘾，偷偷地掏烟抽，才吸几口，就被同伴从嘴上拔掉，扔地上了，他不气也不恼，笑嘻嘻，吐吐舌头，照样看演出。观众群里，许多人还穿着工作服，头戴工作帽，脸是脏的，手是脏的，衣服沾着泥土，挂脸上的笑容，无一例外，都无比灿烂。

简陋的场地，高雅的艺术，天衣无缝的对接。

有人写了几句诗：人山人海，天高地宽，这是我们终生的舞台，面对千万父老乡亲，倾诉的是无尽感恩和奉献。

是呀，真难于想象，什么时候，纤细的二胡，能拉出如此阔大的天地！闵惠芬越拉越有劲，《洪湖主题随想曲》《赛马》《昭君出塞》，一曲才罢，新曲复起，矿工们兴奋不已，这样一种艺术形式，这样高雅的琴声，从未体验过，从未经历过，贴近，新奇，美妙，满目锦绣，跟艰辛困苦连成一片！发自肺腑的掌声，感谢声，像滚滚黄河的波涛声，此消彼长，在整个龙首山荡漾。

闵惠芬一把二胡走四方的胆识和勇气，二胡教育家刘长福赞不绝口："应该说她是一个伟大的战士和著名的民族音乐家，她的足迹几乎踏遍了神州大地和国际乐坛。她用音乐给人们带来了美的享受和心灵的启迪，她的气场像磁铁般吸引着无数听众和观众。"

（8）老同学

近几年，同班同学退下来的多了，隔三差五有聚会，闵惠芬只要身体没事，工作没矛盾，都会积极参加。她亲近同学，她爱闹猛，有她在，没别人戏了，回到同学群里，"她疯疯癫癫，又会唱又会跳，讲她的猫，学它'喵喵喵'的叫声，活灵活现。指着身上穿的衣服，说是淘宝店打折货，便宜得很，夸张地旋转胖硕的腰肢，哈哈，怎么样，闵某人只花了 30 元钱，硬是穿出了3000 元的气质"！

生活中的闵惠芬

闵跟阿彭彭正元，交往多，也随便得多。

彭正元长闵一岁，是大革胡演奏家。大革胡张有四条琴弦，是在二胡基础上，吸收其他拉弦乐器特点创制而成的，彭是革胡演奏集大成者。不过，他的艺术成就，主要还是在作曲，代表作《秋湖月夜》《庙院行》《秋雨》，其中《秋湖月夜》1984 年获全国民族器乐作品一等奖，1993 年获 20 世纪华人经典作品奖。

问题就出在《秋湖月夜》。彭找闵。

"《秋湖月夜》，作者署名，很清楚的，应该是我在前，俞逊发在后面，哪知道，他自说自话，把自己名字写前面去了，在许多重要场合，还说作品是他一个人写的，社会反响很大。我讲，你不按历史真实署名，我是要告你的。"彭在老同学面前诉委屈，火山爆发一样。

"喔，你是不是需要听我真心话？"闵心平气和。

"当然，虚的有什么意思！"

"阿彭呀，这个事情，我们大家，包括海内外，都知道的，但是，我跟你说一句，不要计较这个东西，丢丢开。"

"你说说容易，怎么丢？小马（俞逊发的前妻）给我打过电话了。"

"她掺里面干什么？"闵生气了。

"我们合作时，他们还没有离婚。她说，你每次来我们家，商量这个曲子，你走后，俞怎么跟我说，一清二楚，我都记住的。你只要打官司，我做你的第一证人，我可以证明，这个曲子，百分百是你写的。"

"噢，有这么厉害？"

"台湾有个朋友，也叫我把创作过程写一写，要是大陆要保俞，不让你发表，我们台湾给你发。"

"胜券在握啦！"

"我要讨个公平！"

"反对意见不要听？"

"只要你讲的有道理。"

"不要动气，听我讲。从某种角度讲，俞逊发的名气比你响，这是事实吧，他把这个曲子吹出来后，无意中，也把你的名字带出来了，这几乎也已经是事实。这么说，得感谢他，换一个人吹，换你熟悉的任何一个人，你报个名字给我，这个曲子，他能吹出来吗，能吹出今天这片天地吗？"

彭正元一时半刻，还钻在小胡同里："20世纪华人经典作品，上海音乐界，报了五百多首，全都不行，《秋湖月夜》是上海唯一入选作品，它是俞逊发的重要里程碑，也是我最重要的创作呀！"

"想当初，刘文金写《长城随想》，很多点子我出的，很多演奏上点子，作曲家往往想不到，他有局限性，他对二胡乐器的掌握，和他的写作不相等，我说的是事实。"闵启发，将心比心。

阿彭有点开窍："这个我相信。我写东西，俞逊发也不舒服，改过来，改过去，改了吹，吹了改，这个过程有半年多。"

"这不就是了吗。男子汉大丈夫，作品成功，第一位的。听我一句，作品之外的东西，不要老是在脑子里转，要转出毛病来的。"

阿彭点点头，表面上服了，心里还是有疙瘩。

受内蒙"马头琴之王"齐·宝力高之邀，彭正元去呼和浩特采风。一日，组织去呼市郊区，体验蒙古包。同车不相识，多年轻人，彭问同坐："小伙子，你们哪里的呀？"

"台湾人，在上海读书，放假了，来内蒙玩。老师您是？"

"朋友邀请，也是上海来的，上海民族乐团的。"

"啊，您是民乐老师！老师您尊姓大名？"

"彭正元。"

"彭老师！写《秋湖月夜》的彭正元老师？"

没等到彭的回话，小伙子已经坐不住了，激动地喊了起来："同学们，今天我们遇到名人了！"

前后左右，他们同学一起，好几个人，都是中国民乐发烧友："《秋湖月夜》，太棒了，真正中国风！俞逊发老师的独奏，听过无数遍，他的讲解示范，通过视频，我们都看呀。"

当天晚上，彭睡不着。他换了个角度想事情，自己这支曲，能达到如此影响，还真得感恩俞逊发。现在能吹他这么好的人，国内外去找，找不到的。这件事，他的思路，和闵并轨了。

内蒙古回来，彭作出决定，再不提打官司的事了。

"好！什么俞的名字在前你的名字在后，快刀斩乱麻，全扔太平洋去！"闵知道了，比他还高兴，"集中精力，搞你的《庙院行》，这个书出来，我第一个给你鼓掌！"

江南丝竹，怎么和宗教音乐揉到一起？江南丝竹怎么做到加唱？这些年，彭在写这本书，他欲突破江南丝竹固有程式，把丝竹作品创作，提高到一个新阶段。

"你学过二胡的，插空写个二胡曲，化功夫下去，写丰富性的东西，我帮你拉。"

"阿彭呀，这下好了，你写书，老闵给你写个序，你写曲，老闵给你拉，你要火啦！"刘振学说话，纯朴，实惠，率真，三言两语，夫妇二人，让彭正元洞开迷茫，播洒阳光。

李肇芳小闵一岁，十二三岁做同学开始，同在民族乐团，一个是独奏演员，一个任首席，年复一年，排练，演出，相邻操琴，促膝谈艺，台上台下，打断骨头连着筋。

闵家白猫，自养始，见李亲。他一进门，"就跳过来，窝到我身边，安安静静坐下，哪儿都不去，直到我离开。闵说，怪，对你特别好，连我都不要了。口气里有醋意"。

知道她那么喜欢猫，有猫图织锦，猫形瓷件，李在第一时间送她。李属猪，闵获赠"猪"，"就想到你，马上给你送去！"李接到手，是个猪造型储蓄罐，超级肥。

他们胃口都好，互取外号，李是"大卫"，闵是"科波菲尔"。出去，人家请饭，端上二三两重一甲鱼，菜花甲鱼，闵不吃，推给李。

"这个很名贵的。"

"我知道。不是不喜欢，生病时，天天吃，一年多两年里，把下辈子甲鱼都吃了，我闻到甲鱼味，就想呕吐，不习惯了。"

再不勉强她。她有习惯，饮料，只喝白开水，其他，茶、酒、果汁、咖啡，不勉强自己，都不喝。"不像我们，盛情难却，这点很重要，所以，她也不勉强别人，她拉出来东西，没有盛气凌人，她发挥自己做得到的东西，是形成她风格的性格因素。现在独奏，同质化太多，如果不报名字，根本就听不出来，可以是他拉，也可以是别人拉，非常糟糕。"

老同学，由"饮"及"艺"。

李是拉高胡的高手。"高胡本是广东音乐拉的，广东音乐的高音，都是高胡，1949 年后，高胡声部进入民族管弦乐团，由四把，发展到六把、八把、十把，二胡柔性东西多，是中音乐器，高胡就明亮，乐团首席就出现在高胡里面，我担任了上海民乐团二十年的首席，至今是任期最长的一位。"

与闵惠芬同学同事一场，李肇芳最钦佩的，是闵的演奏："她的琴，她的拉法，形成了鲜明的风格。拉一出锡剧，那么受地域文化限制的东西，她能拉成流行音乐。小提琴家俞丽娜有《丽达之歌》，她拉《拉兹之歌》，拉出了二胡的神韵，有着明显的特色。她的《渔舟唱晚》，由古筝伴奏，出过一个唱片，非常华丽。惊人的刻苦，关乃忠的协奏曲，她能整整练上一年，去香港演，当时的香港总督，赞为天籁，亲自上台给她送花。萧白镛的《满江红》，音色、音准都非常好，手段也润，但他容易闹情绪。我批他，不要闹了，你现在是最好的时候，五年十年后，你想拉，都不会有机会了，手不行了。闵惠芬不一样，你说她，绝对的音准，并不是最好的一个，但她的成功率就是高，原因在于她的风格，声音出来，不用报名字，闭起眼睛，都能听出是她。形成自己风格，本是艺术的最高境界。"

长期近距离接触，李经常会有新发现。

"你的弓有点特别，这么短呀？"

"嗯，眼睛真尖，别人不知道的，让你看出来了。"

"弓毛也特别少。"

"是的。"

"现在人都不这样做，弓都很长，弓毛也多，弓毛越多，好像越饱满。"

"这些微小的变化，你知道为什么？"

"你的弓，弓毛比别人少，却涂抹了很多松香，拉出来东西，表现就很细，不会受弓毛多影响，不管拉轻拉重，都是这个声音，就是音色变化不大。"

"让你琢磨出来了。为什么过去阿炳，那么铿锵，抑扬顿挫？都是把松香烧在琴筒上，一边拉，一边不停在磨擦，所以拉出来东西特别有力。现在饱满有余，只有简单的音响，收放，虚实，软硬，各种变化，弓弦的变化呢？"

"现在的人，弄个好点的琴，音准点，熟练一点，不管是谁，都能做到，音乐学院学生都能做到。那是技术，跟艺术差着十万八千里。"

说到琴了。

过去，闵随老师，拉的苏州琴，王乙老师是苏州人呀，他相信苏琴。"苏琴好是好，只是声音太传统"，李向闵推荐王根兴。王根兴也是苏州人，久待上海，是中国唯一的二胡高级工艺大师。他的琴，"声音非常敏感，非常能让人读懂，手里的意思，能跟着你的意思走"。

李肇芳在上世纪60年代结识王根兴，那时乐器厂还在城隍庙丽水路，厂房里面墨擦铁黑，点的十五支光灯泡，沾满油腻。李为闵去选琴时，厂已搬去莘庄，大冷天，他从虹口骑自行车至徐家汇，转乘徐闵线公共汽车。"我帮她挑了一把二胡，一把《二泉映月》琴，在很多琴里挑的，选定后，才知道这批琴还没有定价，找到正在开会的厂长，听说是闵惠芬要琴，他们说先拿去，钱慢慢算。"

闵拿到手里，非常满意："果然是好琴！"

两把"王作"，她一直喜欢，中国艺术团期间用它们，回到上海，又拉了好多年。后来王根兴又做了三把，闵一把，李一把，付款时，说什么也不收，逼急了，才意思意思收很少一点。从此，她与王根兴交上朋友，往来密切。她又一次去厂里，见了车间工人师傅，都有点面熟了，跟他们点头打招呼，离远了，他们交头接耳说话，闵说："大声一点，你们说什么呀？"

"我们想听你拉胡琴。"

"好呀，我给你们拉！"其实，他们交头接耳的话，她是听清楚的，她存心想拉琴给工人听。

闵惠芬在乐器厂

车间里，刨花成山，尘埃飞扬，她全然不顾，只要求大家别发出声音。拉过一条凳子，她就坐下，拉了起来，工人们惊喜得不得了，你推我挤的，都放下手里活，轻手轻脚聚过来。下午阳光，突然放亮，穿过玻璃窗，落到车间里，木料棕毛，锯子斧刀，各种零乱，灰土飘浮，一曲《光明行》，音符跳跃其间，不亦乐乎！

"真神奇，一个多月过去，闵老师的琴声还在回荡，车间的角角落落都有。"闵拉一刻钟，工人说了一年多。

"她的出现，开启了一个时代"，李肇芳总挂嘴上，"听"老同学的东西，"听"多了，有所悟。

比如《川江》。

闵惠芬去重庆问医，出发在即，李肇芳在。也许有预支费用方面的事，李肇芳陪闵妈妈去楼上办公室。走在楼梯上，老人家举步维艰，哽咽着说，上海没有路了，有路没路，我一定要陪她去试试的。李无言以对，不敢看她的脸，那种悲壮，牵扯白发人送黑发人，该是怎样的哀伤。

重庆回来，李去探望。

"我住的地方，出门斜坡，每天得沿山路进出。"出乎意料，看病的事，闭口不谈，李也不好意思问。

"山城么，我去过，我知道。"

闵说："有过一天，路遇倾盆大雨，我躲在一个浅浅的小山洞，雨下了很久才停。跑出来，站到一棵参天大树底下，感觉空气特别清新。"

李说："大雨之后，巨树底下有大量负离子产生，你呼吸到天地之元气了，配合用药，对你的治疗大有益处呀。"

"此话有理。我在那里，紧挨着嘉陵江，接到地气了，多漂亮的川江号子，天天听天天听，某种人生的感悟自然就有了，拉出来东西，有腔有韵，有了内心的跌宕。"

闵把"龙头"扳转来，就是不谈病，只谈琴。

一曲《川江》这么久，无人能出其右，原因大致在此。

当然，不止于此。

"她拉的《逍遥津》《卧龙吊孝》，现在有的学生，虽说拉的味道还可以，跟她还是有差别。要不是不到位，就是过了，最好的是恰如其分，正好。我每次演出排练，她都会在旁边听着，听我演奏，那么辛苦，天那么冷，她坚持得住。有次，听到中途，她开口说，可以了，很不错，你不要再处理了，再处理就过分，就画蛇添足了。

"她不止一次跟我说，任何处理都得有度。人家说我闵惠芬处理很细腻，我都有度的，不够的地方，到位一点，有些人，就是过分，处理过分，充满了表情，充满了处理。你去听民国时期，高庆奎唱的《逍遥津》，他唱的东西，没有火气的，现在人拉琴，火气很大，这就不像。高庆奎的艺术，他的唱腔，是个炉火纯青的东西。我是听了无数遍高庆奎，才拉出来那个时代的感觉。"

"太有道理了，没有掌握度，弓毛真的不能太多呀，弓毛一多，人的意思少了，给毛隔住了。"

拉《宝玉哭灵》，闵惠芬、李肇芳有交流。

"你真是老实人呀。"李说。

闵听出话里有话："此话怎讲？"

"你研究徐玉兰，功夫一定下足。徐派一个高音，跌宕得厉害，你能丝毫不变，还有紫鹃，两人对答，分寸掌握，唱腔都能不走板。"

"这种情况，能自说自话么？"

"当然不能，精髓么。我的体会是，我们有些中青年演奏家，可以形成自己的东西，拉到你的东西，尽管从神形上靠到你的拉法，万不可带太多自己的东西。"

"不管是马友友，不管是帕尔曼，不拉则已，拉就拉出三百年前的东西来。"

"拉《二泉映月》，老一辈最靠近阿炳的，数项祖英先生。"

"他是无锡人，他们家兄弟俩，都是东吴大学毕业的。我跟项先生学过，他对《二泉映月》的处理，遵杨荫浏先生嘱。"

"《二泉映月》最后部分的节奏，最有争议。"

"多少长，可以伸缩，二度创作如何把握？阿炳很活络的一个人，放到现在，生活也好不到哪里去，活得很无奈。"

李衷心佩服："你拉的东西，该木讷的，该麻木的，该激越的，都在。"

"实在是，前辈的好东西，我不敢惊动他。"闵话诚恳。

《春诗》流传于上个世纪 60 年代，具经典散板乐段，与民歌之山歌体相类似，字密腔长，是它的节奏特点。为后学计，就它的引子和华彩乐段，闵专门著文，加以注释。她更知道"散板属自由节奏，是难以纸上谈'音'的"，明媚秀丽，宽广悠扬，轻松活泼的情调，"是允许每个人根据自己的理解和音乐感觉来加以处理的"，这"每个人"，也包括她自己。

十年过去，闵练琴、演奏，还有《春诗》。

"你觉得怎么样？"有机会，团里人走一起，会每人一个地方，练练琴，拉给闵听，请她提意见。这天，闵拉了一遍《春诗》，让李听。

"比过去有进步。"

"明明是不够好么。"闵放下琴，窗外，春光弥漫。

"我的耳朵能有你好吗？"

"我是独奏，你是首席，整个乐队，你有我听不到的东西。"

"记得你比赛后录过一次音的，里面有《春诗》，那个时候十八九岁，拉出来是浅浅的、嫩嫩的、青春荡漾，不要太深刻，你那时候拉得真好。随着年龄增长，你不可能把这个东西带过来，随时代变化，是最自然不过的。"

"说下去！"

"《江河水》也一样，它不是一种高大上的东西呀。"

"要跟上时代，要图变思进，任何作品，归根到底，都要有文化上的表达。"

（9）成熟的过程

王珑读书在中央音乐学院，扬琴专业，毕业后，到上海工作。她一个山东女孩，人生此前只驻过两个点——北京、济南，都靠北。上海，到南方了，她还没有想好，该如何适应。

有同学问："想不想见闵惠芬老师？"

纯属废话。从小敬仰的前辈，学民乐的，还能不崇拜她？有个见杰出前辈的机会，当然不会放弃。

怎么见？买束花吧。

"你怎么知道我喜欢花？我最喜欢朋友送我花了。"毫无作态，闵老师抱过花的一刹那，有一股满满的热情扑过来，让王珑目不暇接。

"淋到雨了，你看花瓣——"从花店出来，天就下雨了，王珑没带雨具，只能眼睁睁看着，水珠自塑料外包纸，一颗颗滴落，心有几多懊丧。进电梯一楼，同乘有两位阿姨，一个说，花儿真漂亮，一个说，可惜被雨打了。

"花瓣怎么了？被雨浇过的花，最好看呀，连绿叶都泛着光泽，湿漉漉，平添多少生气，特别美！"

对闵老师家的印象，什么都没有，有一只猫吧，大白猫，偎她怀里，特别的温馨。怎么会让老师相中的？"丁言仪正好要离开，自己正好到民乐团，这不，就补缺了。"话是说圆了，人家心里有缺口：王珑之前，团里已经有好几个扬琴手，凭什么你一进团，就跟了闵？小姑娘没话好招架，紧张，烦躁，琴声里，露出来马脚。

"王珑真好！"

众人面前，无遮无拦，闵惠芬就这么说，越是人多的地方，说得越是起劲。为什么好，好在哪里，都不说，就这几个字，不多一个字。她不知道，这个话，特别能激励王珑，等于对她极大的肯定。

王珑知道，自己不好。这个时候，闵带着她，忙演出，到处跑，她呢，事业心根本就找不着，跟着跑吧。到哪儿不都是打琴么，反正是伴奏，跟着她的二胡就是了。

闵老师也怪，这儿快了，那儿慢了，王珑自己都发觉了，硬是不说一句，不说，是让你自己去感受。排练时，哪里强，哪里弱，她也不讲，然后，第二遍、第三遍，继续来，她会带给你。

玩心太大，老长不大。人说老师生过大病，鬼门关走过一圈回来的。王珑眼睛睁老大，没有呀，大师般风度翩翩，笑声隔多远都能听见，她身体好棒。

快呀，慢呀，丝丝入扣，都在点儿上了，老师也不夸，也是一句都不说，慢慢自己体会吧。王珑不笨，能体会到音乐，本是她强项，不然，凭什么，一进团就跟闵？

"我们一个曲子过三遍，有时第一遍就很好，她也不放弃。走台也是，别人试试音响，走一小段，她不，她走完。有时我累，试试音响就算了，她没有，确定要走完。后来我觉察到，她是对的，晚上演出就见分晓了。"

1999 年，普及音乐会工作，方兴未艾。上半年，到江苏、安徽，泗阳实验小学、金湖水上小学、南通师范学院、海门市少年宫、江苏省中小学教学研究室、建湖实验小学、中国科技大学、安徽艺术学院、东南大学、安徽大学，等等，都去了。

最难忘，高邮湖，水上小学音乐会。

闵惠芬与江苏小学生共同演奏

渔民子弟上学，专辟读书船，在湖河港汊浮游漂荡，红旗高高升起，多远都能看见，有孩子要上学的渔民，就会划拢来，送孩子上学。

很诗意，很艰苦。

闵、王，就她们两个上船去，胡琴抱上去，扬琴搬上去。这天，船上有二十来个学生，加上她们两个，船就有点满，幸亏风浪小，晃动不大。

渔民子弟学校的老师很激动，说："同学们，你们看到的奶奶，是世界上胡琴拉得最好的人，咱们县里领导也只是在电视上看到过她，今天到我们水上学校，她要拉琴给我们听。"

孩子们，好新奇，许多是第一次见识胡琴，他们不知道，拉得最好和拉得最不好的，区别在哪里。

王珑也新奇。她不知道，闵老师在船上拉的和在上海音乐厅拉的，区别在哪里。没有区别。为什么没有区别？一声喟叹，她轻轻发出，消失在浅浅的芦苇丛。

也有细微区别。拉《空山鸟语》，拉《草螟弄鸡公》，闵老师脸上多了一份慈祥，从心里散发出的开心，说鸟呀、鸡呀、蛐蛐呀，模拟动物，一遍又一遍。孩子们完全放开了，七嘴八舌提要求，早忘了她是谁，邻居隔壁老奶奶了。

湖面旷辽，鸥翔鹭起，有大片芦苇摇曳。孤独一条船，一杆旗，迎风飞扬，随风飘荡的，还有胡琴声，绵邈悠远。据称，这声音，全世界最优雅。

闵惠芬在高邮湖水上小学

此情此景，让胡琴发出天籁之声的艺术家，也是久萦心怀。这番船上演奏，九年过去，2008 年 7 月 5 日，闵忽然大发诗意，赋之："鸥鹭麻鸭绕舱旋，童谣琴歌唱和喧，人间仙乐渔舟载，琴声撒落水中天。"

抱孩子在怀里，她俩在渔村留影，被刊登在书上，照片旁边有几句话，直白，非王珑手笔，却写出了她的认知："她走遍大地，培育了无数知音，甚至到渔村的小船上演奏，就是为了让下一代的小脑瓜里，都播下民乐的种子。"

2000 年去美国。9 月 2 日，应达拉斯中国艺术家联谊会邀请，赴德克萨斯州达拉斯市，在南美以美大学卡鲁斯音乐厅举行音乐会，演奏《洪湖主题随想曲》《二泉映月》《江河水》等。9 月 9 日，赴纽约，于林肯中心爱丽丝演奏厅，参加"历史长河音乐会"。日程安排得严丝合缝。

临出发，刘振学拉住王珑，啰里啰嗦："她刚从台湾回来，20 日还在嘉义，跟嘉义国学研习营齐奏《赛马》，马上达拉斯、休斯敦、纽约、洛杉矶一大圈，到了那里，所有应酬，你得挡一下，一次都不要漏掉，她是重病号，不能太累，太累旧病要复发的。得让她按时睡觉，哄也要哄她睡。第二件事，让她吃到肉，没有肉吃，没有力气，怎么拉琴？"

第一件事、第二件事，刘老师也真逗，至少交代过三遍了，人都到浦东机场了，还说。

闵的本事，首先不是拉琴。跟她在一起，她那么大名望，艺术上的压力，丝毫不会给到你。王珑与之为伴，很长时间，都不知道她经历过什么，病痛、家里事，心里烦恼，王珑从未发现，老师那样，能够决断时，独自消解，别人、自己，都不影响到，真不知道她是怎么做到的。

跟她在一起，总是特别开心，到了美国，东西南北地走，她能吃，能睡，随时随地。一上飞机，刚起飞，吃点东西，跟着就打呼噜，一口气，能睡十几个小时。她带三把二胡，好多的唱片，不用帮手，背上搬下。王珑坚持自己看法：她的身体比我好，刘老师真是过虑。

仅隔一年，又赴美。

上飞机，就觉得不对，王珑吃东西，恶心，还吃什么吐什么。这次请她们赴美演奏的是特别好的一对老夫妻，望见王珑在卫生间，稀里哗啦吐，闵旋转身，冲到两位老人面前兴奋道："祝贺我吧，我要升级当外婆啦！"

接下去出行，转车，换飞机，搬东西，胡琴、扬琴，她一个人全包。王珑看不下去，才做个要动手的架势，马上被她喝止了："不行，你怎么不懂事呀？！"

生小孩了。闵兴冲冲上门，团里同事里，比谁都早，拎了桂圆、荔枝什么的，一大堆："很补的，你要补身体。怎么样，可以出来动动了吗？"四个月后，帮她一个学生录音，王珑给老师打电话："老师，我来。"

已经好久没有上台，没有摸琴，没跟老师伴奏了，在她产假期间，老师都是另外找人代替的。这次的曲目，《阳关三叠》，闵的经典曲目，王珑来后很少演。录音完成出来，闵紧走几步，重要事情似的，跟王珑脸对脸，贴很近地说话，这种动作，从来没有过的："王珑，你成熟了。"

是生了孩子，做了妈妈后，带来的变化？其实，她清楚，以前跟老师伴奏时总有着一种犹豫的状态，现在的状态，恰恰是放松的，不做作，什么杂念都没有，不去想它的轻重缓急，自然地流露，是最美的。这个时候，老师说她成熟，又是对她极大的肯定。

说过"成熟"，两个人，话多了许多。王珑这边，有些话，是传别人的，最多的，是某次比赛评比，评委有偏见，不公平。听过，闵说：噢，他这样讲呀，那大概是没有听清楚，绝不会火上浇油。有时，直接是自己生出来的话，对谁有意见，噼里啪啦一通说，闵不接话，看王一眼，王的脸就红出来了。她知道闵心里在说：小姑娘，这么点事，过去了。

说成熟，实在是个过程，很漫长。

很多粉丝送闵惠芬化妆品，一送送几套，东西到她手上，还没有热呢，她就喊：王珑，你挑一套去。包包也是，让王珑先选。王珑说：老师这个很名贵的，你留着自己用吧。她不依："我一个够了，换来换去，麻烦死了。再说，我用不着好东西，为什么，我家大白猫呀，包呀，衣服呀，都一样，再好的东西，经它爪子儿扒拉，还不是全都坏了、毛了！"

在美国，王珑吃蔬菜不爱吃肉，每次闵都给她挑，筷子叉子一起上，一根一根挑，那份耐心，硬是让一大盆色拉荤素分家。她双手端起蔬菜盆站到王珑身边，说："王珑呀，您的纯素色拉，做好了，趁新鲜，请慢用。"

2010年亚洲音乐节在韩国举行，闵惠芬、王珑两个，在首尔街头找吃的，疯掉一样，满街跑，都不懂韩语，嘻嘻哈哈，居然比划出一家大院子——大桌子、宽椅子，一头大牛吊着，厨师挥着大刀，在大牛身上"游刃有余"。

天下还真有如此豪爽的饭店！

闵老师当即拉住王珑："不走了，吃定这家了！"

"咱俩合一盆，分着吃？"

"一人一盆！"

"猪呀？"

"傻瓜，很补的，居里夫人就这样吃的，补气的。乖，听话，不能老是这样瘦。"

闵操心王的胃，不是一天两天，王慢慢接受她的观点。想她从小在弯斗里，出生时候，"机器零部件"先天好；后来她靠吃好，休息好，这么大演奏量，才能长年撑得下来。美食，调养身体，有道理呀。

有过一次，闵惠芬到王珑家，两个人，客厅伴合奏《黄梅小调·打猪草》。王家做了十四年的阿姨，脸带喜气，递茶端水，忙进忙出，像过节一样。王悄声告诉闵，阿姨是安徽人，听到家乡曲，开心呢。闵与她拉呱："阿姨辛苦。叫什么名字呀？"

"不辛苦。唐世玉。"

"好名字！古代有个方世玉，电视里有，见过吗？武艺高强，身手了得，你比她厉害，他是男的，你是女的，你是唐代，他是乾隆年，甩过几条横马路！"

唐阿姨捧着下巴笑："我们家王老师一直说您好，妈妈一样好，今天终于见真人了。"

"吓到你了吧？"

"闵老师您说笑。您不喝绿茶，要不换杯糖水？"

"不，我只喝白开水。多关心你们家王老师，盯着她多吃，狠命吃，她能胖起来，有劲了，你有功劳呀。"

看到王珑有改变，脸色红润有光了，闵惠芬那个高兴呀，打心眼里出来，她念表扬信："多好呀，人说我晚年的搭档，音乐好，形象好，有你这么美美的，跟我在一起，夫复何求？别人说我们是师生，我说是母女。"

王珑心里说：老师美，言不尽。她是战士的身躯，一生都在冲锋，断垣残壁，伤痕累累，都是军功章，都在讴歌她。人格、艺术，无可比肩的极致美。

(10)"不跟她学，跟谁学？！"

说师承，段皑皑说："不好说。"

六岁开始，在刘逸安老师指导下，学习二胡，刘老师是著名少儿器乐教育学，自然是恩师。1993年保送上音本科民乐系，1997年毕业，在校期间，学习刻苦，成绩优秀，获"傅成贤奖学金"一等奖。四年后，以专业最高分毕业。很明确，她是师从王永德教授。王教授是系主任，著名二胡教育家，段皑皑大学期间，铁板上钉钉的导师。

在学校时，有一次，段皑皑要参加北京的音乐会，王教授向她推荐《江河水》《草螟弄鸡公》。

王教授说："两部作品，都让闵老师来教你。"

"老师，不是您教？"闵惠芬不在音乐学院兼课，段皑皑一时没拐过弯。

"都是闵惠芬老师的拿手作品，能得到她的亲自传授，最好呀。"

见闵老师了，她说："没有问题，只要我有时间。"

自自然然的，有一阵子，段跟闵学琴。

日子并不长，两支曲，先后教学，很顺畅。

"你跟我很像哎。"

"看您说的，老师您，我拉得不好。"

"你音乐上的审美，跟我口味相同，我喜欢。"

"您怎么知道的？"段胆大起来了。

"音乐的处理，包括出来的音乐，人的整个状态呀，我有这个。"她手指耳朵，笑。

段脸红了，心跳也有点快。老师可能觉得，看着舒服，听着也舒服，揣摸心思，都到一块去了。段皑皑相信，人跟人之间有气场的，她看到了共同点，感知了，说了出来。

在一起，更多地听她拉琴，一遍遍拉。

"闵老师呀，您所有曲子，我都有收藏。"段有点得意。

"哦，最喜欢那一首？"

"所有的演奏，我都喜欢，娇而不媚，特别强大的个性，有很大的定力。哎呀，表扬稿轮不到我来念，反正都喜欢。"

"小姑娘真会说。"

"说的实话呀，十六岁时候，就听您录音了。"

"老了，力不从心，身不由己了。"

"不！您的所有表达，都是一以贯之的。从年轻起到现在，您好像有一个统一的标准，随着年龄增长，您的处理会更加成熟，可能也会改变您审美的角度，但您的内心太强大了，您有很根本的东西，对艺术的要求非常坚定。我好想问，是你使这些作品立起来，或者说，是这些作品，因为你而立起来？"切入正题，段脸色严峻起来。

"时代在发展，长江后浪总得推前浪，优秀演奏家层出不穷呀。"

"很多人也演奏了，或者还在演奏您的作品，也非常有特色，也爱听，听过一位，又听一位，坦率说，我特别承认，您对音乐的处理方式和表达方式。也许在这一点上，造成我的演奏向您靠拢，就是您所说的'口味'吧。"

世有公论，包括刘天华十大名曲，演奏二胡经典作品，她是范本。不跟她学，跟谁学？！王老师引见这条路，乃"自古华山一条路"，段皑皑体会日深。

有次演出，黄梅小调，钱苑改编的《打猪草》，闵、段二重奏，走下台，还在半道上，闵送话给段："真不错。"

段呢，那天睡下，感觉特别温暖。

又一次北京比赛，段拉《江河水》。

闵走到她面前，说："你拉得比我好。"

分量很重的一句话，砸头上，段异常清醒：她这样说，是鼓励自己，提升自信，让你明白无误知道，在她那儿，你真正学到了东西，她是要你觉得，是否应该更大胆、更加肯定自己？此后，在练习中，在舞台上，她常常这样说，段有想法，"她完全可以说'你今天拉得不错呀'，她不"。

在一起，老少两代操琴人，免不了谈琴。

"现在也怪，不拉琴的人，也喜欢琴。"

"附庸风雅呗。"

"名琴，值钱，成收藏品，做赚钱买卖。买琴，不求最好，只求最贵。"

"都是钱太多害的。"

闵带段到家里，看自己的"收藏"："黄贻钧，知道吧？"

"早先上海交响乐团团长，著名大指挥家呀。"

"1963年我参赛获奖，他是评委。1973年邀我去北京演出，他是第一个给我打电话的人。不贪利，不沽名钓誉，老先生的品格，我最崇拜。"

"您有他的故事。"段坐正了，做好认真听讲的准备。

"他众多头衔里，最响亮的，大家都知道，是中国第一位指挥家。"闵说，"我也这样恭维他，被他阻止了。他说，勿作兴这样说的，明明是，黎国权大哥黎大哥第一，他比我要早，早我整整一年半，就担任指挥了，我第一，他算第几？一年半也是早呀。"

"年轻时，黄老是拉琴高手，电影《马路天使》的二胡，是他拉的，《四季歌》也是他拉的，他说，用的就是这把胡琴。"闵取出一把二胡，交到段手里，"他跟我说，小闵呀，我老了，藏着没意思，你是拉琴的，你是一个很认真的人，我这把琴就给你吧。"

闵老师通过"黄琴"，给上海二胡专业委员会会长，优秀的青年二胡演奏家，说名道利，四两拨了千钧。

跟闵外地演出，段皑皑有过一次，刻骨铭心。

江苏泰州高港区，濒临长江，一家船舶公司，大型国企。舞台搭在露天，"欢迎二胡演奏家闵惠芬"大红横幅，高扬江空，背景是泊岸而起的大船。

本场演出，段跟左翼伟有个重奏，奏毕，场地也没有前后台，安顿好乐器，他们直接隐入观众群里，一起欣赏闵的二胡独奏。

这条船远远地走在江海，不会觉得有多大，停在身边，站到舳舻前，仿佛傍着《加勒比海盗》道具船，会有压迫感，它的桅杆过于高壮，特别是，有许多人攀援在上面，像猴子，像蚂蚁，成锐角俯视着你，你的手里只是一把二胡，弱不禁风，特别无助。

高和低，大和小，强和弱，那天的闵老师，就是"小蚂蚁"，就是在巨大的反差中演奏。替她壮胆助威的，除了一刻不停，猛刮的风，便是拍岸而起的浪花。

船舶公司的几百名工人，受场地所限，坐得很散，东一摊，西一堆，纪律却是出奇地好，没有一点响动，鸦雀无声，唯风声浪声，挟持着闵惠芬的琴声，如一只海燕，上下翻飞，极富韵律，在天地间奋勇翱翔。

这番场景，出身常州，自幼习琴的段皑皑，恐怕从未领教。小桥流水，从来与胡琴般配，眼下画面，金戈铁马了。"深入民间，服务大众"，献身艺术，天天念叨的道理，只一个下午，豁然开朗。

第七章　芬芳

2003—2014 (58—69 岁)

(1) 五十周年

2003 年开年，闵惠芬赴法国，参加"2003 年法国凡尔赛中国之夜"演出，由法国巴黎辛弗尼埃塔乐团伴奏，演奏《迷胡调》。

法国总统希拉克夫人，有一个著名的慈善机构，2003 年 2 月 3 日举办一场，为全世界癌症病人募捐的大型音乐会。这个 2 月 3 日，特别好记，是闵惠芬十八年前那场夺命大病，医生给她开最后一刀的日子，正是这一天，她逃脱了死神的追捕，站立起来，已经整整十八载，有能力为癌症病人募捐，为这个群体

2006 年，闵惠芬在新加坡演出

贡献自己的一份努力了，抚今追昔，法国之行，无比感慨。

接着，新加坡滨海艺术中心，举行了她的二胡演奏会。3月8日，应中国电影乐团邀请，闵惠芬与小提琴家俞丽拿、钢琴家鲍蕙荞，三位中国顶级女性艺术家，在北京联袂演出，她拉《江河水》。

下半年，有台北市"国家音乐厅"的"名家荟萃·中秋夜乐"，有香港"香港大会堂"的"以乐为友·乐坛泰斗"；11月22日，应波士顿炎黄艺术协会邀请，与美国纽约交响乐团联袂，于波士顿演奏"哀歌——《江河水》"；美国归来，旋即赴日本大阪，举办《长城随想》音乐会。这一年，国内的活动，参加抗"非典"的演出，赴太仓的演出，也是非常繁忙。此外，闵惠芬还当选为中国金唱片奖评审委员会评审，担任了第三届中国音乐"金钟奖"二胡比赛评委会主任。

闵惠芬、曹鹏为日本朋友演出

演奏的日程，排得真是满，忙是真忙。私底下，她还在忙一件事，在她看来，这是自己个人的事，除了难得地和要好熟友相商一下，听听意见，更多的时候，独立思考。

指尖岁月，弓织流年。眨眼间，拉琴拉了五十年了，老了，病了，总有拉不动的一天，归根到底，舞台是年轻人的，她有许多话，要向他们倾吐，她是一个演奏家，她想通过演奏，比如举办一个类似从艺五十周年音乐会。在自觉状态还可以时，让手里的琴，集中地跟观众、跟朋友、跟世界，说说心里话。

乔建中有过统计："闵惠芬从自己成为职业演奏家那天起，无论是代表国家的最高规格演出，还是到工地、山寨给多至数千名、少至十三四个工人或农民

闵惠芬赴革命老区慰问演出

闵惠芬为建筑工人演出

表演，她都一样的认真对待，绝无丝毫厚此薄彼之态。为了让二胡艺术回归寻常百姓，她曾推行过'抢救式'普及演出，举办过一百场'三无'（无人邀请，无人委派，没有报酬）的义演。1994 年至 1997 年四年间，舞台演出多达七百六十五场，如此巨量的体力消耗，连普通人都难以承受，何况是一位大病之后，且年过五旬的巾帼。"

　　闵惠芬觉得，搞这样的活动，跟以往任何一次演出都不同，纯粹是自己个人的想法，公私须分明，理应自己操劳。她知道，搞这样的活动，是需要获得市委宣传部批准的。民乐团归文化局管，文化局的上级才是宣传部，是很高的一级领导机构，她的报告，写得特别精心，斟字酌句，几易其稿，改定，读过几遍，自己觉得满意，再清清楚楚誊过一遍，才带去宣传部。

　　"中共上海市委宣传部"，她知道这个部门，正式上门，则是初次，尽管"路盲"，按地址找，还是方便的。只是到了门口，看到那块招牌，往里面瞄瞄，看到是多幢楼房，又有点没有方向了，于是逢人便问："请问，陈东副部长在哪里？"

　　"她就是这样直笔笔问的。正好，这个时候，让我碰上了。一连好几个人，逮谁问谁，见谁都是这句话，一点不拐弯。"马玉掩住嘴笑。

　　"这不是闵老师吗？"她不认识马玉，身为左翼伟的妻子，马玉当然认识她。就算没有左翼伟这层关系，上海，就是在中国，还有几人，是不认识你闵惠芬的？

　　"我是闵惠芬，我找陈东副部长。"

　　"我是马玉，民族乐团左翼伟是我丈夫。"

　　"哎呀呀，太好了，你是左副团长的爱人呀，你就在宣传部工作？"闵惠芬的眼睛，瞪得像个孩子。

　　"你跟陈部长有预约吗？"

　　闵摇摇头。

　　"你有她的电话吗？"

　　"宣传部领导的电话，我怎么可能有。"

　　知道闵是为音乐会的事，马玉就跟她说：用不着自己来的，一个电话，或者，让团里其他人来就可以。她不依，自己的事，怎么能让别人办。马玉知道一时半会说服不了她的，就不说了。马玉知道，陈东当天没有来机关，她让闵老师放心，报告由她转呈，结果如何，她也会帮助转达，千叮咛万嘱咐："闵老师，您以后千万不要这么亲自赶来赶去了。"

　　"以后我就直接找你，领导总是忙，找你方便，是吧？"

马玉一个劲笑，冲她直点头。

以前，马玉任上海市人大外事处处长，经常去机场迎送客人，有好几次碰到过闵老师，那时虽然知道，却没有说过话，这次认识之后，有一次在机场，马玉与她又巧遇了。

"闵老师，您好呀！"

"您好呀！"闵目光有点恍惚，显然没有认出对方是谁。

"我是左翼伟的爱人呀。"

"噢，马玉同志呀，瞧我这眼神。"

马玉同志代表领导，接的是贵宾，挽上闵老师，让她一起走贵宾通道，一起走是一起走了，走一路，闵问一路，声音都是低低的，活像是做错事的孩子："这样可以吗？"

说来也巧，如是，都因为工作需要，闵老师和马玉有过多次机场相遇，每次都要对方提醒，方才能够记起人来。

"这方面的脑子，她是一塌糊涂。"左翼伟了解她。"人际关系"方面的知识，她是真的空白。"音乐厅演出，我给她的是11排，是给领导留的票，平时不发出去，都在我手上，她有别的朋友来，就把这张11排的票给了人家。我说她，你朋友要票，让他找我，不能把你那个给人家呀，那是领导坐的位子。这种时候，她脑子又糨糊了，拉着我的手问，我就不明白，领导的位子，为什么普通观众就不能坐了？"

碰到这种时候，左翼伟就不跟她啰嗦，找个理由，离开她，走掉了。闲下来，左翼伟跟她急，用的是说笑的口气："我说呀，闵老师，你这个脑子，除了会拉二胡，还会干什么？"

"我还会拉中胡，"她不笑，双手做个拉琴动作，瞪起眼睛看着左，一本正经，"板胡也行。"

有关闵的"脑残"桥段，左有备份。平时，闵上台，戴的首饰，别看都亮晶晶的，美到珠光宝气，实在都是假货。那次外地演出，东西不多，项链、戒指却都是真家伙。偏偏这次演出，包弄丢了，钱包、身份证、政协委员证，包括收入包里的全部真首饰，她霜打雨淋一样，站在左面前，自我检讨："左团长，怎么办，除了记谱，我脑子真不够用。"

左翼伟1984年从部队回上海，起初在电影乐团，1996年影视合并，入东方广播电台。近十年过去，轮到跟闵惠芬做同事，他当的是民族乐团分管业务副团长，正经八百，是她的顶头上司。年轻起就崇拜、仰视、五体投地的前辈，怎么对她发号施令？想想也别扭。

你别扭，她不别扭。

不久，团里组织去江苏如皋演出，左翼伟想请闵老师一道去，还没有来得及去看她，有人敲他办公室的门了。

是闵惠芬。

她先来看他了，手里捏着一个笔记本，在得到同意后，她坐下，打开本子，翻到需要的地方，倒过来，放到左的办公桌上，方便他看："这是我记下的，近期各地邀请演出的内容，日子都记在上面了，左团长，你看看，跟团里有没有冲突？"

"闵老师您看您，用不着，用不着的。"

"要看的，你要看的，用不着客气的，和我们团演出没有冲突的，最好，我按计划去，有冲突，我就让他们调整，不能调整，就取消掉。服从团里的需要，这是个原则，左团长，不能含糊的。"

"嗯，嗯，闵老师您说得是，要看的，有冲突就调整。"本子拿到左翼伟手里，他像模像样地看，已经模糊一片，什么也看不清了。

说文艺团体的团长难当，就在这里。安排工作，出现这种冲突的情况是常态，你得精通协调，大牌，腕儿，必须看人家脸，小心侍候：您看，您有空吗？没什么事，也得看人家有没有情绪，跟外面演出有了冲突，不用说，团里就不参加了，商品经济社会，价格摆在那儿呀。像闵老师，团里一场给 250 元，不可能多一分，就这个数，全团够得上的，也只有她和俞逊发；一般的，参加独奏，180 元，不参加的 150 元，一口价。外面呢，到场一次，对方给个几万元，也是正常不过的事。

去如皋，左翼伟带的队。

走完台，进餐厅晚饭，他发现有苍蝇，飞在米饭上，接着大家都看到了，他们在舞台忙的时候，蝇们空降，早早地做了食客。左翼伟清楚，小地方就这么个条件，人家已经准备这点东西了，不可能另外再给大家弄饭，苍蝇吃过的东西，只能委屈自己，继续再吃。

当领导的，带头坐下吃了起来，大家跟着，纷纷拿起了筷子。左翼伟跟闵老师一个桌子，她好像没看见苍蝇，胃口好得不得了，一如既往。结果，全队十几个人，都拉了肚子，一个个都倒下了，就她没倒，她笑："一个个，都成熊包了。看看我这个老病号，有成吨的药，在肚子里垫底，小小几只苍蝇，能奈我何！好吧，让我来普救众生吧。"

真是怪事一桩，就她不拉肚，就她带着治拉肚的药。她一个个送药，嘻哈说笑，一扫众人愁眉苦脸的气氛。左翼伟仗着体质好，硬撑，不吃药，甘愿一次次跑卫生间，实在拉得厉害，又一次步出卫生间，跌跌撞撞，腿一软，差点撞到人，站直了赶忙道歉。那人不是别人，正是闵老师，她拖着戏腔说"看你还能撑几时"，一包药片，连同一瓶纯净水，塞到他手。

不用说，在如皋的演出很成功。临别，许多人来相送，一大群人，都是冲着闵来的，想不到，在这座古城，闵老师有这么多志同道合朋友，左翼伟替她骄傲。如皋市音协副主席周荣昌拉住他，说："左团长呀，我跟你说点事。"

这位周主席，和彭正元很熟，来如皋彭打前站，就是跟周联系的。闵在如皋搞民乐普及活动，一分钱没有的，穷地方，又没飞机火车，来去多不方便，苦哇。这些事，左多少听到一点，很想知道多点细节。

左顺手搬过条凳："好，周主席，咱们坐下慢慢说。"

"我们如皋薛窑中学的'惠如艺术学校'，您知道吧？"

"知道知道，我到过，闵惠芬的'惠'，如皋的'如'。"

"华东地区首开民乐教师培训班，她亲自担任六位如皋籍学员的指导老师，定期上课，往返上海、如皋，风雨无阻。那天如皋'九华大会堂'正式揭牌，她上台为乡亲们拉琴，八月大热，会堂又没有任何降温设备，她浑身湿透，演奏不止。"

"她就是这么个人，拼出命来，为演奏。"

"她可想得远哩，她要搞江浙沪皖音乐教师集中培训，通过这些骨干，传播艺术。"

"她叫这个是'母鸡工程''飞机播种工程'。"

"1984还是1985年，我到上海，探望病中的闵老师，顺便就一些音乐上的问题，想向她请教。到了她家，才发现门上贴着一张纸，上书'谨遵医嘱，概不会客'，我想，完了，这下白跑了。"

"那一定是刘老师写的，重病期间，为保证闵老师能休息好，他什么办法都使上了。"

"哪里知道，闵老师看到是我来了，破例热情地接待我，我们说了许多话，直至天黑才分别，她披衣起床，执意亲自送我出门。不知道为什么，那天走道里没有灯，为方便我在漆黑楼道能看清楼梯，她一次又一次，划亮手中的火柴，口里不断提示我小心脚下，我说不出有多感动。她每划一根，我在心里记一根，我一辈子会记得，送我一个基层民乐工作者下楼梯，重病缠身的闵老师，替我照明，划了七根火柴。"

如皋回来，筹备从艺五十周年活动，紧锣密鼓。

结果是，有市委宣传部部署安排，一切顺利。2003年12月25日，中国音协、上海音协、上海民族乐团联合举办"闵惠芬艺海春秋五十载——闵惠芬二胡独奏音乐会"，在上海音乐学院贺绿汀音乐厅。演出"谢师篇"——《田园春色》《丰收》《怀乡行》《逍遥津》《宝玉哭灵》《寒鸦戏水》，"创意篇——《川江》（第一乐章）、《洪湖主题随想曲》，"史诗篇"——《新婚别》

2004年，闵惠芬从艺五十周年音乐会

《长城随想》。第二天，三家单位联合举办"闵惠芬从艺五十周年学术研讨会"，很是隆重。

中国文联主席周巍峙说了一段话：

"闵惠芬同志是新中国高等音乐院校培养出来的第一代在国内外乐坛上享有盛名的二胡演奏家，也是我国当代民族音乐界的杰出代表。四十余年来，她一直坚持不懈地贯彻先进文化的发展方向，对民族音乐水平的提高和艺术创新，怀着一种历史责任感和使命感。"

这话，可说是对闵惠芬半个世纪艺术追求的历史评价。

答谢晚宴上，专家荟萃，闵惠芬初识戏曲音乐理论家李明正，席间，与李探讨发言中提及的一些问题，闵举起杯，向李敬酒。

"你不讲清楚、说明白，我就不让你回北京。"

李明正乐了，这与礼贤下士，"一字之师"梅兰芳大师风范极相似："你是指世界戏剧舞台的三大表演艺术体系？"

"斯坦尼的体验派，怎么说？"

"主张'当众孤独'呀，制造人为幻觉，即所谓'第四堵墙'理论。"

"布莱希特为代表的表现派呢？"

"正好相反，他是主张'陌生化间离效果'，完全放开与观众交流，彻底拆除'第四堵墙'。"

"哈哈，咱们梅兰芳大师是，既有体验，又有表现，与观众之间的'第四堵墙'，根本就不存在。"闵兴致极高，手里的杯子始终没有放下，"它与二胡舞台艺术的音乐表现、流派风格、塑造音乐形象的思维方式，应该是有千丝万缕联系的，中国的二胡，有自己系统化、规范化的演奏艺术美学体系。"一拍即合，李明正不禁击节惊叹。

有过这样"短兵相接"式的初次交流，李明正研究员"研究"闵惠芬，有了独特的视角："我们以时代的高度来关照历史，闵惠芬在中国二胡艺术史上创造了一个时代，是一个极其特殊的文化现象。在新世纪之初重复出现20世纪初的各种多元文化。在音乐思潮与矛盾交错的文化背景中，她成功开创了中西合璧的发展道路，为中国二胡艺术的发展指明了方向，树立了通向二胡艺术殿堂的一杆'大旗'。"

（2）市委书记

还说如皋。交通不便，地方穷，辛苦归辛苦，开心还是蛮开心，熟人多朋友多热心民乐人多呀。

有过一次不太开心，还是闵惠芬自己引起的。

是民乐团去如皋比较早的一次。演出在即，台下还是一片喧哗。农村地方，分得散，难得在一起，看演出往往是个热闹的机会，大家有机会见了面，话特别多，这种场面，闵见多不怪，习惯成自然，她能谅解，也入乡随俗。

那天不是。群众倒是早早地安静了，也许宣传起了作用，"世界最伟大的弦乐大师之一"（这句话，到了如皋这样的地方，往往会被擅改，"之一"首先会被省略掉），把老百姓吓到了，该说笑的，不说不笑了，该嗑瓜子打闹的，不嗑不闹了，大多安安静静地等待看演出。

说话声音还是有。不在旁边和后面，集中发生在靠最前排座位，有着周围安静作衬托，前排这点声音，显突出，特别响。闵惠芬走到前台，对着观众说：请大家安静下来好吗？演员们正在作准备，需要安静的环境。她立得笔笔直，这样说话，眼光扫过"不安静"的人群，很陌生，很板。说完，她一个转身，就去了后台。

闵这么一站，一说，眼睛一拎，观众的目光，很自然地，都集中到前排了。前排坐的，大多是本乡本土的显赫人物，不是干部，就是企业家，听说这个县的一、二把手都在，别的地方人也许不认识，当地人没一个不认识他们的。这下让人下不了台，场面难免尴尬。事后知道了，闵说：好呀，有点触动，公共秩序，文明养成，从领导干部做起，蛮好呀。

时过境迁，饭后茶间，同仁当谈资，彭正元不新奇：不看人头，不顾脸色，只求艺术效果，是闵的一贯作派呀。

2008年有一场浦东义演，小范围的，浦东新区宣传部，通过彭出面邀请闵：先讲清楚，无报酬，观众都是企业家、干部，通过演出，企业家和干部有沟通，筹集资金，赞助贫困人群。闵去了，老脾气，先进演出场地，走走台，试试音响，不料台下闹哄哄，企业家与干部见面，话多，根本停不下来，负责维持秩序的，走来走去，就是不敢开口叫停。闵不开心了，参加演出的其他人，都在摇头，只知道"高频一个、低频一个"，拧拧开关，吃饱了，谁管过台下的闲事？闵拿过话筒，几大步，就站到了台中央："演出马上就要开始，请大家不要喧哗了，好不好？"

台下人，都愣住了。几乎都认识她，好多人来之前就知道演出有她，就冲她来的，现在让她这么一断喝，头都有点晕乎乎，知道她没说错，只是自己不适应。担任主持的，是一位老资格主持人，他在演出间隙时，悄悄走到闵身边，跷起大拇指，一个劲地摇晃，说：我做主持这些年，没遇到过谁敢批评前排领导的，也只有你闵老师敢，六亲不认。闵朝他白一眼："想说啥，大声点！"人家哪敢再言语。

两件事，如出一辙。

此类事，让龚一知道，他会说：你们实在是不了解闵惠芬。比如，每次演出前，她都要练习，她练习跟人不一样，从头到底过一遍，拉过千遍万遍的曲子呀，理由是"担心自己会出错"。别人也许不理解，龚一知道，她追求万无一失，她跟他聊过："有时人很奇怪，不练习，就有一种偶然，恍惚一下，零点一秒出差，如果台上出一点点，就很懊恼，这样大家难受。哎呀，今天怎么搞的，虽说人不是机器，会有错，作为个人来讲，能完美多好。"

他们从小同学，她是"不多的一个女同学，认真、刻苦，玩笑起来，大大咧咧，严肃起来，不顾及你面子，几乎无人可挡。我任民乐团团长期间，排到她的节目，最放心。她在，她是独奏演员，面向外面，后面是伴奏人员，拉得不对了，她二胡一摆，脸一板，回过头去，有时是批评，有时直接是骂。因为什么呢，这个艺术，是不能不讲究严肃的，有时候，团员见她怕。我们团多次出现这种现象，我就听过好多次，个人独奏排练，我在观众席上，指挥背着我，听出问题，一般最多说一句'是不是龚一走了'。闵惠芬不会，不开心了，干脆就发脾气，大家小心谨慎地努力工作。别的演员都散漫，不好管的。"

时任某市市长的谢亦森，2005年冬天，在上海浦东干部管理学院学习。一天傍晚，接到一个陌生电话。

"你是谁呀？"

"我是闵惠芬。"

谢亦森当然知道这个名字，但不知道是不是同一人："您是闵老师，上海民族乐团的闵老师？"

"正是本人，拉二胡的闵惠芬。"

前不久，闵的演奏会，开到了谢的老家县城，在那里偶遇一位谢的老朋友。他热情地向她推荐，说有这么个人，从小苦出身，酷爱二胡，还拉得不错，现在某市任市长；还说他最近正在浦东参加学习，你们有机会见个面，他能得到您的指点就好了。闵表示很有兴趣，对方就将谢的手机号告知了她。

"什么时候您有空，我来浦东拜访您。"

听她这么说，谢非常激动，赶紧说："闵老师谢谢您、谢谢您，太谢谢您了，应该是我来拜访您啊。"

谢亦森家在江西农村，家境贫寒，父亲知道儿子喜欢拉琴，就上山砍毛竹，锯一截做琴筒，寻得棕毛做了支"弓"，让儿子天天"杀鸡"似的弄"音乐"。后来"文革"来了，谢没心思"杀鸡"了，村里广播，天天哇啦哇啦，发布最高指示。不知哪天开始，广播播放闵惠芬的胡琴了，虽然不多，但只要播，无论人在哪里，手里有什么重要的活在干，小亦森都会停下来，静心欣赏。动听，迷人，心醉神往，着了魔一般，《赛马》《喜送公粮》《红旗渠水绕太行》，都是在那个时候聆听到的。后来，上大学，参加工作，走上领导岗位，无论何时何地，这些青少年时期刻下的音符，连同"闵惠芬"这个名字，一直伴随，闵乐就是精神食粮，闵是"神"。

最后确定周五，谢去民乐团见她。

谢市长一宿未能睡稳。次日一早，刮胡子，打"摩丝"，让自己显得精神点儿。去了民乐团，才知道她得参加排练，让他第二天再去。周六，谢径直去闵家。

"对不起，昨天让你白跑了一趟。"

"哪里，老师您忙呀。"

"团里临时定的排练，我得听领导的安排。"

"是的是的，工作重要。"面对偶像，谢市长的拘束逃得无影无踪。

"你会拉刘天华的十大名曲吗？"

"会。"

"要谱子吗？"

"不要。"

"那你把十首曲子统统拉一遍吧。"

闵坐着听，谢亦森用五十五分钟，拉完十首刘曲。

"不错，果然不错。"闵很开心，"过几天，我要去江阴出席纪念刘天华诞辰一百周年演奏会，我温习一下吧。"

闵跟谢一样，拉十首刘曲，用一小时零五分钟。

弓法，指法，一一指点。然后合影，然后下厨房，然后说，你就作我的"关门弟子"吧。那天的谢亦森，真是醉了，当然不是因为闵家那瓶好酒，他的酒量好着呢。

不久，谢奉命调往另一座城市，任书记。该市正是黄海怀先生故乡，市里有一座公园，改造并命名为"黄海怀公园"。新书记热衷二胡，自然喜欢，常常会和同好，在这座意义特别的公园，齐奏一曲《赛马》什么的。

那天，宣传部有同志告诉新书记，黄海怀的亲属们新修黄墓，定于次日举行迁墓仪式，请到一位二胡大师来参加。得知大师便是闵惠芬，谢喜不自禁。他跟老师有联系，但履新职不久，事多，职务的新变化还来不及通气，她就这么巧地来了。

再次见老师，看到她住的地方，旧桌椅，破地毯，两个房间合一个客厅，且阴暗潮湿。谢要紧着，想替老师换到市中心区的迎宾馆，闵说："慢！住哪儿还不是住？再说，人家已经付了住宿费，不要浪费了。"

她拿起琴来，跟当上书记的弟子说："还迟疑什么，难得好机会，有这点时间，我们抓紧拉琴。"

老师说得在理，可惜自己没有带着琴来，谢有点不知所措，闵就放松地拉上了。《洪湖主题随想曲》《春诗》《阳关三叠》，一曲罢了，又连上一曲，谢亦森有点看呆。跟谁都吹，说自己痴迷二胡，从小爱到大，与老师比，九牛一毛罢了，她这般爱，才真，才纯粹。

第二天，上午出席黄墓迁移仪式，与七十名小朋友齐奏《赛马》，独奏《江河水》；下午为二胡爱好者示范演讲，一刻不息。天都已经黑了，才难拂弟子好意，跟他走，搬去了迎宾馆。"都这么晚了，真正是满负荷地累一天了，到了宾馆，她不让我走，还说是机会难得，真正是手把手地，一样样教我。运弓的力度，贴弦的紧密度，揉弦，单个音符的表现，每个乐句的完美度、连贯性……她什么都想教我，什么都想让我掌握到，恨不能让我一口吃成个胖子。我拿起琴，纯粹是出于爱好，从未有过系统的基本功训练，基本的弓法、指法都是后补的。能够得到老师如此厚爱，哪能不激动、不感动，在日后的学习路上，不认真苦研习呢？"

这么些年，闵惠芬和谢亦森，一来二往，点点滴滴，都落在众人眼里："大艺术家，性格可以各各不同。闵惠芬很单纯一个人，虽然行政公职从不担任，人大、政协、中音副主席，头衔还不小，艺术家本质，从不变。谢书记呢，崇拜艺术大家，非常喜欢拉琴，来来去去，都是背了琴的，在她面前就是普通一学生，一点官架子都没有。两人交往，拉琴，就是拉琴，没有韬略，没有政治，纯粹艺术。"

（3）诗弦者

2003 年 8 月 10 日，闵惠芬应邀至江苏太仓演出。彼时太仓，华屋高矗，巨贾云集，独缺人物。闵先生到，相比京沪，小太仓奏响中国头把二胡，自然引动无边喧哗。

是夜，离仓返沪，送客者众，人群里有高雪峰，太仓市文化馆馆长，他挤到闵惠芬身边，递上一物，谦和状，说："闵老师，让您见笑，小地方，尽弄些小东西。"

仿佛有过默契，闵惠芬赶忙躬身，双手自然地在腰侧一抹，恭敬有加，从高馆长手里接过一纸包书本样物件，喜笑颜开："晓得大馆长您有这个能耐，迟早会弄出宝贝来的。"

天色向晚，车子驶离太仓，沉入夜幕。宝贝，便是 CD，《太仓江南丝竹十大曲》。闵惠芬借着路灯，迫不及待地打开，看过封皮，赶紧重新包好，顺手塞进衣襟，放在贴心窝口地方。坐稳了，走一路，闭起眼睛，不说话，养神。

太仓，丝竹之乡，江南民间音乐的风水宝地。出过曲圣魏良辅、戏曲音乐家张野塘、古琴家徐上瀛，自明嘉靖以降，凡五百年，民间丝竹活动绵延不绝，至今尚存近百个丝竹班子，千余名乐手，业余爱好者更是数不胜数。之所以太仓这地方特别讨闵惠芬喜欢，一句"团队遍及城乡、丝竹邻里相闻"，便是全部的理由。

陈有觉、高雪峰他们，喜闵所喜，早在十多年前，即走村串户，甘受车船劳顿，行采风酿蜜之事。一直在说水乡地方的民间乐曲，濒于湮没，只是，光是嘴上着急顶什么用？多亏了这些基层的音乐工作者，硬是从星布乡间的老艺人那里，一首首挖掘出来，一句句恭录在案，悉数编入《苏州民族民间器乐曲集成》，得以永存。1999 年版，太仓中选的丝竹乐曲，十足占了全苏市的一半。

知己好友，不常见，逮住见面机会，聊不完话，高雪峰心中有数，聊什么，都不如细说当初采集时的情景，轶事、花絮，都是琐碎，最是寻常，闵老师最爱听,哪怕是重复的段子,只要是起了个头,她都会笑眯眯鼓励你:"说吧说吧,我用心在听呢。"

2002年,在一百三十五首乐曲中,太仓籍作曲家张晓峰精选了十首,整理、加工、配器,亲自指导太仓一支名叫恒通的乐团演奏,录制成CD,由江苏音像出版社出版。这些事,此行太仓,演出间歇,高雪峰都有介绍。张、闵二位,相熟早矣,不说别的,《新婚别》,张晓峰是作者,闵惠芬是首演者,单是这件作品的合作,他们该有过多少切磋交往!闵惠芬迫切地想知道,江南丝竹,细、小、轻、雅的传统艺术特色,老朋友会赋予怎样清新的时代气息?

太仓赶回家,刘振学已等候多时:"说好今天早点回来的,还是晏了。"

闵看看钟:"二十三点,跟平时差不多,还好呀。"

她依然兴奋:"太仓小地方,不简单,尽出作曲家。"

"你是说张晓峰?"

"还有高雪峰,他们一大帮人,演绎太仓古曲。"

"古风犹存么。"

她抓着纸包,想要拆封:"不知道味道怎样?"

"休息好,明天再听,来不及了吗?"刘振学不依。

人是躺下了,只是睡不去,迷迷糊糊,起来了,以为是天亮了呢,看钟,凌晨三点。

看她难受样,知妻莫若夫,"老毛病"犯了:"想听,你就听吧,我能睡。"

"嗳!"

这晚的事,闵记下了。"起床,一口气听了一遍,只觉得像一股清风,扑面而来,顿使我心旷神怡,勾起了许多童年的回忆,使我魂飞江南故园,耳际又响起故乡民间音乐的天籁之声"。

拂不去的"天籁"是,"我依偎在妈妈怀里,跟着大人通宵达旦地听,那时乡下还不通电,因此,在乡下人的耳朵里,这种丝竹乐的演奏如同仙乐了,这就是我的音乐启蒙吧。"

太仓十曲,"像深山里的泉水,保持着清澈纯净的本色",跟弯斗里声色相连。她送太仓十二个字:"古韵新声相汇,细雅清朗意远。"

王云祥读中学时,老师见他喜欢拉胡琴,领他到自己家。老师的父亲是中医,又精于操琴,从此,王云祥有了自己的老师,老中医教他的第一曲,便是丝竹。长大后,参了军,几个上海兵在一起,天天丝竹,趣味相投,不亦乐乎,在远离家乡的地方,当了四年兵,拉了四年二胡;复员回上海,换了几次工作,二胡，丝竹，一直相随。王初识闵，不觉腼腆："也就喜欢，拉拉白相相，比乡村，婚丧喜事的'小堂名'好一点，总还是下里巴人吧。"

"谁说的呀？根本就是瞎说。"闵老师不同意，"丝竹丝弦，那个丝，就是诗呀，我写过一篇文章，不知道你们看到过没有？"

王云祥说："闵老师文章，能找到，我都学习，不知老师说的哪一篇？"

"《诗在弦上吟》，说《新婚别》的。这么说，我们都是诗弦者，雅呀！"

王直点头，嘴扯宽了笑。

老师也笑："意思，题目里就有了。都是艺术，本无贵贱。江南丝竹，文武两种，文曲，二胡、扬琴、笛子、三弦，四大件外，武曲还有板鼓和点笃板。上海民乐团，之前不是叫国乐团吗，就是江南丝竹，最早的民乐团成员，都是丝竹高手，李庭松的琵琶，金祖礼的笛，便是上两辈丝竹的杰出代表。"

王还是笑，点头。闵老师说的，他大致也能说几句，但是从闵的嘴里说出来，他特别开心，比自己说，开心千百倍。

王云祥拉得怎么样，闵惠芬有发言权。

那次，中国音协民族音乐委员会，与杭州市文广局，在杭州办国际江南丝竹比赛，闵是总评委。有一次彩排，她端坐台上，轮到王云祥他们，演奏过后，要下台去，闵开口："老王呀，您留步。"

王云祥不知何故，有点发愣，闵让他坐到自己身边。

浙江歌舞团有个姑娘，是台柱子，前面表演过了，在旁边站着呢，她向姑娘招手："来，姑娘，我给你们介绍，他是王老师，上海的王云祥老师，刚才他演奏的丝竹，你听到了，灵吧？有机会，你要好好向他学习，对你的独奏有好处。"

近朱者赤。在同好中论艺，王云祥的二胡"理论"，也一套一套的："闵老师二胡拉到顶峰，为什么还这么看重丝竹？表达的方式不同，江南丝竹讲究要有戏曲性，闵惠芬的二胡有声腔艺术在里面，声音出来有叙事性，歌唱性特别强。你去听，她曲曲都有研究的，她的研究里有音乐，还有文学，充满了诗人的想象。"

"有了叙事风格，作品就有了生命力，不会昙花一现，人家没讲好，也没讲不好，让二胡跟你说话，讲故事给你听，喜怒哀乐都出来了，高手。外面说高手，都是瞎讲，哪有这么多高手？"

有过一次，江阴的丝竹音乐会，人家都报到了，王传话过来，不参加了。闵一个电话追过去："怎么啦，跟谁不开心呀？"

"没有，我身体不好。"

"哎呀，相处都十几年了，你这个人，肚子里几条虫，我还不知道呀。眼观鼻，鼻观心，你管你，拉好你的琴就是。"

最后，他在闵劝说下，还是出席了。

那个阶段，团体里闹别扭，个别人的品质，王受不了，有点想打退堂鼓的意思，见了闵又不敢说，吞吞吐吐，欲言又止。"那不行！你叽里咕噜说的东西，我听不懂，也不爱听。要做事情，总有意见不一致的，胸怀放大些，不行的话，实在搞不到一起，重组一个队，也要搞下去。"

跟其他民间团体一样，丝竹活动缺乏资金支撑，生存很困难，闵惠芬挂心上，有机会就帮他们。"能有一家站得住的单位，帮你们出钱，解决演出时的吃、穿（演出服）、住就好了。"那次去江阴，参加丝竹音乐会，他根本没想到，会上，几乎所有的人都认识他，见了他，都"王老师""王老师"的，对他十分敬重。"平时，经常有外地朋友，寻到我这里，诚恳提出，要学习江南丝竹，说是闵老师跟我们讲的，你到上海去，寻王云祥。有的人寻上门，直接说，是闵老师介绍的。"

闵惠芬与王云祥

"叽里咕噜"的话，王云祥就说过一次，在闵面前，再不提。

那年，王云祥他们，借长桥街道开年会，闵知道了，特意让上音民乐系汝艺副教授，开着车，携上乐器，带二胡独奏的学生过来。她要汝艺和年轻演奏员们，都能跟民间艺术学——你的演奏，无论多么现代，带点丝竹，总有好处。

王觉得滑稽："闵老师呀，你颠倒了，到底是她们跟我学，还是我向她们学呀？她们琴拉得那么好。"

她要学生给王交费，王云祥更受不了，王从来不教学生，也从不收费的。这次，王不肯收，还是闵代他收下，当场收下；再见面时，王托闵，再还给同学。"这样子，让搞专业的到我这里学，闵老师张罗下，一年到头，总有过三四次，我知道，小姑娘本身不一定想来，闵老师要她们来，她们才来。"

"不想来也要叫她们来，勉强能来，来过了，也总比不来好。"在这个问题上，闵的态度很坚定。

还是在长桥街道，王云祥他们"江南丝竹保护发展研究所"活动，时间定在下午一点，请了闵老师的。王云祥离准点还有半小时，就到了长桥，进街道办公楼，走道碰上熟人，告诉他，十二点不到，闵老师就来了，现在正在吃饭呢。

王云祥一惊：怎么，闵老师已经到了？吃饭？吃什么饭？赶紧去会场，空空如也的场子里，就闵一个人在，坐第一排靠边位置，已经吃得差不多了，正仰脸喝汤。看到王，闵就说："谢谢你，给我要杯开水去。"

"谢谢你呢。"王乖乖地弄来一瓶矿泉水，拧开盖，递给她，"闵老师，你看你，怎么吃上盒饭了？"

"不是怕迟到么，也怕麻烦你们。"

闵惠芬很怪，有事没事，喜欢往王云祥那儿跑，年岁上去了，跑得更是勤。朋友跟王说笑："闵和我们云祥，是铁哥儿们呢。"起初几年，王很开心，无功无德，受闵老师这么厚爱，也不知自己哪辈子积的德。时间久了，就不安了，人家闵老师那么忙，身体又不好，你王云祥哪根葱呀，你忍心呀。想她来，又怕她来，常处矛盾纠结之中。

南市城隍庙"湖心亭"，是王云祥他们丝竹活动的一个点。闵来了，之前通过电话，知道她来，王云祥下楼上楼，出去进来，好几回了，说好的大概时间，没有接到她。王又一次无功而返，演奏员问："要不，我们开始？"

"再等等，闵老师说好，今天要来听琴的，不能让她白跑一趟。"王云祥几次想打电话，拨通又挂断，心里说，不要催，她从来守时守信，一定有事了，再等等。

没等他转身，听到扶梯有动静，"来了"二字，还在口里，人已奔向扶梯，闵老师正拾级而上。"湖心亭"的扶梯，怕是世界最窄之木梯了，只够一个人上下。除了窄，还陡，才走几步，她已停那里休息。王云祥快步下去，喊道："闵老师，您慢点！"

闵仰起脸，随着，一条胳膊探了上来，"麻烦你，老王，你拉我一把"。

"嗳！嗳！"王云祥再加一步，紧紧拉住了她的手。

双手一拉，王云祥就吃惊，怎么那么沉?！闵老师整条手臂毫无气力，几乎是，整个人吊在他胳膊上，让他紧紧攥住，慢慢拖上来，一步一息地，到了楼梯口。她气喘得厉害，不得不扶住栏杆站一会儿。王云祥扶住她手臂，不敢放开，陪着她站在楼梯口。

这个时候，闵老师轻声轻气说了两句话。第一句，"老王，我们靠边点站，不要影响别人走路"；第二句，"老王呀，对不起，我迟到了，让你们久等了"。在公开场合，王云祥从未见过闵老师如此虚弱，心头一热，几欲夺眶而出泪水，让他强忍住，答道："您呀，真不该让您来。"

多少人跟王云祥说要支持民间艺术，要传承江南丝竹，都是高兴了来来，风雅一番，不高兴，人影子都没有了，是敷衍的一套。只有闵老师，她是了不得的认真、踏实。

"她什么人，什么地位呀，我们是真正小民里小民呀。路边草，她当宝，当金枝玉叶。"这样想着，王云祥常常要当空大哭。

长桥、"湖心亭"，凡到场，她一坐下去，就是几个钟头，就是听，不说话。那次她在江阴参加活动，正巧敲扬琴的周伟先生过世，老先生跟闵老师说不上有特别的交情，就因他是江南丝竹老前辈，闵老师江阴演奏结束，家也没有回，就直接从江阴去龙华殡仪馆，送周伟老先生。

周伟去世，街道里弄干部看不到，也许放不下身段来送，上海民间热爱丝竹的民众倒是来了不少。闵惠芬站他们中间，一双伤腿努力站直了，面色凝重，非常融和。

（4）徐州胡琴艺术节

2004 年 5 月，闵惠芬以中国音协副主席、民族音乐委员会主任的身份，出席徐州市二胡学会成立仪式，与市领导协商决定，以中国音协和徐州市委、市政府名义，在徐州举办国际胡琴艺术节。10 月 17 日至 21 日，首届"中国·徐州国际胡琴艺术节"开幕。这是新中国成立以来，规模最大的一次民乐活动。开幕那天，十二辆彩车浩浩荡荡，首车华盖下，端坐着被奉为"乐神"的闵惠芬，她与一千六百多名中外二胡演奏家、爱好者一起，参加了巡游活动，绵延足有四公里，彭城万人空巷。艺术节期间，有"汉魂——胡琴音乐会"，闵演奏《长城随想》，刘文金担任指挥，中央广播民族乐团协奏，十分隆重。

自此，闵与彭城结下深谊。徐州市总工会主席徐崇先，为她倾心基层民乐的热情所感动，吟诗相颂："清音入耳摄人魂，动地惊天泣鬼神。指上二泉流百世，弓中三叠荡千门。声腔化作江河水，旋律凝成草木春。民乐一生心血尽，香飘四海不沾尘。"闵读罢，视为知

闵惠芬在国际胡琴艺术节的彩车上

音，欣然和诗："绕耳琴声沁慧心，银弦振动似神吟。悲秋低吟二泉月，静夏遥寻三叠星。百转千回江水韵，一调九弄石诗音。平生最恋中华乐，意蕴绵绵情志深。"

徐州的大场面，传递给闵惠芬的，是无限的信心和温情。

在一次电视采访中，节目主持人骆新问："说一句让您伤心的话，有人说，民乐还是在日渐式微，学的人少了。"

闵立马反驳："错、错、错！现在是几百万人学二胡、古筝！单单我们上海，每年二胡考级的就有六千多人。2004年9月，无锡，1064把二胡齐奏，我看得眼泪都要掉下来了，壮观呀！二胡创生至今，一千多年，这是没有一个朝代做得到的，刘天华时代，他就讲是音乐奇荒，完全是孤军奋战，我们现在是泱泱大军，谁敢说这是没有进步？还有，我们现在的作品一个个诞生，而且技法突飞猛进，走向世界！"

音乐会上，闵的学生中，有重庆刘光宇参加，这是她知道的。令她没有想到的是，许奕来了。"怎么你也来了？"当然这话没有说出口，老师说出口的是："许奕，你是代表浙江来的啊。"听到老师这么说，许奕笑笑，笑得很勉强。

凡是有她参与领导组织的活动，特别是影响重大些的，她自己的学生能不参加就不参加，把名额尽量让给其他人，这好像是她不成文的规矩。她做事，出了名的公平公正，不开后门，她又怕别人误会，连自己的前门也开得窄窄的，免不了会误伤跟她亲近的人。至于刘光宇，她认为，他已经走上领导岗位，在

国内已有一定知名度，她的学生中有他代表一下，也就行了，放多了，不好，影响不好。

太了解老师了，她百事谦让，许奕心里，有淡淡怪怨。

前些年，有过一次，跟几位大家同登舞台，演奏完，台湾林谷芳先生找到许奕，悄悄跟她讲：我们都喜欢你许老师的演奏，比较其他演奏家，你的演奏，音乐更好，更有内涵。许奕也悄悄地把这个话说给了老师，闵当即高兴得跳起来，一张脸，笑成了一朵花："林先生是佛光大学艺术研究所所长，是台湾著名的文艺评论人，具很高音乐鉴赏水准的，有他的首肯，是个很大的鼓励呀。"此次演出后，闵向要好朋友介绍，会说"我跟许奕是嫡系噢"，当然是玩笑话，说明，闵对许奕的演奏增添了一分信任。

正是这位林谷芳先生，赞誉闵惠芬是开拓性二胡演奏家，创造了"一个时代美学的典型"。这种话，很炫，很耀眼，只能让别人说，闵绝不会说，更不会跟自己的学生说。

更早些年，许奕参加浙江的一次比赛，拉刘天华的《月夜》，评委给出了一等奖。一位民乐界前辈持反对意见，说她拉得根本就不对。别人问他哪儿不对，具体的，他支支吾吾说不出来。如此武断，许奕很不是味，她猜测，一定是自己什么地方得罪了人家。闵劝道：不会不会，这种事放心里作啥？要我猜，一定是他年纪大了，听不出来，这种情况，在老年人中，经常有的，我做评委时，也有误听，出洋相。

她不要"是非"，要"胸怀"。

许奕这边是这个态度，谢亦森那边呢，人家根本就没打算来，不敢来，她却积极地提名推荐，请他出席活动，上台演奏。

谢亦森一直有个愿望，能请到闵，在他主政的地方开一次大型演奏音乐会，一来传播她的艺术，二来毋庸置疑，他想借闵的大名，让他这个弟子好好地风光一回。闵是答应了的，只是总忙，排不上号，终于有了安排，连细节都谈到了，比如闵、谢同台合奏一曲。那时，谢已调另一座城市任书记，中心城区，一座大型剧院刚刚竣工，已请到余隆率中国爱乐乐团前来专场演出，闵出席，演奏曲目也定了，《二泉映月》和《洪湖主题随想》。不料她有出国演出任务，来不了，只能推荐邓建栋替代她。

她不能去他的主政地，他却上了她参与组织的更大舞台，这个舞台云集着全国二胡高手，除闵惠芬，还有许讲德、宋国生、宋飞、关乃忠、刘文金、邓建栋、周维、于红梅、姜克美、周耀锟、高扬、刘光宇等等，还有澳大利亚的卫杰克、日本的坂田进一等国外一流的演奏家。

6 月 25 日晚，徐州音乐厅灯火璀璨，欢声如潮。

临上台，谢说自己的腿在打哆嗦，悄悄跟闵说："闵老师呀，您高抬贵手，饶了我吧。"

"没关系，你上了台，把台下这些所谓'大师'全当成'二胡盲'，就没事了。"

通过闵的串线，已经也很熟悉的邓建栋，也给他打气："我们专业的上台才有压力，你反而不应该有压力，对不对？"

让老师们壮足了胆，谢亦森上台，拉了自己改编、高韶青配器的二胡曲《渴望》，奏毕，掌声雷动，满堂喝彩。散场后，闵找到谢，第一句话就是："太好了，本来我也为你紧张着呢，听你第一个乐句出来，我就放下心了。"

谢亦森是个明白人，他太清楚，闵老师为什么爱交他这个朋友，台下为什么有那么多热烈的掌声，自己的身份特殊么。这身份，铁定能影响一大片，兜一大圈，离不开她的"民乐伟业"。

这些年，无论是私底下，还是大庭广众，闵惠芬会说一句话，放在别人嘴里，会觉得别扭，她说出来，特别自然："我感到我的胸腔里潜涌着前所未有的热情，我要为弘扬民族文化而竭尽全力！"率直，真切，发自肺腑，肝胆相照。

（5）天弦凤吟

许奕和刘峻正成了朋友，是通过闵惠芬介绍认识的。刘的工作职业是台湾的眼科医生，业余以资深二胡乐迷自居。1987 年入医学院，艰辛习医同时，开始对二胡艺术产生兴趣，长时间地，坚持不懈细细聆赏二胡作品，是他生活的重要内容。许、刘两个很谈得来，见面聊天，电话探讨，大多内容，离不开老师和胡琴。

闵惠芬跟台湾民乐，密切往来，都在眼科医生眼睛里。

1988 年，海峡两岸开始文化交流，台湾许多民乐人，陆续来大陆拜师学艺。这一年，深圳首次举办台湾学员民族音乐培训班，时在身体康复期的闵惠芬即赶赴鹏城，辅导首批学员。次年，她进行相关台湾音乐的演奏录音，推出《闵惠芬台湾民谣二胡专辑》。两岸开放之初，台湾媒体进行过一项"大陆艺人谁能来台"的民意测评，结果是，闵惠芬的呼声最高。

继 1992 年首次赴台后，闵几乎每年都有台湾行。1997 年她在台北办两场音乐会，祝贺演出成功的花篮"堆得像小山一样高"；接着她一口气办了五场音乐讲座，还自告奋勇，为小朋友办了四场普及音乐会，"在宝岛儿童心灵里，播撒下民乐艺术的种子"。她多次到台湾办夏令营培训班，每次四十人，按程度分初、中、高级班，她一个人教。令人欣慰是，有的已成台湾一些乐团的首席了。

1993年10月，上海民乐团第一次，访台巡回演出民乐会。徐立胜说："台湾方面很看重，安排我们住的是环亚酒店，五星级的。有一天在酒店吃饭，碰到上海交响乐团，同是上海，差不多同时到的，他们不住环亚，住四星的，差一点的酒店，主办方招待他们，才过来环亚吃一顿饭的。"民乐在台的地位，可见一斑。

刘峻正自称"蜗居"在台湾。这些年，大陆二胡名家名曲的录音，也比较容易取得，对当代二胡造诣的极致，言必尊闵。1990年台北市立国乐团，邀请到旅日二胡演奏家姜建华，因其在台有"小闵惠芬"之称，风格近似闵，一时一票难求。两年后，闵抵台演奏，"聆赏过程中，我发现她的表情与肢体，自然生动而不夸张，随着乐曲的发展，引领听众渐次进入乐曲的情境。只见《江河水》一曲奏罢，她轻声一叹，缓缓将微闭的双眼睁开，久久才回过神来，起身向观众致意，演奏神韵与姜建华大相径庭。闵老师给台湾乐迷的第一印象是，这才是二胡大师的专业形象"。

"随意的快，随意的慢，随意的滑音，随意的各种各样手法，给人的感觉，技术很好、音色很好、力度很好，没有运用在音乐里，还是不好听。"刘说内行话。

"拿《洪湖主题随想曲》说，"许奕便举例，"韩英回忆一段过后，歌词'自从来了——'那里起，现在年轻人可能很快，很有节奏，音准也OK，从音乐本身说，流畅、音准、节奏，都非常好，老师她不，她看重的是韩英的精神表达，怎么达到大气。她总是教导我，技术不够的地方，可以花时间去练，去学，去提高，唯有准确、到位的表达，必须用心去体会，才能够抵达。"

刘峻正的人生，主要精力是替病人解除眼疾，分出心来，用自己的一双眼睛，旁观闵乐，还真是倾心投入，特别用心，持之以恒。

1993年，闵随上海民乐团访台，演奏《长城随想》。首次现场聆听该曲，刘峻正十分兴奋，傍晚五点多，提早到现场，忽然间，听到"烽火操"激昂的旋律传出，赶忙将耳朵贴在休息室的外墙上细听，竟是闵在独自拉琴，让他十分震惊。这个作品，首演至今，不知表演过多少次，早已是百炼钢成绕指柔了，如今临上台，她还在温习，还在孜孜矻矻苦练，一丝不苟，不容有半点差池。

刘的耳朵里，闵的作品，数首二胡协奏曲最醉人。1964年李继奎录制的中胡协奏曲《苏武》应属二胡史上第一个协奏曲作品，不过并未引起太大反响。1980年闵首演并录制《新婚别》，同年有王国潼的《不屈的苏武》、姜建华的

《红梅随想曲》。1982年闵首演并录制《长城随想》，"这几个曲目的问世，使得民乐界将二胡协奏曲之风尚，推上了一个前所未有的高潮"。特别是闵的《新婚别》，"利用二胡将诗意入曲，其创作手法新颖，引领乐界创作各类题材的二胡协奏曲，一时之间蔚为风尚，影响深远"。

1980年的闵惠芬版的《新婚别》，眼科医生起先并没有收入囊中。"我一直反复聆听的，是她1982年后的四个录音版本，以致对1990年姜建华录制的《新婚别》第三段《送别》的第297小节为何悖离原貌，一直觉得不可思议。2000年香港马可波罗公司出版的，跨世纪精选《光辉岁月系列——闵惠芬》专辑，收录了1980年《新婚别》的首次录音，我才恍然大悟，原来姜演奏的是《新婚别》的首演版本。原来闵惠芬的《新婚别》不是四个版本，而是五个。"

1995年，由于MP3的普及，网络下载音乐随手可得，大众收听音乐的习惯大变，全球唱片工业日渐萧条，进入冰河时期。2006年，刘先生注意到，"加拿大一听钟情公司，逆势操作，独具慧眼，邀请闵惠芬赴加拿大录音，唱片由美国制作及混音，德国压片，香港包装，生产极其复杂耗时。结果收获到的效果，真是神奇，不仅弓毛在琴弦上运行的声音都能清晰听到，连演奏《赛马》出弓前，闵惠芬瞬间的吸气声都能够被清晰捕捉"。

身为闵粉，刘峻正注重日常，记下点滴。

2006年7月，广州高级音响展，他注意到闵惠芬携《天弦》唱片出席。8月11日，闵又赴香港高级视听展，参加"风行呈现闵惠芬签乐会"，举行新作《天弦》发布会及签名会。作为民乐演奏家，出席此类展览，她是首位。在现场，有记者问闵："拉了几十年二胡，有没有自己最喜欢的曲目？"

闵笑答："其实你们不应该这样问，因为我拉的曲目，没有不喜欢的，如果我拉的是一首不喜欢的曲子，你们说说，我怎么可能拉得好？"

记者无言相对，闵继续说："所有我拉的曲子，我都会感动，因为我将我的心境带进了曲子，但凡真正的艺术家，都会琢磨曲子的意境，将自己的感情融入曲子中，身临其境地感受作曲者在创作中所蕴含的感情。"

刘峻正知道，闵老师的录音制作，都是特别精心的。

1991年7月至10月间，闵编著的卡带《二胡名曲卡拉OK》四卷，由瞿春泉指挥，上海民乐团伴奏，中国唱片总公司上海公司发行。闵老师为普及民乐录制的专辑，收录了刘天华以来，二十三首二胡经典曲目，还专门附上《二胡教学法与演奏谱》文字本。编著过程中，她自己演出忙，不能分身，专门请好友徐立胜对文字润色把关，以简洁清晰的文字，阐述学拉二胡的基础知识、不同曲目的演奏方法和要领，弥补了众多二胡爱好者无法跟随大师学琴的遗憾。

闵惠芬《二胡名曲卡拉OK》

　　专辑录制期间，恰值上海酷暑高温，有时，一首乐曲要录上十几遍，每天八小时挥汗大干。别人不理解，"有人对我说，你有录二胡卡拉OK的精力，不知能开多少场二胡独奏音乐会，但我还是愿意为普及民族音乐多做些打基础的工作。现在海内外许多二胡爱好者都想拜我为师，如今有了《二胡名曲卡拉OK》，就可以供他们随时随地欣赏、学习、伴奏了，能为下一代留下民族音乐的声音，我死也瞑目呀。"

　　闵的另一张唱片《凤吟》，也是刘炬担任指挥，里面有首《南梆子》，中央广播民族乐团伴奏。决定这年年内要录唱片，过年时，闵带了儿子刘炬，到李肇芳家拜年。因为闵的作品，大多是李的首席，就让李拉给刘炬听，他的弓法、指法，都让儿子录下来，让李给刘炬一一讲解。闵也知道"中广"，什么都好，乐队首席张方鸣也好，她只是觉得南方更水气一点，就让儿子过来，听李的指点。

　　灌唱片，她就是这么细，要求这么高！

　　这盒封面上绘有一只仰

《天弦》《凤吟》

天凤凰的二胡光盘，显然是闵比较满意的作品之一。2009 年初春，在南京的一次学术会议，闵与岳峰相遇，一说就说到自己的新作《凤吟》，说其中的演奏、配器、乐队与指挥，包括录音、合成及后期制作，都好，都满意。分开没几日，闵就托人带了给岳峰。岳峰接到手就听，"自此十日有余，守光碟反复聆听，《昭君出塞》的凄美哀怨，《宝玉哭灵》的世态悲凉，《打猪草》的两情相悦，《夜深沉》的苍凉悲壮，都在，令人魂牵梦绕，余音绕梁总难断，方才知人间何有'感天地、泣鬼神'之放言。此专辑，实可谓先生二胡演奏的问鼎之作"。

"二胡公认是最具'中国性'的代表乐器之一（虽然早年出自他国异族），而交响乐队，则是来自西方的'舶来品'。两相交合，将会演绎怎样的传奇，又会催生怎样的音响？"杨燕迪（上海音乐学院副院长、博士生导师）在《天弦》首发时，说了一段话："唱片中的八首作品，有中国传统民间名曲的创编作品（杨立青的《哀歌——江河水》），有对《二泉映月》《良宵》等二胡经典曲目的重新编配，有根据《阳关三叠》《洪湖主题随想曲》《迷胡调》《拉骆驼》的改编作品，有原创性作品（杨宝智的《川江》）。这些作品的音调旋律，对于大多数听众而言，或耳熟能详，或声声入耳，而乐队的音响，虽然绚丽多彩，但总体而言，得到精心的控制（应该指出，这种控制得益于配器名家的妙手调配，独奏家和乐队的高超演奏，以及录音师的出色处理，整体效果于是相得益彰）。故此，听众最终得到的听觉印象，应该是一种对二胡的交响化精致润色，或者说，二胡通过乐队的交响化烘托，获得了某种更加精微又更加丰满的生命。"

其时，闵在北京参加全国政协会议，会议结束后，她没有回上海，直接进了北京中国电影乐团录音棚。

此番录音，工作强度非常大。录制时，音要非常的准，节奏要非常的齐，多遍反复重奏，不得心烦，感情饱满，又要稳定发挥，身子底下的板凳、捏在手里的弓弦，还有呼吸，不得有任何杂音发出。长音、揉弦，手得定，颤一颤，晃一晃，都不可以，下狠力气时，不能过力发毛，也不能不见锐气。

几天的录音，真是一场耐力、毅力、精力的巨大考验。最后一天，录音时达十个小时，长时间一动不动的坐姿，使闵双腿僵住了，行动艰难。刘炬焦急万分，因闵坚持要作最后的监听，刘炬找来轮椅，小心翼翼地把母亲从宾馆推到录音棚。

《天弦》出世录，记下片断："在整个排练和录音过程中，她身边没有一份乐谱，一个多小时的音乐全部倒背如流，为她协奏的中国电影乐团，曾为两千多部电影配乐，整体配合默契，演奏技巧高超。当她身后一百多号人的交响乐队响起，她都是双目微闭，感受着他们奏出的乐韵，全部投入到只有交响乐才能营造的壮阔意境。而此时，刘炬更是凝神聚力，母亲的激情、热血似乎在他身上倾泻、熔化，他们的心相应，情相融，他们的心力一次次掀起了交响乐的感情巨澜，细微处使人屏气停息，高潮处使人如见惊涛裂岸。"应了《天弦》的宣传语——此曲只应天上有，人间难得几回闻。

闵惠芬在录音

录音由著名录音师李小沛操刀，当时的场景，《天弦》制片人历历在目："录音的监听室里，坐着、站着满屋子的人，大家凝神聆听，这一个多小时，心血凝结成的八首乐曲，我们仿佛见到了古老阳关的遗迹，沐浴了辽阔草原的春风，听见了川江幽远的号子，闻到了黑暗旧中国的腥风，回望了革命年代的红旗。一个多小时过去，全部听完了，静场了好一会，闵老师颤颤巍巍站起来，轻轻说：'可以了。'举目四望，大家都是眼含热泪，最后都禁不住鼓起掌来。"

此情此景，与2004年在纽约，马濬所见何其相似！

那年2月8日，闵惠芬在纽约卡内基音乐厅，与妹妹闵小芬蓝调琵琶乐队，共同举办"扬子江—赫德森河音乐会"，演奏了《迷胡调》《渔舟唱晚》等八首曲子。次日清晨，计程车即带上她，驶进五十四街，停在"名碟制造厂录音棚"。据录音师占·安德信教授介绍，这录音棚不仅是纽约最好，也是世界最佳之一。

"从控制室的窗望进偌大的录音室，只见拾音器如林，乐师的位置，如诸葛亮的八阵图，模拟、数码、立体及环绕声的录音制式同时进行。

"闵老师把乐谱分配给乐员，自己则不用乐谱，她讲解音乐、回应要求，口吻之亲和，方式之轻松，令满布器材导线的机械气氛，变得融和温情。

"除关注自己主奏部分，她不停地以身体语言提示众乐员，加入的时间，节奏，抑、扬、顿、挫的力度。她时而露出亲切的微笑，时而摆动腰肢，表达旋律的节奏，以不同的方式抬起头，示意乐章的伸展。

"说到投入感，老师真有本领。一首轻松活泼的《春天来了》之后，《阳关三叠》了，她作了一个深呼吸，眼神有了一点点哀伤，二胡拉出了黯然的离情，无奈的别绪，进入尾部变奏，婉转凄清，使人伤感不已。我听了此曲，情绪待了半天。"

闵小芬出面，邀来居住纽约各区的京剧乐师，有十多位，与闵合奏《逍遥津》。排练时，各自表现，甚不协调，一大堆的吵耳声。占教授忙出满头大汗，努力尝试去调校，见效甚微。

"老师用双目示意大家安静下来，以简单有力口吻，强调每组遵守的要点。当她以万钧之势，拉出第一节，表达汉献帝彷徨、气愤及怨恨心情时，琴音气势磅礴，有着巨大感染力，整个乐队顿时倾情投入，一气呵成。此时，整个控制室的人员，无不动容，我内心一个'好'字迸出，长舒了一大口气。"

过后，占教授对马瀋说："我从业三四十年，录音无数，从未遇到像闵女士这么厉害的音乐家。怎么可能十多首乐曲都不用看主谱，也不用看总谱，什么都记得清楚无误，她完全知晓，谁应该在什么乐节做什么事，她真是奇人！她的音乐，我虽然不懂，但我却感动，在我的经验中，少有如此功力。"

占教授知道，有少数指挥家，也不用看谱，如已故意大利指挥大师托斯坚里尼，他指挥时，从不看谱，成古今典范。他认为，闵女士近七个小时乐曲，每首都记得清清楚楚，还兼负主奏和指挥，简直不可思议。

刘峻正以一己之力，做了闵老师录音出版物的统计工作。

自1963年灌录的第一张唱片《空山鸟语》，至2007年发行《凤吟》，刘搜齐其四十余年有声出版物，他的统计结果是：192首二胡曲目，不包括仅录制未发行的作品。刘将它们分为两个阶段——1963年至1982年，1987年至2007年。第一阶段，有45首，载体是黑胶唱片、薄膜唱片及磁带，占录音总数的23.4％；第二阶段，147首，占总数的76.5％。再细分，闵的半数录音作品完成于1987年至1996年。大病之后，复出伊始，闵以"坚毅的性格，充沛的体能，伴随着惊人的爆发力、对乐曲的深度挖掘与全面掌握，录制了一批批传世经典，这些珍贵录音，将一如书圣王羲之《兰亭集序》般，成为中国音乐的瑰宝"。

伴随科技日渐精进，能告慰刘医生们的是，2006年11月，她的艺术资料汇集，制作成了六十张数码唱片，藏于上海艺术档案馆恒温室。闵惠芬的中国音乐瑰宝，得到了妥善永久的保存。

（6）坐飞机乘火车

2004 年开始，闵惠芬为普及民乐，牵头拉起来一个"六人小组"。除闵之外，有屠伟刚的琵琶、罗守成的笛子、李肇芳的高胡、方渝的古筝、曹蕴的扬琴。2006 年 12 月 9 日，有一场广东电视台组织的音乐会，于广州星海音乐厅演出。"原班人马"去，除了拉高胡的李肇芳临时有事，去不了，闵请了沈多米去。

牵涉经费，组织方通知，上海去广州，只能报销火车票，唯有闵可软座，其他人只能硬座。闵有点急，都知道火车慢，还得提前一天启程，很吃力，两头不能兼顾。大家合下来，坐最便宜的春秋航空，六个人一起的差价也就一千元出头。对方就是较真，火车票就是火车票，别的不可以报销。闵跟他们相商，把我这个"特殊"取消，多出来的钱摊给大家。对方说，这个可以。闵又出主意，坐飞机多出的钱，我一个人出，还是坐飞机。大家说，摊到每人头上，也不多几个钱，算了。她不行，也较真，理由很是堂皇："到时候分'辛苦费'你们低，我高，应该我来出，算是我请大家坐飞机了，多开心的事儿呀。"

闵惠芬与她的小型民乐普及队成员合影

9日晚上的演奏，包括《行街》《游园》《四段锦》《寒鸦戏水》等十支曲子，很成功。结束回宾馆，已经近十一点了，打过招呼，大家各自回房休息。

沈多米与曹蕴一间房。两个一起进的屋，曹让闵叫去"有点事"了，沈就先洗澡。沈洗完澡，吹干头发，曹还没有回来，又等一息，曹才回来。沈问：老闵叫你什么事呀？这么久。曹说：帮她数钞票。沈知道，对方给的辛苦费，由闵出面接受的，钱都在她那儿，离开广州前，得结清，分给大家。

一息息，曹又要出去。沈说：不快点洗澡，还要去哪儿？曹说：还能去哪儿？闵老师那儿呀，钞票不数清楚，怎么睡得着。沈吃了一惊，一座金山呀，数这么久？曹说，哪里，给的钱多出来六百元，轧来轧去总也轧不平。沈无语了，让曹快点去，顾自洗衣服，洗完衣，挂起晾好，先躺下了。

曹终于转来，她横倒床上，长舒一口气，说：弄清楚了，是多了六百元，我劝闵老师算了，又不是缺六百元。沈想想也是，多了钱，着什么急呀，就让曹抓紧洗洗睡觉，明天还得赶回上海呢。

曹听话地答应，一头就钻进洗手间去了。

这边洗手间门才合上，不迟不早，外面房门笃笃响了。沈爬起床开门，一看是闵。她进门，不看沈，眼睛四下找：曹蕴呢？

"在洗澡呀，今晚你们不打算睡觉啦？"

闵一屁股坐到曹床头，满脸愁容："我想想还是不对，我干吗要多拿人家六百元钱呢？没这个道理呀，但是，钱确实是多出来了呀，你叫我怎么办？"她眼神落到沈身上，忽然转忧为喜："要不，沈多米，你辛苦一下，再帮我数数？"

沈知道闵脾气，不弄个水落石出，今晚不得安生。

进闵屋，桌子上的钱，的确堆成了山，还不是一座，是好多座，一堆一堆的，多种面值，乱到不能再乱。沈多米不由得皱起眉头，坐下来，才要动手，忽然就着火一般跳了起来，眼睛睁得浑圆："不对呀，老闵，这不是你的钱包吗？"

闵的钱包，就放在桌子边上，她下意识地拿了起来："是啊，这是我的钱包呀。"

"你的钱包里有钱吗？"

"废话，有呀，我的钱包里当然有钱的。"说着，闵拉开拉链，一看，里面空空的，没有钱。

时间正好是凌晨两点整。闵的神态很激动，先给了沈多米一个大大的"熊抱"，再一个后撤步，站直了，握住她手，郑重道："沈多米同志，谢谢你，你帮了我大忙了。一切都清楚了，不用数了，这个钱就是我的，警报解除，大家睡觉!"

第二天，在机场，闵自己的家伙背在身，跟人走头里，别人的筝呀琴呀，都要托的，她也牵挂，特别不放心。有过一次香港回来，是港龙航空，所有乐器不让带，都得办托运，大家忙得团团转，装乐器箱的推车斜在地上，就老闵一个人守着，像个老母鸡，孤独地坐地上的样子。沈多米看到，眼泪水要掉下来，忙赶过来，陪她席地而坐。

一会儿，有三位五六十岁模样的女人，跟在她身后，神神道道，点点戳戳的，看见随后过来的沈多米，悄声问：这个人是不是闵惠芬老师？沈如实相告，她们听说了，更是起劲，紧跟闵后面，近到差不多要贴到人了。

闵的动作比较迟缓，木知木觉，突然就来了个180度大转身，大眼珠子盯着她们，表情十分严肃，说：知道吗，在背后议论人，还贴得那么近，是很不好的！三个女人着实吓一跳，相互尴尬地看看，一下子不知道如何是好，拿求助的目光，可怜兮兮地望着沈多米。沈打圆场：她们其实就是想证实，你是不是闵惠芬。

"我是闵、惠、芬。"这个时候，闵的眉毛已经弯成月亮了。三个女人高兴得拍手，小姑娘一样跳起来，马上得寸进尺，要求跟她合影。闵说，好呀。四个人，四张笑脸，背景是白云机场指挥塔。

"闵粉"都这样，这宕，算文的。沈站一边，偷着乐。

沈家住吴中路老房子时，老闵找到她，说要给她介绍个学生。沈说，为啥你自己不教？闵没正面回答：你先让她到你家里，简单介绍一下二胡，弄本浅一点的书，送她看看。闵不说，沈不问，答应道：好的，让她来吧。来了，是个成年人，跟沈差不多年纪。那时沈正好带着学生，让她一边坐坐。她看，看了一晚上，末了，待其他学生走了，她开始给沈提意见，一、二、三，指出不足地方。沈点头听，不置看法，还客客气气地送她去公交车站。你老闵介绍来的么，有来头的，不敢得罪。

再见面，闵说："那个人来过了？"

沈点头，憋不住问："这个人和你什么关系？"

"讲给你听，我不是经常要去宜兴老家么，她是徐家汇长途汽车站的售票员，喜欢二胡，老远见到我，就喊闵老师，跟着眼泪就掉下来，不认识人看到，还以为我在欺负她。"闵摇头，无奈状，"她说，一听到你的琴声，我腿迈不开步。弄得我每次去长途站像做贼似的，她天天上班的，去了，总遇上，怎么避都避不开。"

沈说："你不用说，老闵，我懂了。"售票员再来，沈送她一本《怎样学二胡》，就再也没来过。

沈多米浙江艺校毕业后，分在浙江歌舞团工作，1986 年考入上音，1990 年到民乐团，坐飞机，乘火车，沈跟着闵，一起外出的机会就多了。

待久了，说话就随便。一日谈到思维方式，沈直来直去："老闵，我发现你的逻辑思维不是那么灵。"

闵一惊，还没有人这么说过她："举例说明之。"

"具体不说了，往往是，甲跟你说乙，乙跟你说丙，三转两转，你就会糊涂，分不清东南西北。"

闵点头："沈多米，我发现你的逻辑思维特别灵光。"

说过笑过，没几天，闵给沈电话：沈多米呀，我问你一件事，谁谁谁告诉我，这个事情，另外，谁谁谁告诉我，那个事情，

闵惠芬与沈多米在欧洲

你说说，这到底是什么事情？沈多米照自己的理解，很仔细地跟她讲一遍。她不理解，还追问：他为什么这么跟我讲？沈再耐心一遍。日子久了，闵有些拿捏不准的事，顺手就问沈，你觉得我该怎么办？沈说过，闵就说，好，那我听你的，我去讲。

好像沈很"逻辑"，好像闵"逻辑"一塌糊涂。

有一次，左翼伟带队，乐团去云南会泽，金沙江东岸，很偏远的穷县。到了那里，老闵通风病发作，一双脚，肿大，痛，行动不便。住的会泽县委招待所，条件很差，不论单人间、双人间还是三人间，卫生间马桶，千篇一律，都是蹲位。一般人能将就，闵不行，她无法将就。开过刀，最后一刀在小肠上，她的肠子，比人家短了整整一米，如厕，没有马桶，蹲下去，特别艰难。再加上，一双脚已经很肿很肿，连步都迈不出去了。

晚上要演出的呀，左翼伟着急上火，就到处去协调，总算找到一间有马桶

的房间。闵也急，拉着沈走出宾馆，街上逮到人，就问药房在哪里，寻到药房，听人说，云南白药是包治百病的神物。一时也没有医生可问，就买了，直接往脚上喷，也不论剂量，只知道多喷。

沈说她："你是医生呀，怎么可以自说自话用药看病？"闵说："你是医生呀，怎么可以自说自话阻止病家用药？"

两个人互相看看，哈哈大笑。喷过后，脚还真不痛了，晚上登台，不说，谁都看不出她的脚伤，还肿得那么厉害。拉好琴，下台，不行了，要人扶了，又变回去了，跷脚了。她横卧床上，谈体会："上去时忘记痛了，不知道是真忘了，还是药在起作用，下来后，又痛了。"结论是："想想还是白药的作用。"

听她这么一说，所有人都买了云南白药，楼下一间小店，统统买光。沈多米随大流，买一大堆回来，到处送人，拿老闵的经历当理由。传到闵耳朵里，她乐呵呵的，不作正面回答，让人真假难辨。

那年去陕北。都知道，上海民族乐团，闵的二胡、俞的笛子，两块牌子。俞逊发过世，只剩闵一个了，一般大的活动，她没一次能"躲"得过。这次也是，文化部通知，点名要她去陕北，她没二话，去。跟大家一样，坐火车去，硬卧，她在下铺。到了陕北，转普通的大巴，和沈多米并排。

这次出门，这么安排，沈心里是有意见的。老闵有病，是从医院出来，直接上路的，不能团体坐飞机，可以让闵一个人坐，飞机快呀，舒服呀，能保证让她得到尽可能多的休息呀。即便不安排飞机，上了火车，让她躺个软卧，也好得多呀，按规定，她有这个享受待遇的呀。她自律，谦让，总是客气，推辞，那是她的事，领导不应该忽略。结果，她跟大家一样，得不到一点照顾。

陕北的公路，颠个不停。沈让闵坐靠窗的位子，可以让她看看风景，好过一点。走过一段，沈睡沉了，迷糊间，感觉闵在推她。闵轻声说，沈多米，你醒醒，你别坐我这儿，换个座位去。沈觉得奇怪，睁眼一看，大事不好，老闵呕了，还不是一点点，身上、座椅、板壁，全是。脸色，像白纸一张。沈大惊，说：老闵，你怎么啦？闵说，你轻一点声。

出来了，因为不好打针治疗，医生给她配的药，比平时多了好几倍，加上车颠得太凶，经过有的地方，五脏六腑都要倒过来似的，年轻人、没病没灾的，都说吃不消，何况她一个病人。身上污物，她不停地擦，使劲在揩，沈赶忙找来东西，帮着擦，帮着揩，闵力气不够了，索性摊开双手，看着沈忙乎，自己有气无力靠车窗上，神色像是做错事的孩子。

手里没有停，沈说："逞个什么能呢？早知道这么个身体，你应该请假，不应该出来。"

"没事。"闵挤出笑容，说，"出来走，拉琴就没事了，在家待着，不拉琴，你知道我，会生病的，一时三刻，还不会好，好烦难的。"

沈没话了。二十多年同事做下来了，还不知道脾气？

沈多米武夷路住房，2002 年买的。搬了新房，休息天，她请老闵两口子新家坐坐。喝茶，嗑瓜子，一会儿，闵跟沈提议，坐着也是坐着，让他们喝茶，我们练琴去。

2003 年，要去台湾演出，去的人不少，节目很多，担心每个人都有安可，整台戏就更长，闵就想拉一个《三六》，与沈合奏，两人合一个"安可"。

沈赞同，两人起身去书房。

房间里关着沈的儿子，小家伙在看书。闵上前问："你在学什么呀？"

沈替儿子说话："小时候，我们叫他学钢琴，他不要，读到二年级，莫名其妙，正儿八经提出，要跟我学二胡。"

闵瞪眼睛了："好呀好呀，没人逼，他自己提的？"

沈点头："我不想教他！"

"奇了怪了，为什么？"

"老闵呀，你又不是不知道，自己的小人拉二胡，教不好的。我说，你要学，每天早起一个小时拉琴做得到吗？儿子说好，决心很大的样子，向我伸出小指头，我才不跟他拉钩，才不相信他呢。你想想，我自己都做不到的，他能做到？"

听到这里，闵已经坐不住了，伸出一只胳膊，阻止沈再说下去："你把儿子送给我好吗？"

沈一脸惶惑，不明白，她这话啥意思。

闵说："我来教他拉二胡。"

"好呀，你知不知道，我们儿子很皮的。"

"你把儿子送给我，我把大白猫送给你，交换，你帮我养大白猫，我帮你养儿子。"

"一言为定？"

"你不会逼我，说'驷马难追'四个字吧？"

看她这么顶真，沈多米矮下去，不响了。

闵家的大白猫，跟闵的关系，朋友同事们都清楚，那是她"心肝头"。重病期间，为引开她注意力，丁言仪催促她写过一篇《如何养猫》，登在杭州一本休闲杂志，拿到 18 元稿费。那天，她欣喜若狂，逢人便让他看稿费单，"写东西从未这么开心过，这是最珍贵的稿费，'猫文'的稿费呀"。

闵离开沈家新宅许久，沈的丈夫，脑子还转不过弯来，夜里躺床上，老翻身，睡不着。

"世界上，还真有闵老师这样的人，让我碰上了。"

"还在想她？"

"为了自己钟情热爱的事业，什么好东西都可以不在乎，都舍得。一般人，唯有事业高的也有，哪有她这样，随时随地，把最爱的东西献出去交换？"

"你不知道，我了解。二胡至高无上，是个圣物，她这么想，不带一点点杂质，这叫做水晶般纯粹的热爱。"

(7)"敦煌新语组合"

上海民族乐器一厂，生产古筝、二胡、琵琶三大件，拳头产品是敦煌牌古筝。民族乐器，唯扬琴，北方好一些，其他数上海。闵惠芬手上拉的"敦煌琴"，是"一厂"王根兴师傅的作品。论制琴，王是国宝级，这些年，岁数高了，手上欠力度，徒弟做，他在旁边把关，监制。有这层关系，闵惠芬跟"一厂"熟。

"进不到蟒皮，越做越少了。"闵见王，也说点业务话。

"是捕不到蛇吗？"

"哪里去捉？根本就见不到蟒蛇的影子。"王师傅说这些，脸上总是"苦大仇深"，满布愁云："好木料是有，上好的红木，一听价钿，吓得死人。"

"人手还可以吧？"闵知道王有几个徒弟，技术不错。

王摇头："不怎么的，年轻人不肯学，工资不够高么，钞票，都喜欢的呀，赚头少，就没有吸引力，好手就出不来。"

有这些垫底，"一厂"酝酿组建"敦煌之夜"民族室内乐队，闵特别起劲。她知道，民乐厂办乐队，壮大民乐，搞活经济，是条好路，她自告奋勇，担纲做"一厂"的艺术顾问。2006 年起步时有五六人，很快发展到十一二人，队员多为中音、上音的高才生。第一个进队的朱宇虹，无锡人，2005 年上音毕业，直接进厂。

朱的专长是二胡演奏。一进厂，就有闵惠芬老师，这是她万万没有想到的。编排节目，带教队员，都由老师亲力亲为，特别是上课，朱宇虹他们真是不习惯。

她不收学费，一分钱不要："用不着的，厂里给顾问费的。"学生们都清楚，厂里的顾问费，是象征性地给点钱，跟上不上课没干系。一起出去演出，她也不要钱："我有顾问费的。"好像那笔钱花不完似的。

不但不要钱，还超课时。一堂课，一般是四十五分钟，她没有三个小时绝不会下课："跟大家声明，与音乐学院不一样，你们不必唯唯诺诺，我是演奏家，你们也是演奏家，平等，我们是切磋。"

闵开课，第一堂，就让刚刚离开学校的"演奏家们"眼界大开。"你的琴带到北方去，会是怎么样？到南方，又会是怎么样？到了台上，忽然有一个泛音点拉不出来，你该怎么样？用一种什么方法去化解？她教的，全是学校里没有，演奏中特别需要的东西"。

朱宇虹们何止是惊喜呢？

少年宫，上大课，小学，只有她一个拉胡琴的。"六一"节登台，刚巧让路过的南京艺术学院杨易禾教授撞见，有了跟他去南京学琴的机会，宁、锡两地跑。考南艺附中，杨教授推荐给马友德，直至进入上音，一路接受系统教育。接触过的老师，尤其是马老师，是非常著名的教育家，他教的音乐理论，让她受益无穷。"闵老师跟他们不同，她太不一样了，她首先是演奏家，然后才是教育家，舞台层出不穷的临场反应，教育家可能不会教给，闵老师演出经验极其丰富，包括演出时如何调整心态，各种细节，可以说，几乎是无所不能。"

"一厂"的民乐顾问，还有顾冠仁、刘英他们。顾问们坐一起，讨论编排，闵有具体意见："不可随意，都要规范，演奏曲目，每一部都要有正规谱子，要把规范的东西带给学生。我们出去的东西，人家是要当教学示范的。"

"老闵说的意见，必须引起重视。"顾冠仁说，"'敦煌'的受众，小朋友多，爸爸妈妈要录音的，活络的孩子一听，开心了——闵老师跟我们一样，也是瞎拉拉的呀。"

"一般曲子，我就不说了，《赛马》，通常是'安可曲'，小到不能再小，一分钟的曲子，弄一个，玩玩吗？不可以，得按谱，丝毫不得随便！"

紧跟着，"敦煌"出访日本，上午走台，人家说，请你们准备不要多，也不要少，准备一个半小时节目。为难了，演奏作品，受情绪影响，不可能每次一样呀。对方说，就说你们现在走台，多走了四分钟，可以吗？我们需要另外付你们钱吗？时间概念，一定要明确。

演出结束，从很亮的舞台下去，要经过一小段很黑的路，眼瞎了一样，很难适应。很及时，中间几乎没有间隔，出来一工作人员，手拿一个红圆小亮灯，替你照明，不是"照"，是"绕"，小红点不停地绕着圆圈，一点不伤眼，贴心地告诉你注意脚下。

将细节做到极致，令人自然记起，讨论编排时闵强调的。

"一厂"在全国多地设有销售点，"敦煌之夜"变身"敦煌新语组合"，哪里有"点"，就去哪里演出。每次出去，至少三个，最多五六个城市，大大拓宽了敦煌乐器的销售之路。三五年间，经历了汶川地震、北京奥运会，去过法国、比利时、西班牙等许多国家，在乌兹别克斯坦还得过一个金奖。

小而精，有素养，乃特点一；闵连续五年做"敦煌"的顾问，此为特点二。有她在，不必谦虚，"敦煌新语"称得起是"豪华配置"。

汶川地震前，闵与全队六个姑娘的西北巡演已起程，原定兰州、乌鲁木齐、石河子、呼和浩特。去乌市，绿皮火车走了两天一夜，天天方便面，顿顿方便面，朱宇虹反胃，有点扛不住，几次去闵车厢关心："老师呀，你好吗?"

"没有事，很好呀，沿路看风景，塞外风光真好。"

"方便面吃得惯?"

"很香呀。"

"我是说，餐餐吃这个——"

"吃得多，更香!"

到了乌市，才放下行李，姑娘们就急着要换口味，相约出去吃大排档。闵老师听说了，打开房间门，手臂高举："不要忘记叫上我，算我一个!"

"老师，不继续'方便'啦?"朱宇虹奇怪，逗她。

"要拉琴啦，我得多吃肉呀。"她"巧舌如簧"呢。

在乌市，得知汶川地震，她们集体默哀。到了兰州，住宿的宾馆发话了："小姑娘，记住，晚上睡觉，警醒一点，卫生间多放几瓶矿泉水!"

"为什么呀?"

"防备余震呀，枕头抱一个，逃生好派点用场。"

上音霍永刚，是朱宇虹的二胡老师，他给朱电话："接老家电话，兰州一带有余震，人家都在往外跑，你们怎么往里钻呀?"霍是兰州人，知道一点情况，劝她赶快离开兰州。朱赶快把听到的告诉了闵老师。

"不行，票都卖出去了。我们得商量一下，怎么为抗震救灾做点事!"

"搞义演?"

"我在考虑，把兰州这场演出，内容改为赈灾义演。"

"好呀，《寒鸦戏水》《江河水》，少不了要换上。"朱宇虹有担心，"不知道，老师的琴——"

"你没长眼呀，高胡、'二泉胡'，我都背出来的。"

朱宇虹伸舌头，说不出话来。许多演奏家，特别是大牌，出来，不要说节目单上没有的，就是有的，乐器能少带就少带，大不了当地借。她想当然，把闵跟他们"同类项合并"了。

平时外出，都给闵安排单间的。2009年到重庆，联系沟通出了点问题，到了才知道，主办方让闵也住了标间。朱宇虹要去交涉，被闵阻止："好了，不要动了，不要给人家添麻烦，我俩睡一屋吧，蛮好，你不想跟我一屋呀？"

早七点，朱醒了。平时睡懒觉，这个点不会醒，跟老师一屋，多少有点拘束，醒得早。望向闵，床头灯开着，旁边竖着一本书，显然用来挡灯光，不让影响朱。朱心里泛起一阵温暖。

一五，一十，老师在数药片，数好了，从床头柜撸到手底心，脖子一仰，吞肚里了；又开始数，脖子又仰。年纪轻呀，老师生病的往事，也只是隐约知道一点，没有过过心，更不知道，每天气宇轩昂、精神抖擞一个人，每天要吃药，每天要吃五花八门这么多药！

闵惠芬吃过药，见朱醒了，就约了一块下楼吃早饭。吃完饭，回房间，她突然对朱说："我给你上课吧。"

"啊，上课？好呀。"

"你把《洪湖主题随想曲》拉给我听听吧。"

前前后后，上了一个半小时，还是服务员打电话进来才停息了，说是吵到人家了。一般在宾馆，会用一个录音器，就影响不到别人了。只是，上课不能用，用了录音器，效果听不出来，也是无奈。

"算了，我们楼下逛一圈。"闵提议。

出去工作过一天，人觉得很累。晚上回宾馆，沐浴、洗衣，朱宇虹脑子盘着这些"规定动作"，怎么也想不到，老师拿起琴，说是要练琴。

说着就拉了起来。她拉的，是乐曲里的快板片断。朱宇虹在旁边，呆住了，坐也不是，站也不是，看书也不是，想拉琴，更觉得不妥，浑身不自在。

"你们年轻人，有童子功，我年纪大，手指有空，就要拉一拉。"老师停下弓的时候，说道，"现在技术，日新月异，进步厉害，像有根鞭在背后抽你。"

跟她在外面跑多了，朱宇虹摸熟了她的习性。

有一次，在江阴，参加刘天华纪念音乐会，晚上吃饭，蔬菜有一碗叫萝卜苗，让她的舌尖发现了：嗯，好吃！于是就拼命吃，一大碗萝卜苗，差不多让她一个人吃了，剩下不多一点，推到朱面前："宇虹呀，这东西好吃，你多吃点。"

朱把盘子推回闵面前，老实说："尝过了，一般般。"

"你味蕾有问题呀，这么好吃，吃不出来？"提起筷子，最后几根萝卜菜，全让她撩了去。

闵惠芬、朱昌耀、宋飞、邓建栋在江阴

半夜，她给睡隔壁的朱电话，声音虚弱，好不容易听出来："肚子有点不舒服。"

"老师您病了？你等一下，我马上过来！"

她的门被锁死，又无力起来给人开门，唤来服务员，破门而入，闵正呕吐不止，脸都白成一张纸了，众人急忙送她去医院。打针吃药，好容易缓过神来，躺急诊室床上，闵对朱调皮地眨眼睛："没办法，贪吃，管不住嘴。"

后来一次，在天津演出，闲来逛街，见路边摊围着很多人，是卖大麻花的。熟悉人在说，这是老牌子，有名气，味道好，路人挤进挤出，手捏麻花，放肆在啃，有的样子很夸张。闵眼馋了，跟朱说："宇虹，吃吧？"

"这东西，您咬不动的。"

"谁说的呀，来一根！"

有她的鼓动，姑娘们跟她学，都要麻花了，七个人，人手一根，放松在街头，一边啃麻花，一边说笑，时不时地，朱宇虹会别过头去看老师。她在担心她的假牙，天津麻花名气大，好吃不假，硬还是够硬的，不要给老师添麻烦。姑娘们齐刷刷的，都吃去大半了，只有老师还在"艰难拼搏"，啃得吃力。她向朱做鬼脸："看什么看？你们不懂，享受美食，好东西，都得细嚼慢咽。"

每到新地方，有地方戏，闵必看。

在东北，看二人转，她有要求，正宗的，正儿八经的，带上姑娘们一起看。

到了兰州，坐公交，打出租的，赶许多路，就为了看一出秦腔。

在云南大理，苍山洱海，崇圣寺三塔，都可以不去，白族艺术团一场戏，非得要"擦擦眼皮"。

到内蒙古，下榻呼和浩特，她到处找"长调"，说一定得听，专门叫来歌手，还有拉四胡的好手，她召集姑娘们，不得请假，一定得都去看，向大家介绍，说得很有味，发布声明："今天看戏我请客！"

她跟人交涉，要到了好一点的位子，齐齐的，坐在了前排，几乎跟乐队面对面了。知道闵惠芬这么高声望的人看他们表演，还这么近距离，演员们不自然了。闵惠芬都看在眼里，颔首，不断做手势，向他们示意放松演。她的脸上自始至终，堆着谦和的笑，无尚慈爱。

（8）弦之上

2004 年春天，全国政协会议期间，闵惠芬抽空，到北京小西天中国电影乐团宿舍大楼，探望老前辈陈朝儒先生。"当我揿响了 402 室门铃，里面就传出了一阵欢快的声音，大女儿来了，大女儿来了！接着，开门、拥抱、亲吻，先陈老师，后师娘，一股暖流直面扑来，激动的泪水顿时涌出。环绕房内四壁，依然挂满了照片，都是我们小辈拉二胡的剧照，姜建华、宋飞、秋江，还有好几位更年轻不认识的。如果照片里的胡琴能发出声音，奏出的，一定是无比和谐、充满人间暖意的奏鸣曲。我的照片照例放在中央，大女儿嘛，身份不同，那张照片，我搂着陈老的脖子，无比的亲热，那还是我可以撒娇的年龄。"

陈振铎是刘天华得意门生，生于 1924 年的陈朝儒，二十一岁时，便被陈振铎选中，于重庆青木关的第一所音乐学府国立音乐学院，专攻二胡。毕业后，拉琴，当音乐老师，1982 年组建北京市二胡研究会，并主编《二胡研究》期刊。

上世纪 80 年代始，闵惠芬每次去北京，只要能挤出时间，总忍不住要去揿402 室的门铃。两代二胡人，说不完体己话。"二十多年来，我一直背着心爱的二胡，无比愉快地飞翔在祖国大地，甚至万里之遥的海外，把民族音乐的优美乐声播传天涯，每当此时，我总会想起一个白发苍苍为民族音乐事业热情奔波的身影。"

在家里，有了闲，闵、刘两口子，会斗嘴逗乐。比如求学经历，闵说，我一生读过三所大学，你没法跟我比吧。刘嘴一撇，瞎说！

"听我道来。第一所，上海音乐学院，没话说吧，它奠定了我二胡专业的牢固基础，在这所学校，我摸索着音乐的脉搏，追逐着音乐的真谛。"

"天下人都知道。"

"中国艺术团，是我的第二所大学。它是'文革'后期，国务院文化部为中美建交而组建的大型艺术团体，集中了当时国内文艺界最精华的演员，精湛的演艺，影响了中国舞台许多年。1975 年拍摄《百花争艳》，向世界展示中国艺术，团队里，所有优秀的同行们，都是我良师益友。"

"马马虎虎可以算是。"

"还有，蓝玉崧、陈振铎、陈朝儒、张韶他们这些前辈，这么些年，经常给我以指教，特别是非常年月，他们对我的帮助，都没有中断。"

"蓝先生是中央音乐学院教授，是音乐理论、音乐美学大家，在艺术团这三年，你多次求教于他，得益匪浅。"

"还有，刘诗昆、刘明源、刘文金、刘德海、刘长福，你刘振学这个'刘'，不包括，不是'六刘'，是'五刘'，他们各司钢琴、板胡、作曲、琵琶、二胡，都是国内的顶尖人物。与他们接触，使自己快速长大，尤其是刘明源，对我闵小妹，随时指点、示范，使我在琴艺、音乐修养方面受益良多。"

"我懂了，你是把师长们组合起来，算是又一座学校。"

"我这不是三所大学吗？"

挂在她嘴边，还有一句话：三人行，必有我师。"别动气呀，按此古理，你刘振学也可算是第三所大学的老师，'六刘'。刘老师好！"

毕志光，1949 年生人，上海人民广播电台记者。"我啥名堂？没有，一般性普通记者。她从来不叫名字，恭敬有加，尊称我毕先生。她名气那么大，年纪又长我几岁，完全可以叫我小毕或者志光，她不，就叫毕先生，从不改口。"

小学五年级，父亲要他学二胡，后又兼学琵琶，痴迷闵惠芬和刘德海的琴声，心追手摹，一心想赶超。1973 年赴京，考取人民解放军空军政治部歌剧团，"文革"来了，自己又生病，结果无缘入伍从军，在街道生产组待了十多年。《三门峡畅想曲》拉得再溜，《彝族舞曲》弹得再好，有啥用？弃艺从文，在业余大学读了四年中文，沉醉于朱光潜、宗白华、王朝闻、李泽厚的文艺理论，在上世纪 90 年代初，考入上海人民广播电台，当音乐编辑兼记者，做了两小时的《执著的二胡诗人——闵惠芬》，获当年上海广播电视政府奖、广播文艺一等奖。闵也觉得，在做过的专题中，毕的作品最满意。自此以后，两人常来常往，交上朋友。

又一日，好阳光，"毕先生"至闵家："没有事，看看你。"

一杯清茶，两只沙发："毕先生呀，您总是那么客气，应该是我，多多看看您，向您讨教呀。"

"闵老师客气了。"

"器乐声腔化，我只是一个劲往前冲，理论滞后呢。"

"您总是歉然。"

"那时，四个月，一口气，跟李慕良先生学了八个经典须生唱段，真是年轻气盛。人说，这是我艺术生涯突破点，我也有同感，只是，如此追求，我国音乐发展史可有说法？"

"有呀，《霓裳羽衣曲》便是从远古乐舞，到唐代宫廷燕乐的标志性作品。"

"宋代继唐而起，城市发展，市民阶层兴起，市民音乐随之繁荣，我国音乐主流，由宫廷转向民间，贵族化转向平民化；最具代表性的音乐形式，由歌舞转向戏曲，民间说唱音乐也走向成熟。那时起，到20世纪中叶，漫漫千年，我国广大城乡民众，所能享受到的具专业水准的音乐生活，主要是戏曲和曲艺。"

毕肚里，全是货。

就要听这个，闵来劲了："对！这两个门类，据新中国建立后统计，光剧种、曲种，都在三百个以上。"

毕继续："我国戏曲，丰富呀，文学、音乐、美术、舞蹈、武术、杂技，哪样没有？而一个'曲'字，可以看出，音乐是它重要成分，不可或缺呀。"

"是呀，所以说，中国的戏曲是音乐的戏剧。"

"有意思。戏曲演员，基本功，不外乎'唱、念、做、打、舞，手、眼、身、法、步'，'唱'排头条！"毕说。

"联想到民间，多少年了，戏曲演员，叫'唱戏的'，看戏，干脆叫'听戏'，还有什么'唱戏的腔，厨师的汤'。"

毕笑道："说到烹饪了，中国厨师做出美味佳肴，世界一绝，无与伦比，都知道，离不开鸡、肘、干贝熬制的那锅'高汤'。同理，中国戏曲艺术之妙境，是戏曲演员把声腔艺术发挥到了淋漓尽致的境地。"

"戏曲的声腔，静下心咀嚼品味，自会领悟。"闵赞同。

"高不见巅，深不可测！"

闵有心得："二胡酷似人声的音色特点，给创作留有更大空间，表现上更有张力。"

"古人所谓'丝不如竹，竹不如肉'是也。"

"书法所谓一画之笔迹，流出万象之美。"闵说。

"题材这么广泛，人物如此丰富，情节纷繁复杂，抒情性唱腔发展的空间，何其辽阔！所以，您的二胡，乃非以炫技为能事的匠人，一旦进入京剧，流出的，自然是'万象之美'了。"

闵心里有老师："毕先生过誉。您让我记起刘明源先生了，他五岁开始学习京胡、板胡，七岁登台表演京胡独奏《夜深沉》，并专业从事过评剧创腔设计、配器，又遍学江南丝竹、广东音乐、河北梆子、秦腔、迷胡调等，几乎掌握了我国各种拉弦乐器。"

"刘德海也是呀，他开始入行，就受江南丝竹和越剧、沪剧、评弹等戏曲、曲艺音乐的影响，后又学过梆子、京剧、秦腔、皮影戏和北方曲艺等音乐。他说过，在自己所演奏的音乐中，已经大量渗透进戏曲音乐的表现手法。"

谈兴浓，忘续茶，闵说，看我这粗糙。毕说，过谦了，您才细呢，没人能比。他举例说明："徐玉兰的《宝玉哭灵》，从歌剧自编自演的《洪湖主题随想曲》，黄梅戏《打猪草》，房晓敏编配的粤剧《昭君》，顾冠仁编配的《游园》，甚至古老的琴歌《阳关三叠》，您的细，都体现在您作品里。您在戏曲声腔中，发现了传统声乐艺术之美，从而把'声腔'这个词泛化，兼指曲艺、琴歌和民歌等其他传统声乐了。"

"泛化？是的，应该泛化。除了我拉过的，寄希望于后辈，传统声乐艺术，是部万宝全书，开拓余地宽得很呀。"

"您的这种器乐演奏声腔化的规模化探索和实践，在拓展二胡音乐新领域的同时，运弓按弦也有了新进展，变得更为丰富细腻而有张力，艺术风格，也在原来清丽委婉、深沉激越中，逐渐凸显出雄浑豪迈、大气磅礴的气概，达到更为高远的艺术境界。"

"二胡界有一个现象，以音乐学院为代表，把视线和手探向了西方。"闵说出自己的思索。

"不断把炫技性、高难度的小提琴移植、改编成二胡曲来演奏。我把宋飞二胡演奏的《野蜂飞舞》放给朋友听，他的儿子在高等学府，从名师攻提琴。他明确表示，其子的提琴还未达到此水平。可见我国新一代二胡高手，演奏技艺已抵达相当的高度。但是，与真正的小提琴高手相比呢，其辉煌与华丽，够得上吗？"

"呵呵，乐器本身局限么，提琴四根弦，有指板依托，运弓擦弦为朝下一个方向，二胡两根弦，无指板依托，运弓擦弦有内外两个朝向，换把、大跳距离远。不过，换一个角度，局限可能就是所长。"

"是呀，《二泉映月》《江河水》，求其沉郁、凄怆之美，乃二胡之长，提琴便难抵达。"

"推而广之，所有乐器都可以炫技，炫技是玩，我不玩。"

毕引古文："白玉不雕，宝珠不饰，丹漆不文。从来至美之物皆利于孤行。"

闵击节称叹："西洋音乐的好处，当年刘天华先生发现了，一手伸向西方，一手伸向民间，他学西洋作曲，攻西洋乐器，同时，请民间艺人来家合奏，为梅兰芳先生听记《梅兰芳戏曲》乐谱，一刻不闲。先生创作、演奏、授艺，创宗立派，成中华民族音乐伟人，开华夏音乐一代新风。"

"近日念及阿炳先生的《二泉映月》，似有新悟，得句八行。"

"好呀，念来听听。"毕先生神色期待。

闵站起身，给客人续满杯茶，清清嗓门，抑扬顿挫起来：

> 苦韵悲冷月，
> 寒音裹残雪。
> 指颤心凄楚，
> 魂飞影孤寂。
> 骨枯神刚倔，
> 身卑气难抑。
> 目暗清泉洗，
> 崎岖向天阙。

"好诗！"毕志光不由得鼓起掌来，"三十年前，得同学张奇松所赠旧唱片，你如获至宝，把唱片几乎都听坏了，整年如此苦习《二泉映月》，以此与阿炳隔空对话，得其精髓。今日你念念不忘，与刘天华、阿炳一脉相承，'崎岖向天阙'，难得你不畏险途，丹心一片，中国音乐自有燎原之本！"

"哈哈，岂敢岂敢，知我者，毕先生也！"闵连连作揖。

临别，毕志光不忘说了件近事：日前读到我国第一位琵琶硕士、上音民乐系主任李景侠的文章，她留学欧洲九年，归国后就音乐谈体会，一言以蔽之——出去后，发现了外面的天有多高，才知道，自己脚下的土地有多厚。

"有道理。"闵连连点头，"说到海外，我2002年10月飞加拿大，枫叶正红，与朋友共同举办民族音乐会，使遥远的知音感动。不可想象，民乐竟有那么大天地！当夜不能成寐，自说自话，作了首《琴瑟吟》，直抒胸臆。"

"请吟，拜赏。"本要告辞，毕复落座。

自己作品，闵张口就来：

琴瑟和鸣扬高天，

云涌瑶台显双莲，

大洋彼岸闻仙乐，

清雅悠悠醉人间。

这回轮到毕向闵作揖了："跟您聊天，胜过读书呀！"

斜阳，淡茶，动情的胡琴，冷静的思考。

（9）课堂

陈春园，上海音乐学院民乐系副主任、拉弦教研室主任，还有一个头衔：上海乐界第一位民乐硕士生。

陈就读和工作在上音民乐系，间或能请到闵惠芬授课、做讲座，每课、每场，陈必到。闵讲课，近乎都以"戏曲声腔艺术对二胡的影响"为中心思想，她不止一次地跟学生们说："我知道，你们想从我这里学到《江河水》《长城随想》的演奏方法，但我希望，你们更努力地去研习昆曲《游园》、越剧《宝玉哭灵》的演奏艺术，要让自己真正浸润在戏曲声腔艺术的氛围中。"

陈读书做学生时，专业老师是王永德。王跟闵，是老同学、好朋友，向闵讨教，陈就有了机会。上世纪 90 年代，陈快要留校任教师时，两人有过一次单独谈话。闵说，我觉得，你的底子很好，我很想赶紧把我知道的，会的，全都教给你。闻此言，陈当场就感动得不行，从学以来，从未有老师，这样跟她掏心掏肺地说话。陈春园 1982 年进上音附小，中学大学，一路钻在民乐里，二胡是她毕生事业，期望经常能得到闵老师的点拨，聆听她的教诲，当在情理之中。

2005 年夏，大学临近毕业的时候，契机出现了。

上海戏剧学院有位叫陈平一的，硕士研究生，专攻京胡艺术，开京胡独奏音乐会。本当邀请闵老师到场拉《逍遥津》，因闵另有演出，不能出席，而音乐会安排《逍遥津》是必须要拉的，闵就推荐了陈春园。

这是陈没想到的，更没想到的是，闵要单独给她授课。京剧传统剧目《逍遥津》，是四大须生高庆奎代表作，1975 年闵亲自移植为二胡独奏曲。几十年演奏，早已成为闵曲经典，她有大量心血，倾注在里面。

单独授课，这是第一次。

陈春园提了胡琴，兴冲冲上了文海大楼。

"你把胡琴放一边吧。"

"好的。"陈春园很听话，琴箱都还来不及打开呢，便竖着，倚墙摆下，闵身边木椅，人就入了座。

"你跟着我，咱们唱。"

"唱呀？好的。"

"先要把乐曲大意搞明白，人物形象树立起来，要把唱腔，背得滚瓜烂熟。"

预料中的二胡课，成声乐课了，不拉琴，唱高派京戏《逍遥津》。老师唱一句，学生跟一声，老师放得很开，声音洪亮，学生几乎蚊子叫，两个人听着都吃力。唱非陈所长，先就怯了，明知不对，心里想着高上去，发出来的声音，依然很低，更不敢大声，只是哼哼。

"嗓音好坏无所谓，陈春园，请你放开唱，大声唱!"闵说这几个字，助以手势，洪钟般鸣响，陈形容为"闵老师说这几句话时，带着她惯有的侠气和豪气"。

"好!"

再不犹豫，陈春园果断放开了嗓门：

父子们在宫院伤心落泪，
想起了朝中事好不伤悲。
曹孟德与伏后冤家作对，
害得她魂灵儿不能相随。
二皇儿年岁小孩童之辈，
他不能在灵前奠酒三杯。

导板开头，感情是爆发式的，文海大楼，这间天天传出胡琴声的屋子，发出了京腔，40年代的高派唱腔，高亢洪亮，气贯长虹。放开唱，大声唱，效果非常好，"我的状态马上有了变化，身心合一，这门熟悉而又陌生的艺术，我真正融入里面去了"。

道理很直白，只有"放开"，才能做到，从生理的震撼到心理的震撼，艺术情感人性化这堵墙，也才能打通，"二胡演奏者，学习戏曲声腔，真是很有用的一门功课"。

"声腔艺术，无可言传，亲身去唱，方可体会。"

"放开唱，得要义。"

"戏曲声腔叙事性，二胡音乐旋律性，有着对应。"

"戏曲声腔，总是富含悲剧性高潮。"

"二胡艺术有着震撼心灵的华彩。"

"流派程式化个性彰显,乃戏曲声腔重要元素。"

"可与二胡艺术,身临其境的情感逻辑想象媲美。"

"见山是山,见水,依然是水。"

"令人不觉有澄澈的顿悟呢。"

陈春园悟性脱俗,闵惠芬豁开去,传授指法的处理。"告诉你,切记,拉这类乐曲,包括《洪湖主题随想曲》《长城随想》,左手按弦,必须利用指面。"闵助以手势,"这是秘诀。"

陈春园轻轻一声,"唔",再不言语。

真是个新奇的观点。流行的二胡指法,认为指面按弦不灵活,取而代之的,是小提琴的按弦方式,即肌肉按弦,指尖朝内。演奏《二泉映月》等传统乐曲时,许多演奏者,无一例外,都采用的是指尖按弦的方式。

从墙边拎起琴来,按闵的指示,陈春园试了试,果然不一样了,指间流淌出的音符,仿佛有了岁月的痕迹,如声声饱含情感的咏叹,灵动了,栩栩如生,浓浓的民族性特质中,寻觅到了,叙述的理由,情感的依据。小小一个改变,让演奏者信心骤增。

"您的秘诀中,还蕴藏着东西呀。"

"二胡究竟应该发出何种声音?"

"为我所用,拿来主义,老师您稳坐,笃定。所谓历史远见,这便是吧?"

"二胡技法,有传统和现代。尊重传统,不是一句话能说清楚的。"

"必须得完美结合,演奏起来,才能游刃有余。"

"想用指尖,就指尖,想用指面,就指面,左右逢源呢。"

闵得意,溢于言表,不知是为陈的理解,还是自己的心得:"我演奏《逍遥津》,大量使用的,是指面按弦的方法,尤其在同指滑音时,指面紧贴琴弦,与之配合,右手也贴弦运弓,如此,方能使乐曲,得连贯流畅之妙。"

近十年后,陈春园做了上海音协二胡学会的副会长,在中国二胡界,演奏学科,研究教育,毫无疑问,闵具示范性特质。上海二胡得天独厚,求教问道,陈少不了常常会去叩闵家门。

多半是在书房。悬壁琴橱,满满一架,一字儿排开的二胡,作了背景,民乐学术的气场,顿时无比强大。

"声音,乃乐器表现力的核心要素,技术只是片刻的愉悦,音色才是永恒的幸福。"副会长说话,书卷气了。

"我赞同这个观点。"老规矩，客人喝茶，闵喝白开水，"我自信，我对声音的想象，一直是走在前面的。先要有对应的，音质要表达到什么程度这个想法，并且这个想象，是始终率领我们的，还不完全是我的动作是怎样的（肢体动作是一定要与之配合的），假如你对声音没有标准，没有一种想象力，那一切将无意义。"

"我的一些学生，拉了许多年，音质还是弱，真替他们着急。"

"要我说，问题发生在孩子身上，根子在你身上。"

"此话怎讲？我都扑出心在教。"

"学生在练习中，你有没有，让他们形成一个什么才是好声音的概念，有，还是没有？"闵的口气，咄咄逼人。

春园老老实实摇头。

"其实你只要告诉他们，不需要很用劲地拉，左手按弦的力，和右手持弓的力，都要能'吃住弦'就可以了，对这一点，我们当教师的，必须非常敏感。擅画者留白，擅乐者稀声，有时候我们不需要大声唱，但我们必须入心，当然，这需要一个人内心的感觉。假如有一天我老了，有些曲子的要求达不到了，那我宁可放弃，因为对于我自己，内心的标准，是一定要达到的。"

有时，她俩会说一些琐碎话题，当然，还是离不开琴。

"在家里，刘老师说您天天操琴，每天您练多久呀？"陈春园站起身，在书房踱起步来。

"年轻时，不计时，天天练到拉不动。现在，保持两个小时左右吧。"

陈从书架抽了本书，随意翻动："老师您拉琴，您右手，握弓时，是个什么状态？一直疏忽。"

"看仔细了，告诉你，拇指朝下，很自然地搭在弓杆上，拇指和食指不能互相掐，而是靠手本身的重量。我还有一个说法，大部分乐曲的力度是 mp 到 mf，这点力，足够了，小幅度的渐强、渐弱，只要运用弓速和弓幅就可以了。你去试试，我拉琴其实是很省力的，我的方法科学着呢。"闵拿过陈手里书，看看封面，是罗曼·罗兰《巨人三传》。

"我一度认为，揉弦是教不来的，是天生的。"

"错。为了创造优美的音色，应当努力练好揉弦。上乘的揉弦，是想怎样就怎样，根据音乐感觉的需要，改变揉弦的种类和频率，频率的快慢，都是可以教的，当然，一切还离不开个人特有的音乐气质。"

"说到气质。我们年轻人，背地里，都在说你呢。"

"喔，都说些什么呢？"

"说您的气质呢，您登上舞台，那神情，那气场，那自信，是任谁都学不来的呀。"春园手里的《三传》换成了《罗丹论艺术》，"不过，我的判断，业界差不多都认同。"

"什么判断？"

"在您身上，除了您说的对二胡艺术的自觉、兴趣之外，还有一样很重要的东西——淡定！您荣辱不惊，不卑不亢，意志坚定，富有活力……"

"好了好了，哪里来那么多形容词！"

（10）扦舞

闵身边的扬琴伴奏，王珑离开，曹蕴接上。

2004年开始的演奏小组，曹是"六人小组"的扬琴。2005年，纪念刘天华诞辰一百十周年，成立"中国音协刘天华研究会"，闵惠芬任会长。同年11月在江阴的多场演出，都是曹的伴奏，直至闵惠芬往生。闵的身畔，曹是最后的扬琴手。叔叔曹建辉，是曹蕴的启蒙老师；附小、附中，都在音乐学院，专业老师是洪生茂；大学时，扬琴老师成海华，四年的寒暑假，去中央音乐学院，跟项祖华老师学扬琴，跟吴乐懿老师学钢琴；2001年，东方广播民族乐团并入民族乐团，来到闵惠芬旗下，曹蕴觉得，一生的学习算是完成了。"一路跟过来，这么多的老师，都好，是差不多的好，哪里想到，读完书，工作了，遇上了闵老师，闵老师好，好得与众不同。"

第一次，为她的《江河水》伴奏，曹蕴由衷赞美："这首曲子，我为好多位优秀演奏家伴奏过，您拉的，跟他们都不一样，真好！您的装饰音润腔法，倚音、滑音、直音、颤音，太好了。"

"你的扬琴，低音的浑厚、中音的圆润、高音的透亮，且颗粒性强，我喜欢。"

"谢谢老师。"

"有些小问题，有没有人，给你指出过？"

"没有。老师您说。"

"我发现，你有些习惯，还是得改一改，比如，打出个不理想的音符，出了个小差错，你会吐下舌头，扮个鬼脸，虽是不经意流露的小问题，也要不得。"

来团不久，参加"挑战首席"的一次考试试卷中，有道题，叫《觅》，是作曲家杨青1986年作品，是个"视谱"的曲子，一个现代派曲子，难度超高，旋律发展手法，非常多样，一般人吃不消的。曹看到了，不觉一乐，自己复习时接触过，所以回答得很轻松。

"这首曲子，你是第一遍吗？"主考官是著名作曲家。

"不是，不过之前我看到过。"曹蕴如实回答。

"我说么！"她的话，主考显然不相信。

"我复习时，涉猎多，看得比较广一点。"

主考摇摇头，以他的理解，这道题，小姑娘没有预先知道，根本不可能解答得出。显然他怀疑有涉舞弊之嫌，责疑这场比赛，提议取消分数。小姑娘觉得委屈，奈何无处可诉。闵知道了，就去了解她的其他分数，特别是独奏的分数，弄清楚后，她跟人摆道理，表明她的立场："曹蕴工作才三年多，我觉得她不会撒谎，没有充分证据，我们应该无条件相信她，看过就是看过，涉及的东西，只是比原来的首席量大一点而已。年轻人好学，有什么不好！"

曹蕴浑身是嘴说不清的事，让闵惠芬给排解了，她说不出地感激。这事不大，最令她感动，还是2008年，她的独奏音乐会。

跟老师一起在外面，介绍两人的关系，不论人家，是问，还是不问，她都老老实实说"她是我老师"。她自以为，这是天经地义的。晚上回房间，剩下她们两个人时，闵就调教曹："你不能说我是你老师，不能那样说，应该说，'她是艺术家，我是她的琴师，我们是合作伙伴'。明白不？"曹点点头，似懂非懂。

跟闵想法一致，民乐团鼓励培养青年，自己有了创意，可以报告，可以为你举办音乐会。曹蕴的音乐会算是定下来了，曲目呢，头一次做这么大的事，心里真还没有谱。

闵老师主动找她。

"想法有了吗？"

"这不是正要找您吗，一团乱麻。"

"知道你，离开我不成吧。"

"扬琴独奏曲也不少，大海捞针呢。"

"不慌，听我的，我搞得多，我有谱。"闵来劲了，跟办自己的音乐会一样，拉开架势跟她说，"大块分，上半场，传统曲目，下半场，中外现代作品。有了曲目，再把它们有机地组织起来，要有个系列，不能随便。"

"话是这么说，具体安排比较难。"

"不难。传统四个流派，江南丝竹、广东音乐、四川扬琴、东北扬琴，是吧？"具体作品，闵都有谱了，"跟沈多米这位'江南丝竹小姐'可以选《三六》，搞个小组合，使江南丝竹风格更加明确。跟李肇芳老师的高胡，落实一曲广东音乐。"

"好的好的，东北《苏武牧羊》，四川名曲《将军令》，传统曲子一路算是全了。"

在闵启发帮助下，曲目很快定下了，最后，让音乐会的命题难住了。曹想了好几个，都让闵给"枪毙"了，不是太土，就是缺乏诗意。"我们搞民乐，离不开千年文化，凡事讲究意境，古风使然呀。'人闲桂花落，夜静春山空'，王维的，'采菊东篱下，悠然见南山'，陶渊明的，欧阳修的'庭院深深几许'，李清照的'红藕香残玉簟秋'，多少美！不急，慢慢推敲。"

上海"推敲"到厦门，王彩珍那儿演奏，两个睡一个房间，天天晚上摆龙门阵，还是无果。曹蕴摸透老师脾气，不催她，反正回上海必须报题目了。闵平时好睡，离鹭岛前夜，翻烧饼，半夜三更，睡梦里的曹被她唤醒："有了！"

"'扦舞·弦吟·心韵'六个字！"闵说，"曹蕴呀，你得赔我，字字白发，一个字一根白头发呀！"

音乐会在东方艺术中心，小型演奏厅举行，闵的身份是"艺术指导"。临了，闵力主出演独奏，曹伴奏，最为默契的《洪湖主题随想曲》《赛马》，这样一加，展现曹的扬琴，除了独奏外，伴奏的形式同样具举足轻重的地位，整场更全面、完美。

一切皆为曹"扦"，舞姿更美。

演出结束，谢完幕，闵显得比谁都激动，迫不及待地跟曹说："衷心祝贺你，曹蕴，人生第一场独奏音乐会成功举办！"

"谢谢老师！"曹搀扶闵缓缓走下台去。

之后，闵有舞台创意，都跟"合作伙伴"相商。

"《阳关三叠》后，少有古诗词作品入琴。"

"诗与乐，分不开。"

"对，就这个题目，《诗与乐》，每首独奏曲演奏前，配一首诗，尽显书卷气。"

"老师是在做好古风雅之士呀。"

"如此，有一套诗乐曲目，六人组，可谓美不胜收也。"

"《长城随想》，您希望我能钢琴伴奏？"说话已入 2012 年国庆节，闵出席北京"CCTV 民族器乐电视大赛"启动活动返沪，即跟曹说。钢琴，是扬琴之外，曹蕴最擅长的乐器。

"多年了，你来到我身边，不时会浮现，钢琴伴奏二胡《长城随想》，可是又一个梦呀。"

"这个想法，听起来不错，有意义的尝试。"

"有空了，你好好练钢琴，一起圆梦。"

半个月后，是 10 月 15 日，第三届江阴刘天华民族音乐节，曹陪闵赴江阴实验小学，出席"民乐大师进校园"活动。她一曲《草螟弄鸡公》奏罢，下台时竟站立不起来，试了几次都没能成功，干脆一副瘫倒的样子，在"合作伙伴"的怀里，半倚半卧着，休息了好一会。曹蕴不敢迟疑，陪着她直接去了宾馆。

钢琴伴《长城随想》，两个人，从此不提。

(11) 两只灯笼一双筷

其实，只有刘振学清楚，2010 年起，闵惠芬的白细胞居高不下，明显不正常，体感也是明显虚弱。一般性药物，根本起不了什么作用，她又开始频繁地跑医院。不久，医生开始给她做骨髓穿刺。经第三次骨髓穿刺，出来的结果是阳性，遵医嘱，住进仁济医院。

一日，彭正元去看她。

仁济离城隍庙不远。他去城隍庙弯了弯，买了灯笼，再在水果店买了苹果。新年临近，灯笼是家里装点的需要，苹果自然是给病人的。

病房里，刘振学在。他们几个，太熟悉，往来多，见到，互致问候，嗓门大，说笑声高了，跟医院的气氛不太协调。

"买了苹果，还带什么东西给我，老同学，你真有心。"

"小意思、小意思。"

"不是小意思了。"

苹果已经放下，抓在手的灯笼，放不放下还没决定，待彭正元完全清醒，知道她是误解。闵惠芬已把他的灯笼拿过去了："蛮好看蛮好看，难得阿彭你这么有心。"

阿彭呆了一息，也就一息息："区区几个钱的东西呀，不足挂齿。"

"可不能这么说话！什么叫几个钱的东西，情意这东西，钱能买吗?!"她叮嘱刘振学，"又得辛苦你了，小悠悠的，挂电梯门进来的地方，正合适。"

阴差阳错，阿彭送的灯笼，到底也没有挂，不是住院，就是出演，即便挂上，谁欣赏？闵辞世不久，刘振学偶然看到它们，卧于墙角，一声叹息："忘记烧了，登'天梯'，照明，倒是用得着。"

汝艺去仁济看她，时间正是病床开饭，闵准备热饭热菜呢，汝艺赶忙替她跑一趟。

病房漱洗间，为病人配有微波炉，病人、家属、护工都可以使用。闵吃的饭菜，除医院供应的，大部分是刘在家里做好送来的。加热饭菜，刘老师不在时，都是闵自己去弄，她已经很熟悉了。汝来了，她跟他说："带上零钱，五角钱转两分钟，一元钱转五分钟，你转两分钟的，足够了。"

"不，转五分钟的，热透点，好吃。多出的五角，算我请老师的客。"汝艺逗她，她冲汝艺白眼睛。热好饭菜，汝艺端到老师身边床头柜，自己坐一边方凳，不说话，陪她。闵拉开小抽屉，取出筷子，吃饭，撩菜。

"这个刘振学，真不会办事，给我这么个筷子，吃起来真是别扭。"才吃了几口，闵就让汝看自己手里的筷子，发牢骚。是双儿童筷，细，短，筷子头还尖尖的，大人确不好使。

大概刘老师考虑到携带，短一点方便，一时情急，顺手拿了这双筷子。这些话，汝搁心里没说，抽空，他去了医院超市，给老师买了双粗点的筷，另带一叉、一调羹。闵把筷捏手里，左看右看地开心："灵灵灵，这个吃起来就舒服了。"

第二天，汝艺还去医院，刘振学陪在旁边，闵老师已经在那里吃饭了，汝一眼望过去，看到她手里拿的还是又短又细的那一双。他拿眼睛问她，她说："行，挺好的，我等着再用。"有点答非所问。

隔几天，汝又去病房，又是刘老师先到，她在他的关注下，一口一口吃着饭，手里捏的，还是刘老师那双筷子。站到病床脚跟，汝艺双臂交叉胸口，眼睛盯着他们夫妻俩，从头到底，一声不响。

汝艺称自己是"吃百家饭"长大的。现在一般的学生，从附小、附中、大学上来，音乐教育进入体系化，有了师承管理，比较循序渐进。他不是，本科没有读，进入音乐学院成了任教老师，全国罕见。

皆因爷爷是在台湾国民党做事，汝艺的求学之路，变得吊诡曲折。他必须得自己"找饭"吃，在福建跟福建学，在南京跟南京学，到了北京跟北京学；尔后，参加全国比赛获奖，有了到上音读"干部专修课"的机会，获取了大专

闵惠芬祝贺汝艺音乐会演出成功

文凭。2007 年，人到中年，四十三岁了，他上音研究生毕业，百回千转，走到闵老师身边，停下脚，再不移步。

此前，有些偶然机会，也跟闵老师上过课，解决一些技术方面具体问题，那是属于临时请教，感触不深。真正落地上海，跟了闵老师，"整个人好像一叶浮萍，一直在漂，不漂了，安定下来了，一颗灵魂，得到了前所未有的归属感。我的艺术追求，价值判定，一直寻觅的音乐人生的观念，在闵老师身上找到了，有了质的飞跃"。

曲指算起来，汝艺跟闵学琴的时间不长，跟什么"入室弟子""嫡传师徒"，更沾不了边。他跟师学艺，不是"老师拉着，你学习"这种，"我走近她身边，远远不单是拉琴，是整个人走近，这过程，没有用太长的时间，就有了一种内心的呼应，精神的嵌合，非常纯粹，非常宝贵"。

对老师的艺术，汝艺自有认知："中华民族非常低微，被别人看不起的情况下，是刘天华，让民族音乐从叫花子、民间草根的地位，提到了阳春白雪。他在北大、清华当教授，把二胡这颗宝石发掘了出来。而老师几十年如一日，打磨它，把它推广到世界，我们这代人，无论是专家学者，还是扫地阿姨，都知道闵惠芬，她这个名字，成了二胡的代名词。"

一双筷子，让汝艺更深刻看到老师的细，入丝入发。

那么多年生病，有刘老师照顾，这个世上，对她最贴心、最周到的，也就刘老师。刘给她准备的，最差的也是最好的，世上最好的东西也替代不了。

她有自己的相夫之道。刘给她的爱，她不能伤，伤不起。

拿这点事，汝艺跟自己学生说的时候，有点动情："你们说，一双筷子，多小的事，又是多大的事！闵老师是个什么样人，你们还不能认识吗？多少细致，已经细到不能再细了，像这样的人，她的音乐，能不好吗？"

搬双峰路前，闵的家在复兴中路，住了多年，这地方，她有感情。弄内 22 号乙室，是汝艺的录音棚，只要有机会，闵就会拐进来坐坐。这里有个长沙发，她喜欢在这儿躺会儿。

"汝艺呀，我来了，打扰一下噢！"

"老师来啦？"学生还没有回过神呢，她已躺下了。

汝艺起身，倒水，递水的一点时间，闵已安然入睡。睡得安详，沉稳，十轮卡车过，也不可能吵醒她。

她睡相好，真是一动不动的，侧身而卧，躺下去怎么样，醒过来还是那样，倒下就着，一上枕头就入梦乡。她说，我告诉你，这是我多年的经验了，该吃的，一定多吃，吃得很饱很饱，该睡时，一定要睡足，睡香香的，因为你是

闵惠芬与刘振学

要出去演出的，居无定所行无踪，万一吃不到下顿怎么办？睡不好，没有精神，怎么拉琴？！

汝艺这儿，是录音棚，也是工作室，人来人往，更多的时候，汝这里有学生要来。正在上课，要是让她赶上，那不得了，精气神提起来了，累呀疲倦呀，一扫光，觉也不睡了。"闵老师也真怪，累成这个样子了，看到学生，就没命，蚂蟥见到血一样，就得打起精神教。她就问：教怎么样呀？我说琴毛病了，弦不好。她说，让我看看。接过琴去，经她一阵捣鼓，还真灵，问题给解决了。"

师生之间，不全是教学，有时也扯事，天上地下的。

"中国男星，我就喜欢李默然，你看他，说台词，举手投足，阳刚气十足！"

"这个我信。"

闵横他一眼："凭什么？"

"你的琴呀，你拉琴，从来不女人，女人该有的细腻情感，又非常到位，但那种大丈夫气质，表现民族精神的东西，更是明显。"其实，刘炬跟汝艺说过："我老妈呀，独独喜欢李默然，连李做的广告，她都喜欢。有点偏执，其他演员，怎么能都排斥呢？打击一大片么，不好，很不好。"

（12）孩子们

陆轶雯、龚楠、李志卿、殷依婷，她们几位，都是闵近年带教的学生，特别是陆，连续带教有七八年之久，也是闵最喜欢的一位。她高中开始跟闵，大学时代，做了陈春园的学生，许多时候，还是跟闵学。她去闵那儿，多数有陈陪同，她们师生都做闵的学生。

"陆轶雯呀，谁都看得出，闵老师对你，好得真是没话说，就跟她家里的猫一样呢。"

"啊，跟猫一样呀？"

"猫怎么啦？谁都知道，大白猫是闵老师最爱，对你好，爱护你，不让你受到一点点伤害，跟她的猫一样，多幸福呀。"

有过一段，陆不是很顺利，陈跟闵说了。闵就心思重："孩子在学校，免不了要参加各种比赛，比赛是双刃剑，春园呀，我以后不想参加评委了。"

春园眼睛瞪起来，还真是圆："好好的，为什么呀？"

"你帮我说说，美言美言，真的不做了。"

"不可能，你休想。你权威，无人能替代。你不上，赛事就掉分，一定的，哪个组织领导能放过你？"

闵苦着脸说："评委的位置，一坐上去，我心脏就受不了，真替他们每一个都担心。每一个都这么好，一定要把他们分出高低来，让孩子难受，我不忍心。"

陈春园有好几条项链，都是闵送的。"围巾、别针什么的，或者别人送她，或者她觉得好看买下的，干什么用呢？不知道，反正她自己不用，'我这么大年纪了，不戴了'，不戴你买它干什么呢？看着好，觉得美，忍不住要买，买的东西，只有一个目的——送人。"

有一次过年，陈春园去看她，陆轶雯和闵的儿媳妇都在，她就捧出来三条项链，说："春园来得正好，你们三个女孩子，我今天送你们一人一样礼物。"陈温暖无比，好一阵感动，不是因为项链贵重，是她那种家里人、外面朋友、学生，老少和气、一视同仁的襟怀。

"春园呀，想起来，跟你说个事儿。"陈做了民乐系拉弦教研室主任，活跃于国内外舞台，带琴童、忙教学是她的日常工作。闵与她，师生论艺，她"题外"话特多："出演频繁了，不可放低标准，每场演出，你都要认真对待，不论下面观众是谁，是领导人在场，还是普通清洁工，一律一样对待，观众是父母，一定要对他们好，知道吧？"

看似可有可无，陈春圆仔细着，一点一滴记，方方面面崇拜。每次谢幕，闵别致，她的鞠躬，特别虔诚，特别有仪式感，腰的弯度，一起一落的速度，都有讲究，跟拉琴一样，有个准确性在。陈将这些与自己的学生分享，要大家都记住了，谓之"闵式鞠躬"，效之，仿之。

得过第四届"文华奖"青年组最高奖后，陆轶雯连连斩获全国重要奖项，成为"新十大二胡演奏家"，人称"二胡公主"，如一颗新星，扶摇直上。社会浮躁，闵惠芬是一股清风，在这种时候，请闵惠芬给学生上课，陈春园特别需要。

"新一轮比赛，日子近了，你们工作紧张吧？"还没轮到陈发出邀请呢，闵的脚步就来了，说是有事过来，顺道到上音弯一弯。

"不说它，闵老师你走得开吗？"春园见她，就像见着了救命菩萨。

"老规矩，让孩子们集中一下。"

"要不，弄个车来接接你？"

"不用，又不是没有脚，你们这么忙。到时候，定了日子，只要在那个大门口接我一下，领我去哪个教室就行。"

那时，手机还未普及，双方电话过，约个大概时间，也就算定了。陈春园心细，那天下午，离约定时间还有一大截，她给闵家去电："是刘老师呀，闵老师已经出来了？"

"出来有半个多小时了。"

"坐哪路车知道吗？"

"不知道。"

"该到哪里了？"

"也说不准。你不用去车站，让她自己来吧。"

"天不好呢，乌云遮住了日头，怕要下雨。"

"我虹口这边，窗户望出去，天有点阴，不过还好。"

"不对了，我们徐汇这边落雨了，大滴大滴的。"

"哎呀，那怎么办？她怕要难在半路上了。"

没有任何联系方式，只能等待。

已过晚上七点，窗外，一团漆黑，风雨交加，樟、梧桐，繁枝茂叶，任其肆意摧残。满校园，除了路灯昏黄，只有一间教室亮着灯光，孩子们安静地坐着，陈教授陪他们坐一会，又提起雨伞，冲出教室，去校大门传达室站一会，两头跑。一忽儿，闪电了，雷声轰隆隆，滚过来，胆子小的孩子，捂住了耳朵。陈春园好焦急，屋子内外，都让她牵挂。待她再次站起，想要拉教室门时，门被突然推开。

是闵老师！

"您怎么来的？"陈春园冲动地站起，问了个莫名其妙的傻问题，声音带着哭腔。

闵惠芬水里捞出来一般，衣服贴在身上，皱巴巴的，头发贴头皮上，脸变大，人缩小，整个换了个人，变陌生了。学生们惊得不知道说什么好，呼啦一下，全站起来，就这么直直地站着。到底是孩子，也不知道动手，做点什么，有好几个，泪承于睫，都快掉下来了。

陈春园拉起她手，就要出去："找个地方，揩揩干去。"

"去哪儿？哪里也不去！反正是个湿，再揩也没用。"陈手里有干毛巾，闵一把抓过，合脑袋上，胡乱地一阵猛擦，手停下，她看着大家："怎么样，形象恢复了，好看多了吧？"

看上去，头发干是干了许多，只是一根根发丝，多方向，翻卷着，戳进戳出，乱是真乱，简直一塌糊涂，不能见人。有了滑稽相，孩子们没心没肺，哄堂大笑。

"笑够了吧，上课！"

雨淋也淋了，人来也来了，闵的观点，今天索性就多上点课，问陈教授，问孩子，有没有意见？

"谢谢老师，没有意见！"回答的声音，刀切一般齐。

"第一件事，你们都是怎么换把的，说我听听好吗？"

"我们听老师的。"春园替孩子们回答。

"告诉你们，换把是和内心的音乐节奏有关的。"身上的水珠，还在往下滴，春园老师拿毛巾，弓起身子，吸她身上的水汽，闵笑着看她，"这个可以，没有影响我们上课。"

闵惠芬二胡演奏精选

"注意，慢速的乐曲，用手腕带动的换把方式，快速的乐曲，手腕动作，应该几乎看不见的，直上直下的，在小三度换把时，应十分讲究，体现风格、韵味。"

"如何用左手指面按弦，大家总是糊涂。"

"演奏《长城随想》《洪湖主题随想曲》等音色厚实的乐曲，多用指面，遇到《良宵》《月夜》一类，则要减轻按弦压力，追求一种细致但有核心的音色。"

"传统乐曲，年轻人的演奏，为什么总有距离？"

"不知道首先要演奏通顺，还未通顺就拼命想表现。"没待老师这句话讲完，孩子们中就有了窃笑声。"笑什么，谁有这个毛病？我看大多数人有，是个通病。孩子们，有表现欲不是坏事，你得通顺、朴素达到之后，再去寻找乐曲的音色和情感，进而完美表现自我。"

这个湿淋淋的导师形象，这场风雨雷电作背景的赛前动员，镌刻在心里，陈春园恐怕这辈子不会忘记。都已经说了告别话了，她说又记起来两个事，非得跟孩子们说说。

"如何对作品进行音乐处理？我的意思是，要潜下心来，把身段放到最低，仰望你的同行、合作者、姐妹艺术、观众，以及一切一切你所未能全然了解的相关因子，去试图认同、接受、学习。想不到吧，我拉《长城随想》时，刘文金那沙哑的嗓子，会成为我仰望、接受和揣摩的因子，我是透过作曲家个人的声腔特征来体会他的音乐感情的。

"再说一说刘天华的乐曲吧，他是一个文人，具文人气质，他的每首乐曲的名字都起得那么好，《空山鸟语》《月夜》《烛影摇红》，从名字就可以看出他的文人气息。他的字写得也好，端正中见秀气，你再看他的脸，厚道朴实，深邃的眼光，看着这张脸，拉他的曲子，我感觉全有了！"

这些话，需要阅历，才能完全听懂。这不要紧，陈春园消化了，她可以给孩子们讲，这批走了，来新孩子，她再讲。

孩子们叫闵老师，更多时候，叫她"闵奶奶"。天经地义，奶奶年纪大了，带教孙辈，应该让妈妈忙。

（13）最后的日子

2014 年 2 月 13 日，凌晨，闵惠芬突发脑溢血，被紧急送进上海仁济医院，抢救治疗。之后三个月，都处在昏迷之中。刘振学天天守在病房，门神一样，来探视的，基本上都被他挡在病房门外，都委婉谢绝："谢谢呀，谢谢您关心，她昏睡着，说不了话。"

这天，走道里来了王云祥。他知道情况，家里实在坐不住，到了，他很知趣，谁都不找，自觉地站在病房门旁："我立一息，只立一息息，就走。"

站了有半个小时，想不到，刘振学主动邀他，让他进病房去。这是"殊荣"呢。"这么多天了，跟她说话，也不知道她听到听不到，无论能不能听见，你进去跟她说几句吧。"

王云祥慢慢移了进去，趴到闵的床边，轻轻说话："闵老师呀，我王云祥哎！"

"我来看看你，你会好起来的，好起来，我给你拉琴。"王一双手扶住床沿，下意识地，撸撸床单，轻抚被子。病人脸色，泛出些许红光，若有暖意，手已极度憔悴，碰上去冰凉。她双眼紧闭着，鼻翼略有动静，一扇一扇的，两嘴角，一忽动着，似露笑意，看久了，她头一点一点的，似乎跟王云祥有了互动。

王云祥直了直身子，面孔惊喜状："她呼吸有点大了，好像有反应啦。"

"再说两句，说两句。"刘振学面容削瘦，遍布无奈。

"够了，够了，不说了，看看她，蛮满足了，让她休息吧，她太累了。"王云祥双手，手心下按，做着保持安静的手势，步子倒退着，轻手慢脚，移向门口，直到闭门的瞬间，他的眼睛都没离开病床。

王云祥是怀揣了一张照片，来病房看闵老师的。

两个多月前，元旦刚过，王云祥请闵老师伉俪，到家里吃饭，叙旧聊艺。请的时候，他有点忐忑，哪知道，她满口答应，如约而至。夫妻两个拎了水果花篮，到了岳阳路王家，两下自是欢喜。王云祥更是满脸红光，我一个小人物，尘土一样，交上了她这样的朋友，新年新岁，请她的人哪会少？她不去别人那儿，到我这儿来了。

那天，王的外孙女也在，大名鼎鼎的闵老师，小姑娘听外公经常说，耳朵都起茧了。她不止一次要求外公：什么时候，能让我听听闵老师拉二胡呢？

看照片，小事情，王云祥真正要跟闵说，是她最关心的，在上海搞一场大型的江南丝竹演奏的事。现在活动有了结果，群艺馆同意出面，馆长说：下决心搞，出个报告，都没有问题，只是钞票没有呀。闵说过的，有群艺馆出面，也是走出成功一步，事在人为，再往前走，就有了基础。不能急，心急吃不了烫粥，"办好一件事，不容易，我们都要有耐心"。

王云祥多才多艺，除了操琴，亦善水墨丹青，曾花许多日夜，取《长城随想》乐曲之意，画了幅《长城》，欲送闵老师，笔墨很见功力，可惜墨色太重，调子灰暗，不中闵意，王把画挂家里，天天看，看出了名堂：江南丝竹，同画，不能是灰扑扑，是阳光，生机勃勃，欣欣向荣。

他记住，松江地区十锦细锣鼓，城隍庙道教音乐，都是与丝竹十分靠近的演奏；崇明有个阳刚民间音乐馆，有一支年轻队伍，收集到崇明山歌、瀛洲古

闵惠芬与毕志光、王云祥、江理平

调，都是好东西呀。前段日子，朋友游历东南亚，回来告诉他，那里的同仁学民乐，江南丝竹是一个必须的环节，要求学、听。

"这么多事，都得聊，我们从来没有聊够的时候呀！"已入暮年，自己身体情况也很差，王云祥对闵，感情至深。

2013 年 12 月 24 日（农历十一月二十三日），纪念郭鹰先生诞辰一百周年，上海音协古筝专业委员会举行纪念演出，闵惠芬参加。不用说，她演奏《寒鸦戏水》。令人欣喜的是，这一天又是闵惠芬六十九岁生日。

郭先生百年诞辰，自己生日，聚一起了，她有点特别的兴奋，内心的喜悦，在家里做准备，在化妆间与人说话，都有所流露。"她最后一个登台。缓缓地，小步幅，坐到椅子上，弓上松香，抹一抹，跟指挥点点头，开始。跟以往无数次演出一样，就这么简单的过程，几秒钟内，观众全部被她镇住了。"这场演出，彭正元是观众，"多少次，她出场，天女下凡一样"。这一次，也一样。

闵惠芬辞世后，《中国音乐》季刊第一时间刊载悼念专辑，登的一幅照片，就是这次纪念演出时"最后的谢幕"：左手握琴把，右手托住琴筒，有顶光强调；满头白发，裙袂单薄，身体微微前倾，脸上流露着永恒笑意，淡淡的。形容说不尽谦和，身影道不完憔悴。

这场演奏，刘振学有事没有到场，待演出结束，他是在家里给她开门的。人未看到，花先进门。大捧鲜花抱在闵惠芬怀里，刘振学要接，闵惠芬不依："大花瓶伺候！"

"花痴"闵，每每演出归来，别人送花，再多，她也会捧回来。有过一次，她和曹蕴，接受了大堆花。次日一早，她对着花发愁："可怎么办呢？""还能怎么办呢？"那时，曹与闵接触还不够多，还不知道她的脾气。"死心吧，带不回的，扔了吧。""那是暴殄天物！"闵拖了曹，两人捧着，送服务员，送吧台，一间一间敲隔壁客房："对不起，打扰了，你们鲜花要吗？"有"谢谢，要的"，也有"谢谢，不要的"，她对别人，都是喜笑颜开的样子。曹蕴闹不明白，其实是闵的观点，几近一生未变——"物尽其用，鲜花是美物，是大地送给人类的天使，是有生命的好东西"。

花瓶来了，不让刘插手，独自细细地修剪，整理好，摆插好，欣赏一番，自是欢喜。

这次的花特别多，一大捧，大花瓶放不下，另添了个瓶。两瓶花弄好，搞好卫生，又花去半个钟点，她舍得。刘振学帮她放到窗台上，听她的调遣，摆放位置、角度，都由她定。"跟我挥挥手说，好了，你忙别的去吧。她站在花前，看呀看，看了好久好久，总又有半个钟点。这次也奇怪，她在花前待的时间特别长，没有我催，怕她还会看下去，舍不得离开。我怎么也想不到，这场演出，会是她最后的谢幕，最后一次向观众深深鞠躬。"

刘振学记住，这一天，是她永别舞台的日子。

此前一个月，闵惠芬给陆在易电话。

"想来看看你呀。"

"谢谢，你呀，让我来看你还差不多，有什么事吗？"

"还不是二胡专业委员会的事。"

"电话能说清楚吗？"陆知道闵近况，接到她电话，很不愿意她出来走动，希望她少走动，多多在家休息。

"还是见面聊聊吧，见面说得清楚。"

"我是担心您身体，羸弱呀。"

"谢谢，身体就那样，没关系。"

结果，她还是到了陆家，研究上海音协二胡专业委员会班子的事。正事谈完，她冲他笑笑，站起身，回去了。握过手，送她下楼，望着她左右摇晃，一步一步，小心移步，缓缓前行的背影。作曲家忽然觉得，她入老境后，比年轻时矮了不少，如今又更加矮了。

多少熟悉的笑容！陆跟闵，同为音乐人，几乎同龄，都是中国音协副主席，《祖国，慈祥的母亲》是他的重要作品。闵辞世，于陆在易，永远抹不去的，就是这个矮了的、羸弱的背影。

有一个日子，记在王珑心头，想到就会恨自己。

央视摄制组《故乡·家在弯斗里》在宜兴取景，配合录节目需要，春节前夕，刘、闵夫妇与王珑，先后赶至宜兴。

摄制组的规定情景，闵老师辅导小朋友学琴。录制那天，王珑先到现场，闵老师进来时，她已经和小朋友开始排练了。

闵进屋，看到王，眼睛闪了一下，马上就没有神态了，唤她名字，也有气无力，喉咙口，声发不大，音送不出。

一个拉琴，一个打琴，十七年的搭档，太熟悉。哪次见到，不是"哎呀，王珑呀"，很有精神头的样子？！这一次，王珑虽然心里"咯噔"了一下，还是没太在意。接着，当天录制完，王珑当天就回，回家就小年夜了。

紧接着，王随父母去澳洲，过完年，初六回上海。初七一早，显示是闵来电话："王珑呀，你怎么样，过年好吧？"

"好，好，新年好，给您和刘老师拜年！"

"拜年拜年！那天宜兴完了，就回来啦？他们送你吗？"

"送的送的，送我安全到家的。"

打这个电话，没有活动，没其他事，就这么问几句，挂了。王珑难受了。宜兴分手后，老师身体有问题，明明有感觉，过后就忘，更甚，大过年，一个电话都没有给过她，问候一声都没有，倒让她在替自己操心、牵挂。

一听到她倒下，宜兴的神态，初七的电话，都奔了出来。

2008 年，王珑创立"海上雅乐"，从事高雅民乐的宣传、推广，自己任艺术总监，闵惠芬是艺术顾问。

好事，也是累事："我真担心，你得要褪几层皮了。"

她住医院里，睡不着，给王珑电话："有好事了，你马上来一下！"

王珑赶到，要紧说话。

"不要影响别人休息。"牵着手，两个在走廊说话。

"好事"是，她联系了两家唱片公司，都同意和"海上雅乐"一起做。闵惠芬喜形于色，王珑的手臂，让她摇到疼："这就好了，有人替你分担，你就用不着这么累了。"

其实，"海上雅乐"运作，忙起来时，老师她并不知道又做成了什么，面临着什么困难，她不懂，但她依然像母亲一样，老远地在看着你。她说的这两家公司，王珑清楚，在一起做，不可能有嵌合点的，她白操了这个心。她掏出心里话："住医院真是无聊，不演出，更让人心烦。"

"海上雅乐"的"二泉映月·永远的阿炳"，是闵惠芬一手策划的课题，她来讲，她来演奏，精彩之极，深受欢迎，场场爆满。

"这些日子，我一直在想一个事，兴奋起来，彻夜难眠，什么事呢，就是让演员们都戴上动物面具，穿上动物衣服，暂且叫动物音乐会吧。"

"您老童真了，这怎么做得到呢？"

"怎么会做不到呢?!"

2012 年，王珑有一场准备充分的音乐会，在东方艺术中心举行。音乐会很成功。不知怎么的，音乐会之后，当夜回家，王珑特别失落，她惊诧，大概人成功之后，紧跟着就是失落吧。"在别人看来是成功的时候，我没有满足感，相反，有一种想法，这场音乐会后，再不开音乐会了。"

音乐会，闵惠芬去了。第二天中午，她给王珑去电话，除了表达由衷祝贺之情，更多的，是耐心地条分缕析，说一个不懂事的小丫头如何成长为优秀的演奏家。"你是让我看得最真切的一个，什么锲而不舍呀，柳暗花明呀，'最后的胜利，往往在于再坚持一下的努力之中'呀，在你的身上，统统获得了验证！"

这个电话，足足打了四十分钟，四十分钟里，王珑获得了特别大的鼓励："我真的有那么好吗？"

"这还用得着问吗！"

"我还要继续努力吗？"

"你怎么能这样想？当然要继续努力，我为扬琴独奏《古道行》写过四句谱诗：'天外天，荒城古道边声远，丝绸路，风烟朔漠行路难。挥泪饮，浊酒苦酒愁下咽，马长啸，踏破铁蹄渡雄关。'这最后一句，正好给你，你得'长啸'呢！"

古筝演奏家常静，是王珑的好友，北京奥运会开幕式，一起做过音乐会。舞台下来，常静突然有个问题："你有没有想过，满头白发时，我还能站在舞台上吗？还会有人听我的音乐吗？"特别迷茫的王珑，面前马上出现了闵老师：我将来能是她吗？能成得了她吗？太遥不可及了。

从闵惠芬倒下起，王珑特别无助。她太清楚自己，只有跟着她一起上台时，听着她近乎完美的音乐，才有状态。她的感染力，太强大了，跟任何人都不会有。"我自己上台演奏，兴奋，满足感，统统没有，已经找不到了。"

"没有她的激发，隔三差五的，我对舞台失去兴趣了。"

之前，排练，上台演奏，右前方总有个闵老师，有种依恋，满足感，不乏是自私的心理。现在右前方换了汝艺，"窃心希望汝老师能全部展现闵，可惜他们是两个人，不同的，演奏家里，汝艺已经很有闵的味道了，技术上的完满，音准、节奏、手指灵活度、审美，都在。可是，我用这个作标准来评判一个艺术家，也太可笑了。闵感染你的，就是她的音乐，即便她的一个音有差错，有不完美，丝毫不减她的风采"。

知闵赢弱，朋友小潘夫妇邀约出游散心，地方由闵定。

闵惠芬说："去周庄走走吧。"

双桥，富安桥，沈厅，张厅，沈万三故居，一稀堂博物馆，"全福晓钟"，"蚬江渔唱"。闵步幅极缓，走走息息，游客，年轻人居多，他们步履轻松，从身边超过。

"年轻真好。"潘太太说。

"只要健康，年岁大小一样，关系不大。"闵说。

跟后面的小潘，赶上前来："走在这里，想到上海的弹硌路，现在都没有了，真可惜。"

"这叫青石板，很亲切，踩上去，有一种质感。"闵说。

"跟你们丹阳比，可有一拼?"刘逗闵。

"现在条件好，都修好好的，整整齐齐。丹阳，不平整，一脚上去，嘭嘭响的。那是小时候，现在应该也平整了。"

"这几株柳，真好，枝条柔柔的，弦丝一样。"

"弦丝、柳丝，都是丝，文学语言看是空灵，却也实在。"

"重脊高檐，江南民居特色呀。"

"跟乌镇还是有区别，唐风、宋水。"

"这里还有扁担、斗笠卖呢，怀旧吧。"

"同绍兴咸亨酒店买回香豆，做回孔乙己呢。"

"天空好蓝呀。"坐双桥护栏石，闵说，"长白山的天，看不到一丝丝云彩，通遍瓦蓝，天池也是，水是碧绿碧绿的，真开心，刘长瑜、夏菊花、鲍蕙荞，一个个都返老还童，疯掉了。"

去年夏天，中国音协组织吉林游，全是德高望重艺术家，归来，闵写下句子："虽然周边山峰林立，盘山公路崎岖逶迤。站在天池边，纵览全景，心境还是有着脱俗隔世之感，升华起与世无争的境界，这里真好，连渗透着负离子的空气，也是那么超脱。"

当晚，周庄留宿。

"那一夜，她睡得特别好。旅馆是农家改造的，后来才知道，那叫民宿。不大的天井，配有假山鱼池，推窗观景，留连忘返。我跟她说，这个小天井，跟弯斗里老屋，差不多吧? 她说，你是我肚子虫呀，刚才那一刻，我真拿它跟小时候比，它洋气是洋气，没有我们宝贵的土气，鸟儿呢，叫蝈蝈呢，走来走去老母鸡呢?"

闵惠芬在周庄

饭桌上的螺蛳、小青菜、清水鸡，小时候惯吃的活物，都喜欢。小河里坐船，贴着水榭河廊走，走不多远，她发现新大陆一样，招呼几位都静一静："快听快听，橹声！欸乃声！柳宗元的《渔翁》，'烟消日出不见人，欸乃一声山水绿'，就说的这声音呀！哈哈哈，一不小心，我们跟古贤于这里相会了！"

周庄游，是闵最后一次离开上海出行。

闵惠芬病倒，昏迷九十天，左翼伟睡折叠床，陪过一夜。

这一夜，他眼睛盯着她看，几乎一眨没有眨，目光经过她肿胀失态的小腿，长久地，来回抚摸，只清楚了一会会，立刻起雾模糊了，七尺汉子，默默泪长流。

左居临平路，闵住浦江名邸，两家近，一起出去演出，可以合打一辆车。每次音乐厅看演出，一个电话，左就邀上他们夫妇。有一次，早上七点多，左在家吃早饭，闵突然来电话："你能不能帮一下忙？我出租车拦不到，外地去演出，要赶火车，票都买好的，楼下海伦路，一辆车也拦不到。"

"好，我马上到，您稍等我一下！"

左丢下饭碗，开车，一拐弯，走周家嘴路，再过一路口，就看到海伦路了。路口红灯亮了，他停下，停下就看到，不远的人行道上，站着的正是闵老师夫妇，旅行袋、旅行箱贴身放在地上，四只眼睛注视着，神色紧张。人来人往，大小车，一辆紧接一辆，从他们面前驶过，天特别冷，寒风卷起落叶，在他们身边飞舞，她一条胳膊勾住刘老师，一双腿，抖抖颤颤的，站立不稳的样子，特别灼眼。那种走在街头，相依为命的老夫老妻，左翼伟平素太熟悉了，闵、刘二师跟他们相同，又不尽然。"那天接上他们，一路送去虹桥火车站，跟以往有说有笑不同，我没有太多说话，只是觉得，心头有一块大石头堵着，闷得难受。"

每年春节，上海、重庆两地"书"，先是寄贺年片，后是电话，是闵惠芬和刘光宇师生三十多年的交流规矩。2014年春节，从电话里，刘光宇听出来，老师身体情况堪忧，他决定少干扰，让老师有更多的时间休息。"沪渝线热"，延续了三十多年，"冷"下来了。

这是个折磨人的决定，给刘光宇带来的，是加倍的痛苦。自1984年结缘，住老师家，上海求学，一年之后返渝；1989年后的几年，有比较多的面对面教学，此后，便少有见面了，远隔千山万水。上课、谈心，除了少量通信，多为电话联络，合计通话时间，会是个天文数字。

有的演奏，技术上貌似没有瑕疵，艺术表达，却冷若冰霜，闵不能接受，她宁愿技术有残缺，却带着澎湃的心、有着火热激情的演奏。师生二人，好多天的电话，集中这个话题，她的理念，非常深刻地，影响到刘的艺术追求。

刘光宇有个同学叫朱砂，是唱重庆清音（四川曲艺之一种）的，闵非常喜欢听朱砂唱《小放风筝》，听得津津有味。他们师生，接着民族文化的话题，又有过长长的讨论。

一段时间，闵频繁去电，鼓励刘，希望他百尺竿头，更上一层，"不仅会拉琴，还得会创作"，催促他写曲。没多久，刘创作的二胡协奏曲《流》获得成功，得到这个消息，她激动不已，没多天，她把即兴赋下的诗句，通过电话念给他听：

"幽谷闻滴泉，飞瀑击空岩，寒鸦戏春水，千帆逐浪尖。冰消汇百川，雪融萌绿原，大河奔腾急，驾风志海天。"

刘有一把二胡，非常称手，非常喜欢，王根兴师傅的手艺。在他的一次独奏音乐会后，胡琴不翼而飞。已任重庆歌剧院和重庆交响乐团领导的刘光宇，像个孩子一样，"哭丧着脸，向她抱怨，诉说委屈，而话筒的另一边，却传来妈妈般亲切的声音：'莫伤心，别急坏了身体，我送你一把，你看行吗？'而她要送给我的这把二胡，是她珍藏了多年的最好的一把琴"。

2013 年 5 月 12 日，上海音乐厅，"上海之春"国际音乐节，举办"闵惠芬师生音乐会"，也是她十七岁获全国二胡比赛一等奖的"五十周年纪念音乐会"，于闵惠芬意义非凡。指挥王建甫、瞿春泉，上海民族乐团九十人大乐队伴奏。

标题"一江春水"，耐人寻味。

上海市委宣传部、市文联领导来了，江苏音协主席来了，江阴市委宣传部领导来了，上海的、国内外的师友学子来了。《闵惠芬演奏曲谱》《闵惠芬二胡艺术》《闵惠芬二胡艺术研究文集（第三卷）》新闻发布会，同时举行。

面向公众，专门为她个人举办的音乐会，这是最后一场。

晚会上，闵以《逍遥津》《洪湖主题随想》，她的"声腔化"代表作，向中国民族音乐，向千百万热爱她、她也热爱的观众作最后的告别。

10 月，闵惠芬去无锡，参加全国"金钟奖"二胡专业比赛，她任此奖评委会主任，从 2003 年开始，已连任五届。

中国当今二胡汇合无锡，群英聚会，星光灿烂。

闵惠芬最后一次登台演出　　　　　　　　　闵惠芬二胡艺术

同辈刘长福，晚辈邓建栋、于红梅、胡志平、张尊连、宋飞他们都来了，她有好多话要跟他们说。"从前呀，作品就是我的生命，现在呢，优秀的孩子们，是我牵肠挂肚的未来。"

闵惠芬的艺术人生，舞台演奏为重，虽弟子无数，恐有误学子连贯性学习，故长期带身边授业者并不多。前期学生有赵建华、刘光宇、许奕、程秀荣、陈凌燕，台湾的蒋明坤，香港的霍世洁等。陈凌燕也是闵患病早期接触的，当时还是个孩子，闵带她，直至考入中央音乐学院后才放手。程是福建艺术学院介绍来的，蒋是台湾过来求学第一人，霍是香港中乐团二胡首席。后期学生，主要是陆轶雯，还有龚楠、李志卿、殷依婷。最后时刻，规划带六个"精品学生"，"我想呀，协助六位的任课老师，竭尽余力，在晚年再带出几个栋梁之材"。

在朋友们中间，闵惠芬强打精神，恍若往日，谈笑风生，段子不断，刘振学陪伴在侧，内心十分苦楚。

闵惠芬心知肚明，又一场灾难，向自己步步逼近。

在昏迷九十天后，5 月 12 日十点零五分，闵惠芬在仁济医院重症监护室平静离世，享年六十九岁。

"创造了一个时代美学的典型"，与时代永别了。

5 月 24 日，追悼会在上海龙华殡仪馆大厅隆重举行。挽幛如云，哀思如潮。1500 多个花圈，层层叠叠，如山，似海，偌大上海西部，被白色与黄色笼罩，铺天盖地的悲伤。数以千计的人们，有官员，有艺术同行，远道赶来，更有普通百姓，自发加入吊唁，队伍庞大而有序。这是中国二胡之祭，也是世界弦乐之殇。激情低回的《长城随想》旋律响过之后，随着一声撕心裂肺的内弦空鸣，先生演奏的《江河水》骤然响起，悼念的人群像触电似地浑身一震，泪水顿时喷涌而出。

先生辞世至追悼会隆重举行，短短十二天，全国乃至世界各地唁电唁函，如雪片纷至。母校上海音乐学院，第一时间表达悲痛深情，激赏"将中国传统音乐艺术推向世界"的先生，无愧为"德艺双馨"艺术家；武汉音乐学院党委书记、院长联名发唁电，赞称先生"20 世纪 60 年代以来，影响了一代又一代二胡演奏家和音乐爱好者"，艺术魅力，风靡海内外；西安音乐学院民乐系师生愿先生安息，告慰先生，"您高尚的师德，和连休止符号也充满音乐的《江河水》，将永留我们心中"；多次与先生成功合作的中央民族乐团，哀悼表示，先生"赢得了全团演职人员的高度评价"，是全团公认的"最珍贵的艺术家"；浙江省民族管弦学会，说先生是"我们浙江民乐的好老师、好朋友、好榜样"；江苏省音乐家协会，铭记先生"为江苏民乐事业的发展作出了不可磨灭的贡献"……

龙华悼念大厅，满垂悼念诗文，文采飞扬，情深意浓。刘诗昆一篇《悼闵惠芬》，字字真挚："华乐精粹，一代宗师，琴存环宇，音留百世。四十年挚友，噩耗突闻，至为悲痛。惠芬乐才琴艺之高、深、广、博、精、尖，世纪难得，民族骄傲。惠芬德高品佳、心纯人正，学子之良师，业界之表率，实不愧德艺双馨之楷模。惠芬抱病多年，坚强应对，从艺不息，奋斗终身。惠芬西去，音容犹在，永留众心，名载史册。"李明正写下《挽句》，高屋建瓴："惊闻巨星陨落，不觉潸然泪下。为民族哭，为世界泣。天伤国乐，人绝丝弦。民族乐坛，谁主沉浮？二胡之走向，欲将何方？《逍遥津》《牡丹亭》已成绝响。《江河水》漩波涛，如何流芳？此时情，虽难比，《卧龙吊孝》。愿伯牙，与子期，知音长存！"南京艺术学院于汉教授将同样的哀思，撰入联中："从此后，空有江河水流淌，再无先生琴声起；怎堪那，乌蒙残月照二泉，神州何处觅乐神。"同是撰联，先生的学生，身为重庆歌剧院院长、重庆交响乐团团长的刘光宇，呈上一联，显现磅礴大气："领时代强音创国乐伟绩艺术千秋垂青史，为大业奋身向人民尽瘁情怀若谷铸丰碑。"徐州市总工会主席徐崇先，斟字酌句奉上"弯斗生灵指八岁弓弦一芬六十风骚领，满江润玉身百年琴道万惠三千苦难成"。上海医学院卫桑，是九十一岁离休干部，与先生素不相识，亲笔写下挽句："闵惠芬同志流芳百世，银河又一颗明星陨落了，沧海号啕，崇山垂泪。"字句朴质，堪为老一辈百姓的心声。武乐群先生代表日本二胡振兴会，留下一篇挽词，其中说到："日本二胡的今天，倾注凝聚着闵惠芬大师的心血，日本二胡的未来，必将展现出闵惠芬大师的功勋。闵惠芬大师所留下的二胡音乐遗产，是中国人民的财富，也是日本人民以及全世界共同的财富！"德高望重指挥家郑小瑛，5月17日凌晨，用粗重的硬笔，写下"痛啊！伟大的同行，杰出的女性，亲爱的朋友"几个字，同时给沈多米留言："多米早！谢谢您帮忙，我建议能否将此悼言放在醒目的地方，让大家知道，与闵惠芬合作的86岁高龄指挥大师郑小瑛教授，对她无比的悼念。给您和筹办者添麻烦了，多谢你们！"

在先生远去的日子，几乎追寻先生一辈子足迹的各大新闻媒体，都在同一时刻，发出哀悼之声。《光明日报》5月13日，即以"当代最富声望的二胡演奏家随韵而逝"为题，作大幅报道；同一天，《北京青年报》通过向先生家人采访，向广大青年"闵粉"，转达"多关注闵惠芬的艺术成就"的诚挚希望；《解放日报》报道追悼会现场，再现先生铮言："我要拉琴到永远，直到背不出乐谱的那一天——永不断弦！"新华网上海频道记者许晓青，以一句"她好像一盏明灯，为后辈照亮信念之路"，道尽了先生的意义。

闵惠芬辞世那年的12月17日，上海民乐一厂的王根兴师傅，脚步匆匆，随先生远去。厂里人"迷信"，互相传话："王师傅走那么匆忙，是不放心闵老师，担心她在那边孤单，他得急着赶去，为她制琴呀！"

同年，"一厂"承办"十大古筝演奏家音乐会"，地点在上海音乐厅。其中，有多位演奏家，自北京来，多为青年才俊，派头非常大。同为青年演奏家，1981年生朱宇虹，担任接待，看在眼里，胸闷之感，始终有。

挥之不去，一年前，就在这里，"上海之春"，朱宇虹在台上担任演奏，闵老师台下当观众，与之相邻而坐，是朱的丈夫李俊先生，画面是：老师专心听，丈夫玩手机。

"听吗？"

"听不懂。"

"你静下心听，能听出一点的。"

"是吗？"

"如果你玩手机，是直接把门关上了。"闵话音很低，语气很平和，"十分钟一段的音乐，你听两分钟，再从两到三分钟，再提高一步，到四分钟。"

"我试试。"

"况且，台上是你的老婆呀，你听她的东西，可以拉近距离的，是心灵上的距离喔。"闵老师话，是追着说的。

李、朱夫妇，同在"敦煌"工作，李做大屏幕，灯光、音响这一块，平时喜欢听流行歌曲，在音乐上，不完全是外行，只是"上海之春"的节目太学术化，有点难为他了。闵老师真是耐心，"不能玩手机，一定要听"这样的话，始终没说。朱在"一厂"，在"敦煌"，"高贵"的人见得越多，越觉得闵老师是一口井，沁人心脾，深不可测。

忙完工作，步出音乐厅，于熟悉的草坪透空气。没多久，演出结束，送青年演奏家的专车，从朱宇虹身边驶过，她赶紧捂住嘴，生怕自己，不小心会哭出声来。

闵惠芬辞世不满两个月，上海东方卫视中心公益媒体群，筹备大型纪录片《人间难得几回闻》，一部以中国乐器为视角，展示中国民乐博大精深的创作，重头戏《二胡篇》，由金嘉楠担纲纪录片编导，非常年轻。

金北上，北京采访邓建栋。出乎年轻人意料，在他心目中已负盛名的二胡演奏家，对前辈的感情，会如此真挚且深沉："谈到闵老师人生最后的时刻，邓老师声音哽咽：'回北京前，我去医院跟闵老师告别，我说您好好休息，我在北京的舞台上等您。当时闵老师已经没有知觉了，但当我说完这个话，她的腿一直梆梆在那儿跳，也许闵老师下意识听到我的话了。'在我感谢邓建栋老师之前，他反而连声感谢我，叮嘱我，要为二胡的发展做宣传。"

通过汝艺的联系，金嘉楠他们去闵家，拍摄采访刘振学，让年轻人更为惊讶的是，"刘老师完整地保持着闵老师的书房原样：日历翻在闵老师去世的那天；传真机上夹着她写的有关二胡教育的文章；几把她钟爱的二胡，挂在橱里，哪把胡琴拉哪首曲子，刘老师如数家珍；闵老师生前喜欢的花草绿植，得到精心照料，茁壮成长，仿佛主人不曾离开"。

采访结束，深夜，金嘉楠意犹未尽，写拍摄手记，录下他一位"85后"——比"80后"更新一代艺术人的心得："一些细节，显示着闵老师旺盛的生命力，无私的奉献精神，以及一位丈夫对妻子的深情，此情此景，令人几近落泪。"

先生家乡宜兴，除了新建"闵惠芬文化公园"，修复"闵惠芬故居"，颇具规模的"闵惠芬艺术馆"也很快建成，许多珍贵的实物、资料，差不多在第一时间，得到了妥善保存。一些热衷文化建设的省市，闵惠芬艺术馆、闵惠芬音乐厅，都在积极酝酿、筹备之中。先生辞世纪念日，北京、上海、南京、重庆、河南、无锡、宜兴、香港、台湾、新加坡、日本等地，纷纷举办纪念音乐会。第一、二年热烈举办，第三年，热情丝毫未减，仍在自发举行。有的，正在酝酿，将纪念音乐会，纳入永久性的"闵惠芬艺术节"。

先生远行，带不走的，是传世的音乐，不朽的精神。

《闵惠芬二胡艺术研究文集》第四卷，洋洋四十万言，刘振学任主编，追着先生的脚步，才过两年，就编辑出版了。九旬老人陆春龄，亲笔书下"痛悼国宝级二胡演奏家闵惠芬教授：琴声长鸣为人民"，他是闵先生尊敬的艺术前辈；同时刊载的是另一位九旬老人卫桑的亲笔字句。两位老人的字幅，均被刘主编恭置文集扉页，耐人寻味。

2016年4月，上海青浦福寿园，闵惠芬铜像落成。陆轶雯、应怡婷、龚楠等，现场齐奏《江河水》《洪湖主题随想》《长城随想》《赛马》。艺术家乔臻，站到闵先生墓前，为好友深情朗诵：每一颗心，都有自己的太阳，每一颗太阳，

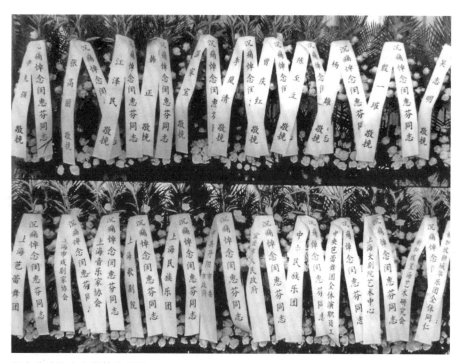

闵惠芬追悼会上敬挽的花圈

福寿园闵惠芬墓前，左起为王珑、陈奕倩、汝艺、
沈多米、罗小慈、刘振学、段皑皑、陈春园

都有照耀的领域。只要我还活着，只要我的双臂还能在晨风中扬起，我就有绿色的歌唱，在向阳的山坡，在清冽的泉边，开放出我的生命！

5月12日，闵先生忌日。王珑家唐阿姨点燃一炷清香，按她们老家的规矩，面向正西，恭恭敬敬叩了三个头。不前不后，自自然然的，闵老师的琴声，《打猪草》，高山流水一般，猝然响起，充盈屋子，环绕四处。阿姨慌里慌张地，提了水瓶，急步奔入。

客厅一同既往，简洁，素雅。王珑独坐沙发，面前一杯清茶："阿姨，有事吗？"

"没，没事。"阿姨缓缓退身，轻声道："哎呀，真好听！"

跋

　　键盘按下最后几字，时光已悄然潜入夜半。清空静止，万籁俱寂。我知道，此刻并非无声，只是人耳难及，听不到罢了。春分刚过，清明将至，迎春花在吐蕊，小蝌蚪在浮动，世间万物，欣欣向荣，多少生机，多少热闹。

　　脑海，耳鼓，四面八方声响，波涛汹涌，五彩缤纷。

　　孤身一人到德国，说好有人接，没人影，空荡荡的。法兰克福机场，举目无亲。问路，不懂外语，急煞人。发现小伙子走路上，也是一个人，看清楚是亚裔面孔，便轻手轻脚靠近去，和他并行着走。"中国人？"说这三个字，心放他身上，脸孔、眼睛朝别人，生怕惊动人家，不礼貌么。哈哈哈，他是中国人，问题解决了！这是头一次见先生，在我爱人姐姐家，听故事，读表情，全是有趣。第二次见，应先生盛情，到文海大楼，先生家。说好了，讲讲白相相的，杯里茶水，还来不及续第二次呢，话正说在兴头上，先生忽然站起身，说：你们继续聊，我要练一息琴。初闻，还真反应不过来。刘老师倒是镇定，到点了，让她拉琴，我们聊。怎么聊？崇拜几十年了，一把中国最好的二胡，此刻，就在间壁，让门板阻隔的琴声，丝丝缕缕，于茶香间穿行。

　　老虎吃天一样，跟她说写书，很爽快，一叠材料，有寸把厚，亲手交给，说是你保管着，先看看，这一看，十数年过去。五年前，机关食堂中午餐，同桌赵丽宏先生说，最近在北京参加全国政协会，与闵惠芬同组，说你们作家协会，有她一朋友，就是你。赵提议，上海文联正组写丛书"海上谈艺录"，你不妨写闵。于我，此乃重提旧话，便不住点头。

　　不久，跟先生谈，她未加思索坦言，虽然用的是相商口吻：现在实在是没有时间，等几年吧，等几年，闲下来，定定心心写，好哦？依我心思，想说不好。多好的机会呀，兵贵神速，最好是，即刻便能坐下来，哪怕能有个开头。一骑绝尘，凤凰涅槃，众声喧哗，以先生的记忆力，逻辑结构，形象叙述，一定是另一番天地。可惜，我说出口的，却是：好，闵老师，听你的，我等。便等。没等来"几年"，先生走了。

人世间，不生产后悔药。

同一件事，譬如少年夺冠，譬如一曲《新婚别》的诞生，翻来覆去说，甚而无忌重复之嫌，皆怕丢了真实，啰嗦尚小，失信事大；评述，颂扬，轮不上自己做的事，还是做了一些，是笔有不逮，是隐忍不住；引传主言，录行家里手表述，尽量让材料说话，宝贝一样，抱着素材，再细小，也紧抱，即使失却同样宝贝的文学。

好在，雄文四卷一般，有《闵惠芬二胡艺术研究文集》作参考，有刘振学老师，有好几十位传主的师友、学生，他们的热情帮助，为我完成这部传记的写作，作了基石。向他们，向《文集》的作者们，表示由衷谢意。同时，感谢先生挚友孙逊教授为本书撰写序言。

十二年前，先生送我一瓶酒，一尺多高，大号广口玻璃瓶，满盛上好白酒，浸有多种药材。当初，我连连摆手，说自己不会喝酒，暴殄天物了。她说，急什么，放着，慢慢喝，有利健康。我极不善饮，一年之中，仅过年过节启盖，一次抿三五口足矣，至今还留有满满的大半瓶，照此速度，我这辈子喝不完。

对，急什么，听先生的，放着，慢慢喝。

费爱能
2017 年春于爱聆居

附录：

艺术同行评语选摘

　　闵惠芬同志是新中国高等音乐院校培养出来的第一代在国内外乐坛上享有盛名的二胡演奏家，也是我国当代民族音乐界的杰出代表。四十余年来，她一直坚持不懈地贯彻先进文化的发展方向，对民族音乐水平的提高和艺术创新，怀有一种历史责任感和使命感。

　　——周巍峙（音乐家，时任中国文联主席）《闵惠芬二胡艺术研究文集·序》

　　天才总是受人崇拜，但品格更能赢得人们的尊重。前者是超群智力的硕果，而后者是高尚灵魂的结晶。然而，闵惠芬同志两者兼有。她的天才与品格不仅使她做出许多震撼人心的壮举，更体现在她于平凡的生活和工作中持久地、诚实正直地忠于职守及尽心尽责地履行义务等方面。

　　——周巍峙（音乐家，时任中国文联主席）《闵惠芬二胡艺术研究文集·序》

　　闵惠芬用她的二胡拉出的那首《江河水》，是我生平听到过的无以数计的中西曲音中，为数不多的令我毕生不能忘怀、至今记忆犹新的感人肺腑的乐音之一。那乐音，已不仅是琴音，更化成了心音；那琴技，已不仅是卓绝的技能，更化成了精深的艺境。琴心合一，技艺交融，声情并茂，乐摄人魂，这不仅是那首《江河水》的弦音带给我的感受，而是闵惠芬的整个琴乐留给我的深深回忆。我同惠芬熟识已达三十余年，深感其心境之美，琴技之绝，乐思之深，艺界之真，这才是真正音乐大师的艺术真魂所在。

　　——刘诗昆（钢琴家）《贺〈闵惠芬二胡艺术研究文集（二）〉出版》

　　闵惠芬作为一位当代杰出的二胡艺术家，她忠实继承和践行刘天华发展二胡艺术的道路，无论在二胡的演奏技巧与表演艺术上，还是在推动二胡新作品的创作上，都把中国的二胡艺术提高到了一个前所未有的水平和境界之上。闵惠芬在二胡演奏艺术上取得的成就举世公认。她的二胡演奏艺术为我们提供了一个真善美相统一，内涵美与形式美相统一，演奏技巧与艺术表现相统一的榜样。

——张前（音乐学家、全国音乐心理学学会会长）《刘天华道路的卓越践行者——闵惠芬》

艺海青峰

——张韶（原中国二胡学会会长、著名教育家）《贺闵惠芬从艺五十周年》

抱朴含真

——陈朝儒（二胡学会名誉会长）《贺闵惠芬艺术春秋五十载》

超群的乐感精神，本真的人生咏叹

——刘德海（琵琶大师、中国音乐学院副院长）《贺闵惠芬从艺五十周年》

民族文化行者，丝弦乐海奇才

——徐沛东（作曲家、中国文联副主席）《贺闵惠芬从艺五十周年》

万种情绪经你心手，于二弦奏出，似江河水流淌无限……赞赏你的境界。

——周小燕（人民音乐家）《题词·致惠芬》

艺界之巅，女杰之最

——郑小瑛（指挥家）《2008 年 9 月为闵惠芬题词》

青山留韵，绿水汇珍

——俞丽拿（小提琴表演艺术家）《赞闵惠芬二胡艺术》

闵惠芬是我最敬重的朋友之一，她的琴声，真挚、深沉，具有感人心魄的力量，她是中国音乐的骄傲，也是中国女性的骄傲。

——鲍蕙荞（钢琴家、中国音乐家协会副主席）《题词》

孜孜以求，璀璨人生
献身民乐，功绩无量

——王次炤（前中央音乐学院院长、博士生导师）《为〈闵惠芬二胡艺术研

弦外有音，音内有心
——朱践耳（前上海文联主席、作曲家）《祝贺闵惠芬从艺五十周年音乐会》

坚定，坚强，执着，是闵惠芬的风格
——吴雁泽（中国文联副主席、歌唱家）《祝贺闵惠芬从艺五十周年音乐会》

我一直认为闵老师的二胡表演艺术是完美的。因为她是用心在演奏，而且是充满了文化底蕴的演奏。假如我们注意到的话，就会发现闵老师每次演奏都好像倾听着自己的心声。她那种专注的神态和凝神的目光本身就好似音乐，即便是无声的录像，人们也能从中听到她心中的音乐。
——王次炤（前中央音乐学院院长、博士生导师）《技巧与风格的超越、艺术与人格的完美》

敢问国魂何处觅，
笑傲乐坛五十年
——余其伟（广东省音协主席）《贺闵惠芬老师·2003 年 11 月 26 日题》

双弦传神，五指流韵
——杨立青（上海音乐学院院长）《祝贺闵惠芬艺坛春秋五十载》

辉煌琴艺五十载，
巾帼华章四海传
——鲁日融（西安音乐学院副院长、教育家）《贺闵惠芬二胡音乐会》

倾注全部心力，追求卓越奉献
——曹鹏（指挥家）《贺闵惠芬二胡艺术文集出版》

二泉映月展心境，江河水流诉衷情
——孟波、严金萱（作曲家）《题闵惠芬二胡演奏艺术》

应该说她是一个伟大的战士和著名的民族音乐家，她的足迹几乎踏遍了神州大地和国际乐坛。她用音乐给人们带来了美的享受和心灵的启迪，她的气场像磁铁般吸引着无数听众和观众。

——刘长福（民族音乐教育家）《生命的旋律：闵惠芬的艺术道路》

如果说，二十世纪的二胡领域有一个世纪勋章的话，那么，二十世纪的前期应该献给刘天华，而二十世纪的后期则应该献给闵惠芬的。

——朱道忠（香港中国音乐家协会主席）《闵惠芬的艺术思想与风格》

闵惠芬是我国当代二胡大师，也是我国民族音乐界的杰出代表，她为二胡艺术的发展，为弘扬中国民族音乐事业，为中国民族音乐及二胡艺术走向世界，作出了重要的贡献。她是中国二胡的一面旗帜。她以其坚实的演奏功力创造出二胡演奏艺术，她用顽强的意志创造出无限的生命力，她以锲而不舍的追求与探索，进取与攀登创造出艺术高峰，引领和推动当代二胡艺术的发展，成为我们的尊师、楷模和二胡艺术的丰碑。

——朱昌耀（江苏省音乐家协会主席）《尊师·楷模·丰碑——记著名二胡演奏家闵惠芬》

在中国当代二胡发展的历史进程中，闵惠芬起到了积极的、巨大的影响和推动作用。她的音乐如同一杯醇厚的佳酿，饮后回味无穷；她的音乐如同扑面而来的春风，令人精神振奋；她的艺术魅力摄人心魄，她善于挖掘音乐的深沉，表达出音乐的实质。我听闵惠芬的乐曲，许多精妙之处，常常觉得只能意会而无法言表。

——王建民（作曲家）《情深意长：闵惠芬印象》

作为时代开创者，闵惠芬为中国民族音乐奋斗了一生，引领中国二胡艺术发展半个多世纪，用丰富的作品拓展了二胡的文化视野，用卓越的演奏打开了二胡的历史空间，用执着的追求成就了民族音乐的里程碑，用对生命的热爱升华了精神境界，铸就了高贵人格，在我国音乐史上树立了光辉的丰碑。

——刘光宇（重庆歌剧院院长、重庆交响乐团团长）《闵惠芬时代》

旗帜是时代精神的象征，无论在炮火纷飞的战场，在热火朝天的工地，在书香弥漫的课堂，在花团锦簇的舞台，一面面有形无形的旗帜总在人们心中飘扬，它迎着漫天风雪，迎着汹涌波涛，迎着万道霞光，发出哗啦啦的声响。这是人世间极为壮丽的号角。它浓缩成一个符号——驰名世界的弓弦乐器大师、中国文化界的旗帜性人物闵惠芬二胡艺术的人生。

——刘再生（中国音乐史学会副会长）《中国文化界的旗帜性人物：闵惠芬的二胡艺术人生》

在中国百年二胡艺术史上，能深刻领悟传统音乐精髓的最具典型意义的代表人物有如下二人：二十世纪的华彦钧和二十一世纪的闵惠芬。

——刘再生（中国音乐史学会副会长）《琴弦上的梦幻：论闵惠芬二胡艺术成功之道》

我们以时代的高度来关照历史，闵惠芬在中国的二胡艺术史上创造了一个时代，是一个极其特殊的文化现象。在新世纪之初重复出现二十世纪初的各种多元文化。在音乐思潮与矛盾交错的文化背景中，她成功地开创了中西合璧的发展道路，为中国二胡艺术的发展指明了方向，树立了通向二胡艺术殿堂的一杆大旗。

——李明正（中国艺术研究院研究员）《人民音乐家、国学大师闵惠芬》

她的走，结束了二胡艺术的一个时代，但留下了属于她的"时代琴音"，同时也留下一系列话题和一份宝贵的遗产。在中国民族器乐艺术的现代演化历程中，一位伟大的演奏家对一门正在走向成熟的演奏艺术具有何种意义？两者存在哪些相互补益、促进和提升？当代的二胡家们应该向闵惠芬学习什么？

——乔建中（中国艺术研究院研究员）《弓弦上的瑰丽人生：闵惠芬与二十世纪的二胡艺术》

几个世纪以后，也许有人想知道二十世纪后半叶二胡艺术家留下的音响，一定是闵惠芬演奏的《长城随想》《江河水》……因为，她是这个时代二胡艺术的杰出代表，她留给后世的是真正的时代琴音。

——乔建中（中国艺术研究院研究员）《弓弦上的瑰丽人生：闵惠芬与二十世纪的二胡艺术》

如果说因为有了刘天华，二胡才开始了新生，那么可以断言，若非闵惠芬老师，二胡就不会有今天的辉煌！几十年来，二胡演奏艺术的每一长足进步，几乎都与闵老师的名字相联系。她每一次具有历史意义的成就，创造了二胡艺术一次又一次的辉煌。

——程秀荣（香港城市中乐团艺术总监）《闵惠芬演奏艺术的三个里程碑》

闵惠芬二胡艺术的主要成就与特征，在于其将技术和艺术融会贯通的全部过程中，始终包含着她所追求的出神入化的腔势、韵律和丰厚的民族文化底蕴。

——刘文金（《长城随想》曲作者）《品格与品位》

闵惠芬二胡演奏艺术体现出一种基于演奏主体的气质、人格之上的，倾注了对人生、对社会深刻与丰富的体验和感受，表现出历尽沧桑之中华民族伟大魂魄和民族精神，表现出溢于天地之间、生机盎然、充满灵性、绚丽至极的艺术形象创造之"大美"！

——林聪（天津音乐学院教务处处长）《闵惠芬演奏艺术审美创造的三个飞跃：论〈江河水〉〈新婚别〉〈长城随想〉演奏艺术境界》

任何一个代表时代的演奏家都不可能只是一个前朝音乐的演绎者，在继承推广传统文化的同时也必将开创新的演奏风格，引领专业发展的方向。在闵老师辉煌的二胡艺术之路上，几乎每一个时期、每一个阶段都会有她自己独到的艺术展现，形成虽一如既往又各不相同中，与其人生之路并行的音乐发展轨迹。一曲《长城随想》让我感受到了这样的风范，其承前启后、继往开来的发展意义，已经超越了一部作品、一个演奏的单一概念，在二胡音乐的发展过程中，闵老师演奏的《长城随想》有着不可替代的推动作用。

——王甫建（上海民族乐团团长、艺术总监）《心之声，弦之缘：闵惠芬二胡演奏艺术随谈》

现场聆赏闵惠芬演奏《长城》，听众仿佛置身于悠远雄阔的音响张力场。我觉得在乐队与二胡之间，在刘文金与闵惠芬之间，在听众与长城之间，弥漫着一种庄正清严的大美，一种从心底升腾，撞击魂魄的精神气韵。在音乐发生的现场，风荡大野，云流高天，作曲家与演奏者都已隐去，代之的是一种弥漫在空间的无形的大乐象。那场音乐会，已经成为我一次无法忘却的精神游历。在《长城》中，她的自然生命和艺术生命真正同时达到巅峰。至此，闵惠芬出色地圆满了中国二胡的一个时代。

——李景侠（上海音乐学院教授）《再读闵惠芬：写在闵惠芬先生逝世一周年》

《长城》是博大、宏伟，有着厚重历史感的鸿篇巨作，在先生的演奏中，结构把握缜密而有序，音乐处理大气而简洁，用自己的心灵去感知中华民族的品格，追忆无数英魂，感知伟大时代的脉搏。其深刻的演奏，兼容广大，出入古今，在追求刚劲雄浑中，又不失圆润洒脱、雄中寓秀、厚中含俊，把对民族的深情，对祖国的豪情，对历史的抒情，对未来的激情，表现得淋漓尽致。

——邓建栋（二胡演奏家）《手挽明月做长弓，足遍天涯奏心弦：闵惠芬先生演奏艺术感怀》

我听闵惠芬的演奏，每次都有新的感受，却每次都有这样一种感觉，那就是，当她奏出第一个音，你立即就被音乐的魅力所吸引，用第一个音就能抓住你的注意力，你将自然而然跟随着她的演奏进入"规定情景"。《江河水》的第一个音，立即把你推进哀怨、悲愤的情感氛围里；《赛马》的第一个音，就能把你引入欢快热烈的场面和情景中；《闲居吟》的第一个音，就透露出抱朴含真、陶然自乐之情趣；《阳关三叠》一开始就使你感受那离别故人的依依情怀；《长城随想》第一个空弦音，更是"有一种磐石般不可动摇的坚定感"，隐喻着华夏的巍峨、民族的魂魄。

——杨易禾（浙江音乐学院教授、音乐美学家）《情、气、格：闵惠芬演奏艺术印象》

《江河水》的演绎和诠释是二胡演奏艺术史上一次灿烂的日出，是中国二胡演奏艺术史上一座光彩夺目的丰碑。《江河水》一曲近乎石破天惊的演绎，宣告了具有强烈震撼力和非凡魅力的"闵惠芬演奏风格"的确立，也标志着闵惠芬超越同时代演奏家而成为二胡界的代表人物，或称之为闵惠芬时代的到来。

——季维模（安徽音协会刊《二胡艺术》主编）《三个高峰、三座丰碑：赏析〈江河水〉〈新婚别〉〈长城随想〉走进闵氏博大境界的二胡艺术》

一个国家有国魂，一支军队有军魂，一个民族有民族之魂。闵惠芬先生能够抓住二胡的精髓来表现弦魂，实在不是一件偶然的事情。

——周维（中国音协二胡学会常务副会长、东方演艺集团艺术总监）《闵惠芬先生二胡声腔化艺术给我们带来的启示》

闵惠芬的演奏之所以打动万千听众，与其对演奏艺术的追求、演绎方式的独到有关。她所选定的演奏曲，往往蕴含着"时代的呼声"，具有"史诗的成分"，富有潜在的感情与张力。而她演奏时，往往又能将乐曲的这些"内在的质地"给予富有感染力的表现。由此，我们可以看到这么一个现象：她所选定并演绎的乐曲，往往就成为当时那个时代的"二胡第一曲"，从而得到社会大众最广泛的认可。同时，这些乐曲一路走来，连成一段，又仿佛串起了一部用其二胡之声表现的宏大史诗。通观中国乐坛，能如此这般进行"二度创作"的，独闵氏一人耳！

——方立平（刘天华研究会秘书长、音乐理论家）《闵惠芬时代：论闵惠芬二胡艺术及其对中国民乐发展的历史贡献》

你的演奏是音乐、是文化，含有民族音乐的精华，和二胡艺术的神韵。严谨、深刻、庄重、洒脱、华美、自然，这是大师的风范。

——马友德（南京艺术学院教授）《为第一届闵惠芬二胡艺术研讨会题词》

数十年如一日，背着二胡、拖着行李走南闯北，把美妙乐声播向四海，用自己的行动，践行着民族音乐先驱刘天华先生的理想：音乐要走进寻常百姓家，中国民族音乐要与世界音乐并驾齐驱。她不愧是民族音乐界的一面旗帜，是大家心目中的人民音乐家！

——顾冠仁（作曲家、原上海民族乐团团长）《身背二胡走天涯，民乐之声播四海》

即使病魔缠身，长期与死神作殊死搏斗，即便二胡和民族音乐一时遭遇挫折，陷入困境，闵惠芬也不堕凌云之志，内心依然一片光明，从未放弃对于理想和目标的追求，到处开音乐会、做讲座，为民族音乐的振兴奔走呼号。

——居其宏（中国艺术研究院教授、南京艺术学院音乐学研究所所长）《光明行者的人生咏叹：闵惠芬创编二胡曲听后记感》

当二胡领域出现审美偏离"走火入魔"的时候，她扎根中国民族民间音乐，不受任何潮流影响，坚持正确的音乐审美，始终起到拨乱反正的作用，使二胡艺术朝着正确的方向发展和成长。她的追求是扎根于中国传统、民族民间、戏剧风格、风土文化等，在这样的文化基石上来借鉴其他素养，才会使其演奏具有长久不衰的生命力，具有划时代的历史意义。

——张玉明（新加坡二胡协会会长）《音乐审美对二胡演奏方法的影响》

闵惠芬的一生，是坚持"为人民抒写，为人民抒情，为人民抒怀"的一生；闵惠芬时代是"根基在人民，血脉在人民，力量在人民"的年代。她在改革大潮中，始终坚持把"社会效益放在首位"，在市场经济大潮中从未"迷失方向"，不做"市场的奴隶"。她的二胡演奏，"像蓝天上的阳光，春季里的清风一样，能够启迪思想，温润心灵，陶冶人生，能够扫除颓废萎靡之风。

——李明正（中国艺术研究院研究员）《人民音乐家、国乐大师闵惠芬》

人民需要艺术，而艺术更需要人民。闵惠芬用她的生命谱写那感人的艺术战歌。她以高尚的志向构筑一座当代中国音乐文化新的长城；她以求索的精神开创二胡旋律声腔化的演奏风格；她以献身的精神为弘扬中国传统音乐文化无私奉献。她无愧于"德艺双馨"的光荣称号。人民需要艺术，更需要闵惠芬这样的人民艺术家。

——袁静芳（中央音乐学院教授、博士生导师）《闵惠芬二胡艺术随笔》

闵惠芬在二胡事业上已经艰苦奋斗了半个多世纪，她为当代二胡艺术建立起了一座丰碑，树立了一种精神——将二胡事业看得比生命更加重要的闵惠芬精神。这座丰碑，是检视我国二胡成就的重要标尺；这种精神，会永远鼓舞我们在民族器乐方面奋勇前进。

——梁茂春（中央音乐学院教授、音乐史学家）《当代二胡与闵惠芬》

闵惠芬的"心光"，应是已经跟她的生命结合在一起的二胡，这片与众不同的心音已成大光，浩荡可比江河水，壮丽俨如长城，甚至如地图或地球仪上倾倒一勺水银；细处可比佛前一盏灯，或无边旷野上的北斗。她是光与热的制造者与推行者，无论飞出国门或深入老区贫窟，二胡上源源不绝拉出人性与生命的光辉。

——李默（香港作家）《您的音乐，岂止令生命动听》

闵惠芬先生是一位自觉为二胡艺术发展寻根的演奏家，是一位怀有赤子心、民族魂的演奏家，她是当代二胡艺术的一座丰碑，又是二胡艺术的一粒种子。她走到哪儿，二胡艺术的种子就被带到哪儿。一粒种子，萌芽于乡野，拔节于尘世，栉东风而沐西雨，生命的枝条不断遒劲伸展，竟亭亭如华盖，终蔚为大观。半个世纪以来，她秉承传统，践行着二胡宗师刘天华先生"把音乐普及到一般民众"，"以期与世界音乐并驾齐驱"的梦想，半个世纪以来，她开拓创新，身背二胡走天涯，传播着最民族的声音，结交着最广泛的知音，在二胡艺术的体系化建设、学科建设、人才梯队建设及二胡走向世界等方面做出了重大贡献。

　　——张丽（音乐学博士）《当代二胡艺术的丰碑与种子：深切缅怀二胡演奏家闵惠芬先生》

　　当人们回想或梳理中国二胡演奏艺术近五十年的业绩和成果，闵惠芬老师一定是一个无法绕过，且必须给出特写的丰碑性人物，正是这样的杰出人物，他们凭借自己超乎常人的才气和性灵，规定着某种艺术的性质和准绳，并规划着这种艺术的现况和未来。

　　——杨燕迪（上海音乐学院副院长、《人民音乐》副主编）《感悟闵惠芬》

　　"二胡艺术文化价值的守护者"，听起来有些悲壮的感觉，那是因为，确实有人仅仅因为市场利益的诱惑而在践踏这门艺术的文化价值。但是对闵惠芬来说，这个称谓是更能让人感受到壮丽的，因为以闵惠芬为代表的一批二胡艺术大师们，正在以他们的言传身教，让后来者更懂得珍惜，懂得坚持，而历史文化的积淀，将赋予这一切以无比可贵的精神和物质的价值。

　　——陈春园（上海音乐学院民乐系副主任、中国音协二胡协会副会长）《二胡艺术文化价值的守护者——闵惠芬》

　　声腔化对中国二胡演奏艺术乃至民族音乐提出了中国语言、中国旋律、中国风格在演奏中的延伸，通过声腔抓住了二胡这件乐器的属性，即极具神韵的特点，对演奏艺术的发展提出了新的思考。

　　闵惠芬老师的声腔化，从发展来看是一石三鸟之势：强调了旋律的重要，强调了如何展示旋律，在不重旋律、只重技法的当今有非常的现实意义，逼使创作者使乐器回归属性，逼使创作者在近人声、尚自然的传统音乐和现代音乐融合中找到艺术的最高境界，最终是在旋律中找到民族音乐的韵律所在。

　　——杨光熊（解放军艺术学院民乐研究室主任）《扎根人民　弦韵永存：在2015 年第 32 届"上海之春"国际音乐节首届中国民族音乐发展论坛上的发言》

　　闵惠芬的演奏艺术以其强烈的民族精神，丰富而深刻的人物情感类型，影响了几代中国人，在百年中国二胡艺术发展历程中具有举足轻重的地位，堪称是新中国成立后提高二胡演奏表情能力的领路人和成功探索者。

——欧景星（南京艺术学院音乐学院院长）《闵惠芬"规定情景"演奏表情模式研究》

闵惠芬用她那清澈见底的心灵，领悟到了二胡艺术奥妙及深刻内涵，用她那十分娴熟的技法，表现了二胡艺术的无穷音响，用技术与心灵的高度协和，创造出了美妙无穷的音乐意境。

——王永德（上海音乐学院教授）《力运一弓作华章：浅谈闵惠芬二胡演奏》

闵惠芬的演奏技术扎实娴熟、刚柔相济、富于张力、韵味十足、意蕴深邃，声音富于无穷的变化。所有演奏技巧都融入音乐表现和人文意蕴之中，既有自然大气、荡气回肠的宏观布局，又有精心设计、细致入微的细部刻画，每一个音都是发自内心真诚的歌唱，感人至深，令人久久回味。

——于红梅（二胡演奏家、中央音乐学院民乐系主任）《艺术的丰碑　时代的楷模》

闵惠芬是中国二胡享誉世界的一面旗帜，历经数载奉献无数传世经典，至今依然昂扬勃发，令人难以企及；闵惠芬又是中国二胡恩泽万方的一棵大树，感动和影响无数人，或像甘霖般洒向二胡学习者的心中，或像春风般沁入二胡热爱者心田，润物细无声地滋润着每一位音乐人。

——汝艺（上海音乐学院副教授、上海二胡协会秘书长）《身教与言教：论闵惠芬二胡教育艺术》

每当闵惠芬站上舞台，一种令人信服的艺术风采感染着每位听众，从而肃然起敬地去聆听她那不同凡响的琴声，这种无可争辩的艺术魅力和群众威望，在音乐史上是十分罕见的。她为二胡艺术创造的辉煌和她五十年来的成功之路，就是一部新中国二胡艺术的发展史。

——张晓峰（作曲家）《情真意切诗意浓：与闵惠芬合作〈新婚别〉的一些回顾》

闵惠芬先生是当代最为杰出、最有影响的二胡演奏家，她的艺术生涯实际上是与二十世纪下半叶二胡艺术的蓬勃发展紧密联系在一起的，她是当代中国二胡的一面旗帜，几十年来始终走在二胡艺术发展的最前沿。她扎实的艺术功力，精湛的演奏技艺，用生命创造出的绚丽乐章，激励和影响了一批又一批青年二胡演奏家，她不断地求索与进取，不断地攀登与创造，引领和推动着当代二胡艺术的发展。

——胡志平（武汉音乐学院院长）《对闵惠芬二胡艺术的学习与认识》

图书在版编目（CIP）数据

闵惠芬：弓走江河万古流/费爱能著. —上海：
上海文化出版社，2017.9
ISBN 978-7-5535-0812-2

Ⅰ.①闵… Ⅱ.①费… Ⅲ.①闵惠芬（1945-2014）
—传记 Ⅳ.①K825.76

中国版本图书馆 CIP 数据核字（2017）第 164308 号

上海文化发展基金会市重大文艺创作资助项目

发 行 人：冯 杰
出 版 人：姜逸青
责任编辑：张 琦
封面设计：王 伟

书 名：闵惠芬·弓走江河万古流
作 者：费爱能
出 版：上海世纪出版集团 上海文化出版社
地 址：上海市绍兴路 7 号 200020
发 行：上海世纪出版股份有限公司发行中心
上海福建中路 193 号 200001 www.ewen.co
印 刷：苏州市越洋印刷有限公司
开 本：710×1000 1/16
印 张：20
版 次：2017 年 10 月第 1 版 2017 年 10 月第 1 次印刷
国际书号：ISBN 978-7-5535-0812-2/K·118
定 价：48.00 元
告 读 者：如发现本书有质量问题请与印刷厂质量科联系 T：0512-68180628